“十二五”普通高等教育计算机类规划教材

数据库技术与应用教程——Access 2010

孙未 李雨 主编 于群 张艳 副主编

化学工业出版社
·北京·

本书以一个完整的数据库应用系统案例为基础，以案例贯穿始终，主要内容包括数据库技术基础、Access 2010 数据库和表的创建与使用、查询设计、结构化查询语言 SQL、窗体设计与使用、报表设计、宏、模块与 VBA 编程基础、数据库管理。

本书以应用为目的，以案例为引导，结合管理信息系统和数据库基本知识，使读者可以参照本书的讲解和实验，尽快掌握 Access 软件的基本功能和操作，能够学以致用地完成小型管理信息系统的建设。书中提供了丰富的案例和适量的思考题。

本书可以作为普通高等院校各专业数据库课程的教材和全国计算机等级考试参考书。

图书在版编目（CIP）数据

数据库技术与应用教程——Access 2010 / 孙未，李雨主编. —北京：化学工业出版社，2014.1（2016. 3 重印）
“十二五”普通高等教育计算机类规划教材
ISBN 978-7-122-18972-1

Ⅰ. ①数… Ⅱ. ①孙… ②李… Ⅲ. ①关系数据库系统-高等学校-教材 Ⅳ. ①TP311.138

中国版本图书馆 CIP 数据核字（2013）第 269406 号

责任编辑：郝英华　周旭　王岩
责任校对：边　涛　　　　装帧设计：张　辉

出版发行：化学工业出版社（北京市东城区青年湖南街 13 号　邮政编码 100011）
印　　装：三河市延风印装有限公司
787mm×1092mm　1/16　印张 14¾　字数 367 千字　2016 年 3 月北京第 1 版第 2 次印刷

购书咨询：010-64518888（传真：010-64519686）　售后服务：010-64518899
网　　址：http: // www. cip. com. cn
凡购买本书，如有缺损质量问题，本社销售中心负责调换。

定　价：32.00 元

《数据库技术与应用教程——Access 2010》
编写人员

主　　编　孙　未　李　雨

副 主 编　于　群　张　艳

编写人员　（以姓氏笔画为序）

于　群　王婷婷　孙　未　朱红梅

张　艳　张鲜明　李　雨　李蔚妍　高绘玲

前　言

本书是根据教育部高等学校计算机基础教学指导委员会组织编制的“高等学校计算机基础教学基本要求”中对数据库技术和程序设计方面的基本要求编写的，以 Microsoft Access 2010 中文版为操作平台。

全书以案例教学方式编排，介绍了关系数据库管理系统的基本知识和 Access 数据库系统的主要功能。全书强调理论知识与实际应用的有机结合，理论论述通俗易懂、重点突出、循序渐进；案例操作步骤清晰、简明扼要、图文并茂。

全书共 9 章，提供了丰富的案例和适量的思考题。各章内容如下。

第 1 章介绍数据库系统的基本概念、数据模型等内容，要求读者重点掌握关系数据库的基础知识。第 2 章详细介绍了 Access 2010 创建数据库和表的方法，Access 数据库系统的数据类型和表达式，表的主键的设置，索引的创建，关系的建立等。第 3 章介绍数据表查询设计基本操作方法。第 4 章介绍结构化查询语言 SQL。第 5 章介绍创建窗体的各种方法以及对窗体的再设计，并介绍窗体和报表的基本控件的功能及其属性。第 6 章介绍创建报表的各种方法，创建报表的计算字段、报表中的数据排序与分组等。第 7 章介绍宏的创建和使用。第 8 章介绍 Access 2010 的增强应用，Access VBA 编程技术。第 9 章介绍数据库管理的基本操作。

为了便于教师使用本书进行实验教学和学生学习，我们还组织编写了《数据库技术与应用实践教程——Access 2010》，作为与本书配套使用的实验指导。配套教材着重实践练习，进一步强化重点及难点知识。

我们为使用本书的教师免费提供电子教案，需要者可发邮件至 cipedu@163.com 索取。

本书由山东农业大学孙未、李雨担任主编，于群、张艳担任副主编，李蔚妍、王婷婷、朱红梅、张鲜明、高绘玲参加了编写工作。编写人员分工为；王婷婷编写第 1、9 章，李雨、张鲜明编写第 2 章，孙未、朱红梅编写第 3、4 章，于群编写第 5 章，张艳编写第 6、7 章，李蔚妍、高绘玲编写第 8 章，全书由孙未统稿。

由于编者水平有限，书中难免有不妥之处，殷切地希望广大读者提出宝贵意见。

编　者

2013 年 11 月

前言

目 录

第 1 章　数据库技术基础 ······ 1
1.1　数据库的基本概念 ······ 1
1.1.1　数据库的基本概念 ······ 1
1.1.2　数据模型 ······ 3
1.2　关系数据库的基本概念 ······ 4
1.2.1　基本概念 ······ 4
1.2.2　关系运算 ······ 6
1.2.3　关系的完整性 ······ 6
1.3　Access 2010 系统概述 ······ 7
1.3.1　Access 2010 的功能和特性 ······ 7
1.3.2　Access 2010 集成环境和基本操作 ······ 9
本章小结 ······ 11
思考题 ······ 11
第 2 章　数据库和表操作 ······ 12
2.1　Access 2010 的数据库对象 ······ 12
2.2　创建数据库 ······ 15
2.2.1　直接创建空数据库 ······ 15
2.2.2　利用模板创建数据库 ······ 16
2.3　数据库打开与关闭 ······ 17
2.3.1　打开数据库 ······ 17
2.3.2　关闭数据库 ······ 18
2.4　表的概念 ······ 18
2.4.1　表的结构 ······ 18
2.4.2　字段的数据类型 ······ 19
2.5　创建表 ······ 20
2.5.1　表的创建 ······ 20
2.5.2　输入数据 ······ 22
2.6　字段属性设置 ······ 25
2.6.1　常规属性的设置 ······ 25
2.6.2　查阅属性的设置 ······ 31

2.7 表的编辑……33
2.7.1 修改表结构……33
2.7.2 编辑表中的数据……33
2.7.3 表的复制、删除和重命名……36
2.8 关于主键和索引……37
2.8.1 关于主键……37
2.8.2 创建索引……38
2.9 建立表之间的关系……39
2.9.1 创建表间的关系……39
2.9.2 关于主表和子表的使用……43
2.10 表的使用……44
2.10.1 记录排序……44
2.10.2 记录筛选……46
2.10.3 数据的查找与替换……49
2.10.4 表的显示格式设置……51
2.10.5 导入外部数据及导出表……55
本章小结……59
思考题……60
第3章 查询……61
3.1 查询概述……61
3.1.1 查询的概念……61
3.1.2 查询类型……62
3.1.3 查询视图……63
3.1.4 查询条件和函数……63
3.1.5 查询方法……66
3.2 创建选择查询和计算查询……66
3.2.1 使用查询向导创建选择查询……66
3.2.2 使用查询设计视图创建选择查询……72
3.2.3 创建总计查询……75
3.2.4 创建计算查询……77
3.2.5 创建条件查询……79
3.3 创建参数查询……81
3.4 创建交叉表查询……82
3.4.1 使用向导创建交叉表查询……83
3.4.2 使用查询设计视图创建交叉表查询……86
3.5 操作查询……87
3.5.1 保护数据……88
3.5.2 创建生成表查询……88
3.5.3 创建删除查询……90
3.5.4 创建追加查询……91
3.5.5 创建更新查询……93

本章小结……94
思考题……94
第 4 章 结构化查询语言 SQL……95
4.1 SQL 语言简介……95
4.1.1 SQL 的发展……95
4.1.2 SQL 的特点……96
4.1.3 SQL 语句结构……97
4.1.4 数据类型……98
4.2 数据定义语言……99
4.2.1 创建基本表……100
4.2.2 创建索引……102
4.2.3 修改基本表……103
4.2.4 删除索引及基本表……103
4.3 数据查询语句……104
4.3.1 SELECT 语句的语法格式……104
4.3.2 创建 SQL 查询视图……106
4.3.3 SQL 的单表查询……107
4.3.4 SQL 多表查询……110
4.3.5 SQL 嵌套查询……113
4.3.6 SQL 合并查询……114
4.4 数据更新语言……115
4.4.1 插入数据……115
4.4.2 更新数据……116
4.4.3 删除数据……117
本章小结……117
思考题……117
第 5 章 窗体设计与使用……118
5.1 窗体基础知识……118
5.1.1 窗体的概念与作用……118
5.1.2 窗体构成……119
5.1.3 窗体类型……119
5.1.4 窗体视图……120
5.2 创建窗体……121
5.2.1 自动创建窗体……121
5.2.2 使用“窗体向导”……123
5.2.3 创建图表窗体……127
5.3 自定义窗体……129
5.3.1 窗体设计视图的组成与主要功能……129
5.3.2 窗体控件及其应用……132
5.3.3 常用控件的使用……134
5.3.4 窗体和控件的属性……141

5.3.5 常用控件的基本操作 143
5.4 窗体外观格式设计 144
5.4.1 设置窗体的页眉页脚 144
5.4.2 窗体外观设计 145
5.4.3 使用 Tab 键设置控件次序 145
5.4.4 设置自动启动窗体 146
本章小结 147
思考题 148
第 6 章 报表设计 149
6.1 报表基础知识 149
6.1.1 报表的概念 149
6.1.2 报表的视图 149
6.1.3 报表的组成 150
6.2 创建报表 151
6.2.1 自动创建报表 151
6.2.2 创建空报表 151
6.2.3 通过向导创建报表 152
6.2.4 通过标签向导创建标签报表 153
6.2.5 在设计视图中创建报表 155
6.3 创建主/子报表 165
本章小结 167
思考题 167
第 7 章 宏 168
7.1 宏的概念 168
7.2 宏的设计窗口 168
7.3 创建宏与宏操作 169
7.3.1 创建一般宏 170
7.3.2 创建宏组 171
7.3.3 Access 2010 中的主要宏操作 172
7.4 在宏中使用条件 174
本章小结 175
思考题 175
第 8 章 模块与 VBA 编程基础 176
8.1 VBA 模块简介 176
8.2 VBA 程序设计基础 177
8.2.1 编码规则 177
8.2.2 数据类型 177
8.2.3 常量、变量和表达式 178
8.2.4 标准函数 180
8.3 VBA 的程序控制 181
8.3.1 顺序结构 181

8.3.2 选择结构（分支结构）……182
8.3.3 循环结构……186
8.3.4 数组……189
8.3.5 子程序和子函数……189
8.4 VBA 中的面向对象编程……191
8.4.1 VBA 的开发环境 VBE……191
8.4.2 事件驱动程序的编写及程序的调试……192
本章小结……193
思考题……193
第 9 章 数据库管理……194
9.1 管理数据库……194
9.1.1 数据的备份和恢复……194
9.1.2 数据库的压缩和恢复……195
9.1.3 生成 ACCDE 文件……195
9.1.4 数据库的密码……196
9.2 用户级的安全机制……196
9.3 Access 2010 安全性的新增功能……197
9.3.1 Access 2010 中的新增功能……197
9.3.2 Access 用户级安全……198
9.3.3 Access 安全体系结构……198
9.3.4 禁用模式……198
9.4 使用受信任位置中的 Access 数据库……199
9.5 数据库的打包、签名和分发……200
9.6 信任数据库……203
9.7 使用数据库密码加密 Access 数据库……203
9.8 旧版本数据库格式的转换……205
本章小结……206
思考题……206
附录 1 全国计算机等级考试（二级 Access）无纸化考试介绍……207
附录 2 2013 年 3 月计算机等级考试二级 Access 真题及答案……210
参考文献……224

第 1 章　数据库技术基础

1.1　数据库的基本概念

1.1.1　数据库的基本概念

（1）数据

数据不只指简单的数据，数据的种类很多，文字、图形、图像、声音、学生的档案记录、货物的运输情况……这些都是数据。数据是描述事物的符号记录。在计算机中，为了存储和处理这些事物，就要抽出对这些事物感兴趣的特征组成一个记录来描述。例如，在学生的档案记录、如果人们最感兴趣的是学生的姓名、性别、出生年月、籍贯、所在系别、入学时间，那么可以这样描述：李明，男，1972，江苏，计算机系，1990。数据与其语义是不可分的。对于上面一条学生记录，了解其语义的人会得到如下信息：李明是大学生，1972 年出生，江苏人，1990 年考入计算机系。而不了解其语义则无法理解其含义。可见，数据的形式本身并不能完全表达其内容，需要经过解释。

（2）数据库

数据库（Database，DB）可以直观地理解为存放数据的仓库。但严格地说，数据库是按一定的数据模型组织，长期存放在某种存储介质上的一组具有较小的数据冗余度和较高的数据独立性、安全性和完整性，并可为多个用户所共享的相关数据集合。通常这些数据是面向一个单位或部门的全局应用的。

在计算机中，数据库是由很多数据文件及相关的辅助文件所组成，这些文件由一个称为数据库管理系统（Database Management System，DBMS）的软件进行统一管理和维护。数据库中除了存储用户直接使用的数据外，还存储另一类“元数据”，它们是有关数据库的定义信息，如数据类型、模式结构、使用权限等，这些数据的集合称为数据字典（Data Dictionary，DD），它是数据库管理系统工作的依据，数据库管理系统通过 DD 对数据库中的数据进行管理和维护。

（3）数据库管理系统

数据库管理系统（DBMS）是一个在特定操作系统支持下、帮助用户建立和管理数据库的系统软件。DBMS 能有效地组织和存储数据、获取和管理数据，接受和完成用户提出的访问数据的各种请求；它把用户程序的数据操作语句转换成对系统存储文件的操作；它又像一个向导，把用户对数据库的一次访问，从用户级带到概念级，再导向物理级。它是用户或应用程序与数据库间的接口。它的主要功能如下。

① 数据定义功能。DBMS 提供了数据定义语言（Data Definition Language，DDL），数据库设计人员通过它可以方便地对数据库中的相关内容进行定义。例如，对数据库、表、索引及数据完整性进行定义。

② 数据操纵功能。DBMS 提供了数据操纵语言（Data Manipulation Language，DML），用户通过它可以实现对数据库的基本操作。例如，对表中数据的查询、插入、删除和修改。

③ 数据库运行控制功能（保护功能）。这是 DBMS 的核心部分，它包括并发控制（即处理多个用户同时使用某些数据时可能产生的问题）、安全性检查、完整性约束条件的检查和执行、数据库的内部维护（例如，索引的自动维护）等。所有数据库的操作都要在这些控制程序的统一管理下进行，以保证数据的安全性、完整性以及多个用户对数据库的并发使用。

④ 数据库的建立和维护功能。数据库的建立和维护功能包括数据库初始数据的输入、转换功能，数据库的转储、恢复功能，数据库的重新组织功能和性能监视、分析功能等。这些功能通常是由一些实用程序完成的。它是数据库管理系统的一个重要组成部分。

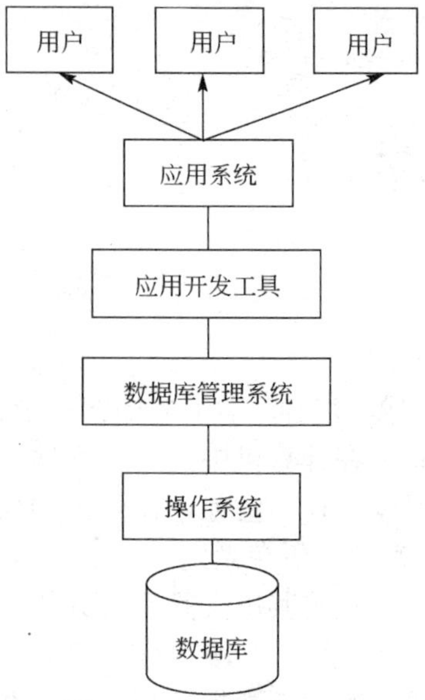

图 1-1 数据库系统

（4）数据库系统

数据库系统（Database System，DBS）是指具有管理和控制数据库功能的计算机应用系统，主要包括计算机支持系统、数据库（DB）、建立在该数据库之上的应用程序集合及有关人员等组成部分。如图 1-1 所示。

① 计算机支持系统。主要有硬件支持环境和软件支持系统（如 DBMS、操作系统及开发工具），其中 DBMS 是数据库系统的核心部件。

② 数据库。数据库指按一定的数据模型组织，长期存放在外存上的一组可共享的相关数据集合。

③ 数据库应用程序。此指满足某类用户要求的操纵和访问数据库的程序。

④ 人员。包括数据库系统分析设计员、系统程序员、用户等。而数据库用户通常又可分为两类：一类是批处理用户，也称为应用程序用户，这类用户使用程序设计语言编写的应用程序，对数据进行检索、插入、修改和删除等操作，并产生数据输出；另一类是联机用户，或称为终端用户，他们使用终端命令或查询语言直接对数据库进行操作，这类用户通常是数据库管理员或系统维护人员。

（5）数据库系统的体系结构

数据库系统的体系结构是数据库系统的一个总的框架，虽然实际的数据库系统种类各异，但它们基本上都具有三级模式的结构特征，即：外模式（External Schema）、概念模式（Conceptual Schema）和内模式（Internal Schema）。这个三级结构有时也称为“数据抽象的三个级别”，在数据库系统中，不同的人员涉及不同的数据抽象级别，具有不同的数据视图（Data View），如图 1-2 所示。

① 外模式：又称用户模式，是数据库用户看到的数据视图。

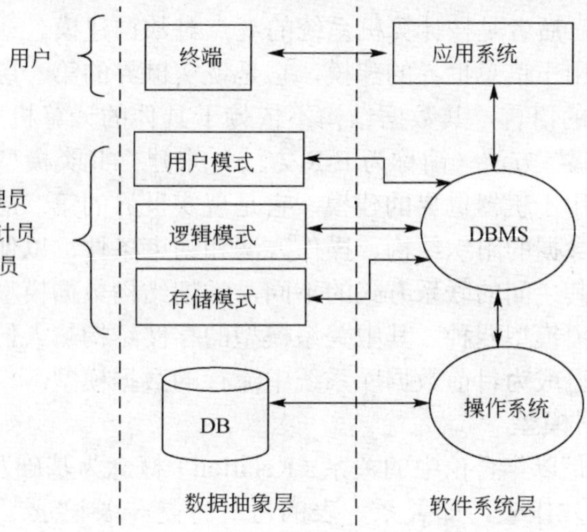

图 1-2 数据库人员涉及的数据抽象层次

② 概念模式：又称逻辑模式，简称模式，是数据库中全体数据的整体逻辑结构的描述，是所有用户的公共数据视图。

③ 内模式：又称存储模式，是对数据库中数据的物理结构和存储方式的描述。

数据库系统的三级模式结构是对数据的三个抽象层次，它把数据的具体组织留给 DBMS 去管理，用户只要抽象地处理数据，而不必关心数据在计算机中的表示和存储，从而减轻了用户使用系统的负担。为了实现这三个抽象层次的联系和转换，数据库系统在这三级模式中提供了以下两级映像。

模式/内模式映像：用于定义概念模式和内模式间的对应关系。当内模式（即数据库的存储设备和存储方式）改变时，模式/内模式映像也要作相应的改变，以保证概念模式保持不变，从而使数据库达到物理数据独立性。

外模式/模式映像：用于定义外模式和概念模式间的对应关系。当概念模式改变（如增加数据项）时，外模式/模式的映像也要作相应的改变，以保证外模式保持不变，从而使数据库达到逻辑数据独立性。

正是由于数据库系统的三级结构间存在着两级映像功能，才使得数据库系统具有较高的数据独立性：逻辑数据独立性和物理数据独立性。

另外，需要说明的是，上述数据库系统的三级模式结构是从数据库管理系统的角度来考察的，这是数据库系统内部的体系结构，如果从数据库最终用户的角度看，数据库系统的结构则可分为集中式结构、分布式结构和客户/服务器结构，这是数据库系统外部的体系结构。

1.1.2 数据模型

（1）数据模型的概念

使用数据库技术的目的是把现实世界中存在的事物以及事物之间的联系在数据库中用数据加以描述、存储，并对其进行各种处理，为人们提供能够完成现实活动的有用信息。怎样把现实世界中的事物及其事物之间的联系在数据库中用数据来加以描述，是数据库技术中的一个基本问题。

数据模型是对现实世界的抽象，是一种表示客观事物及其联系的模型。根据模型应用的不同目的，可将数据模型分为两类：一是概念数据模型；二是结构数据模型。前者是按用户的观点对数据建模，后者是按计算机系统的观点对数据建模。

概念数据模型用于信息世界的建模，它是现实世界的第一层抽象，是用户和数据库设计人员之间进行交流的语言，其数据结构不依赖于具体的计算机系统，目前常用“实体-联系（Entity-Relationship）”方法（简称为 E-R 方法）来建立此类模型。

结构数据模型用于机器世界的建模，它是现实世界的第二层抽象，这类模型要用严格的形式化定义来描述数据的组织结构、操作方法和约束条件，以便于在计算机系统中实现。而按数据组织结构及其之间的联系方式的不同，常把结构数据模型分为层次模型、网状模型、关系模型和面向对象模型四种。其中关系模型的存储结构与人们平常使用的二维表格相同，容易为人们理解，已成为目前数据库系统中流行的数据模型。

（2）关系数据模型

关系数据模型是以集合论中的关系（Relation）概念为基础发展起来的数据模型。它把记录集合定义为一张二维表，即关系。表的每一行是一条记录，表示一个实体；每一列是记录中的一个字段，表示实体的一个属性。关系模型既能反映实体集之间的一对一联系，也能反映实体集之间的一对多和多对多联系。表 1-1～表 1-3 就构成了一个典型的关系模型实例。

表 1-1　学生基本情况表

学生学号	学生姓名	学生性别	出生日期	是否团员	学生籍贯	所在班级
3031023101	张　山	男	08/28/84	是	江苏	计应 0231
3031023102	武云峰	男	05/02/83	是	山东	计应 0231
3031023103	孙玉凤	女	12/10/84	否	江苏	计应 0231
1011024101	王加玲	女	10/08/84	是	天津	机电 0241
1011024102	周云天	男	01/02/82	是	山西	机电 0241
1011024103	东方明亮	女	05/01/83	否	天津	机电 0241
1011024104	张洁艳	女	06/30/82	是	山西	机电 0241

表 1-2　课程信息表

课程号	课程名	课程类型	课时数
10001	电子技术	考试	80
10002	机械制图	考查	60
10003	数控机床	选修	50
20001	商务基础	考查	60
20002	会计电算化	考试	68
30001	计算机应用	考查	80
30002	数据库原理	考试	76

表 1-3　学生成绩表

学号	课程号	学期	成绩	学分
3031023101	30001	1	69.5	3
3031023101	30002	2	78.0	5
3031023103	30001	1	90.5	3
3031023103	30002	2	81.0	5
3031023104	30002	2	92.0	5
1011024101	10001	3	74.5	5
1011024101	10002	3	80.0	5

1.2 关系数据库的基本概念

1.2.1 基本概念

关系模型是关系数据库的基础。关系模型由关系数据结构、关系操作集合和完整性约束三部分组成。

（1）关系数据结构

在关系模型中，无论是实体集还是实体集之间的联系均由单一的结构类型“关系”来表示。在用户看来，其数据的逻辑结构就是一张二维表，表的每一行称为一个元组，每一列称为一个属性。而在支持关系模型的数据库物理组织中，二维表以文件的形式存储，所以其属性又称为列或字段，元组又称为行或记录。

尽管关系与二维表格、传统的数据文件有类似之处，但它们又有区别。严格地说，关系是一种规范化了的二维表格中行的集合。在关系模型中，对关系作了如下规范性限制。

① 关系中每一个属性值都应是不可再分解的数据。

② 每一个属性对应一个值域，不同的属性必须有不同的名称，但可以有相同的值域。

③ 关系中任意两个元组（即两行）不能完全相同。

④ 由于关系是元组的集合，因此关系中元组的次序可以任意交换。

⑤ 理论上属性（列）的次序也可以任意交换，但在使用时应考虑在定义关系时属性的顺序。

（2）关系术语

① 键（Key）。键由一个或几个属性组成，在实际应用中，有下列几种键。

a. 候选键（Candidate Key）：如果一个属性或属性组的值能够唯一地标识关系中的不同元组而又不含有多余的属性，则称该属性或属性组为该关系的候选键。

b. 主键（Primary Key）：用户选作元组标识的一个候选键。

例如，在学生关系中，假定学号与姓名是一一对应的，即没有两个学生的姓名相同，则“学号”和“姓名”两个属性都是候选键。在实际应用中，如果选择“学号”作为插入、删除或查找的操作变量，则就称“学号”是主键。

包含在任何一个候选键中的属性称为主属性，不包含在候选键中的属性称为非主属性。

c. 外键（Foreign Key）：如果关系 $R2$ 的一个或一组属性不是 $R2$ 的主键，而是另一关系 $R1$ 的主键，则称该属性或属性组为关系 $R2$ 的外键。并称关系 $R2$ 为参照关系（Referencing Relation），关系 $R1$ 为被参照关系（Referenced Relation）。

例如，选课关系中的“学号”不是该关系的主键，但却是学生关系的主键，因而，“学号”为选课关系的外键，并且选课关系为参照关系，学生关系为被参照关系。

由外键的定义可知，参照关系的外键和被参照关系的主键必须定义在同一个域上，从而通过主键与外键提供一个表示关系间联系的手段，这是关系模型的主要特征之一。

② 关系。一个关系就是一张二维表，每个关系有一个关系名。如：学生基本情况表（表1-1）就是一个关系。

③ 元组。一个二维表中，水平方向的一行成为一个元组，对应表中的一个具体记录。

④ 属性。二维表中垂直方向的列。如学生基本情况表（表1-1）中的属性有：学生学号、学生姓名、学生性别、出生日期、是否团员、学生籍贯、所在班级。

⑤ 域。属性的取值范围即称为域，如学生性别的值域为{男，女}。

⑥ 关系模式。对关系的描述称为关系模式，它包括关系名、组成该关系的诸属性名、值域（常用属性的类型、长度来说明）、属性间的数据依赖关系以及关系的主键等。关系模式的一般描述形式为：

$$R(A_1, A_2, \cdots, A_n)$$

式中，R 为关系模式名，即二维表名；$A_1, A_2, \cdots, A_n$ 为属性名。

关系模式中的主键即为所定义关系的某个属性组，它能唯一确定二维表中的一个元组，常在对应属性名下面用下划线标出。

例如，可分别将表 1-1～表 1-3 表示成关系模式为：

学生（学号，姓名，性别，出生年月，是否团员，籍贯，班级）；

课程（课程号，课程名，课程类型，课时数）；

成绩（学号，课程号，学期，成绩，学分，补考成绩）。

由此可见，关系模式是用关系模型对具体实例相关数据结构的描述，是稳定的、静态的；而关系是某一时刻的值，是随时间不断变化的，是动态的。

（3）关系数据库

关系数据库（RDBS）是以关系模型为基础的数据库，它利用关系来描述现实世界。一个关系既可以用来描述一个实体集及其属性，也可以用来描述实体集之间的联系。而一个关系数据库包含一组关系，定义这些关系的关系模式全体就构成了该数据库的模式。

对于关系数据库要分清型和值的概念。关系数据库的型即数据库描述，它包括若干域的定义以及在这些域上定义的若干关系模式。数据库的值是这些关系模式在某一时刻对应的关系的集合。

1.2.2 关系运算

关系数据模型提供了一系列操作的定义，这些操作称为关系操作。关系操作采用集合操作方式，即操作的对象和结果都是集合。常用的关系操作有两类：一是查询操作，包括选择、投影、连接、除、并、交、差等；二是增加、删除、修改操作。表达（或描述）关系操作的关系数据语言可以分为如下三类。

（1）关系代数语言

关系代数语言是用对关系的集合运算来表达查询要求的方式，是基于关系代数的操作语言。其基本的关系操作有选择、投影和连接三种运算。所谓选择，指的是从二维关系表的全部记录中，把那些符合指定条件的记录挑选出来，它是一种横向操作。选择运算可以改变关系表中记录的多少，但不影响关系的结构。对于投影运算来说，是从所有字段中选取一部分字段及其值进行操作，它是一种纵向操作。投影操作可以改变关系的结构。而连接运算则通常是对两个关系进行投影操作来连接生成一个新关系。当然，这个新关系可以反映出原来两个关系之间的联系。

（2）关系演算语言

关系演算语言是用谓词来表达查询要求的方式，是基于数理逻辑中的谓词演算的操作语言。

（3）结构化查询语言 SQL

结构化查询语言 SQL 是介于关系代数和关系演算之间的关系操作语言。

1.2.3 关系的完整性

为了维护数据库中数据的正确性和一致性，实现对关系的某种约束，关系模型提供了丰富的完整性控制机制。下面介绍关系模型的三类完整性规则。

（1）实体完整性规则（Entity Integrity Rule）

规则 1 关系中的元组在组成主键的属性上不能有空值或重复值。

如果出现空值或重复值，则主键值就不能唯一标识关系中的元组了。例如，在学生基本情况表中，其主键为“学号”，此时就不能将一个无学号的学生记录插入到这个关系中。

（2）参照完整性规则（Entity Integrity Rule）

现实世界中的实体集之间往往存在某种联系，而在关系模型中实体集与实体集间的联系都是用关系来描述的，这样就自然存在着关系间的引用。参照完整性规则就是通过定义外键与主键之间的引用规则，以维护两个或两个以上关系的一致性。

规则 2 关系中元组的外键值只允许有两种可能值：或者为空值，或者等于被参照关系中某个元组的主键值。

这条规则实际是要求在关系中“不引用不存在的实体”。例如，在选课关系中，“学号”是一个外键，它对应学生关系的主键“学号”。根据参照完整性规则，选课关系中的“学号”取值要么为学生关系中“学号”已有的值，要么为空值。但由于“学号”是选课关系中的主属性，根据实体完整性规则，不能为空。所以选课关系中的外键“学号”只能取学生关系中“学号”已有的值。

（3）用户定义的完整性规则（Entity Integrity Rule）

实体完整性和参照完整性适用于任何关系数据库系统。除此之外，不同的关系数据库系统根据其应用环境的不同，往往还需要一些特殊的约束条件，用户定义的完整性规则就是针对某一具体应用所涉及的数据必须满足的语义要求而提出的。例如，将选课关系中成绩的取值范围限制在 0～100 之间。

1.3 Access 2010 系统概述

Access 2010 是 Microsoft（微软）公司于 2010 年推出的 Access 版本，是微软办公软件包 Office 2010 的一部分，目前最新的版本是 Access 2012。作为一种新型的关系型数据库，它能够帮助用户处理各种海量的信息，不仅能存储数据，更重要的是能够对数据进行分析和处理，使用户将精力聚焦于各种有用的数据。

Microsoft Access 2010 是一个数据库管理系统，是数据库应用程序设计和部署的工具，可用它来跟踪重要信息。可以将需要存储、处理的数据保留在计算机上，也可以将其发布到网站上，以便其他用户可以通过 Web 浏览器来使用您的数据库。

Access 2010 是一个面向对象的、采用时间驱动的新型关系型数据库。这样说可能有些抽象，但是相信用户经过后面的学习，就会对什么是面向对象、什么是时间驱动有深刻的理解。

Access 2010 提供了表生成器、查询生成器、宏生成器、报表设计器等许多可视化的操作工具，以及数据库向导、表向导、查询向导、窗体向导、报表向导等多种向导，可以使用户很方便地构建一个功能完善的数据库系统。Access 还为开发者提供了 Visual Basic for Application(VBA)编程功能，使高级用户可以开发功能更加完善的数据库系统。

Access 2010 还可以通过 ODBC 与 Oracle、Sybase、FoxPro 等其他数据库相连，实现数据的交换和共享。并且，作为 Office 办公软件包中的一员，Access 还可以与 Word、Outlook、Excel 等其他软件进行数据的交互和共享。

此外，Access 2010 还提供了丰富的内置函数，以帮助数据库开发人员开发出功能更加完善、操作更加简便的数据库系统。

1.3.1 Access 2010 的功能和特性

Access 2010 可以在一个数据库文件中通过 6 大对象对数据进行管理，从而实现高度的信息管理和数据共享。它的 6 大对象如下。

① 表：存储数据，是其他数据库对象的基础。

② 查询：查找和检索所需的数据。用户可以利用查询操作按照不同的方式查看、更改和分析数据，形成所谓的动态数据集。

③ 窗体：用于创建表的用户界面以便查看、添加和更新数据库的数据，是数据信息的主要表现形式，是数据库与用户之间的主要接口。

④ 报表：以特定的版式分析或打印数据。

⑤ 宏：执行各种操作，控制程序流程。

⑥ 模块：处理、应用复杂的数据信息的处理工具。

Access 2010 数据库有 6 大数据库对象，分别为表、查询、窗体、报表、宏、VBA 模块。这 6 个数据库对象相互联系，构成一个完整的数据库系统。SharePoint 网站这个对象是新增的，读者可以自行学习。

Access 2010 有许多方便快捷的工具和向导，工具有表生成器、查询生成器、窗体生成器和表达式生成器等；向导有数据库向导、表向导、查询向导、窗体向导和报表向导等。利用这些工具和向导，可以建立功能较为完善的中小型数据库应用系统。

Access 2010 较之以往版本新增的主要功能如下。

① 比以往更快、更轻松地构建数据库。无需经历长时间的学习过程，现成的模板和可充用的组件使其成为一个快速且简便的数据库解决方案。只需要单击几下即可投入工作，可找到新的内置模板，无需自定义即可开始使用，也可以从 office.com 中选择模板并根据需要进行自定义。可使用新的应用程序部件构建包含新模块式组件的数据库，并且只需单击几下即可将用于完成常规任务的预建 Access 组件添加到用户的数据库中。

② 创建更具吸引力的窗体和报表。Access 2010 带来了所需的 Microsoft Office 创新工具，可轻松创建专业且信息丰富的窗体和报表。

条件格式现在支持数据栏，可以从一个直观的视图来管理条件格式规则。通过 Access 2010 中新增的 Office 主题，只需单击几下即可调整众多数据库对象并轻松设置格式。

Access 2010 可以帮助您在适当的时间更加轻松地访问适当的工具；在需要的时间、需要的位置找到需要的命令；轻松地自定义经过改进的功能区，以便更加轻松地访问所需要的命令；可以创建自定义选项卡，甚至可以自定义内置选项卡。

另外可通过全新的 Microsoft Office Backstage 视图管理数据库并更快、更直接地找到所需数据库工具。在所有 Office 2010 应用程序中，都用 Backstage 视图取代了传统的“文件”菜单，从而为管理数据库和自定义 Access 提供了一个集中的有序空间。添加自动化功能和复杂的表达式，而无需编写代码。

借助 Access 2010 中简单易用的工具，用户也可以成为一名开发人员。功能得到增强的表达式生成器借助 IntelliSense 技术极大地简化了公式和表达式，从而减少了错误并能够花更多时间来构建数据库。

使用改进的宏设计器更加轻松地向数据库中添加基本逻辑。如果是一名经验丰富的 Access 用户，将会发现能够更加直观地使用增强功能创建复杂逻辑，并且能够通过这些功能扩展数据库应用程序。

③ 创建集中管理数据的位置。Access 2010 提供了集中管理数据并提高工作质量的简便方式。

在构建的应用程序中直接包括 Web 服务和 Microsoft SharePoint 2010 Business Connectivity Services 数据，可以通过新增加的 Web 服务协议连接到数据源。

从其他各种外部源（例如 Microsoft Excel、Microsoft SQL Server、Microsoft Outlook 等）导入和链接数据。或者，通过电子邮件收集和更新数据——不需要服务器。

④ 通过新的方式访问数据库。借助 Microsoft SharePoint Server 2010 中新增的 Access Services，可以通过新的 Web 数据库在 Web 上发布数据库。

联机发布数据库然后通过 Web 访问、查看和编辑它们。没有 Access 客户端的用户可以通过浏览器打开 Web 窗体和报表，他们所做的更改将自动同步。无论您是大型企业、小企业主、非营利组织，还是只想找到更高效的方式来管理您的个人信息，Access 2010 都可以帮助客户更轻松地完成任务，且速度更快、方式更灵活、效果更好。

a. 该功能需要 Microsoft SharePoint Server 2010 才能发布和共享 Web 数据库。

b. 在 SharePoint Server 2010 中配置对 Microsoft SharePoint 2010 Business Connectivity Services 的支持。

1.3.2 Access 2010 集成环境和基本操作

（1）Access 2010 的安装

Access 2010 是作为 Office 2010 的组件一同发布的，在介绍 Access 2010 前，首先简单介绍 Office 2010 的安装过程，这样有助于读者根据需要选择安装自己所需的 Office 组件。

Access 2010 的安装步骤如下。

① 把 Office 2010 的安装光盘插入驱动器之后，安装程序将自动运行，稍等片刻，打开【阅读 Microsoft 软件许可证条款】界面，选中【我接受此协议的条款】复选框，然后单击【继续】按钮。Office 2010 也可以在网上下载，读者根据需要自行学习。

② 在【选择所需的安装】界面中，单击【自定义】按钮，如图 1-3 所示，打开【安装选项】选项卡。

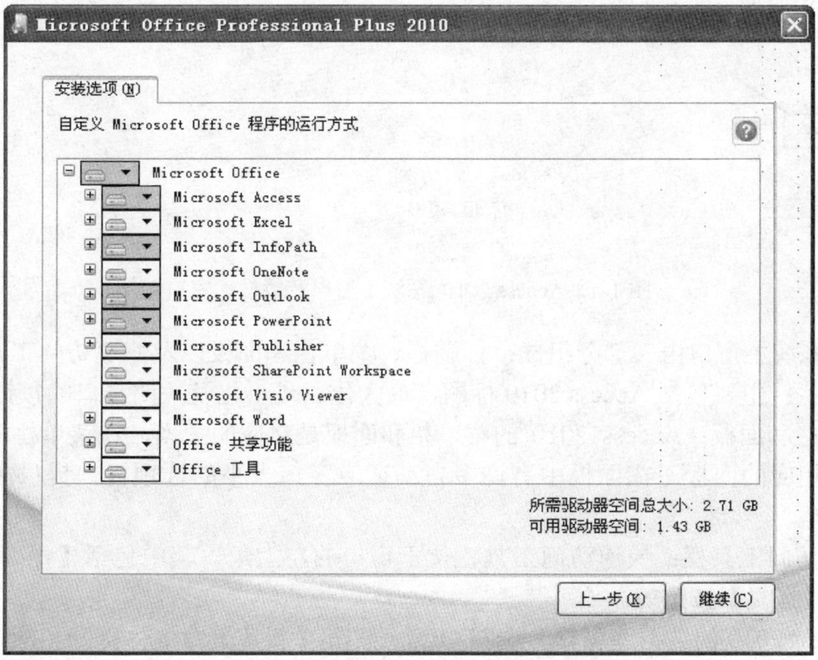

图 1-3 【选择所需的安装】界面

③ 在【安装选项】选项卡中，可以选择需要安装的组件，在不需要安装的组件上选择【不可用】选项即可。

④ 选择【文件位置】选项卡，设置软件的安装位置，单击【立即安装】按钮，系统便开始安装 Office 2010 应用程序，并显示软件的安装进度。安装完成之后，将出现【安装已完成】界面。

整个过程需要 20～30 分钟。如果只是安装 Access 2010，则只需 5～6 分钟左右的时间，重新启动计算机即可。

（2）Access 2010 的窗口操作

① Access 2010 的系统主窗口。启动 Access 2010 时，首先会出现全新的 Access 标识，然后创建空白数据库，打开其系统主窗口，如图 1-4 所示。

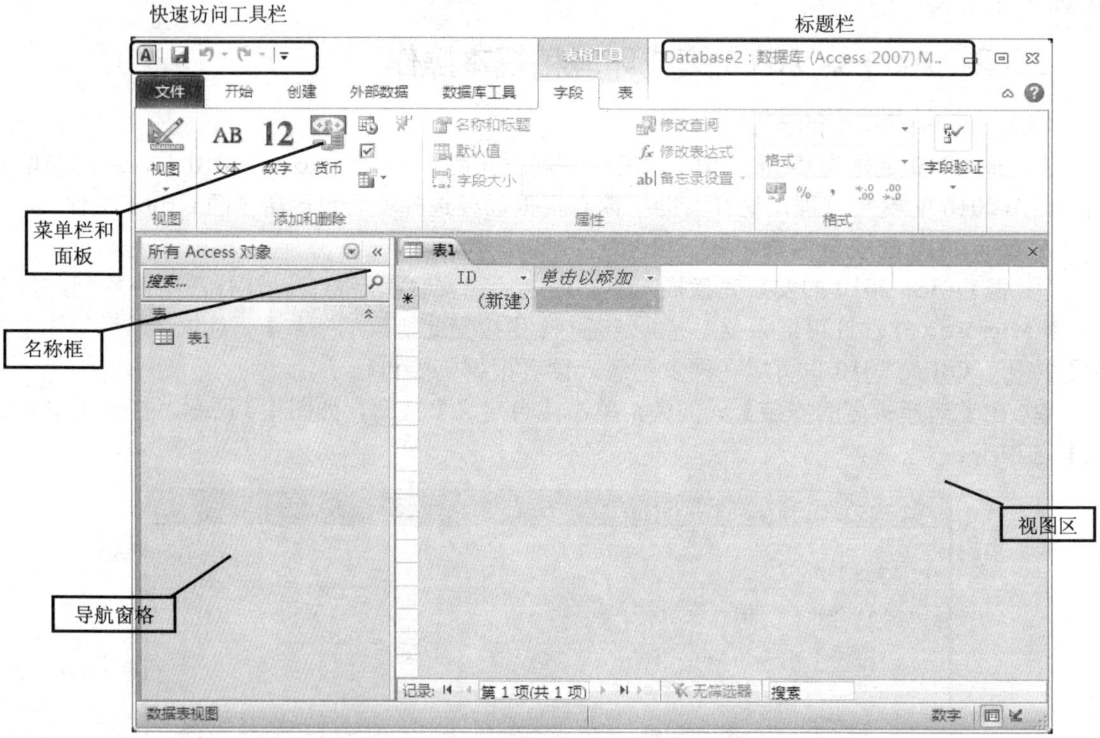

图 1-4 Access 2010 系统主窗口及数据库窗口

Access 系统主窗口由三部分组成：标题栏、菜单栏和面板以及快速访问工具栏。

a. 标题栏：主要包括 Access 2010 标题、最大化、最小化及关闭窗口的按钮。

b. 菜单栏和面板：Access 2010 的菜单栏和面板是对应的关系，在菜单栏中单击某个菜单即可显示相应的面板。在面板中有许多自动适应窗口大小的选项板，提供了常用的命令按钮。

c. 快速访问工具栏：快速访问工具栏位于窗口的左上角，其中包括【保存】按钮、【撤销】按钮和【恢复】按钮等。

② Access 2010 的数据库窗口。选择 Office 按钮|【新建】命令，打开相应任务窗格，可以选择【空白数据库】项来新建一个数据库。数据库窗口是 Access 中非常重要的部分，可以让用户方便、快捷地对数据库进行各种操作，创建数据库对象，综合管理数据库对象。

导航窗格仅显示数据库中正在使用的内容。表、窗体、报表和查询都在此处显示，便于用户操作。

在导航窗格中单击【所有 Access 对象】按钮，即可弹出列表框，列表框包含【浏览类别】和【按组筛选】两个选项区，在其中根据需要选择相应命令，即可打开相应窗格。

本章小结

通过本章的学习，了解数据库的有关基本概念，如数据、数据库、数据库系统和数据库管理系统等，了解数据库的研究方向及应用范围，掌握数据库的系统结构，数据库管理系统的功能和基本原理，理解数据模型的定义和实现方式，为关系型数据库系统的学习打下良好的基础。

思考题

1. 数据库系统（DBS）由哪几个部分组成？数据库管理系统主要功能包括哪几个方面？
2. 举例说明主键和外键的不同是什么？
3. Access 2010 管理的对象有哪些？
4. Access 2010 新增的功能都有哪些？

第 2 章　数据库和表操作

2.1　Access 2010 的数据库对象

Access 作为一个数据库管理系统软件，它是一个面向对象的可视化的数据库管理工具，采用面向对象的方式将数据库系统中的各项功能对象化，通过各种数据库对象来管理信息，Access 将数据库定义成一个 accdb 文件，由对象和组两部分构成。Access 中的对象是数据库管理的核心。Access 2010 中包括 6 种数据库对象，它们都存放在后缀为.accdb 的数据库文件中，便于用户使用。如图 2-1 所示。

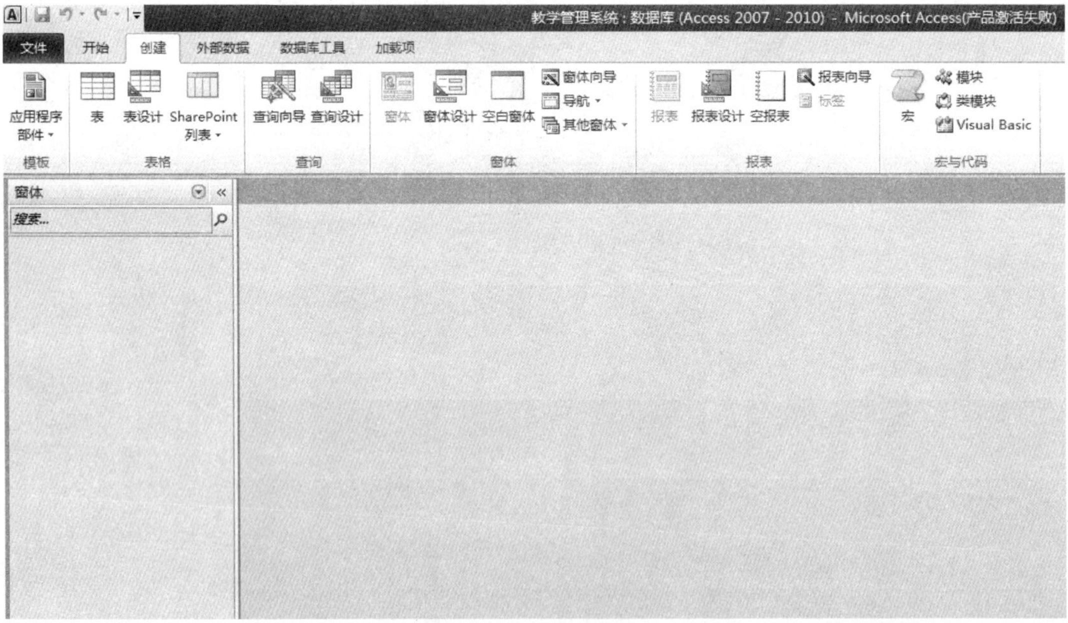

图 2-1　Access 2010 的窗口

（1）数据表

表对象是 Access 2010 数据库中的用于存储数据基本单元，是关于某个特定实体的数据集合，它由字段和记录组成。一个字段就是表中的一列，字段存放不同的数据类型，具有一些相关的属性。用户可以为这些字段属性设定不同的取值，来实现应用中的不同需要。字段的基本属性有：字段名称，数据类型，字段大小等。一个记录就是数据表中的一行，记录是对象的基本信息。一条记录中包含表中的每个字段。如图 2-2 所示，学生情况表中有 14 个字段，字段名分别为学号、姓名、性别、出生日期、院系代码、专业代码、班级、职务、民族、政治面貌、籍贯、电话、备注和照片。字段中存放的信息类型可以是多样的，如文本、日期、数字、OLE 对象、备注等。

学生情况表

学号	姓名	性别	出生日期	院系代码	专业代码	班级	职务	民族	政治面貌	籍贯	电话	备注	照片
2010100015	李丽	女	1991-5-17	007	112	10-1		汉	团员	湖南长沙	18762801145		
2011110125	王猛	男	1993-2-10	004	106	11-1		汉	党员	山东济南	18755554779		
2011110156	张晓燕	女	1993-6-11	003	110	11-2		汉	团员	山东泰安	18755554958		
2012000407	梁宏明	男	1994-4-25	003	110	12-2		汉	团员	山东济南	18758678948		
2012001354	李东海	男	1994-3-24	004	111	12-1	班长	汉	团员	山东泰安	18785000245		
2012001590	张悦然	女	1995-2-15	006	120	12-1		汉	团员	山东临沂	18758687952		
2012001598	刘乐乐	女	1994-6-1	006	120	12-1		汉	团员	海南海口	18758687954		
2012001602	王超然	女	1994-6-8	006	120	12-1		汉	团员	云南大理	18758687955		
2012001609	张志忠	男	1994-6-22	006	120	12-2		汉	团员	湖南长沙	18758687957		
2012001611	燕晓静	女	1994-6-29	006	120	12-2		汉	团员	山东青岛	18758687958		
2012001616	王洪涛	男	1994-7-6	006	120	12-2		汉	团员	山东泰安	18758687959		
2012001617	杨雪云	女	1994-7-13	004	106	12-1		汉	团员	山东泰安	18758687960		
2012001618	胡娇娇	女	1994-7-20	004	106	12-1		汉	团员	山东济南	18758687961		
2012001632	韩大鹏	男	1994-7-27	004	106	12-1		汉	团员	山东济南	18758687962		
2012001643	孙志毅	男	1994-8-3	004	106	12-1		汉	团员	山东济南	18758687963		
2012001646	刘乐乐	男	1994-8-10	004	106	12-2	班长	汉	团员	山东济南	18758687964		
2012001648	刘琦	男	1994-8-17	004	106	12-2		汉	团员	山东济南	18758687965		
2012001655	王楠楠	女	1994-8-31	004	106	12-2		汉	团员	山东青岛	18758687967		
2012002356	王楠楠	女	1994-1-1	001	104	12-2	班长	汉	团员	山东济宁	18745687210		
2012002832	李艳楠	女	1994-4-20	003	110	12-2		汉	团员	山东滨州	18758678947		
2012004563	胡学伟	男	1994-1-23	006	120	12-2	班长	汉	团员	山东泰安	18775483297		
2012005835	常琳琳	女	1994-9-7	002	101	12-2		汉	团员	山东菏泽	18758687968		

记录: 第 1 项(共 114 项)　无筛选器　搜索

图 2-2　学生情况表中的字段与记录

一个数据库所包含的信息内容，都是以数据表的形式来表示和存储的。数据表是数据库的关键所在。为清晰反映数据库的信息，一个数据库中可以有多个数据表。如教学管理系统中包括专业表、教师情况表、学生情况表、课程设置表、学生成绩表等数据表。

（2）查询

查询是数据库的核心操作。利用查询可以按照不同的方式查看、更改和分析数据。也可以利用查询作为窗体、报表的记录源。查询的目的就是根据指定条件对数据表或其他查询进行检索，筛选出符合条件的记录，构成一个新的数据集合，从而方便用户对数据库进行查看和分析。Access 2010 中的查询包括选择查询、计算查询、参数查询、交叉表查询、操作查询、SQL 查询。如图 2-3 所示，这是一个选择查询的结果，是在学生情况表中查询所有学生的平均成绩、最低分、最高分以及课程代码的情况。

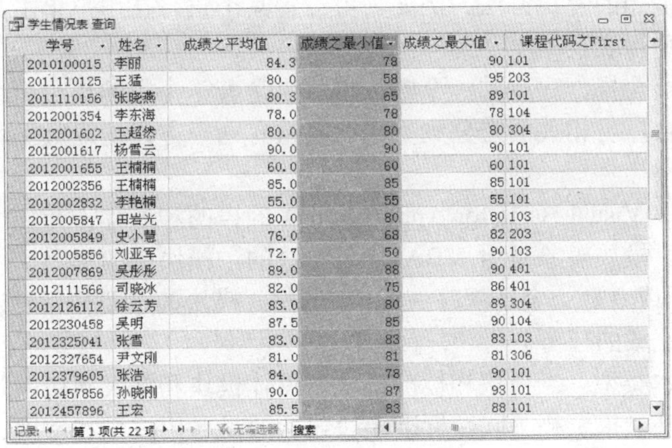
学生情况表 查询

学号	姓名	成绩之平均值	成绩之最小值	成绩之最大值	课程代码之First
2010100015	李丽	84.3	78	90	101
2011110125	王猛	80.0	58	95	203
2011110156	张晓燕	80.3	65	89	101
2012001354	李东海	78.0	78	78	104
2012001602	王超然	80.0	80	80	304
2012001617	杨雪云	90.0	90	90	101
2012001655	王楠楠	60.0	60	60	101
2012002356	王楠楠	85.0	85	85	101
2012002832	李艳楠	55.0	55	55	101
2012005847	田岩光	80.0	80	80	103
2012005849	史小慧	76.0	68	82	203
2012005856	刘亚军	72.7	50	90	103
2012007869	吴彤彤	89.0	88	90	401
2012111566	司晓冰	82.0	75	86	401
2012126112	徐云芳	83.0	80	89	304
2012230458	吴明	87.5	85	90	104
2012325041	张雪	83.0	83	83	103
2012327654	尹文刚	81.0	81	81	306
2012379605	张浩	84.0	78	90	101
2012457856	孙晓刚	90.0	87	93	101
2012457896	王宏	85.5	83	88	101

记录: 第 1 项(共 22 项)　无筛选器　搜索

图 2-3　选择查询的结果

（3）窗体

窗体是数据信息的主要表现形式，其中包含的对象称为窗体控件，用于创建表的用户界面，是数据库与用户之间的主要接口，如图 2-4 所示。在窗体中可以直接查看、输入和更改数据。通常情况下，窗体包括 5 个节，分别是：窗体页眉、页面页眉、主体、页面页脚及窗体页脚。并不是所有的窗体都必须同时包括这 5 个节，可以根据实际情况选择需要的节。建立界面友好的用户窗体，会给使用者带来极大方便，使所有用户都能根据窗体中的提示完成自己的工作，这是建立窗体的基本目标。

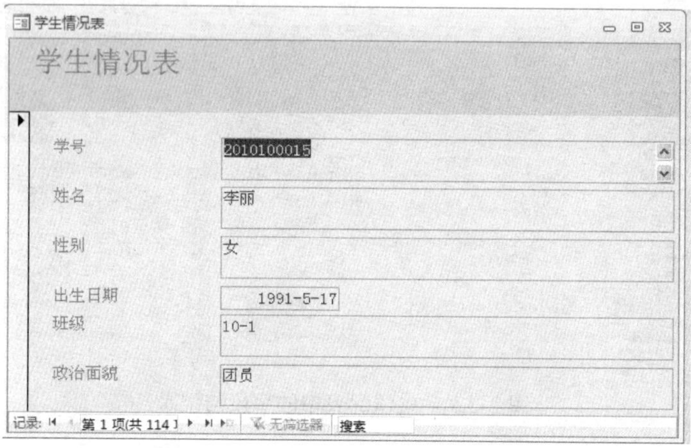

图 2-4　窗体

（4）报表

报表是以打印的形式表现用户数据。如果想要从数据库中打印某些信息时就可以使用报表。通常情况下，我们需要的是打印到纸张上的报表。在 Access 2010 中，报表中的数据源主要来自表、查询或 SQL 语句。用户可以控制报表上每个对象（也称为报表控件）的大小和外观，并可以按照所需的方式选择所需显示的信息以便查看或打印输出。

（5）宏

宏是指一个或多个操作的集合，其中每个操作实现特定的功能。如打开某个窗体或打印某个报表。宏可以使某些普通的、需要多个指令连续执行的任务能够通过一条指令自动完成。宏是重复性工作最理想的解决办法。例如，可设置某个宏，在用户单击某个命令按钮时运行该宏，可以打印某个报表。

宏可以是包含一个操作序列的一个宏，也可以是若干个宏的集合所组成的宏组。宏组是一系列相关宏的集合，将相关的宏分到不同的宏组有助于方便地对数据库进行管理。

（6）模块

模块是将 VBA（Visual Basic for Applications）的声明和过程作为一个单元进行保存的集合，即程序的集合。模块对象是用 VBA 代码写成的，模块中的每一个过程都可以是一个函数（Function）过程或者是一个子程序（Sub）过程。模块的主要作用是建立复杂的 VBA 程序以完成宏等不能完成的任务。

模块有两个基本类型：类模块和标准模块。窗体模块和报表模块都是类模块，而且它们各自与某一窗体或某一报表相关联。标准模块包含的是通用过程和常用过程，通用过程不与任何对象相关联，常用过程可以在数据库中的任何位置执行。

2.2　创建数据库

创建数据库的基本方法有两种：一种是直接创建空数据库。创建一个空数据库，然后逐步向数据库中添加表、查询、窗体和报表等；这种方法灵活通用，但操作较复杂，用户必须自主建立数据库应用系统所需的每一个对象；另一种就是使用模板创建数据库，Access 2010 中，可以在“Office Online 模板”中搜索 Access 2010 模板，并从网上下载模板来创建数据库。

2.2.1　直接创建空数据库

例 2-1　创建一个名为“教学管理系统”的数据库，操作步骤如下。

① 启动 Access 2010。当初次启动 Access 2010 时，就出现如图 2-5 所示的界面。

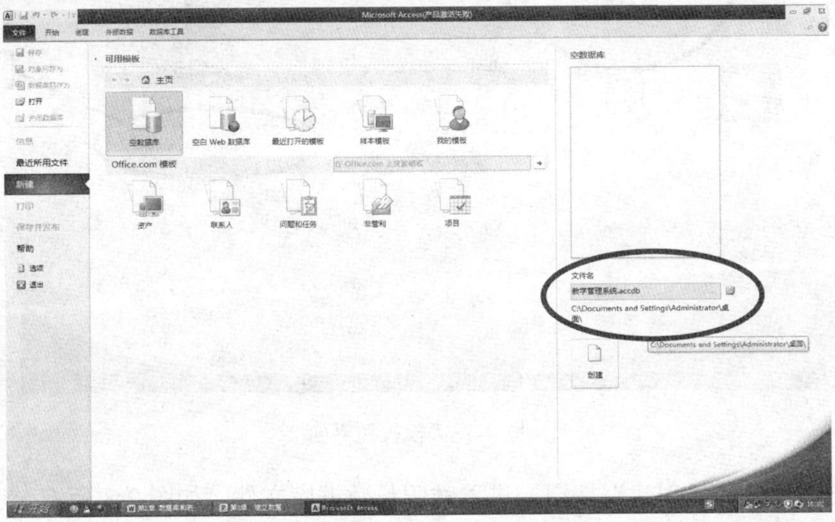

图 2-5　Access 2010 启动界面

② 新建数据库文件。在打开的 Access 界面中，选择左上角的“空数据库”选项，然后在右下角的文件名的文本框中输入数据库文件名称，单击文本框右边的 图标，新建对话框就会出现，如图 2-6 所示。单击“创建”按钮，进入文件窗口。

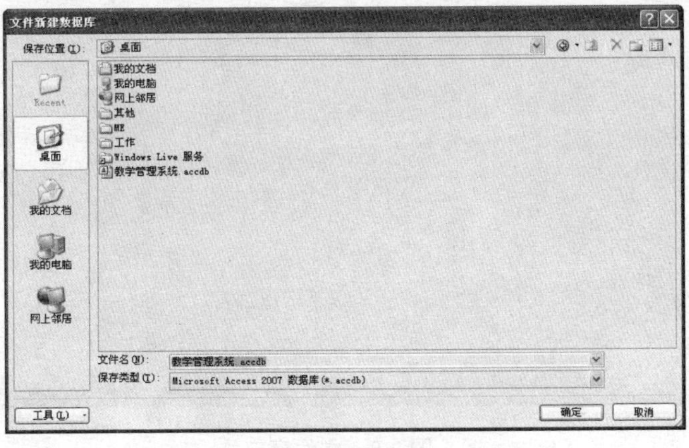

图 2-6　“文件新建数据库”对话框

2.2.2 利用模板创建数据库

利用 Access 2010 数据库模板创建数据库，系统自动生成了一个完整的应用数据库系统，并自动完成表、查询、窗体、报表及宏命令等的建立，同时也生成了数据库系统的主界面。

例 2-2 创建一个教职员数据库文件。操作步骤如下。

① 在 Access 2010 的“新建”界面中，单击“样本模板”选项，然后出现“可用模板”界面，单击“教职员”选项，确定文件保存的路径，如图 2-7 所示。

图 2-7 “模板”界面

② 单击右下角的“创建”按钮，进入教职员数据库文件。如图 2-8 所示。

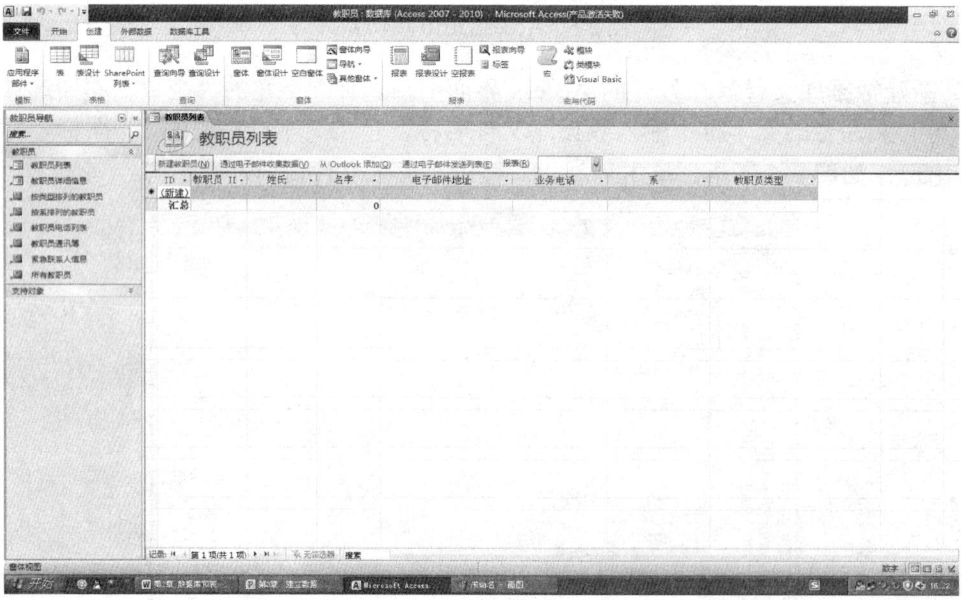

图 2-8 文件窗口

2.3　数据库打开与关闭

2.3.1　打开数据库

打开数据库的方法有以下三种。

① 启动 Access 2010，选择“打开”选项，弹出“打开”对话框，如图 2-9 所示，选择要打开的数据库，或者单击“其他”图标，搜寻其他数据库。

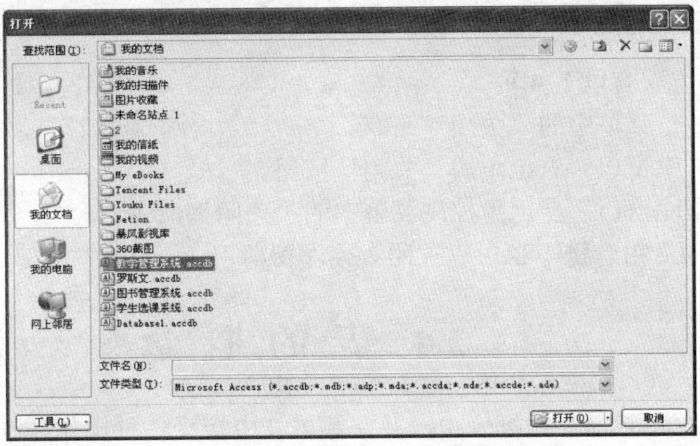

图 2-9 “打开”对话框

② 选择“文件”菜单中的“打开”命令，或单击工具栏中“打开”按钮。

③ 在 Windows 桌面上或者 Windows 文件夹窗口中直接双击带（. accdb）扩展名的数据库文件，也可以打开数据库文件。

数据库文件有 4 种打开形式，在“打开”对话框中，当选择了数据库所在的文件夹，并在文件列表框中选择要打开的数据库文件名后，单击“打开”按钮右侧的下拉列表按钮，弹出 4 种打开选项，如图 2-10 所示。

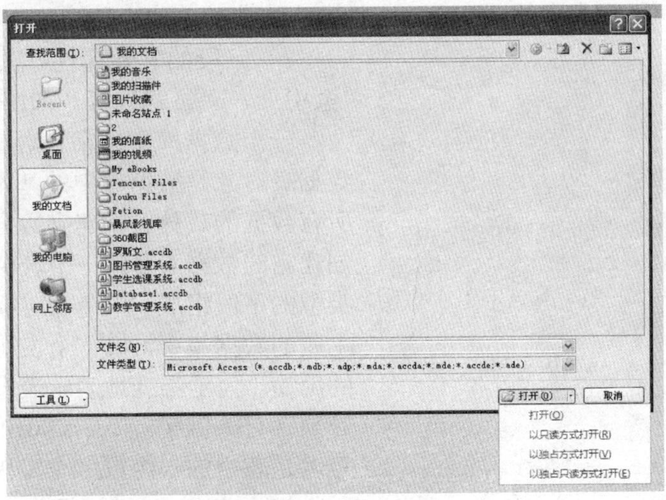

图 2-10　4 种打开方式

①“打开”选项：打开的数据库文件可以与网上其他用户共享，这是 Access 2010 默认的打开方式。

②“以只读方式打开”选项：打开的数据库文件可以与网上其他用户共享，但只能浏览数据库对象，不能进行修改。

③“以独占方式打开”选项：打开的数据库文件只能由打开者使用，网上其他用户不能打开该数据库。

④“以独占只读方式打开”选项：打开的数据库文件只能由打开者浏览数据库对象，不能进行修改，网上其他用户不能打开该数据库。

2.3.2 关闭数据库

关闭数据库的方法有以下 4 种。

① 选择“文件”菜单中的“关闭”命令。

② 单击“数据库窗口”右上角的“关闭”按钮。

③ 选择“数据库窗口”左上角控制菜单中的“关闭”命令。

④ 按“Ctrl+F4”组合键，也可以关闭数据库窗口。

2.4 表的概念

数据库中的数据都存储在数据表中，并在数据表中接受各种操作与维护。数据库中其它对象对数据库中数据的任何操作都是基于数据表对象进行的。Access 2010 数据表对象由两个部分构成：表对象的结构和表对象的数据。

2.4.1 表的结构

数据表对象的结构是指数据表的框架，也称为数据表对象的属性，主要包括以下几种类型。

① 字段名称。数据表中的一列称为一个字段，而每一个字段均具有唯一的名字，被称为字段名称。

② 数据类型。数据表中的同一列数据必须具有共同的数据特征，称为字段的数据类型。

③ 字段大小。数据表中的一列所能容纳的字符或数字的个数被称为字段大小。

④ 字段的其他属性。其他一些属性，包括“索引”、“格式”等。如图 2-11 所示。

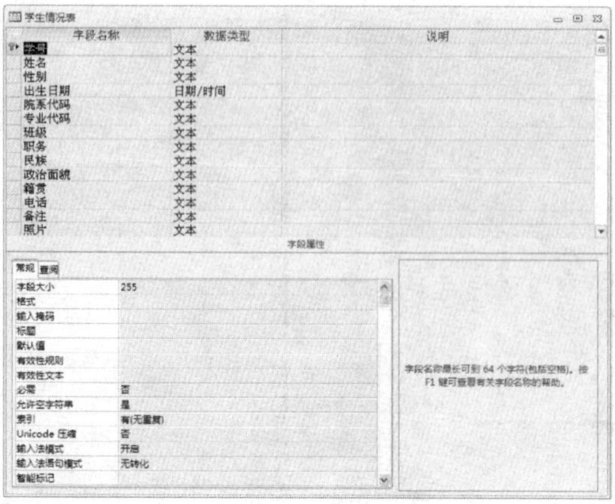

图 2-11 表结构

一个数据库中通常包含若干个数据表对象，数据表对象是数据库中的基本单元，是数据库中所有数据的载体。创建完数据库，下一步就应该创建它的数据表了，一个表由多个具有不同数据类型的字段组成。一个表对象就是一个关于特定主题的数据集合，每一个表在数据库中具有不同的用途。为了唯一地表示表中的某条记录，表中必须含有关键字。Access 2010 的主关键字（主键）可以是表中的一个或多个字段，而且“主键”字段的值不能空，也不能重复。

2.4.2　字段的数据类型

在表 2-1 中列出了 Access 2010 中使用的 10 种数据类型及其用法及占用的存储空间。

表 2-1　字段数据类型表

数据类型	用　法	大　小
文本	文本或文本与数字的组合，例如地址；也可以是不需要计算的数字，例如电话号码、零件编号或邮编	最多 255 个字符。Access 只保存输入到字段中的字符，而不保存文本字段中未用位置上的空字符。设置“字段大小”属性可以控制输入字段的最大字符数，默认值是 50 个字符
备注	长文本多于 255 个字符及数字，例如备注或说明	最多 64000 个字符
数字	可用来进行算术计算的数字数据，涉及货币的计算除外（使用货币类型）	1、2、4 或 8 个字节。16 个字节仅用于“同步复制 ID”(GUID)
日期 / 时间	用于日期和时间型数据	100～9999 年之间的日期时间
货币	货币值。使用货币数据类型可以避免计算时四舍五入。精确到小数点左侧 15 位数及右 4 位数	8 个字节
自动编号	在添加记录时自动插入的唯一顺序（每次递增 1）或随机编号	4 个字节。16 个字节仅用于“同步复制 ID”(GUID)
是 / 否	字段只包含两个值中的一个，例如“是 / 否”、“真 / 假”、“开 / 关”等	1 位
OLE 对象	在其他程序中使用 OLE 协议创建的对象（例如 Word 文档、Excel 电子表格、图像、声音或其他二进制数据），可以将这些对象链接或嵌入到 Microsoft Access 表中。必须在窗体或报表中使用绑定对象框来显示 OLE 对象。OLE 类型数据不能排序、索引和分组	最大可为 1 GB（受磁盘空间限制）
超级链接	存储超级链接的字段。超级链接可以是 UNC 路径或 URL	最多 64000 个字符
查阅向导	创建允许用户使用组合框选择来自其他表或来自列表中的值的字段。在数据类型列表中选择此选项，将启动向导进行定义	与主键字段的长度相同，且该字段也是“查阅”字段，通常为 4 个字节

字段类型的选择是由数据决定的，定义一个字段数据类型，我们需要先来分析输入的数据。从两个方面来考虑：一是数据类型，字段类型要和数据类型一致，数据的有效范围决定数据所需存储空间的大小；二是对数据的操作，例如可以对数值型字段进行相加操作，但不能对“是 / 否”类型进行加法操作。通过这两方面的分析决定所选择的字段类型。

比如，我们要定义学生表中“学号”和“电话”两个字段的数据类型，都应定义为“文本”类型，而不是数字型，是因为对电话和学号是不需要进行算术计算的，所以定义“文本”类型更合适一些。

性别字段只需两个数据“男”和“女”，可以定义为“是 / 否”类型，用“真”来表示“男”，用“假”来表示“女”；当然也可以将它定义为“文本”类型，直接输入“男”或“女”；或者定义为数值型，用“1”表示“男”，用“0”表示“女”。三种类型比较来看还是定义为“文本”类型比较好。

照片字段定义为“OLE 对象”类型。该字段输入的是学生的图像，需要借助外部设备（如数码相机）来采集图像信息。

个人简历字段主要是一些文本数据，不能定义为“文本”类型，是因为“文本”类型存储空间为 255 个字符，而“备注”类型为 64000 个字符，由于个人简历字段输入文本信息通常都较大，所以定义为“备注”类型更合适。

2.5 创 建 表

2.5.1 表的创建

（1）通过表设计器创建表

表设计器是 Access 2010 中设计数据表的主要工具，相对前两种方法更方便、直观和易于掌握，所以也是最常用的创建表的方式。利用表设计器不仅可以创建一个新表，也可以用于修改现有表的结构。在表设计器中，由用户自己设计、编辑、输入表的结构，并对表中字段的属性进行设置。

使用表设计器建立一个新表时，Access 2010 系统打开一个空的设计器窗口。因此，我们首先需要设计好新表的结构，字段名、字段名的数据类型、大小和属性等，然后再利用表设计器编辑表的结构。

例 2-3 下面我们使用“表设计器”的方法，创建一个“教师情况表”，共有 8 个字段名。其名称、类型和大小在表 2-2 中列出。具体的操作步骤如下。

表 2-2 “教师情况表”的结构

字段名称	字段类型	字段大小	是否为主键
教师编号	文本	6	是
教师姓名	文本	8	
性别	文本	2	
工作时间	日期/时间		
所属院系代码	文本	6	
所属专业代码	文本	6	
职称	文本	10	
工资	数字	单精度型	

① 进入数据库界面，单击如图 2-12 所示的“表设计”按钮，弹出表设计器的窗口。

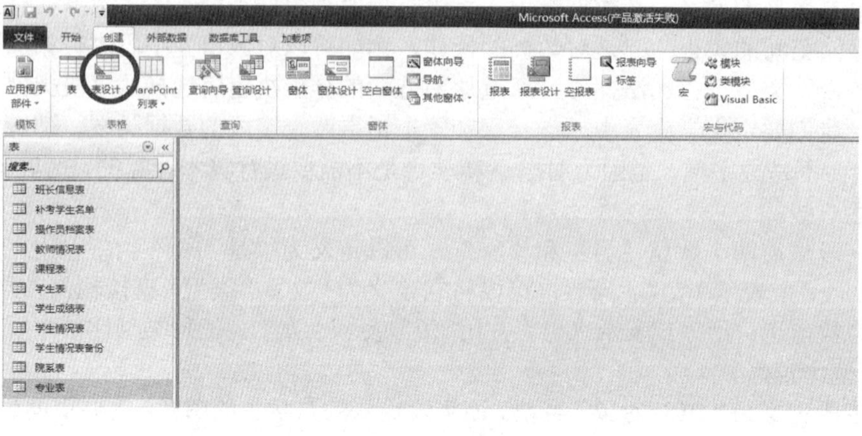

图 2-12 “创建”窗口

② 在“字段名称”栏下按顺序输入定义好的字段名称，在“数据类型”栏下的列表框中选择该字段所需的数据类型，在“说明”栏中输入对该字段的一些解释和注释信息。在窗口下方的“常规”选项卡中可以对字段的属性进行设置，如图 2-13 所示。关于字段属性设置会在下一节中具体说明。

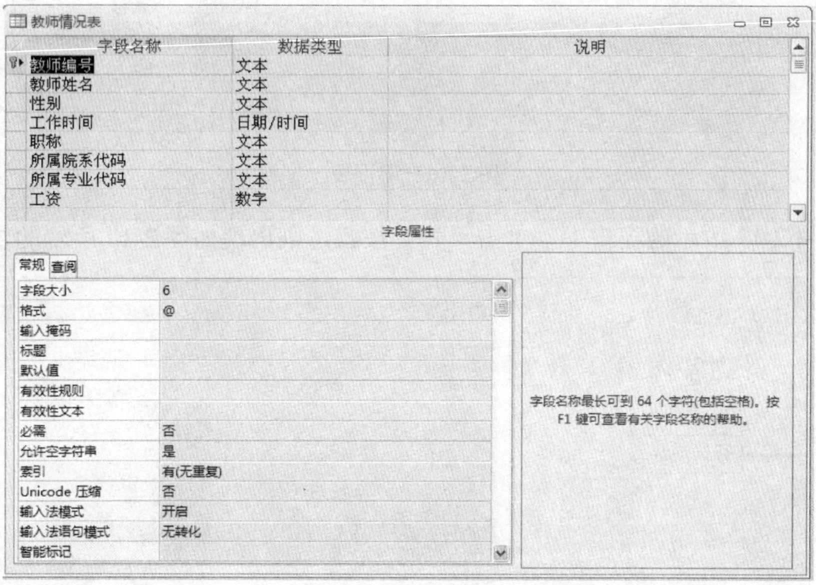

图 2-13　表设计器窗口

③ 设置主键，定义完全部字段后，单击“编号”字段行，然后单击工具栏中的“主键”按钮或选择“编辑”菜单中的“主键”命令，给表定义一个主关键字，如图 2-14 所示。

④ 完成字段定义后，整个表的创建就完成了，单击工具栏中的“保存”按钮，会弹出如图 2-15 所示的对话框，输入表的名称，单击“确定”按钮，表的创建工作就完成了。

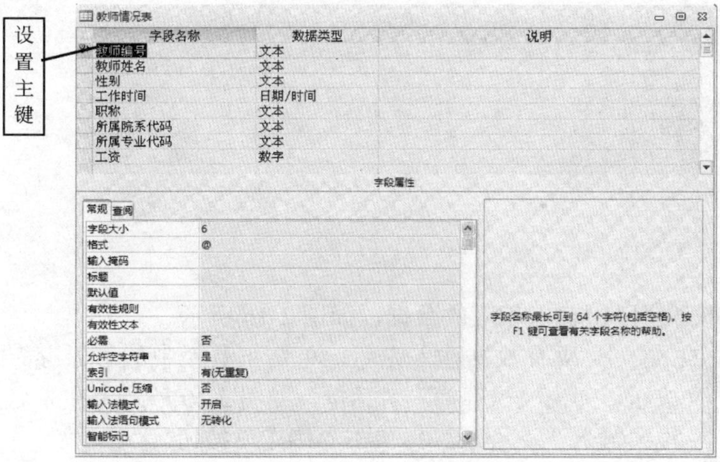

图 2-14　设置主键

图 2-15　“另存为”对话框

（2）直接输入数据创建表

在 Access 2010 中还可以通过直接输入数据方式来创建表，我们不需要考虑字段类型及属性，系统会通过输入的数据来分析字段类型及属性，并加以定义。

例 2-4 下面我们使用“通过输入数据创建表”的方法，创建一个如图 2-16 所示的“课程表”。具体操作步骤如下。

课程表

课程代码	课程名称	学时	学分	类别	教师编号	开课时间	选课范围	内容简介
101	高等数学	90	5	考试	001	1-19周	全校	
103	离散数学	54	3	考试	002	1-14周	理科	
104	大学英语	72	4	考试	003	1-18周	全校	
203	数据结构	54	3	考试	004	1-12周	计算机专业	
208	园林规划设计	72	4	考试	010	1-18周	林学院	
304	VB程序设计	72	4	考试	005	1-18周	全校	
306	C++程序设计	90	5	考试	011	1-19周	计算机专业	
401	大学语文	54	3	考试	007	1-18周	全校	
402	行政管理学	54	3	考试	006	1-18周	文法学院	

图 2-16 课程表

① 在如图 2-12 所示的窗口中，单击“表”按钮，则出现如图 2-17 所示的窗口。

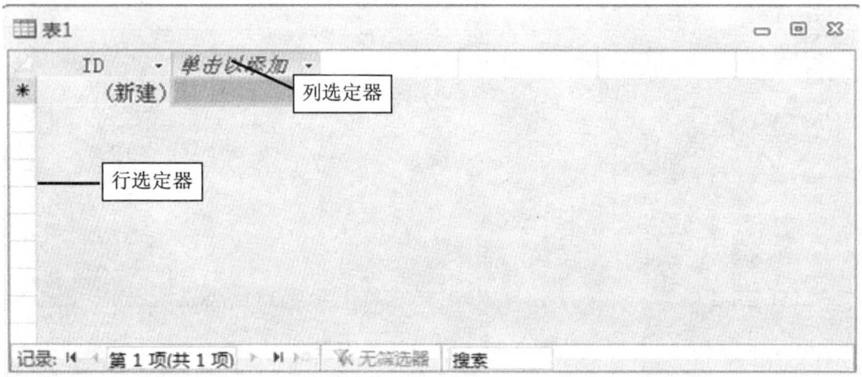

图 2-17 数据表视图窗口

② 首先修改字段名称，用鼠标单击表窗口中的“单击以添加”旁边的三角箭头，在弹出的下拉列表中选择数据类型，输入字段名称。依次修改需要的字段，如图 2-18 所示。

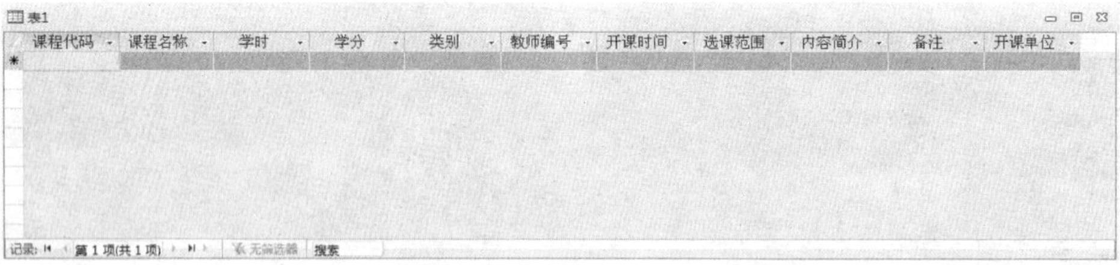

图 2-18 输入字段名称

③ 下一步开始输入数据，在每列字段中输入相应的数据，如图 2-16 所示。

④ 所有数据输入完后，单击工具栏中的“保存”按钮，弹出“另存为”对话框，如图 2-19 所示，在表名称中输入“课程表”，单击“确定”按钮。

图 2-19 “另存为”对话框

2.5.2 输入数据

建立了表结构之后，就可以向表中输入数据记录了。在 Access 中，可以利用“数据表视图”向表中输入建立，也可以通过“导入”操作，将其他数据库中的表复制到本数据库中。

在“数据表视图”中向表中输入数据的具体操作步骤如下：

① 在数据库窗口中单击“表对象”；

② 右键单击要输入数据的表名，在弹出的快捷菜单中，选择“打开”命令，打开“数据表视图”；或者双击要输入数据的表名，打开“数据表视图”；

③ 在“数据表视图”中输入表数据；

④ 输入完毕后，单击“保存”按钮保存数据；

⑤ 关闭“数据表视图”窗口，结束输入操作。

在“数据表视图”中输入数据的操作比较简单，这里就不再过多讲述。下面介绍一些特殊数据的输入方法。

（1）输入较长字段的数据

对于较长的文本字段输入、备注类型字段的输入可以展开字段以便于对其进行编辑。展开字段的方法是：打开数据表，单击要输入的字段，按下“Shift+F2”键，弹出“缩放”对话框，如图 2-20 所示。在对话框中输入数据，单击“确定”按钮把输入数据保存到字段中。单击“字体”按钮，打开“字体”对话框，可以设置“缩放”对话框中文字的显示效果。

图 2-20 “缩放”对话框

（2）输入“是/否”类型的数据

在数据表中，“是/否”类型的数据字段上显示一个复选框。选中复选框表示输入“是”，不选中表示输入“否”。

（3）输入“日期/时间”类型的数据

在输入“日期/时间”类型的数据时，可以参照图 2-21 中列出的“日期/时间”格式。

输入完成后，Access 会按照字段属性中定义的格式显示“日期/时间”类型的数据。如果日期后面带有时间，则日期和时间之间要用空格分隔，例如，“99-2-15 15:20”。

常规日期	2007-6-19 17:34:23
长日期	2007年6月19日
中日期	07-06-19
短日期	2007-6-19
长时间	17:34:23
中时间	下午 5:34
短时间	17:34

图 2-21 “日期/时间”格式

（4）输入“OLE”对象数据

OLE 对象字段用来存储图片、声音、Microsoft Word 文档和 Microsoft Excel 文档等数据，以及其他类型的二进制数据。

OLE 对象类型字段数据输入步骤如下。

①“数据表视图”中打开表，右击要输入的 OLE 字段，在快捷菜单中单击“插入对象”命令，弹出“插入对象”对话框，如图 2-22 所示。

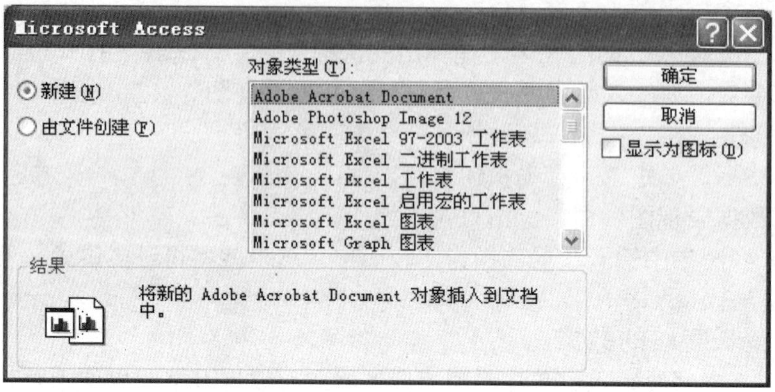

图 2-22 “插入对象”对话框（一）

② 在“插入对象”对话框中，如果没有可以选定的对象，请单击“新建”单选按钮，然后在“对象类型”列表框中单击要创建的对象类型，单击“确定”按钮可以打开相应的应用程序创建一个新对象，并插入到字段中。

如果选择“由文件创建”单选按钮，则可以单击“浏览”按钮，选择一个已存储的文件对象，单击“确定”按钮，即可将选中的对象插入到字段中，如图 2-23 所示。

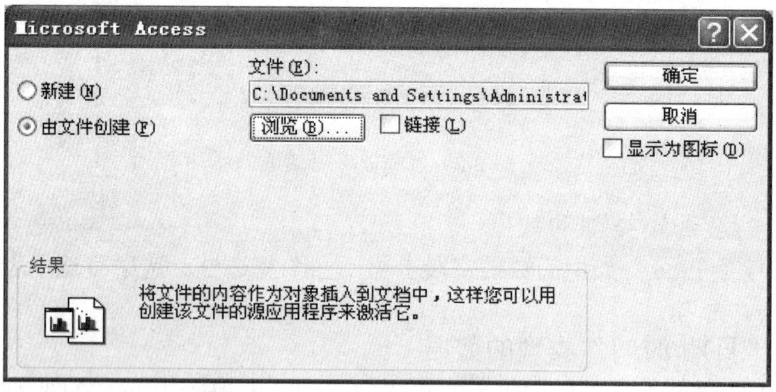

图 2-23 “插入对象”对话框（二）

（5）输入“超链接”类型数据

超链接的目标可以是文档、文件、WEB 页、电子邮件地址或者当前数据库的某一对象。当鼠标指针放在超链接上时，单击超级链接可以打开超链接的目标对象。

超链接类型数据输入的具体步骤如下。

① 在“数据表视图”中打开表，右键单击要输入的超链接字段，在弹出的快捷菜单中单击“超链接”子菜单中的“编辑超链接”命令，弹出“插入超链接”对话框，如图 2-24 所示。

② 在对话框的“查找范围”列表框中选择超链接对象所在的文件夹，在对象列表中选择超链接对象，单击“确定”按钮，超链接就可以保存到字段中。

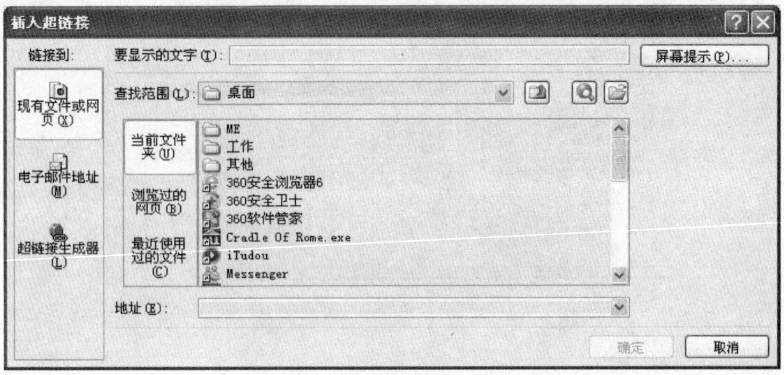

图 2-24 “插入超链接”对话框

2.6 字段属性设置

在创建表结构时，除了输入字段名称、指定字段的类型外，还需要设置字段的属性。在表结构创建后，也可以根据需要修改字段的属性，这个操作在“设计视图”的属性区中进行，虽然不同类型字段的属性不完全相同，但设置属性的方法是一样的。

字段属性可分为常规属性和查阅属性两类，下面分别进行介绍。

2.6.1 常规属性的设置

字段的常规属性包括字段大小、格式、输入掩码和索引等，字段类型不同显示的字段属性也不同，如图 2-25 所示。

图 2-25 字段属性“常规”选项卡

下面分别介绍常用的常规属性的含义。

（1）字段大小

字段大小即字段的宽度，该属性用来设置存储在字段中文本的最大长度或数字取值范围。

对于文本字段，“字段大小”属性默认值为 50，但可以输入 255 以内的数字。

对于数字字段，“字段大小”属性默认值为“长整型”，单击“字段大小”属性框，再单击▼按钮会出现图 2-26 所示的下拉菜单，选择不同数字类型，其操作范围也不同。关于不同数字类型的操作范围如表 2-3 所示。

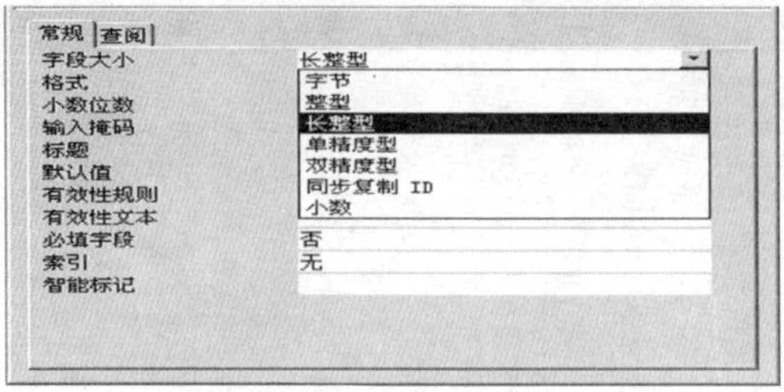

图 2-26 “数字类型”的属性对话框

表 2-3 数字型字段大小取值范围

设　置	说　明	小数位数	存储量大小
字节	保存 0～225（无小数位）的数字	无	1 个字节
小数	存储–10^{28} ～10^{28} 范围的数字	28	12 个字节
整型	保存–32768～32767（无小数位）的数字	无	2 个字节
长整型	保存–2147483648～2147483647 的数字	无	4 个字节
单精度型	保存–3.40×10^{38} ～3.4×10^{38} 的数字	7	4 个字节
双精度型	保存–1.79×10^{308} ～1.79×10^{308} 的数字	15	8 个字节

设置“字段大小”属性时，应注意以下两点。

① 在满足需要的前提下，字段大小越小越好。因为较小的数据的处理速度更快，需要的内存更小。

② 在一个数字类型的字段中，如果将字段大小属性由大变小，可能会出现数据丢失。

（2）格式

“格式”属性可以用于设置自动编号、数字、货币、日期 / 时间和是 / 否等字段输出数据的样式，如果在输入数据时没有按规定的样式输入，在保存时系统会自动按要求转换。格式设置对输入数据本身没有影响，只是改变数据输出的样式。若要让数据按输入时的格式显示，则不要设置“格式”属性。

下面列出各种数据类型的格式说明，如表 2-4～表 2-6 所示。

表 2-4 日期/时间预定义格式

设　置	说　明
常规日期	（默认值）如果数值只是一个日期，则不显示时间；如果数值只是一个时间，则不显示日期。该设置是“短日期”与“长日期”设置的组合。 示例：94/6/19 17:34:23，以及 94/8/2 05:34:00
长日期	与 Windows“控制面板”中“区域设置属性”对话框中的“长日期”设置相同。 示例：1994 年 6 月 19 日
中日期	示例：94-06-19
短日期	与 Windows“控制面板”中“区域设置属性”对话框中的“短日期”设置相同。 示例：01-8-7
长时间	与 Windows“控制面板”中“区域设置属性”对话框中的“时间”选项卡的设置相同。 示例：17:34:23
中时间	示例：15:34:00
短时间	示例：17:34

表 2-5　数字/货币预定义格式

设置	说　明
常规数字	（默认值）以输入的方式显示数字
货币	使用千位分隔符。负数、小数以及货币符号，小数点位置按照 Windows“控制面板”中的设置
固定	至少显示一位数字。对于负数、小数以及货币符号，小数点位置按照 Windows“控制面板”中的设置
标准	使用千位分隔符。对于负数、小数以及货币符号、小数点位置按照 Windows“控制面板”中的设置
百分比	乘以 100 再加上百分号（%）。对于负数、小数以及货币符号，小数点位置按照 Windows“控制面板”中的设置
科学记数法	使用标准的科学记数法
欧元	使用欧元符号 £

表 2-6　文本/备注型预定义格式

符号	说　明
@	要求文本字符（字符或空格）
&	不要求文本字符
<	使所有字符变为小写
>	使所有字符变为大写

“是 / 否”类型提供了 Yes/No、True/False 以及 On/Off 预定义格式。Yes、True 以及 On 是等效的，No、False 以及 Off 也是等效的。如果指定了某个预定义的格式并输入了一个等效值，则将显示等效值的预定义格式。例如，如果在一个是 / 否属性被设置为 Yes/No 的文本框控件中输入了 True 或 On，数值将自动转换为 Yes。

具体操作方法：在“常规”选项卡中，单击“格式”框空白处，在下拉列表中选择预定义格式，例如“是 / 否”类型，选择后结果如图 2-27 所示，可以设置输入方式。

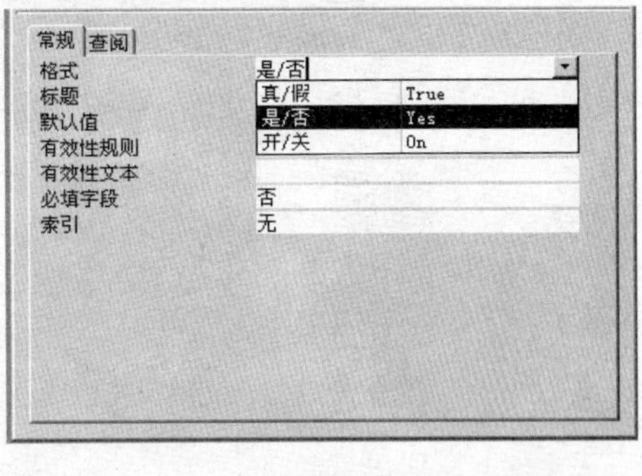

图 2-27　“是 / 否”类型预定义格式对话框

（3）输入法模式

“输入法模式”属性仅针对文本数据类型的字段有效，可有三个设置值，即“随意”、“输入法开启”与“输入法关闭”，分别表示保持原汉字输入法状态、启动汉字输入法和关闭汉字输入法。“输入法模式”属性的默认值为“输入法开启”。

（4）输入掩码

输入掩码用来设置字段中的数据输入格式，可以使数据输入更容易，并且可以控制用户在文本框类型的控件中的输入值，并拒绝错误输入。输入掩码主要用于文本型和时间/日期型字段，也可以用于数字型和货币型字段。

前面讲过“格式”的定义，“格式”用来限制数据输出的样式，如果同时定义了字段的显示格式和输入掩码，则在添加或编辑数据时，Microsoft Access 2010 将使用输入掩码，而“格式”设置则在保存记录时决定数据如何显示。同时使用“格式”和“输入掩码”属性时，要注意它们的结果不能互相冲突。

例 2-5　现在把“教师档案表”中的工作时间字段设置为“短日期（中文）”以此为例，介绍“输入掩码”的设置方法，操作步骤如下。

①首先进入“教师情况表”表设计视图，选择工作时间字段。

然后在“常规”选项卡下部，单击“输入掩码”属性框右侧的…按钮，即启动输入掩码向导，如图 2-28 所示。

② 选择“短日期（中文）”，单击“下一步”按钮，在弹出的如图 2-29 所示的对话框中将占位符设置为“_”，然后单击“下一步”按钮。

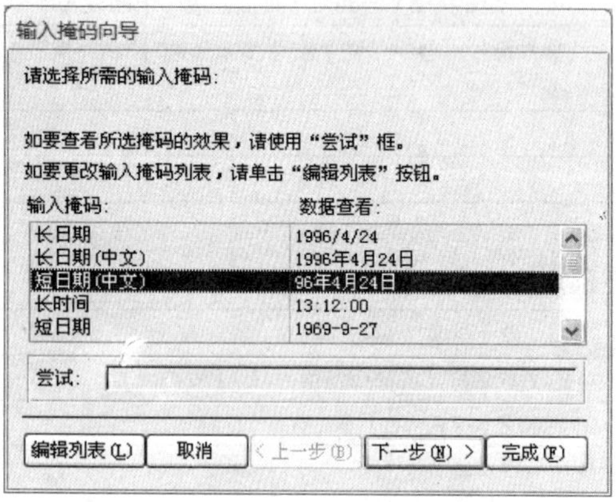

图 2-28 选择输入掩码对话框

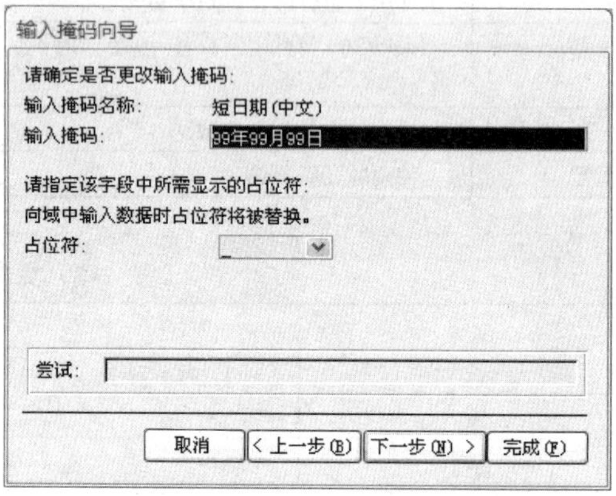

图 2-29 “输入掩码向导”对话框

③ 再单击“完成”按钮。

④ 在打开“教师情况表”数据表，添加新数据时，工作时间字段被设置为如图 2-30 所示的输入形式了。

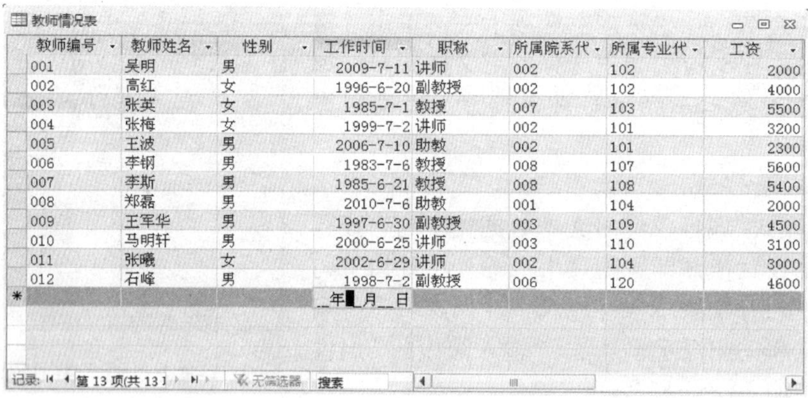

图 2-30 “教师情况表”窗口

上面介绍的是利用向导来创建“输入掩码”，也可以不用向导，人工输入掩码。表 2-7 列出了有效的输入掩码字符。

表 2-7 输入掩码字符表

字符	说 明
0	数字（[0~9，必选项；不允许使用加号（+）和减号（–）]
9	数字或空格（非必选项；不允许使用加号和减号）
#	数字或空格（非必选项；空白将转换为空格，允许使用加号和减号）
L	字母（A~Z，必选项）
?	字母（A~Z，可选项）

续表

字符	说明
A	字母或数字（必选项）
a	字母或数字（可选项）
&	任一字符或空格（必选项）
C	任一字符或空格（可选项）
. , : ; - /	十进制占位符和千位、日期和时间分隔符（实际使用的字符取决于 Windows“控制面板”的“区域设置”中指定的区域设置
<	使其后所有的字符转换为小写
>	使其后所有的字符转换为大写
!	输入掩码从右到左显示，输入掩码的字符一般都是从左向右的。可以在输入掩码的任意位置包含叹号
\	使其后的字符显示为原义字符。可用于将该表中的任何字符显示为原义字符（例如，\A 显示为 A）
密码	将“输入掩码”属性设置为“密码”，可以创建密码输入项文本框。文本框中键入的任何字符都按原字符保存，但显示为星号（*）

（5）标题

在“常规”窗口下的“标题”属性框中输入名称，将取代原来字段名称在表、窗体和报表中的显示。即在显示表中数据时，表列的栏目名将是“标题”属性值，而不是“段名称”值。

（6）默认值

当为某个字段设置了“默认值”，添加新记录时，“默认值”自动填到字段中。这样可以减少输入工作量，在不需要它时，可以修改掉。例如“性别”字段默认值设置为“男”时，“男”字就不需要输入了，需要输入“女”时，把“男”改为“女”就可以了。

我们为“教师情况表”中的“性别”字段设置默认值“男”。

首先进入表设计器选择需要设置的性别字段，在“默认值”框中输入“男”，（注意：输入文本不用加引号，要加引号也必须是英文标点符号），关闭表设计器，选择保存更改结果即可。

默认值也可以用“向导”帮助完成。

（7）有效性规则和有效性文本

“有效性规则”属性用于指定对输入到本字段中数据的要求。即通过在“有效性规则”属性中输入检查表达式，来检查输入数据是否符合要求，当输入的数据违反了“有效性规则”的设置时，将给用户显示“有效性文本”设置的提示信息。可用“向导”帮助完成设置

例 2-6 下面我们为“教师情况表”中的“工资”字段规定取值范围只能在“0～6500”之间。操作步骤如下。

① 在数据库窗口中，选择“教师情况表”，单击“设计”按钮，打开表设计视图。

② 在“教师档案表”表设计视图中，选择“工资”字段行，在“字段属性”区的“有效性规则”文本框中输入：“>=0 And <=6500”。

③ 在“有效性文本”的文本框中输入：“工资只能输入 0～6500 之间的数字”。如图 2-31 所示。

④ 单击“保存”按钮，弹出如图 2-32 所示的提示窗口，选择“是”即可。（注意：如果表中现有数据超出指定范围，还会弹出如图 2-33 所示的提示窗口。选择“是”，重新修改有效性规则或修改数据表中此字段的数据，直到满足要求即可。）

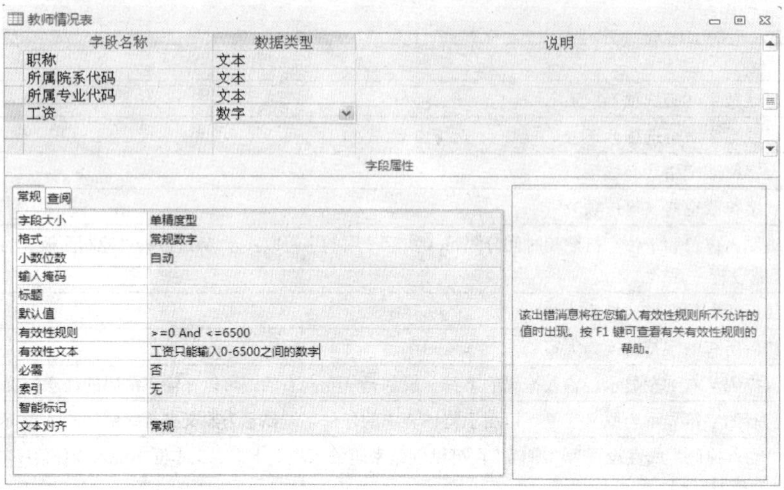

图 2-31　为“工资”设置有效性规则

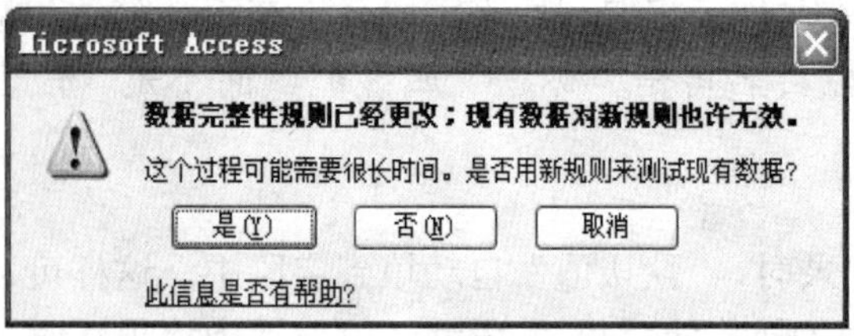

图 2-32　提示窗口

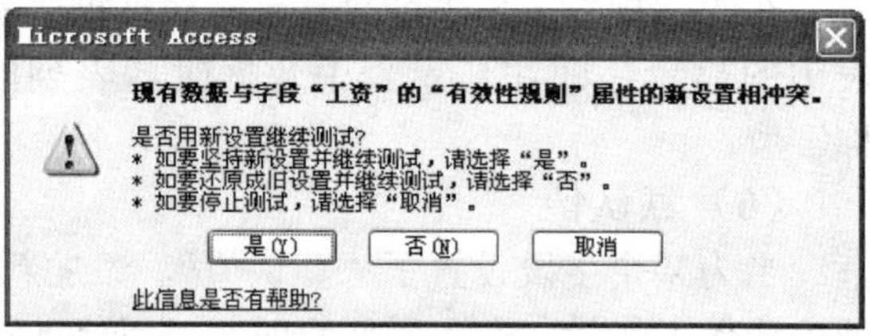

图 2-33　表中现有数据超出指定范围提示窗口

⑤ 在打开“教师情况表”，试着输入一个超出范围的数据例如输入“6900”，按“Enter”键，系统弹出如图 2-34 所示提示窗口，说明输入的数据与“有效性规则”发生冲突，系统拒绝保存此数据。

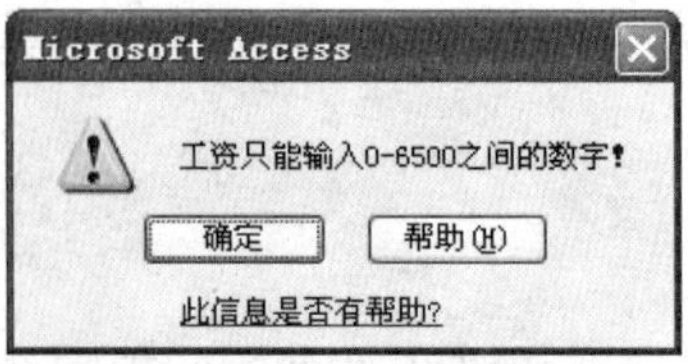

图 2-34　数据输入错误提示窗口

（8）必填字段

此属性值为“是”或“否”项。设置“是”时，表示此字段值必须输入，设置为“否”时，可以不填写本字段数据，允许此字段值为空。一般情况下，作为主键字段的“必填字段”属性为“是”，其他字段的“必填字段”属性为“否”，系统默认值为“否”。

（9）允许空字符串

该属性仅对指定为文本型的字段有效，其属性取值仅有“是”和“否”两项。当取值为“是”时，表示本字段中可以不填写任何字符。

下面是关于空值（Null）和空字符串之间的区别。

① Microsoft Access 2010 可以区分两种类型的空值。因为在某些情况下，字段为空，可能是因为信息目前无法获得，或者字段不适用于某一特定的记录。例如，表中有一个“数字”字段，将其保留为空白，可能是因为不知道学生的电话，或者该学生没有电话号码。在这种情况下，使字段保留为空或输入 Null 值，意味着“不知道”。键入双引号输入空字符串，则意味着“知道没有值”。

② 如果允许字段为空而且不需要确定为空的条件，可以将“必填字段”和“允许空字

符串”属性设置为“否”，作为新建的“文本”、“备注”或“超级链接”字段的默认设置。

③ 如果不希望字段为空，可以将“必填字段”属性设置为“是”，将“允许空字符串”属性设置为“否”。

④ 何时允许字段值为 Null 或空字符串呢？如果希望区分字段空白的两个原因：信息未知以及没有信息，可以将“必填字段”属性设置为“否”，将“允许空字符串”属性设置为“是”。在这种情况下，添加记录时，如果信息未知，应该使字段保留空白（即输入 Null 值），而如果没有提供给当前记录的值，则应该键入不带空格的双引号（“”）来输入一个空字符串。

（10）索引

设置索引有利于对字段的查询、分组和排序，此属性用于设置单一字段索引。

我们创建“教师情况表”时为“教师编号”设置了“主键”，其“索引”属性就默认了“有（无重复）”，如图 2-35 所示，一般字段“索引”属性默认值为“无”，属性值有三种选择：

①“无”，表示无索引；

②“有（有重复）”，表示字段有索引，输入数据可以重复；

③“有（无重复）”，表示字段有索引，输入数据不可以重复。

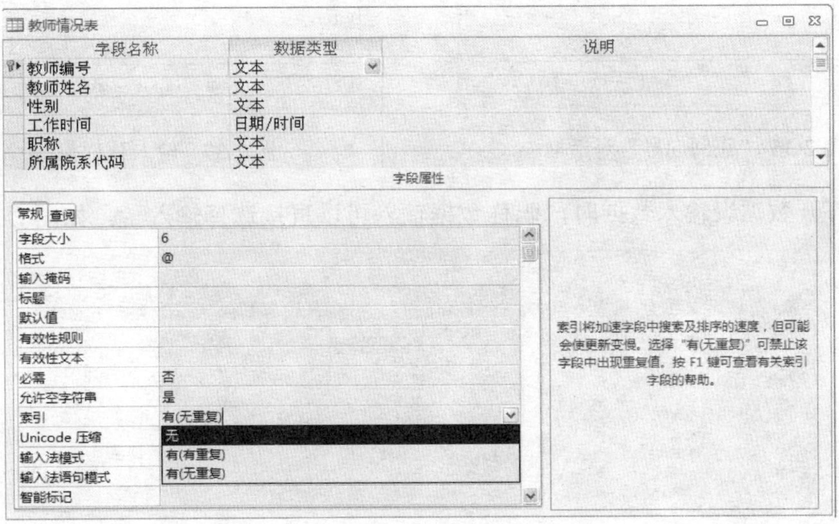

图 2-35 “索引”属性值的三种选择

（11）Unicode 压缩

在 Unicode 中每个字符占两个字节，而不是一个字节。在一个字节中存储的每个字符的编码方案将用户限制到单一的代码页（包含最多有 256 个字符的编号集合）。但是，因为 Unicode 使用两个字节代表每个字符，因此它最多支持 65536 个字符。可以通过将字段的“Unicode 压缩”属性设置为“是”来弥补 Unicode 字符表达方式所造成的影响，以确保得到优化的性能。Unicode 属性值有两个，分别为“是”和“否”，设置“是”，表示本字段中数据可能存储和显示多种语言的文本。

2.6.2 查阅属性的设置

在表设计视图中，通过单击“字段属性”窗口中的“查阅”选项卡，可以对表中各字段设置其查阅属性。在“查阅属性”选项卡上，显示有各个属性行以便设置各个属性取值。

例 2-7 现在将“教师情况表”中“职称”字段的数据类型改为“查阅向导”类型。

在 Access 2010 提供的数据类型中，“查阅向导”是一种特殊的类型，它是利用列表框或组合框从另一个表或值列表中选择已经设计好的预选值，这样可以方便数据输入，提高输入的准确性。其具体操作步骤如下。

① 打开“教师情况表”设计视图。

② 表设计视图中，选择“职称”字段的数据类型下拉列表中的“查阅向导”。

③“查阅向导”对话框中选择“自行键入所需的值”如图 2-36 所示。

④ 单击“下一步”在“第一列”下面的输入文本框中输入“助教”、“讲师”、“副教授”和“教授”四个职称预选输入数据，如图 2-37 所示；然后单击“完成”按钮。

⑤ 再单击“保存”按钮，关闭表设计视图。

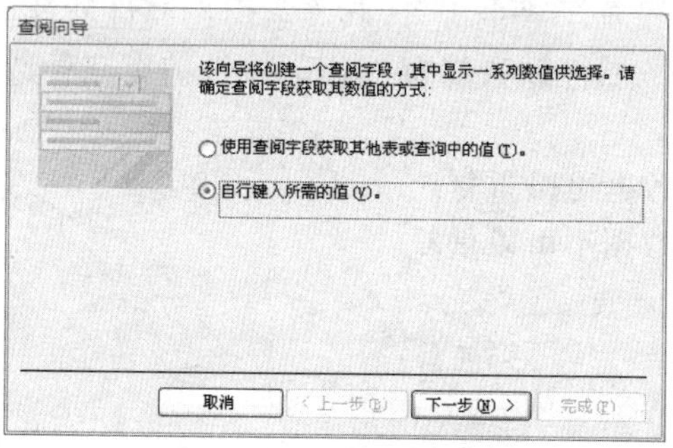

图 2-36 “查阅向导”对话框

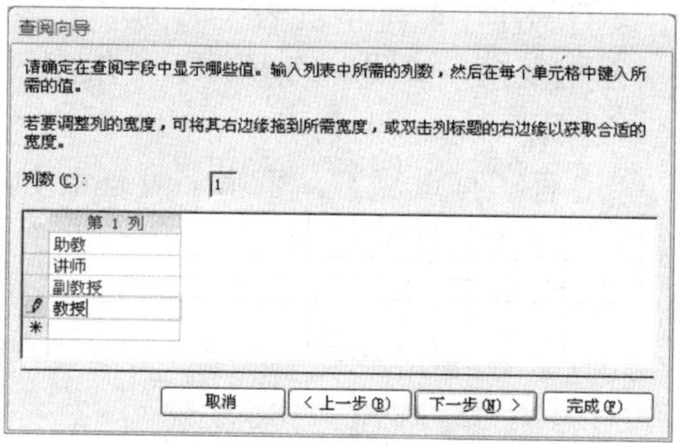

图 2-37 输入预选数据

⑥ 在打开数据表输入数据时，职称数据输入可以直接选择输入了，如图 2-38 所示。

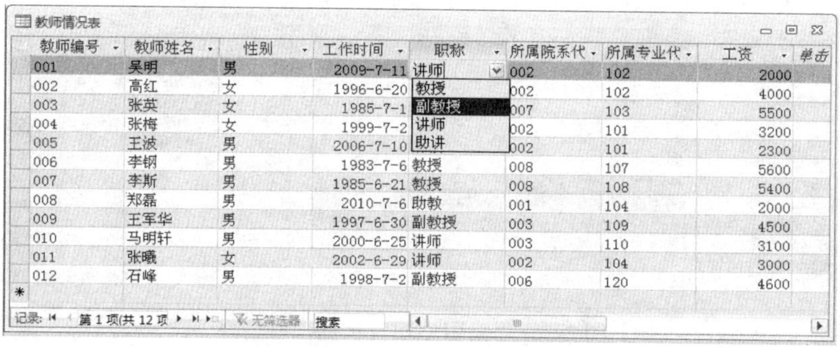

教师编号	教师姓名	性别	工作时间	职称	所属院系代	所属专业代	工资
001	吴明	男	2009-7-11	讲师	002	102	2000
002	高红	女	1996-6-20	教授	002	102	4000
003	张英	女	1985-7-1	副教授	007	103	5500
004	张梅	女	1999-7-2	讲师	002	101	3200
005	王波	男	2006-7-10	助讲	002	101	2300
006	李钢	男	1983-7-6	教授	008	107	5600
007	李斯	男	1985-6-21	教授	008	108	5400
008	郑磊	男	2010-7-6	助教	001	104	2000
009	王军华	男	1997-6-30	副教授	003	109	4500
010	马明轩	男	2000-6-25	讲师	003	110	3100
011	张曦	女	2002-6-29	讲师	002	104	3000
012	石峰	男	1998-7-2	副教授	006	120	4600

图 2-38 数据表数据输入窗口

⑦ 切换到“数据表视图”，在“字段属性”区，单击“查阅”选项卡，可以查看“职称”的查阅属性，如图 2-39 所示。

图 2-39 “职称”字段的查阅属性

2.7 表的编辑

2.7.1 修改表结构

表创建好以后，在实际操作过程难免会对表的结构做进一步的修改，对表的修改也就是对字段进行添加、修改、移动和删除等操作。对字段修改通常是在表设计视图中进行的，可以通过在工具栏中单击“设计”图标按钮 设计(D)，进入表结构设计视图。

（1）添加字段

添加新字段有以下三种方法。

① 打开表设计视图，将鼠标指向要插入的行，然后单击工具栏中的按钮 ，在插入的空白行上进行新字段输入设置。

② 在表设计视图中也可将鼠标指向要插入的位置，单击右键，在工具菜单中选择“插入行”命令。

③ 在数据表视图中，用鼠标单击某个字段名，即选择要添加新字段的位置，再单击鼠标右键，在弹出的快捷工具菜单中选择“插入列”命令，但这种方式只能在选中字段的左边插入列。

（2）更改字段

更改字段主要指的是更改字段的名称。字段名称的修改不会影响数据，字段的属性也不会发生变化。更改字段有三种方法。

① 在表设计视图中选择需要修改的字段双击，然后输入新的名称。

② 在浏览数据表视图中，选择要修改字段，双击鼠标直接进入字段名修改状态，

③ 在浏览数据表视图中，选择要修改字段，右击鼠标，在弹出的工具菜单中选择“重命名”。

若字段设置了“标题”属性，则可能出现字段选定器中显示文本与实际字段名称不符的情况，此时应先将“标题”属性框中的名称删除，然后再进行修改。

（3）移动字段

在表设计视图中把鼠标指向要移动字段左侧的标志块上单击，然后拖动鼠标到要移动的位置上放开，字段就被移到新的位置上了。另外可以在浏览数据表视图中选择要移动的字段，然后拖动鼠标到要移动的位置上放开，也可实现移动操作。

（4）删除字段

删除字段有以下三种方法。

① 在表设计视图中把鼠标指向要删除字段左侧的标志块上单击，之后单击鼠标右键，在弹出的工具菜单中选择“删除行”命令。

② 选择要删除的字段，然后单击工具栏上的“删除行” 按钮，也可以删除字段。

③ 在浏览数据表视图中，选择要删除字段列，右击鼠标，在弹出的工具菜单中选择“删除列”命令。

2.7.2 编辑表中的数据

数据表建立好之后，还要经常对表中的数据进行编辑维护，包括记录的定位、选择、添

加、删除、修改、复制等操作，还可以调整表的外观，设置字体、字形、颜色等操作。

（1）记录的定位

当数据表中记录很多时，要编辑修改某条记录，记录的定位就很重要了，在打开的数据表窗口下方，提供记录的定位工具，如图 2-40 所示，也可以使用快捷键定位，表 2-8 中列出定位快捷键的定位功能。

图 2-40 数据表的定位工具

表 2-8 定位记录的快捷键工具

快捷键	功 能
Tab，→，Enter	下移一个字段
End	移到当前记录的最后一个字段
Shift+Tab ←	上移一个字段
Home	移到当前记录的第一个字段
↓	移到下一条记录的当前字段
Ctrl+↓	移到最后一条记录的当前字段
Ctrl+End	移到最后一条记录的最后一个字段
↑	移到上一条记录的当前字段
Ctrl+↑	移到第一条记录的当前字段
Ctrl+Home	移到第一条记录的第一个字段
Page Dn	下移一屏
Page Up	上移一屏
Ctrl+ Page Dn	右移一屏
Ctrl+ Page Up	左移一屏

（2）记录的选择

在数据表视图下选择数据区域，被选中的数据记录将呈一片反白色。

① 使用鼠标选择数据区域，可有如下几种方法。

a. 选择字段中的部分数据：单击字段开始处，拖动鼠标到结尾处。

b. 选择字段中的全部数据：单击左边字段，待拖动鼠指针变成“+”后，单击鼠标左键。

c. 选择相邻多个字段中的数据：单击第一个字段左边，待拖动鼠指针变成“+”后，拖动鼠标到最后一个字段的结尾处。

d. 选择一列数据：单击该字段列选定器。

e. 选择相邻多列数据：单击第一列顶端字段名，拖动鼠标到最后一列顶端字段名。

② 使用鼠标选择记录区域，可有如下几种上方法。

a. 选择一条记录：单击该字段行选定器。

b. 选择多条记录：单击第一条记录的行选定器，再用左键拖动鼠标到选定范围的结尾处。

c. 选择所有记录：选择“编辑”菜单中的“选择所有记录”命令。

③ 使用键盘选择数据区域，可有如下几种方法。

a. 选择一个字段中的部分数据：将光标移到选定文本的开始处，再按住“Shift”键，并按“→”键直到选择内容的结尾处。

b. 选择整个字段的数据：将光标移到选定文本的任意位置，按“Home”键，然后按“Ctrl+End”键。

c. 选择相邻多个字段：选择第一个字段，然后按住“Shift”键，再按光标键到结尾处。

（3）记录的添加

在关系数据库中，一个数据表被称为一个二维表，一个二维表的一行称之为一个记录，添加新记录也就是在表的末端增加新的一行。向 Access 2010 数据表中添加新记录，有以下 4 种操作方法。

① 直接添加。直接用鼠标将光标点到表的最后一行上，然后，在当前记录中键入所需添加的数据，即完成了增加一个新记录的操作。

② 应用“记录指示器”按钮。单击“记录指示器”上的“添加新记录”按钮▶*，光标自动跳到表的最后一行上，即可键入所需添加的数据。

③ 应用功能区按钮。单击功能区“记录”上的“新建”按钮 新建，光标也会自动跳到表的最后一行上，即可键入所需添加的数据。

④ 使用快捷菜单功能。单击某个记录的行选定器，再单击鼠标右键，在弹出快捷菜单中单击“新记录”命令。

（4）记录的删除

当数据表中的一些数据记录不再需要时，可以从表中删除它们。

首先，要选中需要删除的那些记录。被选中的欲删除记录将呈一片反白色。

有以下 4 种方法删除被选中的记录。

① 单击功能区上的删除记录按钮 ▶X。

② 单击要被删除记录的行选定器选中该记录，单击鼠标右键，在弹出快捷菜单中单击“删除记录”命令。

③ 选中要被删除的记录按下键盘上的“Delete”键。

④ 单击“编辑”菜单，选择菜单中的“删除记录”命令。

不论采用哪一种删除记录的方法，Access 2010 都会弹出一个删除确认对话框，如图 2-41 所示。在删除确认对话框中单击“是”按钮，即完成了记录数据的删除操作。

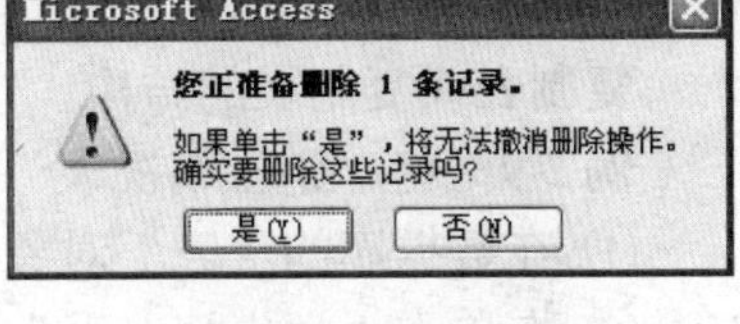

图 2-41　删除确认对话框

（5）记录的编辑修改

进入数据表视图，编辑修改数据表中的数据。

① 一般字段中的数据编辑修改。Access 2010 数据表视图是一个全屏幕编辑器，只需将光标移动到所需修改的数据处，就可以编辑修改光标所在处的数据。在任一个表格单元中，修改数据的操作如同在文本编辑器中编辑字符的操作。

② 显示控件设置为组合框的字段数据修改。在数据表对象中，可能会有一些字段的“显示控件”属性设置成为“组合框”，这是为了输入数据时的便捷与准确。在修改这样的字段数据时，不应该直接输入数据，而应该在组合框中选取数据，以保证数据的完整性。

例 2-8 在如图 2-42 所示的“教师情况表”数据视图中，如果需要将当前记录的职称“讲师”修改为“副教授”。应该单击职称字段右侧的组合框按钮 ▾，然后从列表中选取数据，而不应该直接输入数据。如此，方可保证数据的完整性。

教师编号	教师姓名	性别	工作时间	职称	所属院系代	所属专业代	工资	单击
001	吴明	男	2009-7-11	讲师	002	102	2000	
002	高红	女	1996-6-20		002	102	4000	
003	张英	女	1985-7-1		007	103	5500	
004	张梅	女	1999-7-2		002	101	3200	
005	王波	男	2006-7-10		002	101	2300	
006	李钢	男	1983-7-6	教授	008	107	5600	
007	李斯	男	1985-6-21	教授	008	108	5400	
008	郑磊	男	2010-7-6	助教	001	104	2000	
009	王军华	男	1997-6-30	副教授	003	109	4500	
010	马明轩	男	2000-6-25	讲师	003	110	3100	
011	张曦	女	2002-6-29	讲师	002	104	3000	
012	石峰	男	1998-7-2	副教授	006	120	4600	
*								

图 2-42 显示控件设置为组合框的字段数据修改

（6）记录的复制与粘贴

如同在 Excel 电子表格软件中一样，Access 2010 可以在数据表视图中复制或移动字段数据。为了复制字段数据，首先选中需要复制的连续记录中的连续字段中的数据，使之形成一块反白色的矩形区域，移动（剪切）、复制与粘贴的操作方法如下。

① 单击“编辑”菜单，选择“复制”命令，然后选择需要同样大小的复制目标区域，再单击“编辑”菜单，选择“粘贴”命令。

② 单击功能区上的复制工具按钮，选择需要同样大小的复制目标区域，单击工具栏上的粘贴工具按钮，即完成了字段数据的复制操作。

③ 对于移动字段数据，我们可以采用剪切的方法处理，单击“编辑”菜单，选择“剪切”命令，或单击功能区上的剪切工具按钮，再进行“粘贴”即可。

2.7.3 表的复制、删除和重命名

（1）数据表的复制

复制表或复制表的结构。

例 2-9 将“学生情况表”复制成“学生情况表的副本”表。操作步骤如下。

① 在数据库的“表”对象下，选择“学生情况表”。

② 右单击“学生情况表”，执行“复制”命令，或者单击功能区上的“复制”按钮。

③ 选择“编辑”菜单，执行“粘贴”命令，或者单击工具栏上的“粘贴”按钮，弹出“粘贴表方式”对话框，如图 2-43 所示。在“粘贴选项”栏中选择“结构和数据”项，单

击“确定”按钮，即在“表”对象下生成了一个备份表。

④ 另外，如果想复制表做备份也可以通过选择“文件”菜单，执行“对象另存为”命令，将选中的表复制出一个副本，如图 2-44 所示。

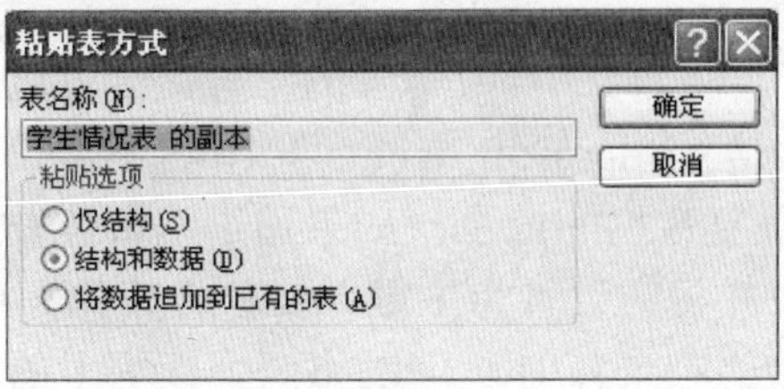

图 2-43　“粘贴表方式”对话框

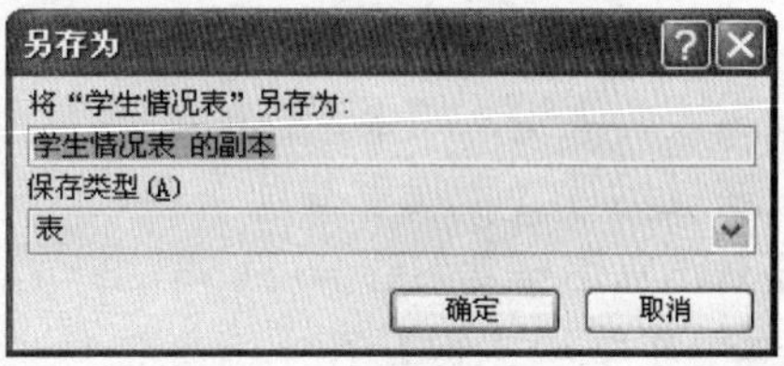

图 2-44　“另存为”对话框

（2）数据表的删除

删除一个不需要的表时，如果该表与其他表之间建立了“关系”，需要先删除该表与其他表的关系，才能再删除该表。

例 2-10　删除“学生情况表的副本”表。操作步骤如下。

① 选择“学生情况表的副本”。

② 右键单击，选择“删除”命令，或者单击功能区上“删除”按钮 ✕。

③ 在弹出的删除提示对话框中，单击“是”按钮，即可删除选中的表。如图 2-45 所示。

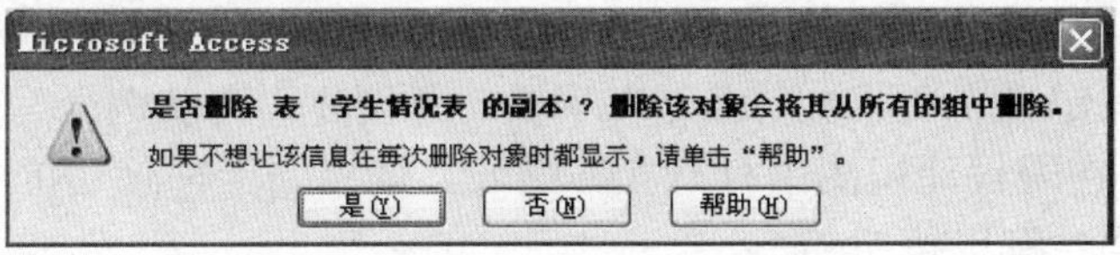

图 2-45　删除提示对话框

（3）重命名表

选中需要重新命名的“表”，然后选择“编辑”菜单，执行“重命名”命令，或者右击鼠标在弹出的快捷菜单中选择“重命名”命令，在表名称栏输入新的表名，按“Enter”键确认即可。

2.8　关于主键和索引

2.8.1　关于主键

（1）主键的概念

在表的创建过程中已经提到过主键的概念，每张表创建完成后都要设定主键，用它唯一标识表中的每一行数据。关系型数据库系统的强大功能，在于它可以查询窗体和报表，即快速地查找并组合保存在各个不同表中的信息。要做到这一点，每个表应该包含这样的一个或一组字段，这些字段是表中所保存的每一条记录的唯一标识，此字段称作表的主键。主键用来将表与其他表中外键相关联，定义主键后才能进一步定义表之间的关系，指定了表的主键之后，为确保唯一性，Access 2010 将禁止在主键字段中输入重复值或 Null。

主键的基本类型有如下几种。

① 自动编号主键。当向表中添加每一条记录时，可以将自动编号字段设置为自动输入连续数字的编号。将自动编号字段指定为表的主键是创建主键的最简单的方法。如果在保存新建的表之前没有设置主键，此时 Microsoft Access 2010 将询问是否创建主键。如果回答为“是”，Access 2010 将创建自动编号为主键。

② 单字段主键。如果字段中包含的都是唯一值，例如 ID 号或学生的学号，则可以将该字段指定为主键。如果选择的字段有重复值或 Null 值，Microsoft Access 2010 将不会设置主键。通过运行“查找重复项”查询，可以找出包含重复数据的记录。如果通过编辑数据仍然不容易消除这些重复项，可以添加一个自动编号字段并将它设置为主键，或定义多字段主键。

③ 多字段主键。在不能保证任何单字段都包含的唯一值时，可以将两个或更多的字段设置为主键。这种情况最常用于多对多关系中关联另外两个表的表。

（2）设置或更改主键

① 定义主键。在表设计视图中打开相应的表，选择所要定义为主键的一个或多个字段。如果选择一个字段，请单击行选定器。如果要选择多个字段，请按下“Ctrl”键，然后对每一个所需的字段单击行选定器，然后单击工具栏上的“主键”按钮 即可。

设置主键字段必须遵循以下两条原则：

a. 主键字段的内容不能为“空”（Null）；

b. 主键字段中的每一个值必须是唯一能够标识记录的（不能有重复记录）。

说明：在保存表之前如果没有定义“主键”系统将弹出创建主键提示信息，询问是否创建主键，用户可以根据需要自行定义，也可以由 Access 2010 指定，若默认给出，即选择“是”按钮，此时系统自动定义一个“自动编号”字段，并创建“自动编号”为主键。

② 删除主键。在表设计视图中打开相应的表，请单击当前使用的主键的行选定器，然后单击工具栏上的“主键”按钮 。

注意：此过程不会删除指定为主键的字段，它只是简单地从表中删除主键的特性。在某些情况下，可能需要暂时地删除主键。

2.8.2 创建索引

（1）索引的概念

对于数据库来说，查询和排序是常用的两种操作，为了能够快速查找到指定的记录，我们经常通过建立索引来加快查询和排序的速度。建立索引就是要指定一个字段或多个字段，按字段的值将记录按升序或降序排列，然后按这些字段的值来检索。比如利用拼音检索来查字典。

选择索引字段，我们可以通过要查询的内容或者需要排序的字段的值来确定索引字段，索引字段可以是“文本”类型、“数字”类型、“货币”类型、“日期 / 时间”类型等，主键字段会自动建立索引，但 OLE 对象和备注字段等不能设置索引。

（2）创建索引

① 创建单字段索引。在表设计视图中打开表。在窗口上部，单击要创建索引的字段。在“常规”选项卡上的窗口下部，单击“索引”属性框内部，然后单击“有（有重复）”或“有（无重复）”。单击“有（无重复）”选项，可以确保这一字段的任何两个记录没有重复值。

② 创建多字段索引。在进行索引查询时，有时按一个字段的值不能唯一确定一条记录，比如“学生情况表”，按“班级”检索时就有可能几个人同为一个班，这样“班级”字段的值就不唯一，就不能唯一确定一个学生记录，我们可以采取“班级”字段+“出生日期”字段

组合检索，即先按第一字段“班级”进行检索，若字段值相同时再按“出生日期”字段值进行检索。

例 2-11　下面介绍设置多字段索引的方法。为“学生情况表备份”设置“姓名”+“出生日期”索引，操作步骤如下。

① 打开“学生情况表”设计视图，单击功能区上的“索引”按钮。

② 在“索引名称”列的第一个空白行，键入索引名称如图 2-46 所示。“索引名称”是用户自己命名的，例如“姓名生日”。

③ 在“字段名称”列中，单击向下的箭头按钮，选择索引的第一个字段“姓名”。然后在“排序次序”列中，单击向下箭头按钮，选择升序或降序，在“字段名称”列的下一行，选择索引的第二个字段“出生日期”（该行的“索引名称”列为空）。

④ 多字段索引可以重新设置主键，即在“索引”对话框的“主索引”栏中重新设置。

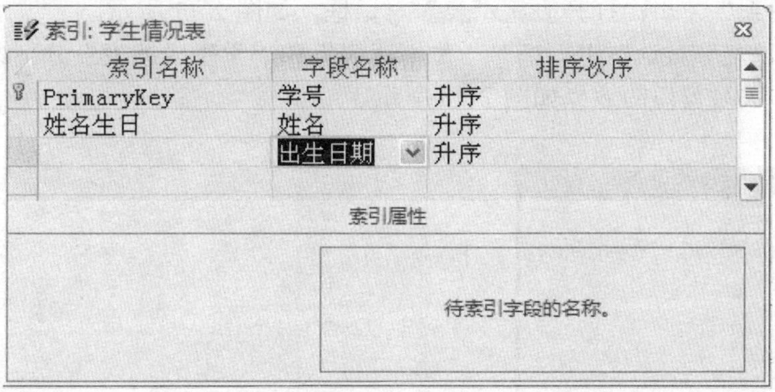

图 2-46 “索引：学生情况表”对话框

⑤ 创建索引后，可以随时打开“索引”对话框进行修改，若需要删除，可以直接选择要删除的索引字段，鼠标右击，弹出索引菜单选择“删除行”命令。删除索引字段不会影响到表的结构和数据。

设置多字段索引的目的是为了查询或检索到“唯一”的数据记录，在现实生活中，同名同姓的很多，同年同月同日生的也很多，但是同名同姓又是同年同月同日生的就极少了，这就是设置“姓名”+“出生日期”索引的目的。

2.9　建立表之间的关系

2.9.1　创建表间的关系

（1）Access 表间关系的概念

在 Access 2010 数据库中，常常包含若干个数据表，用以存放不同类别的数据集合。不同表之间存在着联系，表之间的联系是通过表之间相互匹配字段中的数据来实现的，所谓匹配字段通常是两个表中的同名字段。在数据库及表的操作中，不可能在一个表中创建需要的所有字段，为此就需要把多个表联接起来使用，就是建立表之间的关系。

表之间的关系分为三类：一对一关系、一对多关系和多对多关系。

①“一对一”关系。若有两个表分别为 A 和 B，A 表中的一条记录仅能在 B 表中有一个

匹配的记录，并且B表中的一条记录仅能在A表中有一个匹配记录。

②“一对多”关系。在一对多关系中，A表中的一个记录能与B表中的许多记录匹配，但是B表中的一个记录仅能与A表中的一个记录匹配。

③“多对多”关系。多对多关系中，A表中的一个记录能与B表中的许多记录匹配，并且B表中的一个记录也能与A表中的许多记录匹配。此关系的类型仅能通过定义第三个表(称作联接表)来完成，多对多关系实际上是使用第三个表的两个一对多关系。

（2）建立表间的关系

例 2-12 在“学生情况表”和“学生成绩表”之间建立关系，“学生情况表”是主表，“学生成绩表”为子表。操作步骤如下。

① 首先关闭所有打开的表，不能在表打开的状态下创建或修改关系。

② 在“教学管理系统”数据库窗口，单击“数据库工具”功能选项卡，选择“关系”按钮，弹出“关系”窗口，打开“显示表”对话框，如图2-47所示。

③ 在“显示表”对话框中，把“学生情况表”和“学生成绩表”分别添加到关系窗口，关闭该对话框。关系窗口的效果如图2-48所示。

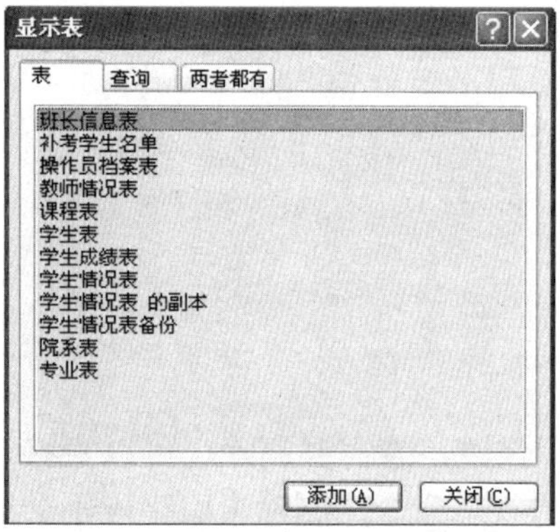

图2-47 “显示表”对话框

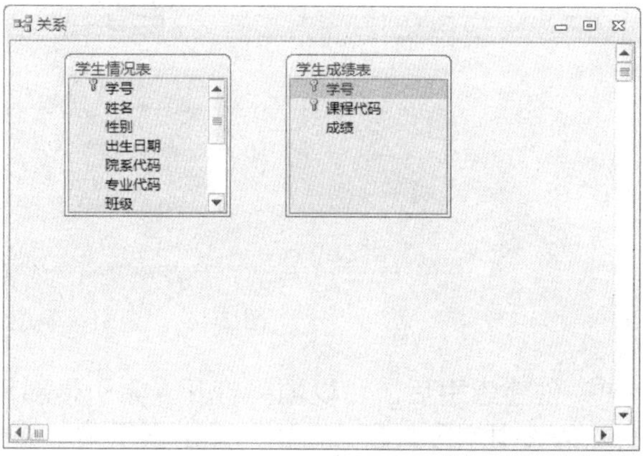

图2-48 关系窗口（一）

④ 将“学生情况表”中的“学号”字段拖动到“学生成绩表”的“学号”字段上，松开鼠标后，显示“编辑关系”对话框，如图2-49所示。

在“编辑关系”对话框中，选中3个复选框，实现参照完整性的设置。单击“创建”按钮，建立两个表之间的关系，效果如图2-50所示，在两个表的“学号”字段之间增加了一条连线，两端分别为“1”和“∞”，表示建立的是一对多的关系，主表为“1”，子表一方为“∞”。

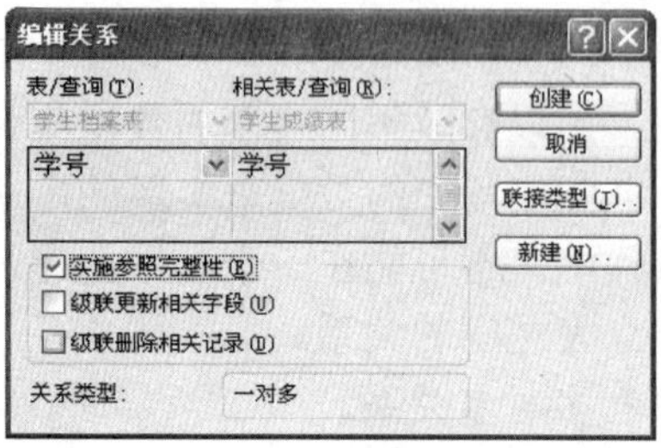

图2-49 “编辑关系”对话框

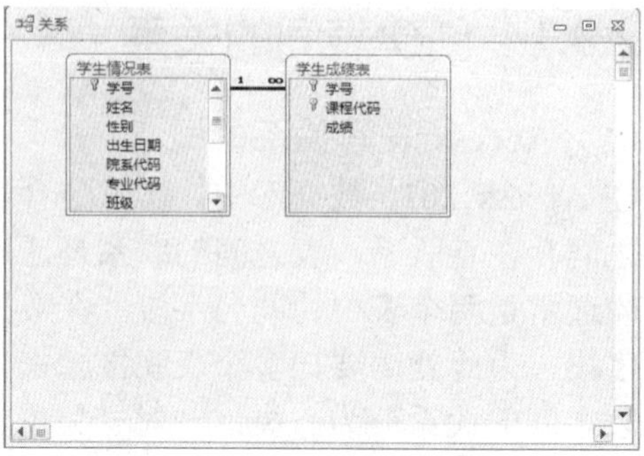

图2-50 关系窗口（二）

其中，“级联更新相关字段”复选框的作用是使主关键字段和关联表中的相关字段保持同步的改变，而“级联删除相关记录” 复选框的作用是删除主表中的记录时，会自动删除子表中与主键值相对应的记录。

例 2-13　在“学生情况表”和“班长信息表”之间建立一对一的关系。

操作步骤如下。

① 在“教学管理系统”数据库窗口，单击“数据库工具”功能选项卡，选择“关系”按钮，弹出“关系”窗口，打开“显示表”对话框，如图 2-47 所示。

② 在“显示表”对话框中，把“学生情况表”和“班长信息表”分别添加到关系窗口，关闭该对话框。关系窗口的效果如图 2-51 所示。

③ 将“学生情况表”中的“学号”字段拖动到“班长信息表”的“班长学号”字段上，松开鼠标后，显示“编辑关系”对话框，如图 2-52 所示。创建二者之间的一对一的关系，如图 2-53 所示。

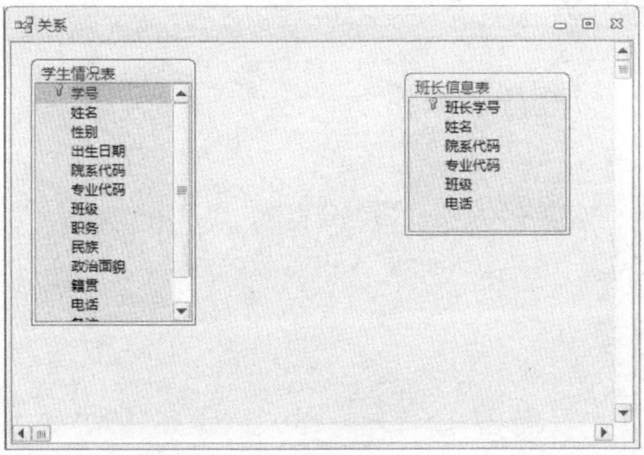

图 2-51　关系窗口（三）

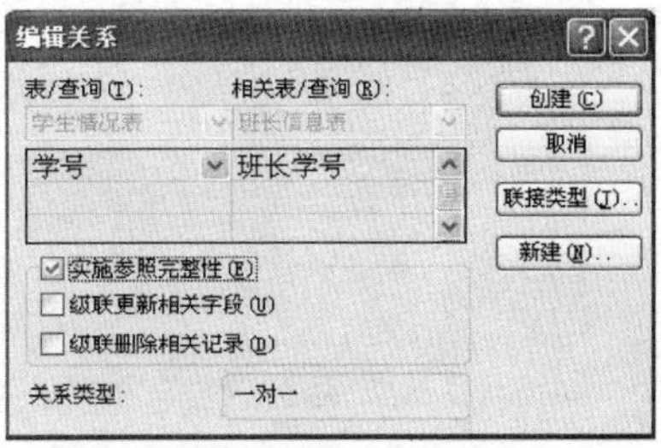

图 2-52　“编辑关系”对话框

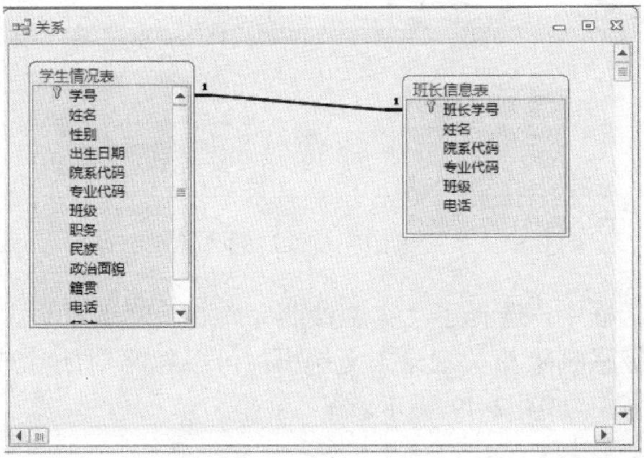

图 2-53　“一对一关系”窗口

（3）实施参照完整性定义

参照完整性是一个规则系统， Access 2010 使用这个系统以确保相关表中记录之间关系的有效性，并且不会意外地删除或更改相关数据。在符合下列全部条件时，用户可以设置参照完整性。

① 来自于主表的匹配字段是主键或具有唯一索引。

② 相关的字段都有相同的数据类型。但是有两种例外的情况：自动编号字段可以与“字

段大小”属性设置为“长整型”的数字型字段相关；“字段大小”属性设置为“同步复制 ID”的自动编号字段与一个“字段大小”属性设置为“同步复制 ID”的 Number 字段相关。

③ 两个表都属于同一个 Microsoft Access 2010 数据库。如果表是链接表，它们必须都是 Microsoft Access 2010 格式的表，不能对数据库中的其他格式的链接表设置参照完整性。

当实施参照完整性后，必须遵守下列规则。

① 不能在相关表的外部键字段中输入不存在于主表的主键中的值。但是，可以在外部键中输入一个 Null 值来指定这些记录之间并没有关系。

② 如果在相关表中存在匹配的记录，不能从主表中删除这个记录。

③ 如果某个记录有相关记录，则不能在主表中更改主键值。

如果用户要 Microsoft Access 2010 为关系表实施这些规则，在创建关系时，请选择“实施参照完整性”复选框。如果已经实行了参照完整性，但用户的更改破坏了相关表规则中的某个规则，Microsoft Access 2010 将显示相应的消息，并且不允许这个更改操作。如图 2-54 是选择了“实施参照完整性”复选框后的关系窗口。

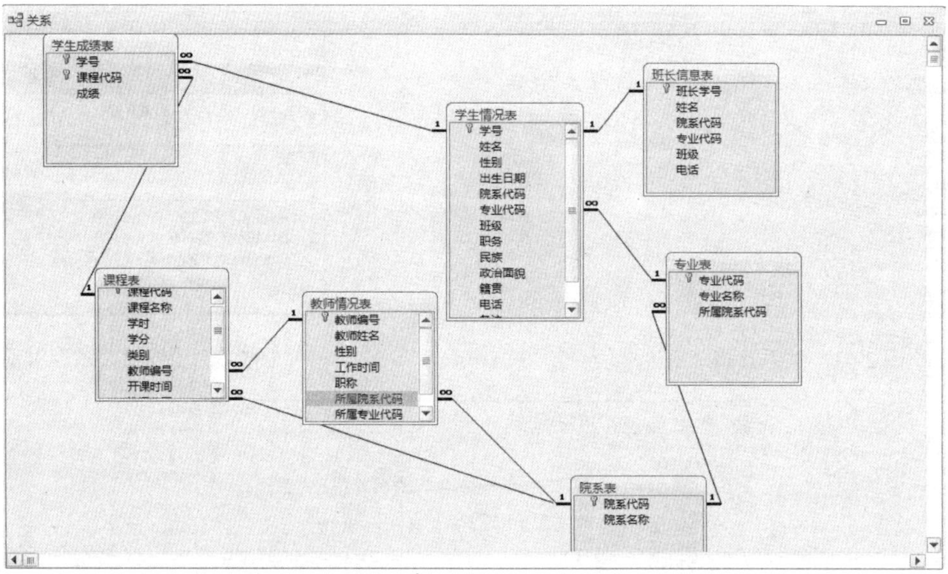

图 2-54 实施参照完整性后的“关系”窗口

在“编辑关系”对话框中，选择了“实施参照完整性”复选框后，有两种选择，设置“级联更新相关字段”或“级联删除相关记录”复选框，可以忽略对删除或更改相关记录的限制，同时仍然保留参照完整性，如图 2-49 所示。

（4）编辑关系

① 联接类型。在创建关系时涉及联接类型的选择，联接类型是指表之间记录连接的有效范围，即对哪些记录进行选择，对哪些记录执行操作。联接类型有以下三种。

a. 只包含来自两个表的联接字段相等处的行，即联接字段满足特定条件时，才合并两个表中的记录为一条记录。

b. 包含所有“主表”的记录和那些联接字段相等的“子表”的记录，即包括两个联接表中左边的表中的全部记录，右边的表，仅当与左边的表有相匹配的记录才与之合并，即无论左边的表是否满足条件都添加。

c. 包括所有“子表”的记录和那些联接字段相等的“主表”的记录，即包括两个联接表中右边的表中的全部记录，左边的表仅当与右边的表有相匹配的记录才与之合并，即无论右边的表是否满足条件都添加。

系统默认第一种情况。

联接选择的具体方法：单击工具栏上的“关系”按钮，打开“关系”窗口，双击两个表之间的连线的中间部分，打开“编辑关系”对话框，单击“联接类型”按钮，如图 2-55 所示，然后进行类型选择。

② 编辑关系。

a. 关闭所有打开的表，因为不能修改已打开的表之间的关系。

b. 设置数据库窗口为当前窗口。

c. 单击功能区上的“关系”按钮 。

d. 如果没有显示要编辑的表的关系，请单击工具栏上的“显示表”按钮 ，并双击每一个所要添加的表。

e. 为表建立关系，在弹出的“编辑关系”对话框中编辑关系。

f. 也可以双击一个已存在的“关系连线”，进行编辑。

g. 在“关系”窗口中，删除两个表之间的“关系”。用鼠标右键单击两个表之间的“关系连线”，在弹出的快捷菜单中，选择“删除”命令，然后在弹出的删除“确认”框中，单击“是”按钮即可，如图 2-56 所示。

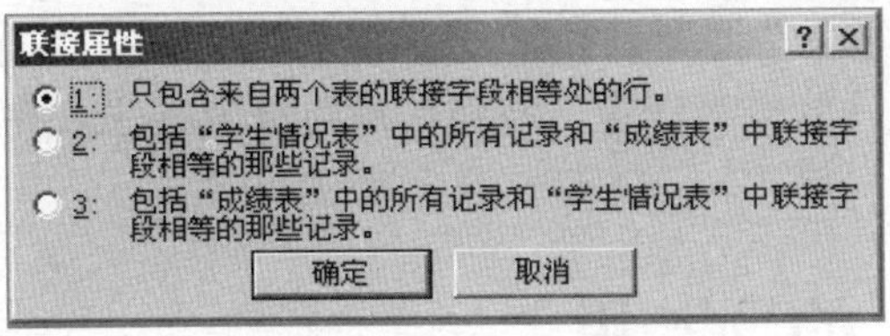

图 2-55 “联接属性”对话框

图 2-56 “删除关系”对话框

h. 在“关系”窗口中隐藏“表”。选中要“隐藏”的表，单击鼠标右键，在弹出的快捷菜单中，选择“隐藏”命令即可。

i. 在“关系”窗口中删除“表”。选中要“删除”的表，按“Delete”（删除键）即可。

j. 关闭“关系”窗口，系统弹出如图 2-57 所示的保存提示对话框，若单击“是”按钮，则保存对关系布局的更改。

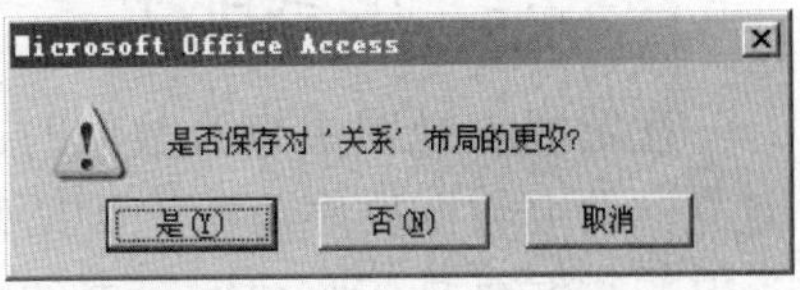

图 2-57 “保存关系”对话框

2.9.2　关于主表和子表的使用

两个相关的表通过匹配的主键和外键建立了关系，建立表间关系后，对于“一对一”关系和“一对多”关系中作为“一”方的表，当表中的“子数据表名称”属性被设置为“自动”时，Microsoft Access 2010 自动在该表中创建子数据表，子数据表是嵌套于主表中的数据表，它包含了被嵌套数据表相关或连接的数据，使用子数据表，能更清晰地浏览相关数据表中的数据。

例 2-14　在“学生情况表”中查看“学生成绩表”的数据，操作步骤如下。

① 打开“学生情况表”可以看到每条记录的前面都有一个“+”号。

② 单击某个记录前面的“展开”按钮⊞，“成绩表”中与之相匹配的记录就显示出来，如图 2-58 所示。

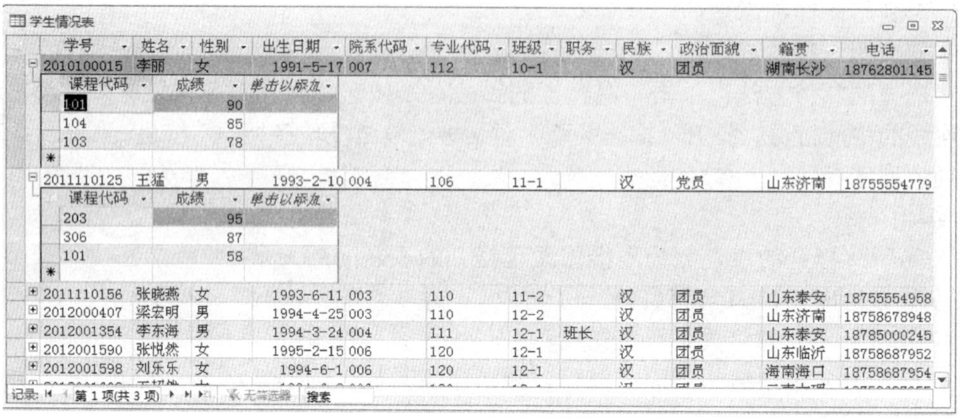

图 2-58 子数据表在主表中显示

③ 单击记录前面的“折叠”按钮，子数据表将隐藏。

④ 单击“格式”菜单，选择“子数据表”项，执行“全部展开”或“全部折叠”命令，可以将“子表”关系数据全部展开或全部折叠；执行“删除”命令将在主表中删除子表的显示形式。

如果在主表中恢复子表的显示形式，选择“插入”菜单中的“子数据表”项，在“插入子数据表”对话框中选择要插入的子数据表，然后单击“确定”按钮，即可恢复在主表中显示子表的显示形式。

2.10 表的使用

2.10.1 记录排序

在数据表视图中查看数据时，通常都会希望数据记录是按照某种顺序排列，以便于查看浏览。设定数据排序可以达到所需要的排列顺序。在没有特别设定排序的情况下，数据表视图中的数据总是依照数据表中的关键字段升序排列显示的。

（1）排序的意义及规则

简单地说，排序的意义就是为了便于查询浏览，当数据按照要求进行升序或降序排列时，我们很容易查询到要找的数据。不同的字段类型，排序的规则也有所不同，具体规则如下。

① 英文：区分大小写，升序 A→Z，降序 Z→A。

② 汉字：按拼音字母的升序或降序（对于汉字排序的意义，我们可以把它看成是“分类”操作，例如，按“性别”排序，可以看成是按“性别”分类）。

③ 数字：按数字自然大小的顺序排序。

④ 日期和时间：按日期和时间自然大小的顺序排序。

⑤“备注”、“超链接”和“OLE 对象”字段：不能排序。

（2）对数据表的记录直接排序

在数据表中选择要排序的字段，若要升序排序，选择“记录”菜单中的“排序”项命令，再单击“升序排序”命令，或单击工具栏上的“升序排序”按钮；若要降序排序，选择“记录”菜单中的“排序”项，在单击“降序排序”命令，或单击工具栏上的“降序排序”按钮。

例 2-15　对“学生情况表”中的记录按“出生日期”降序排列。操作步骤如下：

① 打开“学生情况表”进入表视图。

② 单击选中“出生日期”字段。

③ 右单击“出生日期”字段，在弹出的快捷菜单中选择“降序”命令，或单击功能区上的“降序排序”按钮。结果如图 2-59 所示。

学生情况表

学号	姓名	性别	出生日期	院系代码	专业代码	班级	职务	民族	政治面貌	籍贯	电话
2012125881	张忠实	男	1995-6-21	008	108	12-2		汉	团员	山东滨州	18758687988
2012230458	吴明	男	1995-5-21	003	110	12-2	班长	满	团员	湖南岳阳	18721045698
2012125878	杨露露	女	1995-4-26	008	108	12-1		汉	团员	山东滨州	18758687987
2012325041	张雪	女	1995-3-21	002	102	12-1	班长	汉	团员	安徽阜阳	18766654321
2012512874	闫壮壮	男	1995-3-1	008	108	12-1	班长	汉	团员	山东泰安	18758687986
2012001590	张悦然	女	1995-2-15	006	120	12-1		汉	团员	山东临沂	18758687952
2012457896	王宏	女	1995-1-7	007	112	12-1	班长	汉	团员	山东泰安	18735461231
2012125872	王亚娟	女	1995-1-4	008	107	12-2		汉	团员	山东济南	18758687985
2012006039	李苗	女	1995-1-1	001	104	12-2		汉	团员	山东淄博	18758456790
2012125870	吴文广	男	1994-12-28	008	107	12-2	班长	汉	团员	山东济南	18758687984
2012111588	张慧	女	1994-12-27	007	111	12-2		汉	团员	山东威海	18758687951
2012235868	杨燕玲	女	1994-12-21	008	107	12-2		汉	团员	山东济南	18758687983
2012115866	陈筱瑶	女	1994-12-14	008	107	12-1		汉	团员	山东济南	18758687982
2012125883	刘鹏	男	1994-12-10	008	108	12-2	班长	汉	团员	山东滨州	18758687989
2012379605	张浩	男	1994-12-10	007	103	12-2	班长	汉	党员	山东济南	18742317603
2012236102	张大礼	男	1994-12-8	005	105	12-1		汉	团员	山东青岛	18758456926
2012225864	谢晨光	男	1994-12-7	008	107	12-1	班长	汉	团员	山东济南	18758687981

记录：第 1 项(共 114 项)　无筛选器　搜索

图 2-59　学生情况表按出生日期降序排序的结果

（3）使用“高级筛选 / 排序”命令排序

使用“记录”菜单中的“高级筛选 / 排序”命令排序可以对多个不相邻的字段进行排序，并且每个字段可以采用不同方式（升序或降序）排序。

例 2-16　我们对“学生情况表”按“性别”字段升序排序（即按性别分类），如果“性别”相同，再按“出生日期”字段的降序排序，操作步骤如下。

① 打开“学生情况表”视图。

② 单击“排序和筛选”功能区上的“高级”项旁的三角箭头，再点击“高级筛选 / 排序”命令，屏幕弹出“筛选”设置对话框，如图 2-60 所示。

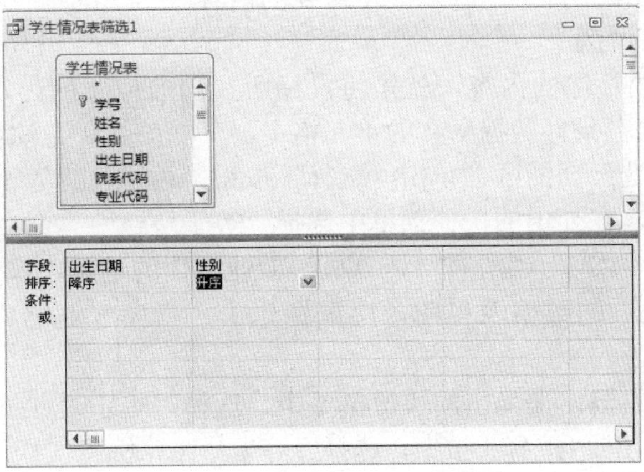

图 2-60　“筛选”窗口

③ 在“筛选”窗口，单击“字段”栏第一列右边的下三角按钮▾，从字段名列表框中选择“性别”字段；然后单击“排序”栏右边的下三角按钮▾，从排序方式列表中选择“升序”项；然后，再单击“字段”栏第二列右边的下三角按钮▾，从字段名列表框中选择“出生日期”字段，单击“排序”栏右边的下三角按钮▾，从排序方式的下拉列表中选择“降序”。

④ 单击“排序和筛选”功能区上的“高级”项旁的三角箭头，单击“应用筛选/排序”命令，或单击功能区上的“切换筛选”按钮，排序结果如图2-61所示。

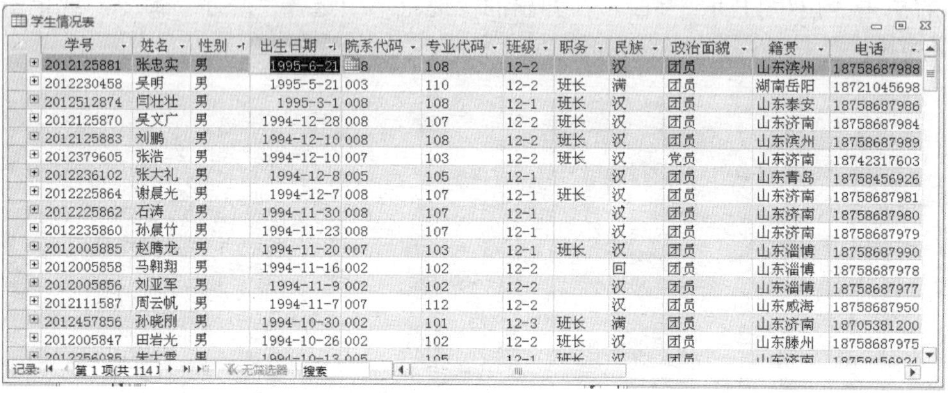
学生情况表

学号	姓名	性别	出生日期	院系代码	专业代码	班级	职务	民族	政治面貌	籍贯	电话
2012125881	张忠实	男	1995-6-21	8	108	12-2		汉	团员	山东滨州	18758687988
2012230458	吴明	男	1995-5-21	003	110	12-2	班长	满	团员	湖南岳阳	18721045698
2012512874	闫壮壮	男	1995-3-1	008	108	12-1	班长	汉	团员	山东泰安	18758687986
2012125870	吴文广	男	1994-12-28	008	107	12-2	班长	汉	团员	山东济南	18758687984
2012125883	刘鹏	男	1994-12-10	008	108	12-2	班长	汉	团员	山东滨州	18758687989
2012379605	张浩	男	1994-12-10	007	103	12-2	班长	汉	党员	山东济南	18742317603
2012236102	张大礼	男	1994-12-8	005	105	12-1		汉	团员	山东青岛	18758456926
2012225864	谢晨光	男	1994-12-7	008	107	12-1	班长	汉	团员	山东济南	18758687981
2012225862	石涛	男	1994-11-30	008	107	12-1		汉	团员	山东济南	18758687980
2012235860	孙晨竹	男	1994-11-23	008	107	12-1		汉	团员	山东济南	18758687979
2012005885	赵腾龙	男	1994-11-20	007	103	12-1	班长	汉	团员	山东淄博	18758687990
2012005858	马翱翔	男	1994-11-16	002	102	12-2		回	团员	山东淄博	18758687978
2012005856	刘亚军	男	1994-11-9	002	102	12-2		汉	团员	山东淄博	18758687977
2012111587	周云帆	男	1994-11-7	007	112	12-2		汉	团员	山东威海	18758687950
2012457856	孙晓刚	男	1994-10-30	002	101	12-3	班长	满	团员	山东济南	18705381200
2012005847	田岩光	男	1994-10-26	002	102	12-2	班长	汉	团员	山东滕州	18758687975

记录：第1项(共114项)　无筛选器　搜索

图2-61　排序结果

（4）取消排序

如果不希望将排序结果一同保存到数据表中，可以取消排序。方法是：

选择“排序和筛选”功能区上的，执行“取消筛选/排序”命令；

或者在关闭数据表视图时，在弹出的提示框中选择不保存。

2.10.2 记录筛选

数据筛选的意义是，在众多的数据记录中只显示那些满足某种条件的数据记录。一般情况下，在数据表中会显示所有记录的全部内容，根据实际需要有时仅需显示一部分字段或一部分记录内容，即可得到所需的记录筛选表。它不是删除记录。Access 2010提供了四种基本筛选功能：“按选定内容筛选”，“按窗体筛选”，“按内容排除筛选”，“高级筛选/排序”。可以根据需要选择其中的某个筛选方式以显示需要的内容。

（1）按选定内容筛选

在数据表中选择要筛选的内容，就是将鼠标所在当前位置的内容作为条件数据进行筛选。首先，令光标停留在条件数据所在的单元格中，下面的2种方法都可以得到筛选结果：

① 在“排序和筛选”功能区上单击“选择”按钮，再执行“等于******”命令。

② 单击鼠标右键，在弹出的快捷菜单中选择“等于******”命令。

例2-17　显示“学生表”中所有“计算机”专业学生的记录。操作步骤如下。

① 打开“学生表”的数据表视图，用鼠标单击，指向专业名称值为“计算机”的数据上。

② 然后单击鼠标右键，在弹出的快捷菜单中，选择“等于‘计算机’”命令，或者单击“排序和筛选”功能区上的“选择”按钮，选择“等于‘计算机’”选项，结果如图2-62所示。

③ 若要取消筛选，单击功能区上的“切换筛选”按钮，也可以右击鼠标，在弹出的快捷菜单中选择“从‘专业代码’清除筛选器”命令。

学号	姓名	性别	出生日期	院系名称	专业名称	班级	职务	政治面貌	民族	
2012007807	赵程程	女	1994-3-21	信息学院	计算机	12-1		团员	汉	山
2012007812	王智慧	女	1994-2-12	信息学院	计算机	12-1		团员	汉	山
2012006025	张宇梦	男	1994-1-6	信息学院	计算机	12-1	班长	团员	汉	山
2012006030	赵彪	男	1994-2-3	信息学院	计算机	12-2		团员	汉	山
2012006035	修玉岩	男	1994-3-3	信息学院	计算机	12-3		团员	苗	山
2012006040	于箫阳	男	1994-3-31	信息学院	计算机	12-3		团员	汉	山
2012005835	常琳琳	女	1994-9-7	信息学院	计算机	12-2		团员	汉	山
2012005837	修媛媛	女	1994-9-14	信息学院	计算机	12-2	班长	团员	汉	山
2012005838	周韵	女	1994-9-21	信息学院	计算机	12-3		团员	汉	山
2012005839	崔洁	女	1994-9-28	信息学院	计算机	12-2		团员	汉	山
2012005841	许青	女	1994-10-5	信息学院	计算机	12-2		团员	汉	山
2012327654	尹文刚	男	1993-12-11	信息学院	计算机	12-2		团员	汉	山
2012457856	孙晓刚	男	1994-10-30	信息学院	计算机	12-3	班长	团员	满	山

图 2-62　筛选后的学生档案表

（2）按窗体筛选

所谓的“按窗体筛选”是由用户在“按窗体筛选”对话框中输入条件数据，所谓的“条件数据”就是选择不同字段名下面的“数据”进行组合，然后进行筛选。设置筛选的条件是“与”的关系时，条件数据在同一行输入设置，条件是“或”关系时，选择窗口左下角的“或”标签，再输入条件数据。

例 2-18　要显示“学生表”中所有院系名称为“经管学院”的女同学记录。操作步骤如下。

① 打开“学生表”视图，单击“排序和筛选”功能区上的“高级”按钮，选择“按窗体筛选”选项。

② 在弹出的“按窗体筛选”的窗口中，在“院系名称”字段下选择“经管学院”，“性别”字段下选择“女”，如图 2-63 所示。

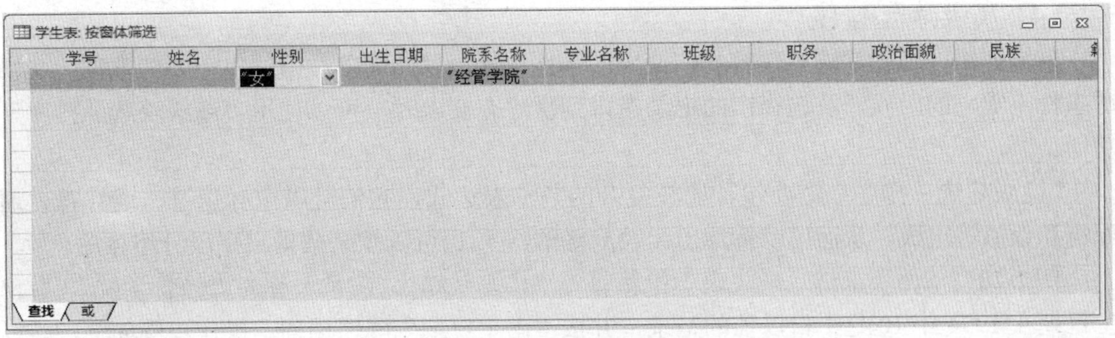

学号	姓名	性别	出生日期	院系名称	专业名称	班级	职务	政治面貌	民族
		"女"		"经管学院"					

图 2-63　“按窗体筛选”窗口

③单击“高级”按钮，选择“应用筛选/排序”选项；或者单击鼠标右键，选择“应用筛选/排序”命令，结果如图 2-64 所示。

（3）按内容排除筛选

“按内容排除筛选”是在数据表中，选择不符合条件的记录。把鼠标指向不满足条件的字段值上，有两种执行“内容排除筛选”命令的方法。

① 在“排序和筛选”功能区中，单击“选择”项，在弹出的菜单中选择“不等于***”选项。

② 单击鼠标右键，在弹出的快捷菜单上选择“不等于***”命令。

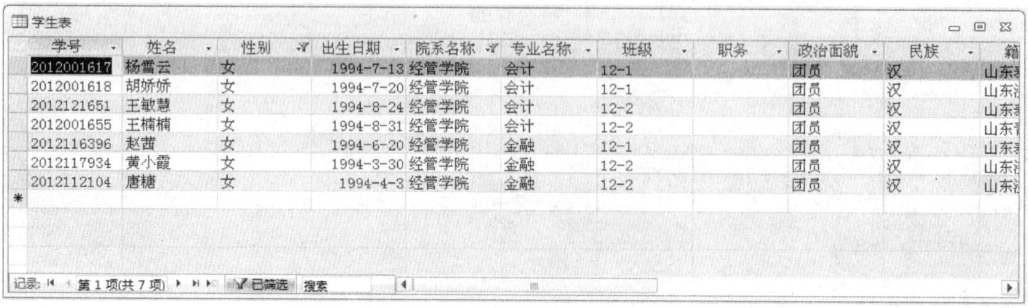

图 2-64 “按窗体筛选”结果

例 2-19 显示“学生情况表”中政治面貌不是“团员”的记录。操作步骤如下：

① 打开“学生情况表”数据表视图。

② 单击“政治面貌”字段值为“团员”的记录。

③ 单击鼠标右键，在快捷菜单上选择“不等于团员”命令，筛选结果如图 2-65 所示。

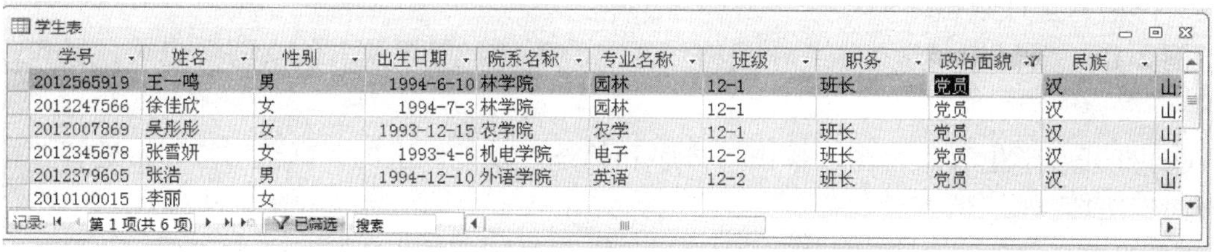

图 2-65 “内容排除筛选”结果

（4）高级筛选/排序

前面介绍的各种筛选操作容易，使用的条件单一，只能简单地筛选出需要的数据。当筛选条件不唯一的时候，及选择出的记录在排列次序有要求时，可以使用“高级筛选 / 排序”功能。

“高级筛选 / 排序”需要设计比较复杂的条件表达式，它们可以由标识符、运算符、通配符和数值等组成，从而可以筛选出比较准确的结果,也可以按某些指定字段分组排序。

例 2-20 下面要筛选“学生表”中籍贯为“山东济南”、院系名称为“经管学院”，且出生日期在 1994 年 10 月 1 日以前的记录，并按“出生日期”降序排列。操作步骤如下。

① 打开“学生表”的数据视图。

② 单击“排序和筛选”功能区中的“高级”按钮，在弹出的菜单中选择“高级筛选 / 排序”，弹出的对话框如图 2-66 所示。

③ 在“字段”右边第一列的字段列表中选择“籍贯”字段，表达式为“山东济南”；在“籍贯”字段右边第二列的字段列表中选择“出生日期”字段，在它下面“条件”栏内输入筛选表达式：“<#1994-10-1#”， 在它下面的“排序”栏内选择排列方式，这里选择“降序”；在“籍贯”字段右边第三列的字段列表中选择“院系名称”字段，在它下面的“条件”栏内输入筛选条件“经管学院”。如图 2-66 所示。

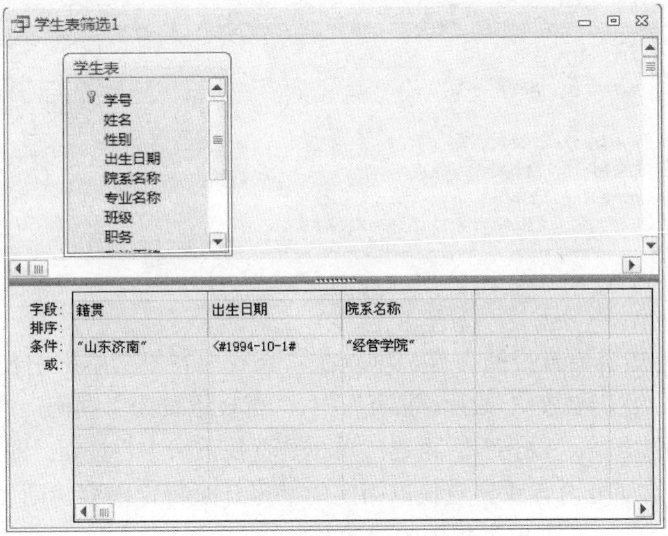

图 2-66 “高级筛选/排序”窗口

④ 单击功能区的“高级”按钮，在弹出的菜单中选择“应用筛选”命令；或者单击鼠标右键，选择快捷菜单中的“应用筛选”命令，数据表将显示如图 2-67 所示的结果。

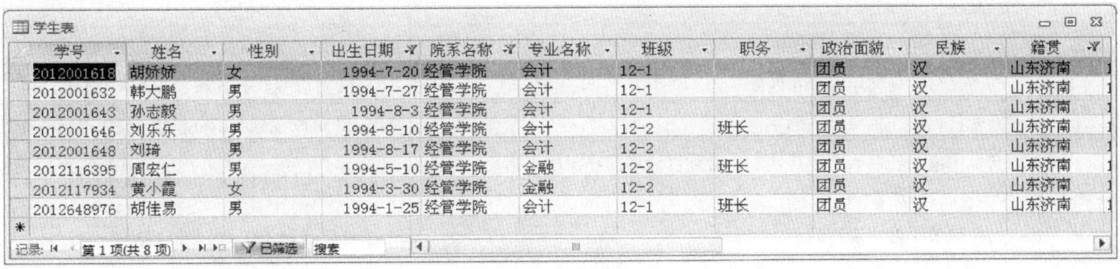

学号	姓名	性别	出生日期	院系名称	专业名称	班级	职务	政治面貌	民族	籍贯
2012001618	胡娇娇	女	1994-7-20	经管学院	会计	12-1		团员	汉	山东济南
2012001632	韩大鹏	男	1994-7-27	经管学院	会计	12-1		团员	汉	山东济南
2012001643	孙志毅	男	1994-8-3	经管学院	会计	12-1		团员	汉	山东济南
2012001646	刘乐乐	男	1994-8-10	经管学院	会计	12-2	班长	团员	汉	山东济南
2012001648	刘琦	男	1994-8-17	经管学院	会计	12-2		团员	汉	山东济南
2012116395	周宏仁	男	1994-5-10	经管学院	金融	12-2	班长	团员	汉	山东济南
2012117934	黄小霞	女	1994-3-30	经管学院	金融	12-2		团员	汉	山东济南
2012648976	胡佳易	男	1994-1-25	经管学院	会计	12-1	班长	团员	汉	山东济南

图 2-67 “高级筛选/排序”结果

2.10.3 数据的查找与替换

（1）查找数据

在实际应用数据管理系统中,数据表存储着大量的数据，在如此庞大的数据集合中查找某一特定记录数据，没有适当的方法是不行的。Access 2010 提供的数据查找功能，就可以圆满的解决实现快速查找的问题，从而避免靠操纵数据表在屏幕上下滚动来实现数据查找操作。

数据表的查找是指特定记录的查找定位或字段中的数据值查找定位，可以使用“查找”功能区中的“查找”按钮来完成。

例 2-21 我们要查找“周韵”同学的记录，具体操作方法如下。

① 打开“学生情况表”视图，首先选择要搜索的姓名字段。

② 单击“查找”功能区中的“查找”按钮，出现如图 2-68 所示的“查找和替换”对话框。在“查找内容”文本框中输入“周韵”。

③ 单击“查找下一个”按钮，Access 2010 系统将会搜索输入的内容，如果找到，将以反白显示结果,并定位此记录。连续单击“查找下一个”按钮，可以将全部符合要求的数据查找出来。

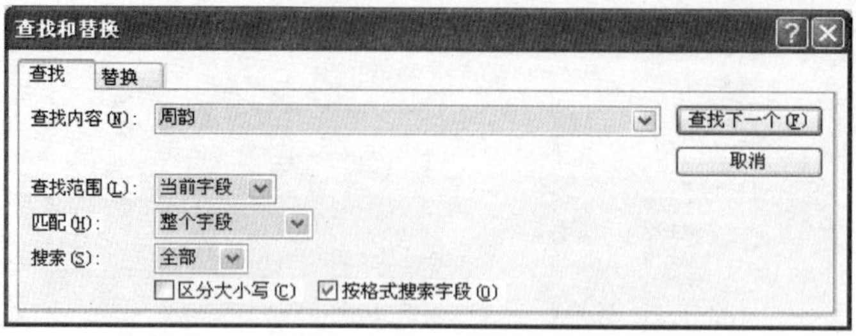

图 2-68 “查找和替换”对话框（一）

④ 如果不完全知道要查找的内容，可以在“查找内容”文本框中使用通配符来代替不确定的内容。例如，我们要在“学生情况表”中 ，查找籍贯为“湖南”的所有学生，只要在“查找内容”文本框中输入“湖南*”，再连续单击“查找下一个”按钮，即可，直至查找结束。

仅知道要查找的部分内容或要查找以指定的字母开头特定内容，则可以使用通配符作为其他字符的占位符。表 2-9 列出了相关的通配符。

表 2-9 通配符一览表

字符	用 法	示 例
*	与任意个数的字符匹配，它可以在字符串中当作第一个或最后一个字符使用	b*可以找到 bs、bh 和 bocce
?	与任何单个字母的字符匹配	B?ll 可以找到 ball、bell 和 bill
[ ]	与方括号内任何单个字符匹配	B[ae]ll 可以找到 ball 和 bell，但找不到 bill
!	匹配任何不在括号之内的字符	b[!ae]ll 可以找到 bill 和 bull，但找不到 bell
-	与范围内的任何一个字符匹配。必须以递增排序次序来指定区域（A～Z，而不是 Z～A）	b[a-c]d 可以找到 bad、bbd 和 bcd
#	与任何单个数字字符匹配	1#3 可以找到 103、113 和 123

注意：在使用通配符搜索星号（*）、问号（?）、数字号码（#）、左方括号（[）或减号（-）时，必须将搜索的项目放在方括号内。例如：搜索问号，请在“查找”对话框中输入[?]符号。如果同时搜索减号和其他单词时，请在方括号内将减号放置在所有字符之前或之后[但是，如果有惊叹号（!），请在方括号内将减号放置在惊叹号之后]。如果在搜索惊叹号（!）或右方括号（]），不需要将其放在方括号内。

（2）替换数据

在数据表实际操作过程中，时常发生这样的情况，即表中的某一字段下的很多数据都需要改为同一个数据值。这时我们就可以使用“查找并替换字段数据”功能。

例 2-22 现在将“教师情况表”中“职称”为“讲师”的记录，修改为“副教授”，操作步骤如下。

① 打开“教师情况表”，进入表视图，选择“职称”字段。

② 单击“查找”功能区的 “替换”按钮，或在图 2-68 所示的“查找和替换”对话框中单击“替换”选项卡，

③ 在“查找内容”文本框中输入“讲师”，在“替换为”文本框中输入“副教授，”如图 2-69 所示。

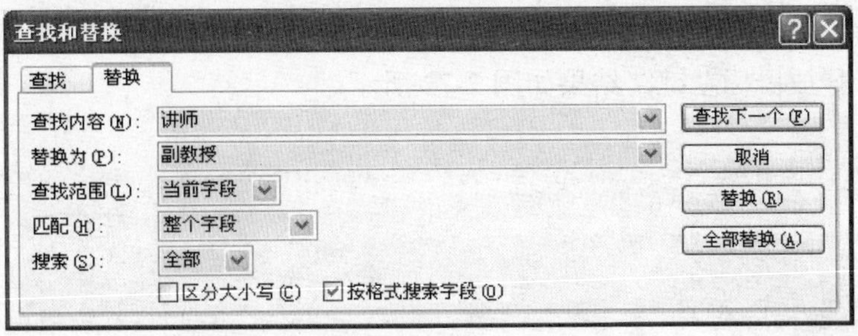

图 2-69 “查找和替换”对话框（二）

④ 如果要一次替换一个，请单击“查找下一个”按钮，然后单击“替换”按钮；如果要跳过下一个并继续查找符合要求的内容，请单击“查找下一个”按钮。如果要一次替换全部找到的内容，请单击“全部替换”按钮。屏幕出现提示信息框，如图 2-70 所示。要求用户确认是否继续“替换”操作。单击“是”按钮，即完成“替换”操作。

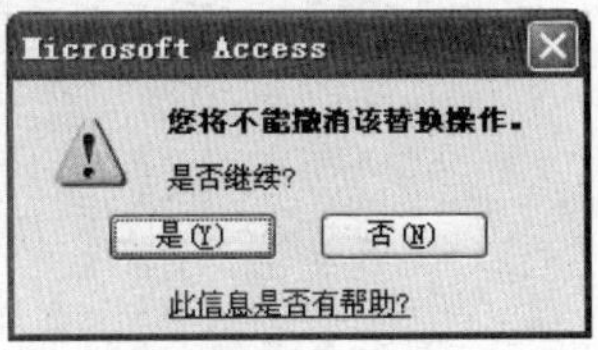

图 2-70 确认是否全部替换

2.10.4 表的显示格式设置

调整数据表的外观及重新安排数据的显示形式，是为了使表整体显示的更清楚、美观。调整表格外观的操作包括：改变字段次序、调整字段显示宽度和高度、设置数据字体、调整表中网络线样式及背景颜色、隐藏列、冻结列等。

（1）改变字段次序

Access 2010 在默认设置下，通常显示数据表中的字段次序与它们在表或查询中出现的次序相同。但是在使用数据表视图时，往往需要移动某些列来满足查看数据的要求。此时，可以改变字段的显示次序。

例 2-23 将“学生情况表”中的“专业代码”字段放到“姓名”字段后面。具体操作步骤如下。

① 在“数据库”窗口的“表”对象中，双击“学生情况表”进入表视图。

② 将鼠标指针定位在“专业代码”字段列的字段名上，鼠标指针会变成一个粗体黑色向下箭头⬇，单击选中该列，如图 2-71 所示。

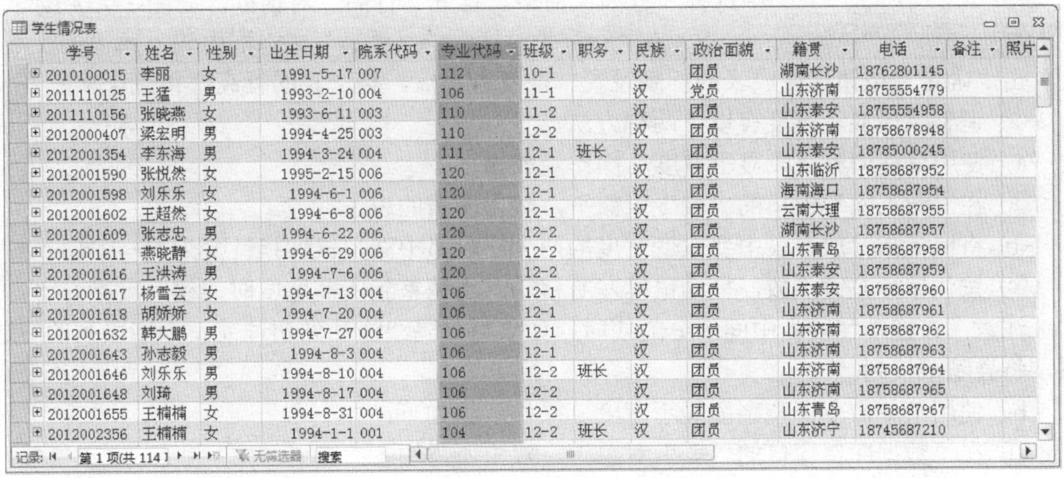
学生情况表

学号	姓名	性别	出生日期	院系代码	专业代码	班级	职务	民族	政治面貌	籍贯	电话	备注	照片
2010100015	李丽	女	1991-5-17	007	112	10-1		汉	团员	湖南长沙	18762801145		
2011110125	王猛	男	1993-2-10	004	106	11-1		汉	党员	山东济南	18755554779		
2011110156	张晓燕	女	1993-6-11	003	110	11-2		汉	团员	山东泰安	18755554958		
2012000407	梁宏明	男	1994-4-25	003	110	12-2		汉	团员	山东济南	18758678948		
2012001354	李东海	男	1994-3-24	004	111	12-1	班长	汉	团员	山东泰安	18785000245		
2012001590	张悦然	女	1995-2-15	006	120	12-1		汉	团员	山东临沂	18758687952		
2012001598	刘乐乐	女	1994-6-1	006	120	12-1		汉	团员	海南海口	18758687954		
2012001602	王超然	女	1994-6-8	006	120	12-1		汉	团员	云南大理	18758687955		
2012001609	张志忠	男	1994-6-22	006	120	12-2		汉	团员	湖南长沙	18758687957		
2012001611	燕晓静	女	1994-6-29	006	120	12-2		汉	团员	山东青岛	18758687958		
2012001616	王洪涛	男	1994-7-6	006	120	12-2		汉	团员	山东泰安	18758687959		
2012001617	杨雪云	女	1994-7-13	004	106	12-1		汉	团员	山东泰安	18758687960		
2012001618	胡娇娇	女	1994-7-20	004	106	12-1		汉	团员	山东济南	18758687961		
2012001632	韩大鹏	男	1994-7-27	004	106	12-1		汉	团员	山东济南	18758687962		
2012001643	孙志毅	男	1994-8-3	004	106	12-1		汉	团员	山东济南	18758687963		
2012001646	刘乐乐	男	1994-8-10	004	106	12-2	班长	汉	团员	山东济南	18758687964		
2012001648	刘琦	男	1994-8-17	004	106	12-2		汉	团员	山东济南	18758687965		
2012001655	王楠楠	女	1994-8-31	004	106	12-2		汉	团员	山东青岛	18758687967		
2012002356	王楠楠	女	1994-1-1	001	104	12-2	班长	汉	团员	山东济宁	18745687210		

记录: 第 1 项(共 114 项) 无筛选器 搜索

图 2-71 选择整列字段

③ 将鼠标放在“专业代码”字段列的字段名上，然后按住鼠标左键并拖动鼠标到“姓名”字段后面，释放鼠标左键，结果如图 2-72 所示。

学生情况表

学号	姓名	专业代码	性别	出生日期	院系代码	班级	职务	民族	政治面貌	籍贯	电话	备注	照片
2010100015	李丽	112	女	1991-5-17	007	10-1		汉	团员	湖南长沙	18762801145		
2011110125	王猛	106	男	1993-2-10	004	11-1		汉	党员	山东济南	18755554779		
2011110156	张晓燕	110	女	1993-6-11	003	11-2		汉	团员	山东泰安	18755554958		
2012000407	梁宏明	110	男	1994-4-25	003	12-2		汉	团员	山东济南	18758678948		
2012001354	李东海	111	男	1994-3-24	004	12-1	班长	汉	团员	山东泰安	18785000245		
2012001590	张悦然	120	女	1995-2-15	006	12-1		汉	团员	山东临沂	18758687952		
2012001598	刘乐乐	120	女	1994-6-1	006	12-1		汉	团员	海南海口	18758687954		
2012001602	王超然	120	女	1994-6-8	006	12-1		汉	团员	云南大理	18758687955		
2012001609	张志忠	120	男	1994-6-22	006	12-2		汉	团员	湖南长沙	18758687957		
2012001611	燕晓静	120	女	1994-6-29	006	12-2		汉	团员	山东青岛	18758687958		
2012001616	王洪涛	120	男	1994-7-6	006	12-2		汉	团员	山东泰安	18758687959		
2012001617	杨雪云	106	女	1994-7-13	004	12-1		汉	团员	山东泰安	18758687960		
2012001618	胡娇娇	106	女	1994-7-20	004	12-1		汉	团员	山东济南	18758687961		
2012001632	韩大鹏	106	男	1994-7-27	004	12-1		汉	团员	山东济南	18758687962		
2012001643	孙志毅	106	男	1994-8-3	004	12-1		汉	团员	山东济南	18758687963		
2012001646	刘乐乐	106	男	1994-8-10	004	12-2	班长	汉	团员	山东济南	18758687964		
2012001648	刘琦	106	男	1994-8-17	004	12-2		汉	团员	山东济南	18758687965		
2012001655	王楠楠	106	女	1994-8-31	004	12-2		汉	团员	山东青岛	18758687967		
2012002356	王楠楠	104	女	1994-1-1	001	12-2	班长	汉	团员	山东济宁	18745687210		

记录：第 1 项(共 114 项) 无筛选器 搜索

图 2-72 改变字段显示次序

使用这种方法，可以移动单个字段或字段组。移动“数据表”视图中的字段，不会改变表设计视图中字段的排列顺序，而只是改变字段在“数据表”视图下字段的显示顺序。

（2）调整字段显示高度和宽度

在数据表视图中，可能由于数据过长，显示时被部分遮住；有时由于数据设置的字号过大，数据显示不完整。通过调整字段的显示宽度或高度，就可以显示字段中的全部数据。

① 调整字段显示高度有以下两种方法。

a．使用鼠标调整字段显示高度。操作步骤如下：

ⓐ 在“数据库”窗口的“表”对象下，双击所需的表；

ⓑ 将鼠标指针放在表中任意两行选定器之间，鼠标指针变为✛形式；

ⓒ 按住鼠标左键不放，拖动鼠标上下移动，当调整到所需高度时，松开鼠标左键。

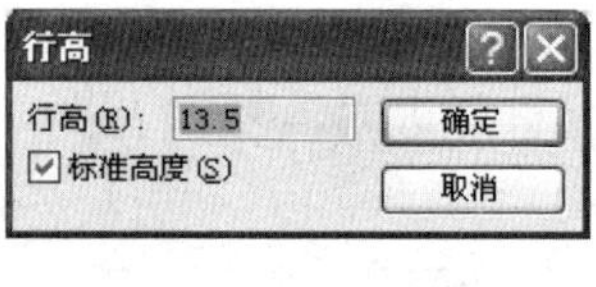

图 2-73 “行高”对话框

b．使用菜单命令调整字段显示高度。操作步骤如下：

ⓐ 在“数据库”窗口的“表”对象下，双击所需的表；

ⓑ 将鼠标放在选定栏中，单击鼠标右键，在弹出的快捷菜单中选择“行高”命令。打开“行高”对话框，如图 2-73 所示；

ⓒ 在“行高”对话框的“行高”文本框内输入所需的行高值，并单击“确定”按钮，完成表的行高设置。改变行高后，整个表的行高都得到了调整。

② 调整字段显示宽度有以下两种方法。

a．使用鼠标调整字段显示宽度。操作步骤如下：

ⓐ 在“数据库”窗口的“表”对象下，双击所需的表；

ⓑ 将鼠标指针放在表中要改变宽度的两列字段名中间，鼠标指针变为✥形式；

ⓒ 按住鼠标左键不放，拖动鼠标左右移动，当调整到所需宽度时，松开鼠标左键。

注意：在拖动字段列中间的分隔线时，如果将分隔线拖动到超过前一个字段列的右边界时，将会隐藏该列。

b．使用菜单命令调整字段显示宽度。操作步骤如下：

ⓐ 在“数据库”窗口的“表”对象下，双击所需的表；

ⓑ 将鼠标放在字段名上，单击鼠标右键，在弹出的快捷菜单中选择“字段宽度”命令；

打开“列宽”对话框，如图 2-74 所示。在文本框内输入所需的列宽值，并单击“确定”按钮，完成表的列宽设置。

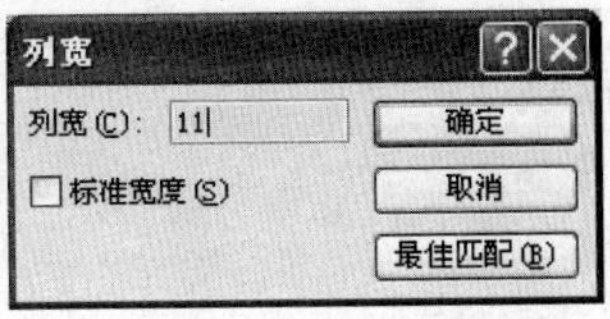

图 2-74 “列宽”对话框

注意：如果在“列宽”文本框中输入值为“0”，则该字段列将会被隐藏。

重新设定列宽不会改变表中字段的“字段大小”属性所允许的字符数，它只是简单地改变字段列所包含数据的显示宽度。

（3）隐藏列和显示列

在表对象的“数据表”视图中，为了便于查看表中的主要数据，可以将某些字段列暂时隐藏起来，需要时再将其显示出来。

① 隐藏列。先来看有关隐藏列的例题。

例 2-24 将“学生情况表”中的“出生日期”字段列隐藏起来。操作步骤如下。

a．在“数据库”窗口的“表”对象下，双击“学生情况表”进入表视图。

b．单击“出生日期”字段选定器，如图 2-75 所示。

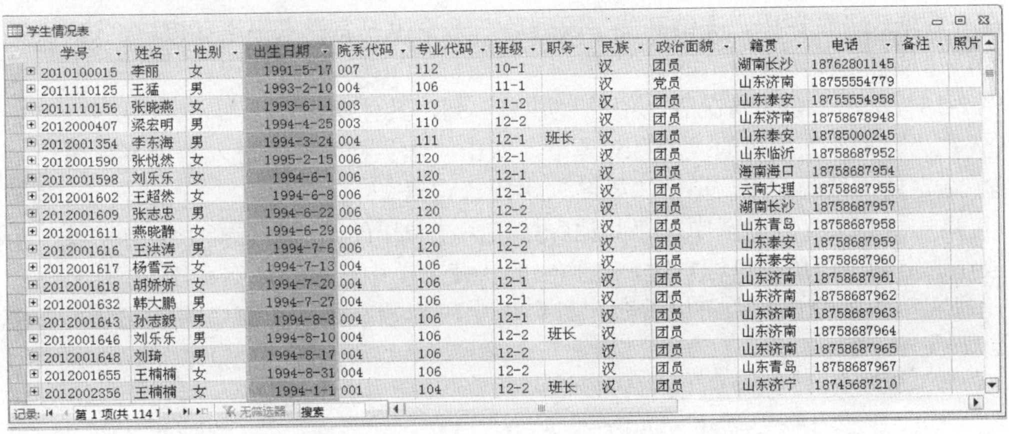

学生情况表

学号	姓名	性别	出生日期	院系代码	专业代码	班级	职务	民族	政治面貌	籍贯	电话	备注	照片
2010100015	李丽	女	1991-5-17	007	112	10-1		汉	团员	湖南长沙	18762801145		
2011110125	王猛	男	1993-2-10	004	106	11-1		汉	党员	山东济南	18755554779		
2011110156	张晓燕	女	1993-6-11	003	110	11-2		汉	团员	山东泰安	18755554958		
2012000407	梁宏明	男	1994-4-25	003	110	12-2		汉	团员	山东济南	18758678948		
2012001354	李东海	男	1994-3-24	004	111	12-1	班长	汉	团员	山东泰安	18785000245		
2012001590	张悦然	女	1995-2-15	006	120	12-1		汉	团员	山东临沂	18758687952		
2012001598	刘乐乐	女	1994-6-1	006	120	12-1		汉	团员	海南海口	18758687954		
2012001602	王超然	女	1994-6-8	006	120	12-1		汉	团员	云南大理	18758687955		
2012001609	张志忠	男	1994-6-22	006	120	12-2		汉	团员	湖南长沙	18758687957		
2012001611	燕晓静	女	1994-6-29	006	120	12-2		汉	团员	山东青岛	18758687958		
2012001616	王洪涛	男	1994-7-6	006	120	12-2		汉	团员	山东泰安	18758687959		
2012001617	杨雪云	女	1994-7-13	004	106	12-1		汉	团员	山东泰安	18758687960		
2012001618	胡娇娇	女	1994-7-20	004	106	12-1		汉	团员	山东济南	18758687961		
2012001632	韩大鹏	男	1994-7-27	004	106	12-1		汉	团员	山东济南	18758687962		
2012001643	孙志毅	男	1994-8-3	004	106	12-1		汉	团员	山东济南	18758687963		
2012001646	刘乐乐	男	1994-8-10	004	106	12-2	班长	汉	团员	山东济南	18758687964		
2012001648	刘琦	男	1994-8-17	004	106	12-2		汉	团员	山东济南	18758687965		
2012001655	王楠楠	女	1994-8-31	004	106	12-2		汉	团员	山东青岛	18758687967		
2012002356	王楠楠	女	1994-1-1	001	104	12-2	班长	汉	团员	山东济宁	18745687210		

记录: 第 1 项(共 114 项) 无筛选器 搜索

图 2-75 选定隐藏列

c．单击“记录”功能区中的“其他”按钮，在弹出的菜单中选择“隐藏字段”，或者将鼠标放在选定列上，单击鼠标右键，在弹出的快捷菜单中选择“隐藏字段”，结果如图 2-76 所示。

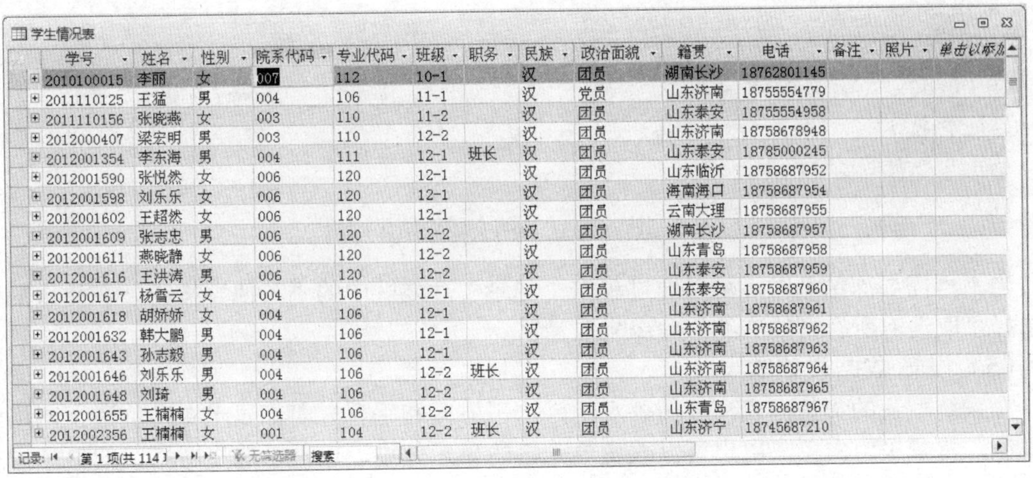

学生情况表

学号	姓名	性别	院系代码	专业代码	班级	职务	民族	政治面貌	籍贯	电话	备注	照片	单击以添加
2010100015	李丽	女	007	112	10-1		汉	团员	湖南长沙	18762801145			
2011110125	王猛	男	004	106	11-1		汉	党员	山东济南	18755554779			
2011110156	张晓燕	女	003	110	11-2		汉	团员	山东泰安	18755554958			
2012000407	梁宏明	男	003	110	12-2		汉	团员	山东济南	18758678948			
2012001354	李东海	男	004	111	12-1	班长	汉	团员	山东泰安	18785000245			
2012001590	张悦然	女	006	120	12-1		汉	团员	山东临沂	18758687952			
2012001598	刘乐乐	女	006	120	12-1		汉	团员	海南海口	18758687954			
2012001602	王超然	女	006	120	12-1		汉	团员	云南大理	18758687955			
2012001609	张志忠	男	006	120	12-2		汉	团员	湖南长沙	18758687957			
2012001611	燕晓静	女	006	120	12-2		汉	团员	山东青岛	18758687958			
2012001616	王洪涛	男	006	120	12-2		汉	团员	山东泰安	18758687959			
2012001617	杨雪云	女	004	106	12-1		汉	团员	山东泰安	18758687960			
2012001618	胡娇娇	女	004	106	12-1		汉	团员	山东济南	18758687961			
2012001632	韩大鹏	男	004	106	12-1		汉	团员	山东济南	18758687962			
2012001643	孙志毅	男	004	106	12-1		汉	团员	山东济南	18758687963			
2012001646	刘乐乐	男	004	106	12-2	班长	汉	团员	山东济南	18758687964			
2012001648	刘琦	男	004	106	12-2		汉	团员	山东济南	18758687965			
2012001655	王楠楠	女	004	106	12-2		汉	团员	山东青岛	18758687967			
2012002356	王楠楠	女	001	104	12-2	班长	汉	团员	山东济宁	18745687210			

记录: 第 1 项(共 114 项) 无筛选器 搜索

图 2-76 “出生日期”字段被隐藏

② 显示列。如果希望将隐藏的列重新显示出来，具体操作步骤如下。

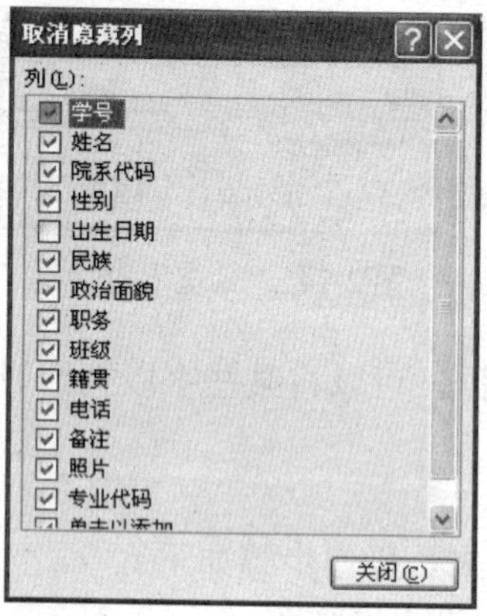

图 2-77 “取消隐藏列”对话框

a. 在“数据库”窗口的“表”对象下，双击“学生情况表”进入表视图。

b. 单击“记录”功能区中的“其他”按钮，选择“取消隐藏字段”命令，打开“取消隐藏列”对话框，如图 2-77 所示。

c. 在“列”列表中选中要显示列的复选框。

d. 单击“关闭”按钮。

这样，就可以将被隐藏的列重新显示在数据表中。

（4）冻结列

在通常的操作中，常常需要建立比较大的数据库表，由于表过宽，在“数据表”视图中，有些关键的字段值因为水平滚动后无法看到，影响了数据的查看。Access 2010 提供的冻结列功能可以解决这方面的问题。

在“数据表”视图中，冻结某些字段列后，无论用户怎样水平滚动窗口，这些字段总是可见的，并且总是显示在窗口的最左边。

例 2-25 冻结“学生情况表”中的“姓名”列，具体操作步骤如下。

① 在“数据库”窗口的“表”对象下，双击“学生档案表”进入数据表视图。

② 选定要冻结的字段，单击“姓名”字段选定器。

③ 单击“记录”功能区中的“其他”按钮，在弹出的菜单中选择“冻结字段”，或者将鼠标放在选定列上，单击鼠标右键，在弹出的快捷菜单中选择“冻结字段”。

此时水平滚动窗口时，可以看到“姓名”字段列始终显示在窗口的最左边，如图 2-78 所示。

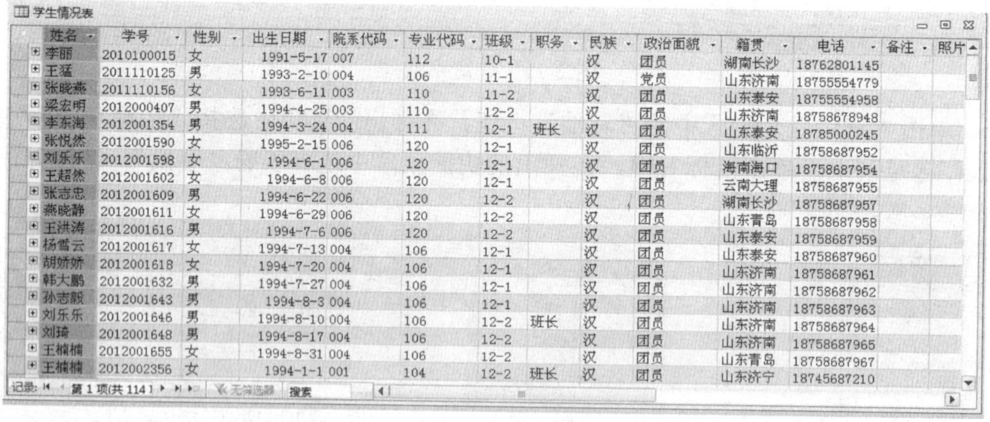

学生情况表

姓名	学号	性别	出生日期	院系代码	专业代码	班级	职务	民族	政治面貌	籍贯	电话	备注	照片
李丽	2010100015	女	1991-5-17	007	112	10-1		汉	团员	湖南长沙	18762801145		
王猛	2011110125	男	1993-2-10	004	106	11-1		汉	党员	山东济南	18755554779		
张晓燕	2011110156	女	1993-6-11	003	110	11-2		汉	团员	山东泰安	18755554958		
梁宏明	2012000407	男	1994-4-25	003	110	12-2		汉	团员	山东济南	18758678948		
李东海	2012001354	男	1994-3-24	004	111	12-1	班长	汉	团员	山东泰安	18785000245		
张悦然	2012001590	女	1995-2-15	006	120	12-1		汉	团员	山东临沂	18758687952		
刘乐乐	2012001598	女	1994-6-1	006	120	12-1		汉	团员	海南海口	18758687954		
王超然	2012001602	女	1994-6-8	006	120	12-1		汉	团员	云南大理	18758687955		
张志忠	2012001609	男	1994-6-22	006	120	12-2		汉	团员	湖南长沙	18758687957		
燕晓静	2012001611	女	1994-6-29	006	120	12-2		汉	团员	山东青岛	18758687958		
王洪涛	2012001616	男	1994-7-6	006	120	12-2		汉	团员	山东泰安	18758687959		
杨雪云	2012001617	女	1994-7-13	004	106	12-1		汉	团员	山东泰安	18758687960		
胡娇娇	2012001618	女	1994-7-20	004	106	12-1		汉	团员	山东济南	18758687961		
韩大鹏	2012001632	男	1994-7-27	004	106	12-1		汉	团员	山东济南	18758687962		
孙志毅	2012001643	男	1994-8-3	004	106	12-1		汉	团员	山东济南	18758687963		
刘乐乐	2012001646	男	1994-8-10	004	106	12-2	班长	汉	团员	山东济南	18758687964		
刘琦	2012001648	男	1994-8-17	004	106	12-2		汉	团员	山东济南	18758687965		
王楠楠	2012001655	女	1994-8-31	004	106	12-2		汉	团员	山东青岛	18758687967		
王楠楠	2012002356	女	1994-1-1	001	104	12-2	班长	汉	团员	山东济宁	18745687210		

记录: 第 1 项(共 114 项) 无筛选器 搜索

图 2-78 “冻结字段”结果

当不再需要冻结列时，可以通过单击“记录”功能区中的“其他”按钮，在弹出的菜单中选择“取消对所有列的冻结”命令来取消。

（5）设置数据表格式

在系统默认的“数据表”视图外观中，水平方向和垂直方向都显示有网格线，网格线采用银色，背景采用白色。用户可以改变单元格的显示效果，也可以选择网格线的显示方式和颜色，表格的背景颜色等。

例 2-26 设置数据表格式的操作步骤如下。

① 在“数据表”窗口的“表”对象下，双击要打开的表，进入表视图。

② 单击“文本格式”功能区右下角的按钮，打开“设置数据表格式”对话框，如图 2-79 所示。

③ 在“设置数据表格式”对话框中，用户可以根据需要选择所需的项目进行设置。

注意：单元格效果如果选择“凸起”或“凹陷”单选按钮后，不能再对其他选项进行设置。

④单击“确定”按钮，完成对数据表的格式设置。

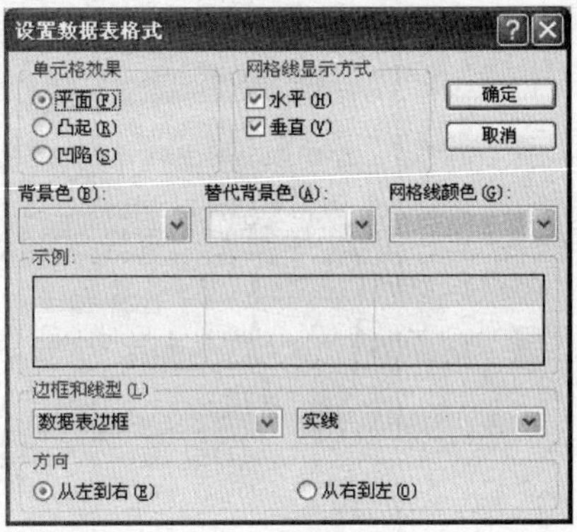

图 2-79 “设置数据表格式”对话框

（6）改变字体显示

为了使数据的显示美观清晰、醒目突出，用户可以改变数据表中数据的字体、字型和字号。

例 2-27 将“教师情况表”设置为如图 2-80 所示的格式，其中字体为楷体、字号为 16 磅、字型为粗斜体、颜色为深蓝色。

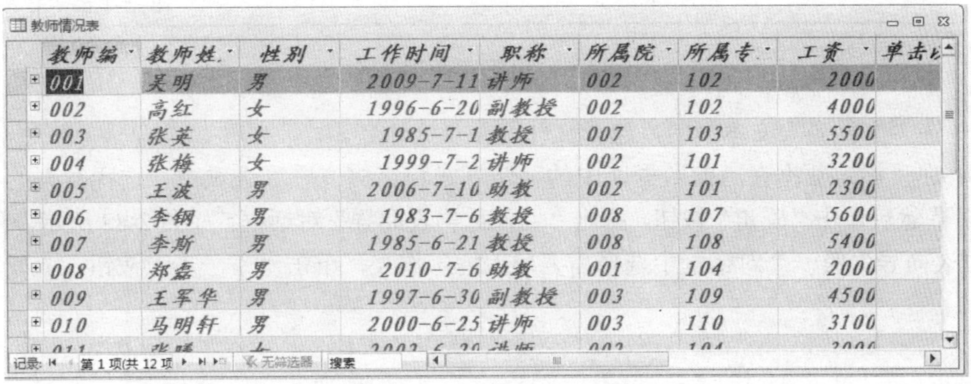

教师编	教师姓	性别	工作时间	职称	所属院	所属专	工资	单击
001	吴明	男	2009-7-11	讲师	002	102	2000	
002	高红	女	1996-6-20	副教授	002	102	4000	
003	张英	女	1985-7-1	教授	007	103	5500	
004	张梅	女	1999-7-2	讲师	002	101	3200	
005	王波	男	2006-7-10	助教	002	101	2300	
006	李钢	男	1983-7-6	教授	008	107	5600	
007	李斯	男	1985-6-21	教授	008	108	5400	
008	郑磊	男	2010-7-6	助教	001	104	2000	
009	王军华	男	1997-6-30	副教授	003	109	4500	
010	马明轩	男	2000-6-25	讲师	003	110	3100	

图 2-80 改变字体显示结果

具体操作步骤如下：

① 在“数据库”窗口的“表”对象下，双击“教师情况表”；

② 单击“文本格式”功能区对字体、字型和字号进行设置。

2.10.5 导入外部数据及导出表

（1）导入外部数据

用户可以将符合 Access 2010 输入/输出协议的任一类型的表导入到数据库表中，既可以简化用户的操作、节省用户创建表的时间，又可以充分利用所有数据。从外部获取数据后形成自己数据库中的数据表对象，并与外部数据源断绝链接，这意味着当导入操作完成以后，即使外部数据源的数据发生了变化，也不会再影响已经导入的数据。

例 2-28 下面以导入 Excel 表格“学生表.xls”为例说明导入的过程，操作步骤如下：

① 打开数据库窗口。

② 单击“外部数据”功能选项卡，在“导入并链接”功能区，单击 Excel 选项，弹出“获取外部数据-Excel 电子表格”对话框。如图 2-81 所示。

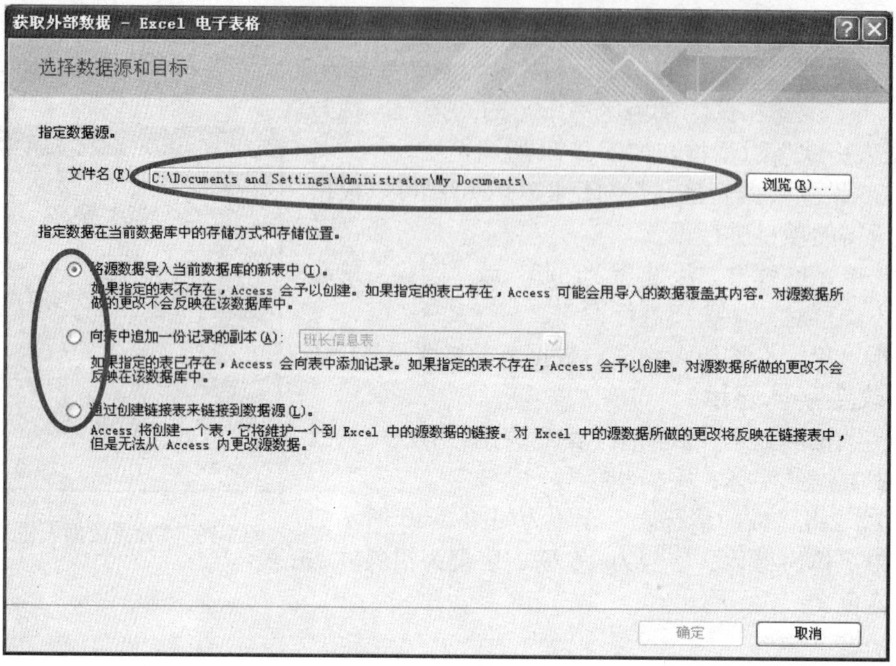

图 2-81 “获取外部数据”对话框

③ 在“文件名”文本框中，选择文件路径及文件名。

④ 在“指定数据在当前数据库中的存储方式和存储位置”选项中，选择数据的存储方式及位置,然后单击“确定”按钮，弹出“导入数据表向导”对话框，如图 2-82 所示。在 “导入数据表向导”第一个对话框中选择需要导入的工作表，单击“下一步”按钮。

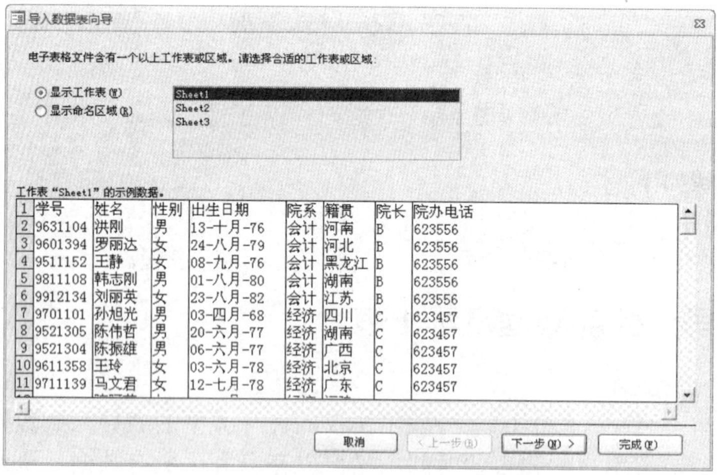

图 2-82 “导入数据表向导”第一个对话框

⑤ 在如图 2-83 所示的“导入数据表向导”第二个对话框中确认列标题是否可以作为字段名使用，并确定是否选中“第一行包含列标题”复选框，然后单击“下一步”按钮。

⑥ 在如图 2-84 所示的“导入数据表向导”第三个对话框中，可以对字段值进行修改，单击“下一步”按钮。

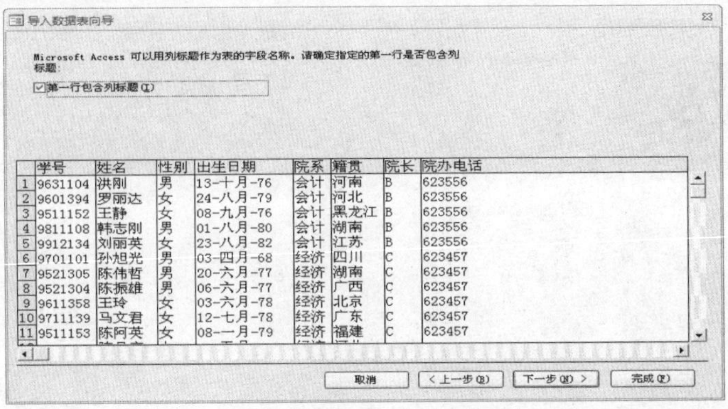

图 2-83 “导入数据表向导”第二个对话框

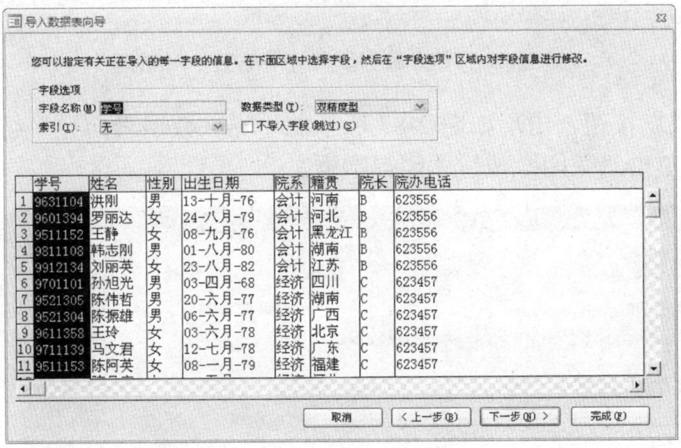

图 2-84 “导入数据表向导”第三个对话框

⑦ 在如图 2-85 所示的“导入数据表向导”第四个对话框中可以对表格的字段设置主键，然后单击“下一步”按钮。

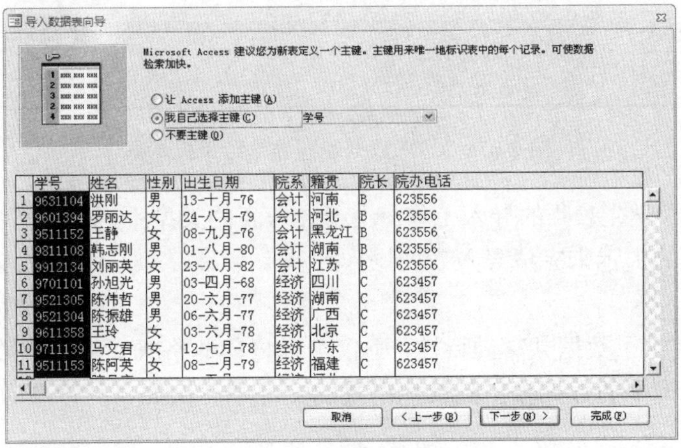

图 2-85 “导入数据表向导”第四个对话框

⑧ 在如图 2-86 所示的“导入数据表向导”第五个对话框的“导入到表”文本框中输入导入表名称为“学生表”。

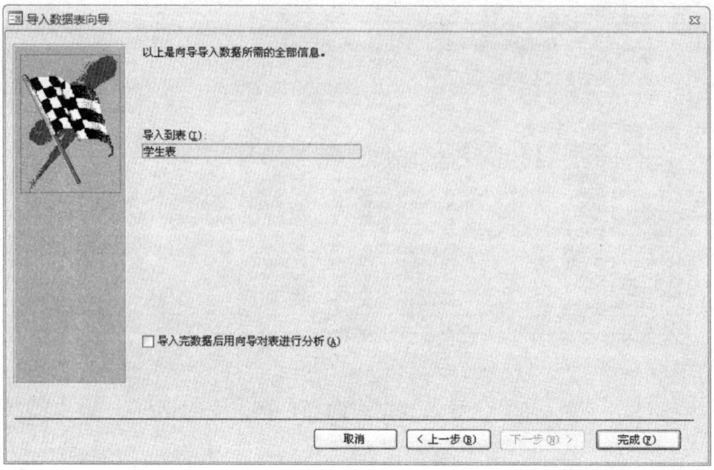

图 2-86 “导入数据表向导”第五个对话框

⑨ 单击“完成”按钮，出现如图 2-87 所示的“导入数据表向导”结束提示框，提示数据导入已经完成。单击“关闭”按钮关闭提示框。

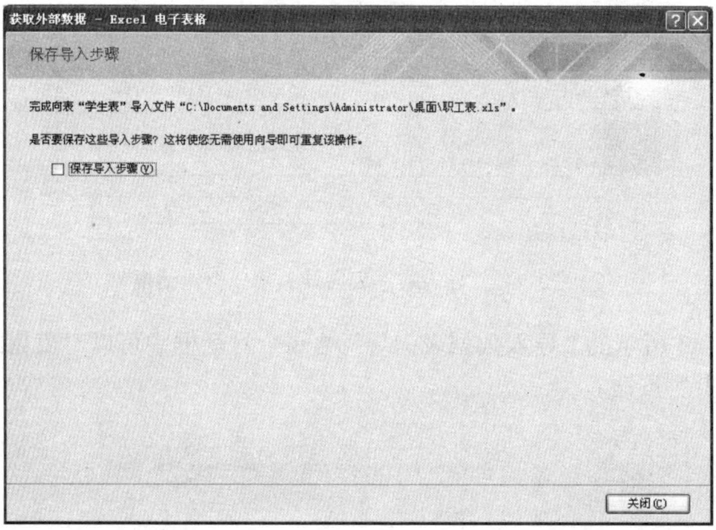

图 2-87 “导入数据表向导”结束提示框

此时，完成了“学生表”的导入工作。由于导入表的类型不同，操作步骤也会有所不同，用户应该按照向导的提示来完成导入表的操作。

（2）导出表

Access 2010 提供了数据共享的特性，不仅可以将其他格式文件中的数据导入到表中，也可以将数据表或查询中的数据输出到其他格式的文件中。例如，另一个数据库、文本文件、Excel 工作表等。

例 2-29 将“学生情况表”的数据导出到 Excel 工作表中。操作步骤如下。

① 在数据库“表”对象下，选择“学生成绩表”。

② 在“导出”功能区中选择“Excel”按钮，弹出如图 2-88 所示的“导出”对话框。设

置好文件名和文件格式后，单击“确定”按钮。

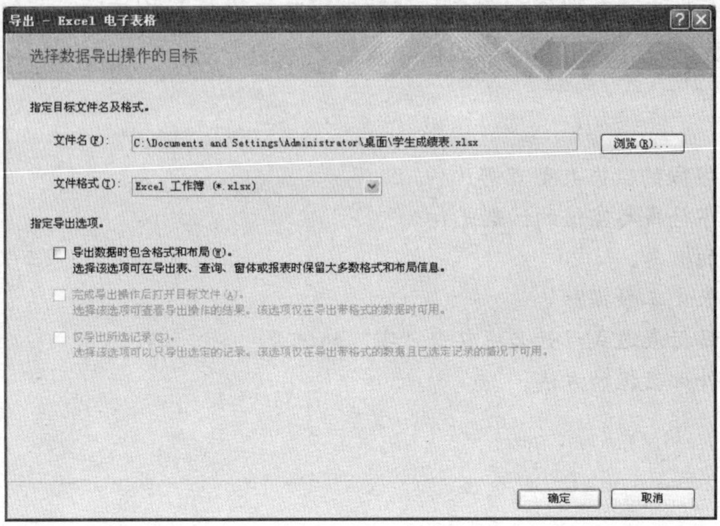

图 2-88 “导出”对话框

③ 设置好文件名和文件格式后，单击“确定”按钮。弹出如图 2-89 所示的提示对话框，单击“关闭”按钮，完成导出数据任务。

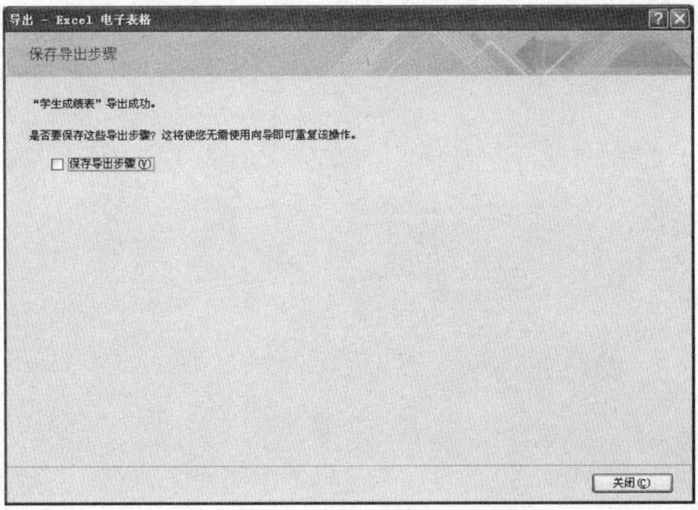

图 2-89 “导出”结束提示框

本 章 小 结

本章主要介绍如何建立和修改数据库。数据库是由数据表组成的，因此创建数据库的过程就是创建数据表的过程。要求掌握建立数据表的不同方法，并能根据需要选择适合的建立方法。

能够对数据表进行修改字段、添加字段、删除字段、建立索引、按要求进行筛选和对表的外观进行调整。会对数据表创建主键，主键是数据表中记录的唯一标识，对多个数据表同时进行操作时，需要通过主键建立关系，多数据表才能进行互相访问。了解在主表中添加子表的方法，掌握数据表的导出和外部数据导入数据库的方法。

思 考 题

1. Access 表字段的数据类型有哪几种？
2. 零长度空字符串与空值的区别是什么？
3. 简述主键的概念。
4. 如何输入长文本数据？
5. 写出筛选目标表达式：姓名中包含“宇”的记录。
6. 简述导入外部数据的方法。

第3章 查　询

在 Access 2010 数据库操作中，很大一部分工作是对数据进行统计、计算与检索。虽然可以在数据表中进行筛选、排序、浏览等操作，但是数据表在执行数据计算以及检索多个表时，就显得无能为力了。此时，我们可以利用查询筛选数据、执行数据计算和汇总数据。如果要查看、添加、更改或删除数据库中的数据，我们还可以使用查询自动执行这些数据管理任务，并在提交数据更改之前查看这些更改。查询可以轻而易举地完成以上操作。

3.1 查询概述

利用数据表可以存储数据，这些数据可以长期保存于数据库中。存储数据的目的是为了重复使用这些数据。在设计数据库时，为了减少数据冗余，节省内存空间，常常会将数据分类存储到多个数据表中，这种设计导致某些相关信息可能分散地存储在多个数据表中。在使用这些数据时，用户根据自己的需求可以从单个数据表中获取所需要的信息，也可从多个相关的数据表中获得信息，所采用的手段就是使用查询技术。Access 提供的查询功能为用户提供了从若干个数据表中获取信息的手段，是分析和处理数据的一种重要工具。在 Access 2010 中查询可以用来生成窗体、报表，甚至是生成其他查询的基础。查询是数据库管理系统最常用、最重要的功能。

3.1.1 查询的概念

查询是指向数据库提出请求，要求数据库按照特定的需求在指定的数据源中进行查找，提取指定的字段，返回一个新的数据集合，这个集合就是查询结果，这个集合中的字段可能来自一个表，也可能来自多个不同的表。

查询是 Access 2010 数据库中的一个重要对象。查询是对数据结果、数据操作或者这两者的请求。可以使用查询回答简单问题、执行计算、合并不同表中的数据，甚至添加、更改或删除表数据。用于从表中检索数据或进行计算的查询称为选择查询。用于添加、更改或删除数据的查询称为操作查询。

在 Access 2010 数据库中，查询工作就是查找和分析数据，即对数据库中的数据进行浏览、分类、筛选、统计、添加、删除和修改。从结果上看查询似乎是建立了一个新表，但是，查询的记录集实际上并不保存，只保存查询规则。当关闭一个查询后，该查询的结果便不复存在了，查询结果中的数据都保存在其原来的基本表中。每次运行查询时，Access 2010 根据规则从源表中抽取数据创建一个新的记录集，使查询中的数据能够和源表中的数据保持同步，当数据源中的记录更新时，查询的结果也会随数据源的变化自动更新。每次打开查询，就相当于重新按条件进行查询。查询可以作为结果，也可以作为其他对象数据来源。

因此，查询的目的就是让用户根据指定条件对表或者其他查询进行检索，筛选出符合条件的记录，构成一个新的数据集合，从而方便用户对数据库进行查看和分析。

查询主要有以下几方面的功能。

① 选择字段和记录。查询可以根据给定的条件，查找并显示相应的记录，并可仅显示需要的字段。

② 修改记录。通过查询功能，对符合条件的记录进行添加、修改和删除等操作。例如，将所有教师的工资增加 20%，删除成绩不及格的学生成绩记录等。

③ 统计和计算。可以使用查询对数据进行统计和计算。如求学生的平均成绩、男女教师的人数、教师的年收入等。

④ 建立新表。可以将查询所得的动态记录集即查询结果存储于表中。

⑤ 为其他数据库对象提供数据源。在创建报表和窗体时，其数据源可能是多个表，在这种情况下，可以先建立一个查询，再以查询作为数据源，设计报表和窗体。

在 Access 2010 中查询工具有 3 种：查询向导、查询设计视图、结构化查询语言(SQL)。使用这 3 种工具可以实现各种查询功能。

3.1.2 查询类型

根据对数据源的操作方式以及查询结果，Access 2010 提供的查询可以分为以下 5 种类型，分别是选择查询、交叉表查询、参数查询、操作查询和 SQL 查询。

（1）选择查询

选择查询是最常用的一种查询类型。它是根据用户所指定的查询条件，从一个或多个表中获取数据并显示结果。也可以使用选择查询对记录进行分组，并对记录进行总计、计数、平均以及其他种类的计算。选择查询产生的结果是一个动态记录集，不会改变源数据表中的数据。

（2）交叉表查询

交叉表查询可以计算并重新组织表的结构，可以方便地分析数据。交叉表查询以表的形式将源数据库表或查询的某些字段进行分组，一组在数据表的左侧，另一组在数据表的上部，数据表内行与列的交叉单元格处显示表中数据的某个统计值，这是一种可以将表中的数据看作字段的查询方法，分别以行标题和列标题的形式显示出某一个字段的总和、计数、平均或最大值、最小值等。

（3）参数查询

参数查询为用户提供了更加灵活的查询方式，当用户需要的查询每次都要改变查询准则，而且每次都重新创建查询又比较麻烦时，就可以利用参数查询来解决这个问题。参数查询是通过对话框，提示用户输入查询准则，系统将以该准则作为查询条件，将查询结果按指定的形式显示出来。例如在学生情况表中根据对话框中输入的姓名，查询学生的学号、性别及电话等信息，而不是固定地要查“王红”同学的信息时，可以使用参数查询。

（4）操作查询

操作查询是指在查询中对源数据表进行操作，可以对表中的记录进行追加、修改、删除和更新。操作查询分为 4 种类型：删除查询、追加查询、更新查询与生成表查询。

（5）SQL 查询

SQL 是指使用结构化查询语言 SQL 创建的查询。这种查询需要一些特定的 SQL 命令，包括数据查询、数据定义、数据操纵和数据控制等功能，涵盖了对数据库的所有操作。可以通过书写 SQL 命令实现查询功能。这些命令必须写在 SQL 视图中(SQL 查询不能使用设计视图)。在 Access 中，用户可以使用查询设计器创建查询，在查询创建完成后系统会自动产生一个对应的 SQL 语句。

3.1.3 查询视图

查询共有 5 种视图，分别是设计视图、数据表视图、SQL 视图、数据透视表视图和数据透视图。

（1）设计视图

设计视图就是查询设计器，通过该视图可以创建除 SQL 之外的各种类型查询。

（2）数据表视图

数据表视图是查询的数据浏览器，用于查看查询运行结果。

（3）SQL 视图

SQL 视图是查看和编辑 SQL 语句的窗口，通过该窗口可以查看用查询设计器创建的查询所产生的 SQL 语句，也可以对 SQL 语句进行编辑和修改。

（4）数据透视表视图和数据透视图

在数据透视表视图和数据透视图中，可以根据需要生成数据透视表和数据透视图，从而对数据进行分析，得到直观的分析结果。

3.1.4 查询条件和函数

查询条件是描述用户查询需求的表示方法，“条件”是指在查询中用来限制检索记录的条件表达式，它是由算术运算符、逻辑运算符、常量、字段值和函数等组成，也是查询设计的一个重要内容。在查询中，设计查询条件就是设计一个条件表达式。通过条件可以过滤掉无用数据。在实际应用中，经常查询满足某个条件的记录，这需要在查询时进行查询条件的设置。例如，查询所有“女”同学的记录，查询职称为“教授”的教师的信息等。通过在查询设计视图中设置条件可以实现条件查询。

查询中的条件通常使用关系运算符、逻辑运算符和一些特殊运算符来表示。

（1）条件表达式

条件表达式是由各种运算符将操作数连接起来，具有一定的运算结果。这个结果是用户为查询条件设想的，它应满足用户的查询需求。也就是说表达式是由运算符、操作数组成的运算表达式。

表达式的操作数有：常量、变量和函数。

表达式的运算符有：算术运算符、关系运算符、条件运算符、字符运算符和逻辑运算符。

表达式值的类型有：数字型、文本型、日期型、是/否型。

表示空字段值：“Is Null”或“为空”表示为空白的字段值；“Is Not Null”或“为非空”表示不为空白的字段值。

条件表达式不仅在查询中广泛使用，在表设计视图中也经常使用，比如为表的某个字段建立“有效性规则”。

（2）Access 2010 中常量与变量的表示方法

在 Access 2010 中也经常使用到常量，类型不同，其表示的方法也有所不同，各种方法都有自己的引用规则，如表 3-1 所示。

在本章中用到的变量一般是字段变量，不论其类型如何，直接使用字段名即可。

（3）Access 2010 的运算操作符

运算符主要有算术运算符、条件运算符、比较操作符、字符运算符和逻辑运算符 5 种。

① 比较操作符，如表 3-2 所示。

② 算术运算符。算术运算符包括：+(加)、–(减)、*(乘)、/(除)、\(整除)、^(乘方)、Mod(求余数)等。

表 3-1 常量的表示方法

类　型	表 示 方 法	示　例
数字型常量	直接输入数据	88，-88，88.88
文本型常量	直接输入文本或者用英文的单/双引号为定界符	信息，'信息'，“信息”
日期型常量	直接输入或者两端以“#”为定界符	2009-1-1，#2009-1-1#
是/否型常量	使用专用字符表示，只有两个可选项	yes,no(或 true,false)

表 3-2 比较操作符

运算符	含义	运算符	含义
>	大于	<=	小于等于
>=	大于等于	<>	不等于
<	小于	=	等于

③ 条件运算符。条件运算符包括如下几种。

a. Between …And。用于确定两个数据之间的范围，这两个数据必须具有相同的数据类型。

b. In。用于判断某变量的值是否在某一系列值的列表中。

c. Is Null。用于判断某变量值是否为空，Is Null 表示为空，Is Not Null 表示不为空。

④ 字符运算符。字符运算符包括如下几种。

a. Like。用于与指定的字符串比较，字符串中可以使用通配符。通配符“？”匹配任意单个字符；“*”匹配任意多个字符；“#”匹配任意单个数字；“！”不匹配指定的字符；[字符列表]匹配任何在列表中的单个字符。

b. &。称为连接运算符，表示将两个字符型值连接起来。

⑤ 逻辑运算符，如表 3-3 所示。

表 3-3 逻辑运算符

运 算 符	形　式	含　义
And	A And B	限制条件值必须同时满足 A 和 B
Or	A Or B	限制条件值只要满足 A 或 B 中之一
Not	Not A	限制条件值不能满足 A 的结果

（4）函数

Access 2010 提供了大量的标准函数，如数值函数、字符函数、日期/时间函数和统计函数等。利用这些函数可以更好地构造查询条件，也为用户更准确地进行统计计算、实现数据处理提供了有效的方法。表 3-4～表 3-7 分别给出了四种类型函数的说明。

表 3-4 数值函数

函　数	说　明
Abs(数值表达式)	返回数值表达式值的绝对值
Int(数值表达式)	返回数值表达式值的整数部分
Sqr(数值表达式)	返回数值表达式值的平方根
Sgn(数值表达式)	返回数值表达式的符号值。当数值表达式值大于 0 时返回值为 1；当数值表达式值等于 0 时返回值为 0；当数值表达式值小于 0 时返回值为–1

表 3-5 字符函数

函　数	说　明
Space(数值表达式)	返回由数值表达式的值确定的空格个数组成的空字符串
String(数值表达式,字符表达式)	返回由字符表达式的第 1 个字符重复组成的长度为数值表达式值的字符串
Left(字符表达式,数值表达式)	返回从字符表达式左侧第 1 个字符开始长度为数值表达式值的字符串
Right(字符表达式,数值表达式)	返回从字符表达式右侧第 1 个字符开始长度为数值表达式值的字符串
Len(字符表达式)	返回字符表达式的字符个数
Mid(字符表达式,数值表达式 1 [,数值表达式 2])	返回从字符表达式中第数值表达式 1 个字符开始，长度为数值表达式 2 个的字符串。数值表达式 2 可以省略

表 3-6 日期/时间函数

函　数	说　明
Day(date)	返回给定日期 1~31 的值。表示给定日期是一个月中的哪一天
Month(date)	返回给定日期 1~12 的值。表示给定日期是一年中的哪个月
Year(date)	返回给定日期 100~9999 的值。表示给定日期是哪一年
Weekday(date)	返回给定日期 1~7 的值。表示给定日期是一周中的哪一天
Hour(date)	返回给定小时 0~23 的值。表示给定时间是一天中的哪个钟点
Date()	返回当前的系统日期

表 3-7 统计函数

函　数	说　明
Sum(字符表达式)	返回字符表达式中值的总和。字符表达式可以是一个字段名，也可以是一个含字段名的表达式，但所含字段应该是数字数据类型的字段
Avg(字符表达式)	返回字符表达式中值的平均值。字符表达式可以是一个字段名，也可以是一个含字段名的表达式，但所含字段应该是数字数据类型的字段
Count(字符表达式)	返回字符表达式中值的个数。字符表达式可以是一个字段名，也可以是一个含字段名的表达式，但所含字段应该是数字数据类型的字段
Max(字符表达式)	返回字符表达式中值的最大值。字符表达式可以是一个字段名，也可以是一个含字段名的表达式，但所含字段应该是数字数据类型的字段
Min(字符表达式)	返回字符表达式中值的最小值。字符表达式可以是一个字段名，也可以是一个含字段名的表达式，但所含字段应该是数字数据类型的字段

在 Access 2010 中建立查询时，经常会使用文本值作为查询的准则，表 3-8 给出了以文本值作为准则的示例和功能说明。

表 3-8 使用文本值作为准则示例

字段名称	准 则	功 能
院系	"信息学院"	查询院系为信息学院的记录
课程名称	Like "大学*"	查询课程名称称以“大学”开头的记录
民族	Not "汉"或<>"汉"	查询所有民族不是汉族的记录
姓名	In("海楠","王平")或"海楠" Or "王平"	查询姓名为海楠或王平的记录
姓名	Left([姓名],1)="王"	查询所有姓王的记录
学号	Mid([学号],3,2)="13"	查询学号第 3 位和第 4 位为 13 的记录

在 Access 2010 中建立查询时，有时需要以计算或处理日期所得到的结果作为准则，表 3-9 列举了一些应用示例和功能说明。

表 3-9 使用处理日期结果作为准则示例

字段名称	准 则	功 能
出生日期	Between #1994-1-1# And #1994-12-31#或 Year([出生日期])=1994	查询 1994 年出生的记录
出生日期	Month([出生日期])=Month(Date())	查询本月出生的记录
出生日期	Year([出生日期])=1994 And Month([出生日期])=4	查询 1994 年 4 月出生的记录
工作时间	>Date()-20	查询 20 天内参加工作的记录

3.1.5 查询方法

在 Access 2010 中，实现查询的方法有以下 3 种。

① 利用查询向导建立查询。

② 利用查询设计视图建立查询。

③ 使用结构化查询语言(Structured Query Language，SQL)。

3.2 创建选择查询和计算查询

选择查询是 Access 2010 支持的多种类型查询对象中最基本、最重要的一种，它从一个或多个表中根据准则检索数据。以记录集的形式显示查询结果。它的优点在于能将一个或多个表中的数据集合在一起。选择查询不仅可以完成数据的筛选、排序等操作，还可以对记录进行分组，并按分组进行总计、计数、求平均值等计算；同时，选择查询还是创建其他类型查询的基础。

3.2.1 使用查询向导创建选择查询

Access 2010 提供 3 种查询向导帮助用户快速创建选择查询。

(1) 简单查询向导

简单查询向导只能用于创建简单查询，它可以从一个表或多个表及已有查询中选择要显示的字段。如果查询中的字段来自多个表，这些表之间应已经建立了关系。简单查询的功能不全，因而只用于学习建立查询的一般方法。

例 3-1 利用“学生情况表”和“学生成绩表”查询学生及成绩信息，要求显示学生的学号、姓名、课程代码及成绩。

操作步骤如下。

① 打开“教学管理系统”数据库。

② 选择“创建”选项卡的“查询”组，单击“查询向导”按钮，打开“新建查询”对话框，如图 3-1 所示，选择“简单查询向导”，单击“确定”。

③ 打开“简单查询向导”对话框，如图 3-2 所示。在“表/查询”下拉框中选择“表：学生成绩表”，“可用字段”列表框中显示了“学生成绩表”的全部可用字段。双击选择“学号”和“姓名”到“选定字段”列表框中。

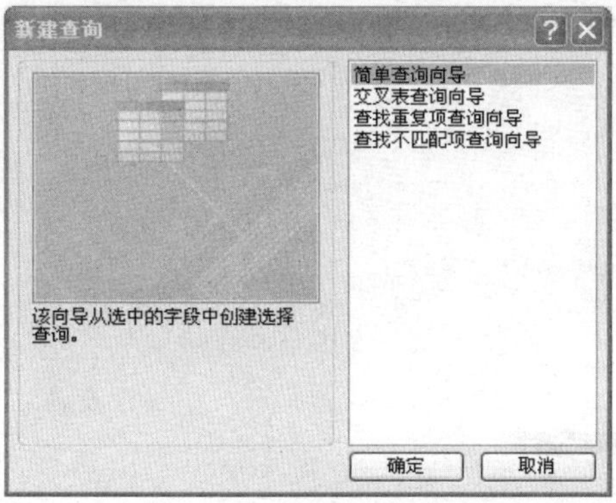

图 3-1 “新建查询”对话框

图 3-2 选择字段对话框

④ 再在“表/查询”下拉框中选择“学生成绩表”，“可用字段”列表框中显示了“学生成绩表”的全部可用字段。双击选择“课程代码”和“成绩”到“选定字段”列表框中，或者可以单击“可用字段”中的字段名，然后单击 > 按钮。如果发现“选定字段”框中的字段选错了，可在“选定字段”框中双击要删除的字段名，将它移回到“可用字段”框中，或者可以单击“选定字段”框中的字段名，然后单击 < 按钮。如果要全部选定“可用字段”中的字段，则单击 >> 按钮。如果要全部去掉“选定字段”中的字段，则可单击 << 按钮，单击“下一步“按钮。选择“明细”选项，单击“下一步”按钮。

⑤ 在弹出的窗口中为新建的查询指定标题为“学生成绩查询”，还可以选择完成向导后要做的工作，有“打开查询查看信息”和“修改查询设计”两个选项可以选择，如图 3-3 所示，单击完成按钮，显示查询结果，如图 3-4 所示。“简单查询”建立完成。如果生成的查询不完全符合要求，可以重新执行向导或在“设计”视图中更改查询。

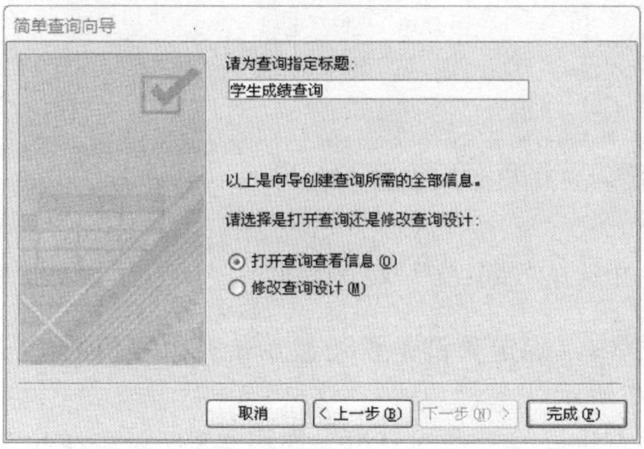

图 3-3 输入标题“学生成绩查询”

学号	姓名	课程代码	成绩
2012005856	刘亚军	103	50
2012111566	司晓冰	401	85
2012126112	徐云芳	304	80
2012007869	吴彤彤	401	88
2012457896	王宏	101	83
2012005856	刘亚军	203	78
2012005849	史小慧	203	82
2012005849	史小慧	104	68
2012005856	刘亚军	104	90
2012111566	司晓冰	304	86
2012126112	徐云芳	104	89
2012126112	徐云芳	306	80

图 3-4 查询结果

（2）查找重复项查询向导

利用“查找重复项查询向导”，可以“查找重复项”，即在一个表或查询中快速查找是否有重复的记录或具有相同字段值的记录。通过检查有无重复的记录，用户可以判断这些数据是否正确，以确定哪些记录需要保存，哪些记录需要删除。例如，可以搜索姓名字段中的重复值来确定是否有同名学生。

例 3-2 利用“查找重复项查询向导”新建查询，查找相同“姓名”的学生信息。

① 选择“创建”选项卡的“查询”组，单击“查询向导”按钮，打开“新建查询”对话框，如图 3-1 所示，选择“查找重复项查询向导”，单击“确定”。

② 打开“查找重复项查询向导”对话框。在“查找重复项查询向导”对话框中，选择“表：学生情况表”，如图 3-5 所示。

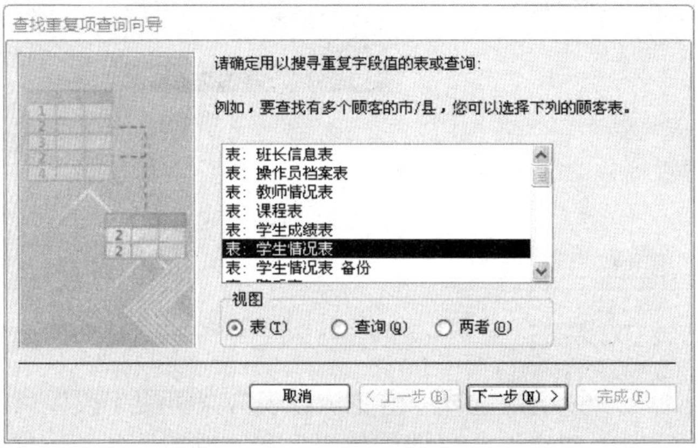

图 3-5 “查找重复项查询向导”对话框中选择需要的表

③ 单击“下一步”按钮，在打开的对话框中选择可能包含重复信息的字段，“重复值字段”的添加方法可以参照“例 3-1”中的第④步，这里选择“姓名”，如图 3-6 所示。

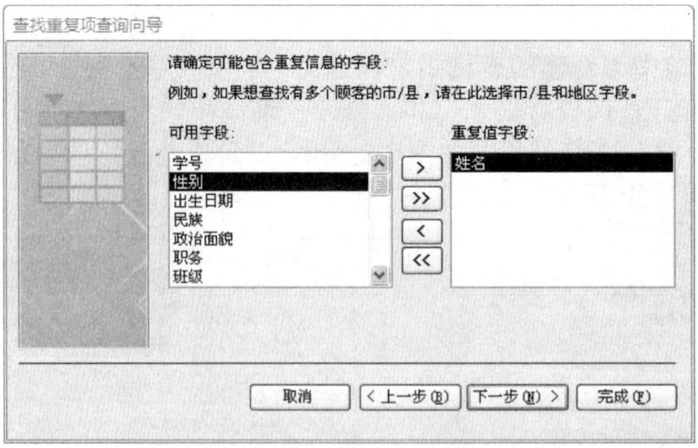

图 3-6 “查找重复项查询向导”中选择“重复值字段”对话框

④ 单击“下一步”按钮，在打开的对话框中，确定查询是否还显示带有重复值的字段之外的其他字段，这里选择全部字段，如图 3-7 所示。

⑤ 单击“下一步”按钮，弹出查找重复项查询向导完成对话框，如图 3-8 所示。在此对话框中，可以选择“查看结果”或“修改设计”项。

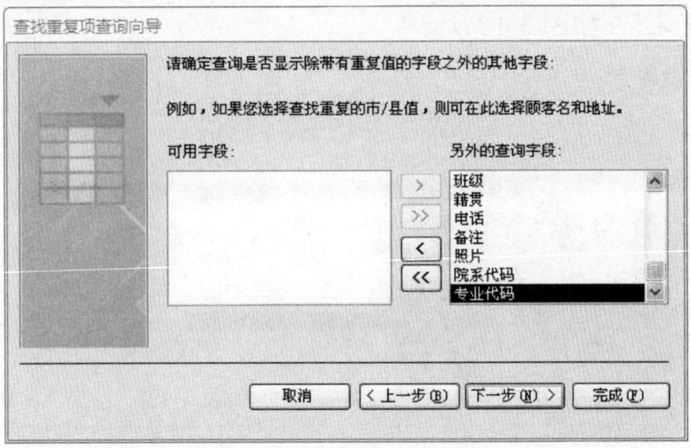

图 3-7 “查找重复项查询向导”中选择其他字段对话框

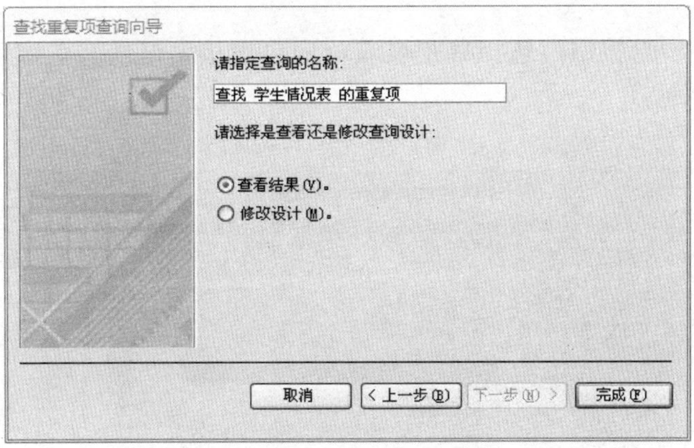

图 3-8 “查找重复项查询向导”完成对话框

⑥ 单击“完成”按钮，“查找重复项查询”的结果如图 3-9 所示。

图 3-9 “查找重复项查询向导”完成的查询结果

（3）查找不匹配项查询向导

利用“查找不匹配项查询向导”可以通过比较两张相互关联的表的关联字段，查找两个表中不相关的记录，以便用户了解那些不匹配的记录，操作步骤如下。

例 3-3 使用“不匹配项查询向导”创建查询，找出没有成绩的学生名单。

① 选择“创建”选项卡的“查询”组，单击“查询向导”按钮，打开“新建查询”对话框，如图 3-1 所示，选择“查找不匹配项查询向导”，单击“确定”。

② 在“查找不匹配项查询向导”对话框中，选择用以搜寻不匹配项的表或查询，这里

选择“表：学生情况表”，如图 3-10 所示。

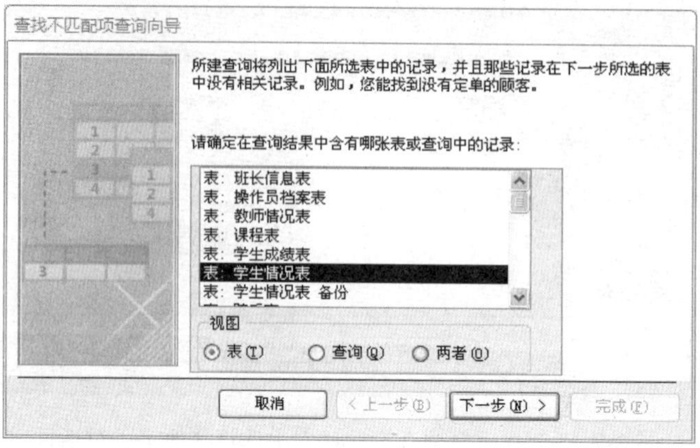

图 3-10　在“查找不匹配项查询向导”中选择不匹配表的对话框

③ 单击“下一步”按钮，选择哪张表或查询包含相关记录，在这里选择“表：学生成绩表”，如图 3-11 所示。

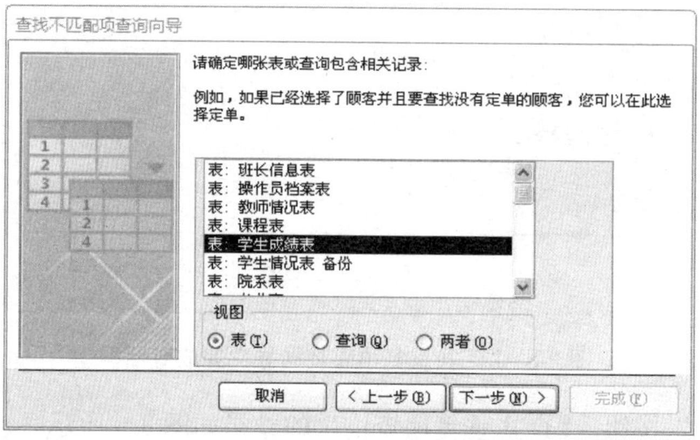

图 3-11　在“查找不匹配项查询向导”中选择相关表的对话框

④ 单击“下一步”按钮，在此对话框中确定在两张表中都有的信息，例如，两张表中都有一个“学号”字段，如图 3-12 所示。在两张表中选择匹配的字段，然后单击<=>按钮。

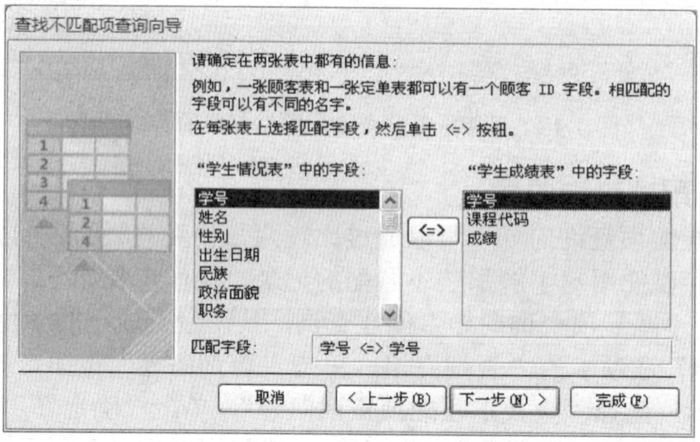

图 3-12　确定在两张表中都有的信息

⑤ 单击“下一步”按钮，在对话框中选择查询结果中所需的字段，如图 3-13 所示。

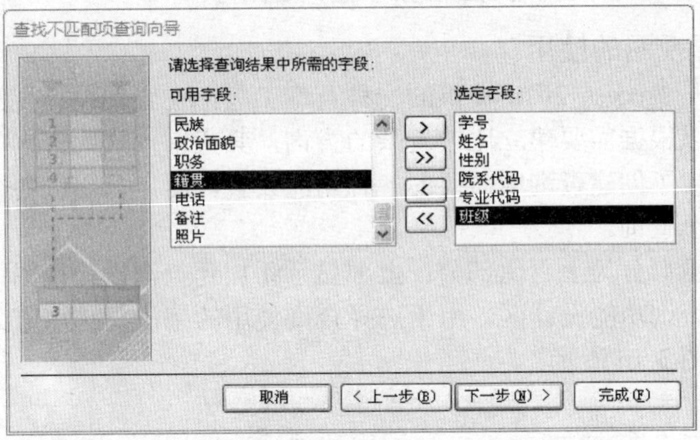

图 3-13 “查找不匹配项查询向导”对话框

⑥ 单击“下一步”按钮，弹出“完成”对话框，输入查询名称，然后，再选择“查看结果”或“修改设计”项。如图 3-14 所示。

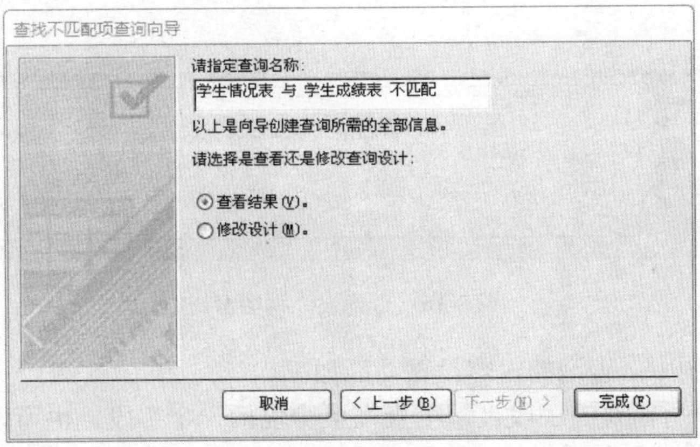

图 3-14 “查找不匹配项查询向导”对话框

⑦ 单击“完成”按钮，“查找不匹配项查询向导”结束，显示结果如图 3-15 所示。

学生情况表 与 学生成绩表 不匹配

学号	姓名	性别	院系代码	专业代码	班级
2012000407	梁宏明	男	003	110	12-2
2012125876	曹红	女	003	110	12-1
2012565919	王一鸣	男	003	110	12-1
2012247566	徐佳欣	女	003	110	12-1
2012007807	赵程程	女	002	101	12-1
2012007812	王智慧	女	002	101	12-1
2012006025	张宇梦	男	002	101	12-1
2012006030	赵彪	男	002	101	12-2
2012006035	修玉岩	男	002	101	12-3
2012006040	于箫阳	男	002	101	12-3
2012006045	常明亮	男	002	102	12-1
2012006050	杨景明	男	002	102	12-1
2012006060	丁利君	男	002	102	12-1
2012006070	肖涵宇	男	002	102	12-1

记录: 第 1 项(共 92 项) 无筛选器 搜索

图 3-15 “查找不匹配项查询向导”完成的查询结果

3.2.2 使用查询设计视图创建选择查询

（1）查询设计视图的使用

查询设计视图是 Access 2010 提供的一种查询工具，在查询设计视图中可以对已有的查询进行修改，也可以根据需要建立比较复杂的查询，其查询形式比查询向导更加灵活、更加准确。工具窗口包含了创建查询所需要的各种功能设置。用户只需在各个功能上设置需要的内容就可以创建一个查询。

查询设计视图窗口分为上下两部分：上部显示添加到查询设计视图中的数据表或查询的字段列表；下部为查询功能设计区，用于选择查询使用的字段、排序方式、设置查询的条件表达式等。具体如图 3-16 所示。

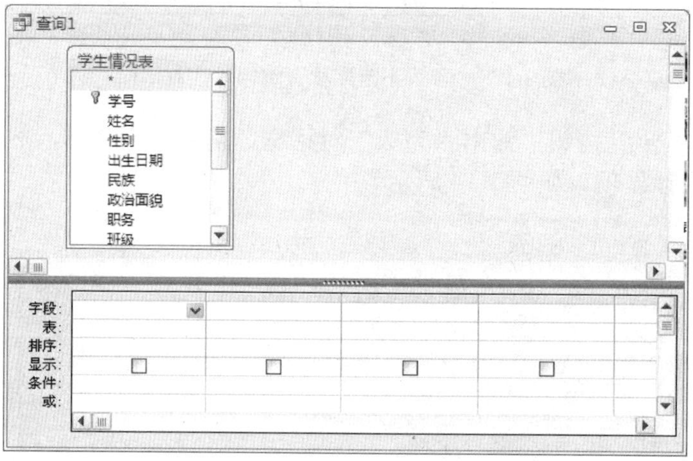

图 3-16　查询设计视图窗口

在查询设计视图中，查询的内容设置功能如下。

① 字段：查询所需要的字段。每个查询至少包括一个字段，也可以包含多个字段。如果与字段对应的“显示”复选框被选中，则表示该字段将显示在查询的结果中。

② 表：指定查询的字段来源表或查询。

③ 排序：指定查询的结果是否进行排序。排序方式包括“升序”、“降序”和“不排序”三种、系统默认“不排序”。

④ 条件：指定用户用于查询的条件表达式或要求。

查询设计视图窗口的工具栏中还包含许多按钮，可以帮助用户方便、快捷地查询使用，如图 3-17 所示。

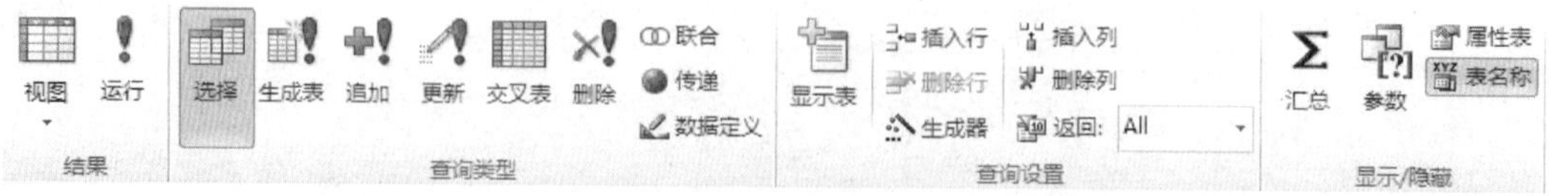

图 3-17　查询工具栏

⑤ 或：如果在此行输入“表达式”，表示与“条件”行的“表达式”是“或”的关系。

（2）编辑查询中的字段

① 增加字段在查询设计视图中增加一个或多个字段的操作步骤如下。

a. 如果需要一次增加多个字段，可以按下“Ctrl”键并在查询窗口的字段列表中单击选取多个字段，然后直接用鼠标拖到需要添加字段的单元格上。

b. 可以在空白的字段中填入新加的字段，单击查询设计视图中的字段选择器，或者双击数据源中的字段，可以选取某个字段列。

c. 如果想一次把整个表中的字段加进查询，可以简单地将查询设计视图的字段选择器中代表所有字段的星号拖到合适的位置，或者双击数据源中的星号。

② 删除字段。在查询设计视图中删除字段的方法很简单。操作步骤如下。

a. 在查询设计视图中，单击要删除字段的选择器，或按下“Shift”键单击选择器以选取多个字段。

b. 按“Del”键或单击“查询工具”选项卡中的“删除列”命令“按钮” 删除列 。

③ 在查询中修改字段的标题。设计视图中“字段”中的字段名用来表示所选择的字段，一般情况下，它们将直接显示在查询结果表的字段名中。一旦需要在结果中显示不同于字段名的信息时，就需要修改字段的标题。操作步骤如下。

a. 将光标移动到要修改的字段上。

b. 单击工具栏中的 属性表 按钮，弹出如图 3-18 所示的“属性表”对话框。

c. 在“属性表”对话框的“常规”选项卡中，在“标题”栏中输入字段的标题。

d. 关闭“属性表”对话框。

单击工具栏中的“数据表视图”按钮，将会看见在数据表中字段名称已经变成了标题栏中的内容。

④ 改变字段顺序。设计好一个查询后，在设计视图中看到的字段之间的排列顺序就是将来在查询中看到的顺序。如果对当初设计的字段排列顺序不满意，可以使用拖动的方法，改变字段之间的排列顺序。具体操作步骤如下。

图 3-18 “属性表”对话框

a. 单击要改变顺序的字段上方的列选择器来选择整个列。

b. 拖动该列移动到新位置上(在拖动过程中，可以看到字段的新位置将出现黑竖条，可以据此确定字段的新位置)。

c. 释放鼠标左键，可以看到该字段已经移动到新位置上。

（3）运行查询

在建立完成查询对象之后，应该保存设计完成的查询对象。其方法是，单击保存按钮或关闭查询设计视图，在随后出现的“另存为”对话框中指定查询对象的名称，然后确定。

对于一个设计完成的查询对象，可以在数据库视图中的查询对象选项卡上看到它的名称，用鼠标在一个查询对象上双击，即可运行这个查询对象。使用查询对象操作数据也就是运行上述查询语句，称为运行查询。

查询视图与数据表视图是形式完全相同的视图，不同的是查询视图中显示的是一个动态数据集。

例 3-4 设计一个简单的选择查询。查找单科成绩在 80 分以上的学生记录，并显示学生所在学号、姓名、课程名称、成绩。在这个查询中需要将“学生情况表”、“学生成绩表”和“课程表”三个表放在一起并关联，创建查询的操作步骤如下。

① 选择“创建”选项卡的“查询”组，单击“查询设计”按钮。屏幕弹出查询设计视

图窗口和一个“显示表”对话框，如图 3-19 所示。

② 在“显示表”对话框中有 3 个选项卡，分别是“表”、“查询”和“两者都有”。如果建立查询的数据源来自表，则单击“表”选项卡；如果建立查询的数据源来自自己建立的查询，则单击“查询”选项卡；如果建立查询的数据源来自表和自己建立的查询，则单击“两者都有”选项卡。这里单击“表”选项卡。

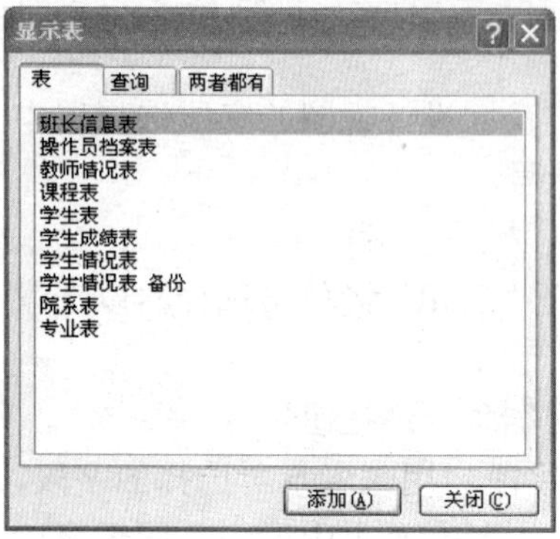

图 3-19 “显示表”对话框

③ 双击“学生情况表”，将“学生情况表”添加到查询设计视图窗口上半部分的窗口中。然后使用同样的方法将“学生成绩表”和“课程表”也添加上去，单击“显示表”对话框的“关闭”按钮。

④ 双击“学生情况表”中的“学号”、“姓名”，“课程表”中的“课程名称”和“学生成绩表”中“成绩”字段，或用鼠标依次拖动选中字段，使这些字段显示在“设计视图”的字段行上。

⑤ 在“成绩”字段列的“条件”行中输入条件：“>80”，如图 3-20 所示。

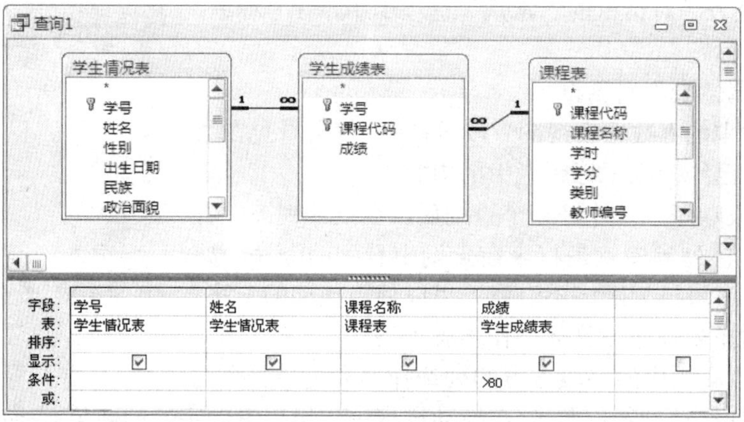

图 3-20 使用查询设计视图设计查询

⑥ 单击工具栏上最左边的“视图”按钮，查看查询结果，如图 3-21 所示。如果有错误需要修改，请单击工具栏上最左边的“视图”按钮，回到“查询设计视图”进行修改。

学号	姓名	课程名称	成绩
2012111566	司晓冰	大学语文	85
2012007869	吴彤彤	大学语文	88
2012457896	王宏	高等数学	83
2012005849	史小慧	数据结构	82
2012005856	刘亚军	大学英语	90
2012111566	司晓冰	VB程序设计	86
2012126112	徐云芳	大学英语	89
2012002356	王楠楠	高等数学	85
2012007869	吴彤彤	大学英语	90
2012230458	吴明	大学英语	85
2012230458	吴明	大学语文	90

图 3-21 例 3-4 的查询结果

⑦ 单击快速访问工具栏中的“保存”按钮，这时出现一个“另存为”对话框，在“查询名称”文本框中输入“单科成绩 80 分以上的同学”，如图 3-22 所示。

⑧ 单击“确定”按钮，保存“查询”对象。

提示：如果生成的查询还不符合要求，还可以在“查询设计视图”中更改查询。

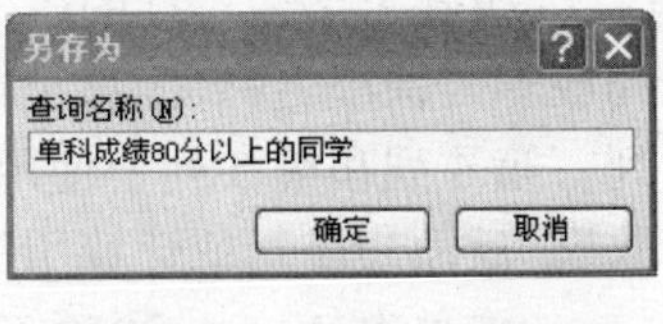

图 3-22 “另存为”对话框

可以对相同的字段或不同的字段输入多个条件。在多个“条件”单元格中输入表达式时，Microsoft Access 2010 将使用 And 或 Or 运算符进行组合。如果此表达式是在同一行的不同单元格中，Microsoft Access 2010 将使用 And 运算符，表示将返回匹配所有单元格中条件的记录。如果表达式是在设计网格的不同行中，Microsoft Access 2010 将使用 Or 运算符，表示匹配任何一个单元格中条件的记录都将返回。

3.2.3 创建总计查询

所谓的“总计查询”就是利用 Access 2010 查询窗口工具栏中的“汇总”按钮 Σ，提供的各种简单计算功能对查询记录进行有关的控制和计算操作。在查询设计视图中，单击“汇总”按钮时，字段的“总计”参数均为“分组”。“总计”行中的参数标明各字段是属于分组字段还是总计字段，一个总计查询至少包含一个分组字段和一个总计字段。

“总计”的选项有 12 个。

① 分组：按关键字进行分组。

② 总计：分组计算该字段所有值的和。

③ 平均值：分组计算该字段所有值的平均值。

④ 最大值：返回分组该字段最大值。

⑤ 最小值：返回分组字段最小值。

⑥ 计数：分组计算该字段的个数。

⑦ 标准差：分组计算该字段所有值的统计标准差。

⑧ 方差：分组计算该字段所有值的统计方差。

⑨ 第一条记录：返回该字段的第一个值。

⑩ 最后一条记录：返回该字段的最后一个值。

⑪ 表达式：字段值由表达式计算获得，它是来源表中不存在的。

⑫条件：可以在该字段的条件框内设置条件表达式。

下面举例说明“总计”的使用方法。

例 3-5 使用“学生成绩表”、“教师情况表”和“课程表”查询各门课程的“选修人数”和“平均分”，且“学生成绩表”、“教师情况表”和“课程表”已经建立了关系。要求查询结果包含“课程代码”、“任课教师”、“课程名称”、两个计算列“选修人数”和“平均分”，并按“课程代码”升序排列。

在本例中，“任课教师”是自定义的列标题，字段取值是“教师情况表”的“教师姓名”，“选修人数”是一个统计结果，“平均分”是一个计算结果，使用“学生成绩表”中的“成绩”字段按“课程代码”分组统计“选修人数”及“平均分”，通过 Access 2010 提供的总计功能来实现。具体操作步骤如下。

① 打开查询设计视图，在“显示表”对话框中双击“学生成绩表”、“教师情况表”和“课程表”。

② 在“字段”行的第 1 列放置“课程代码”、第 2 列放置“任课教师：教师姓名”、第 3 列放置“课程名称”、第 4 列放置“选修人数：学号”、第 5 列放置“平均分：成绩”。第 2 列、第 4 列和第 5 列中使用的“冒号”称为“分隔符”是西文半角冒号，冒号前面为“列标题”，后面为显示或计算用的字段。

③ 单击 Access 2010 窗口工具栏中的“汇总”按钮 Σ，在设计视图下方“表”行与“排序”行之间增加一个“总计”行，在“选修人数：学号”列的“总计”行，单击右侧按钮，从下拉列表中选择“计数”选项；在“平均分：成绩”列的“总计”行，单击右侧按钮，从下拉列表中选择“平均值”选项；在“课程代码”列的“排序”选项中，选择升序排列。如图 3-23 所示。

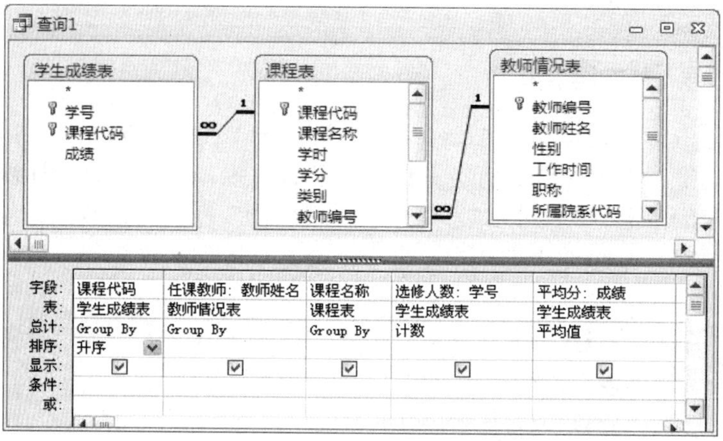

图 3-23　例 3-5 的查询设计视图

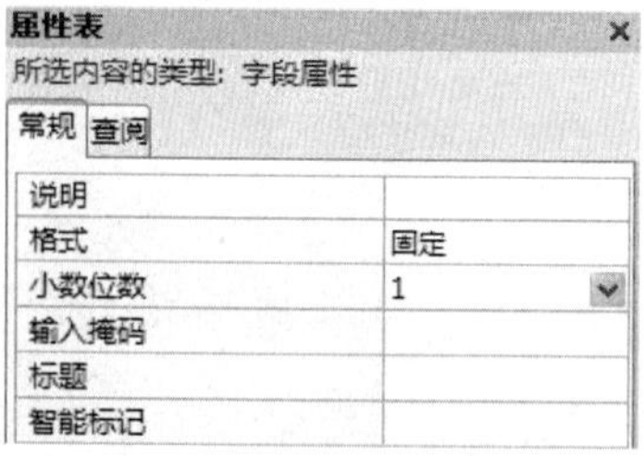

图 3-24　字段属性设置

④ 对“平均分”的显示格式进行重新设置：右击鼠标“平均分”列，在弹出快捷菜单中选择“属性”命令。弹出属性表对话框如图 3-24 所示，将“格式”属性设置为“固定”，表示按固定小数位数显示，设置“小数位数”属性值为“1”。

⑤ 单击“设计”工具栏最左边的“结果”组的“数据表视图”按钮，查看查询结果，如图 3-25 所示。保存查询对象，名称为“查询选课人数及课程平均分”，单击“确定”结束查询。

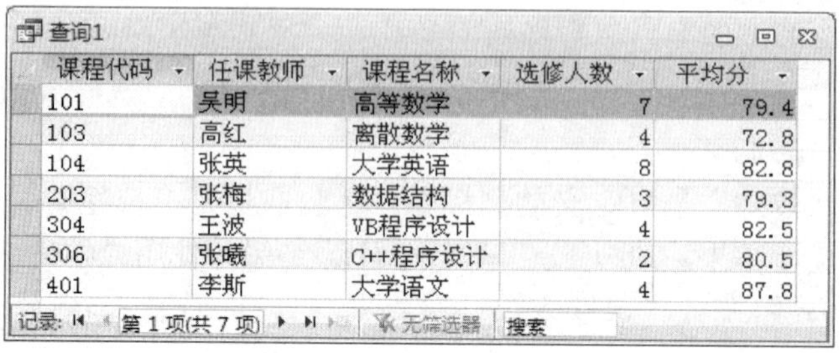

查询1

课程代码	任课教师	课程名称	选修人数	平均分
101	吴明	高等数学	7	79.4
103	高红	离散数学	4	72.8
104	张英	大学英语	8	82.8
203	张梅	数据结构	3	79.3
304	王波	VB程序设计	4	82.5
306	张曦	C++程序设计	2	80.5
401	李斯	大学语文	4	87.8

记录: 第 1 项(共 7 项)　无筛选器　搜索

图 3-25　例 3-5 查询结果

3.2.4 创建计算查询

所谓“计算字段”就是利用一个或多个表中的字段构成表达式来建立新的字段。或者说，在进行统计数据时，在使用的表中没有相应的字段，或者用于计算的数据值来源于多个字段，这就需要创建“计算字段”。“计算字段”查询也会使用到一些“总计”选项，因此“计算查询”与“总计查询”没有本质的差别。

例 3-6 统计选课成绩不及格学生重修费用，操作步骤如下。

① 打开查询设计窗口，并显示“显示表”对话框，依次双击“学生情况表”、“学生成绩表”和“课程表”，关闭“显示表”对话框。

② 确保 3 张表之间的关联关系已经创建，依次双击字段列表区“学生情况表”中的“院系代码”、“姓名”字段，“课程表”中的“课程名称”字段，“学生成绩表”中的“成绩”字段，将它们加入到设计视图的字段栏中。

③ 在“成绩”字段列的“条件”行中输入“<60”，在设计视图的第一个空白列的“字段”行输入“费用：[学时]*5”，其中“费用”为显示标题，“[学时]*5”为计算表达式(假设每学时重修费用为 5 元)，如图 3-26 所示。

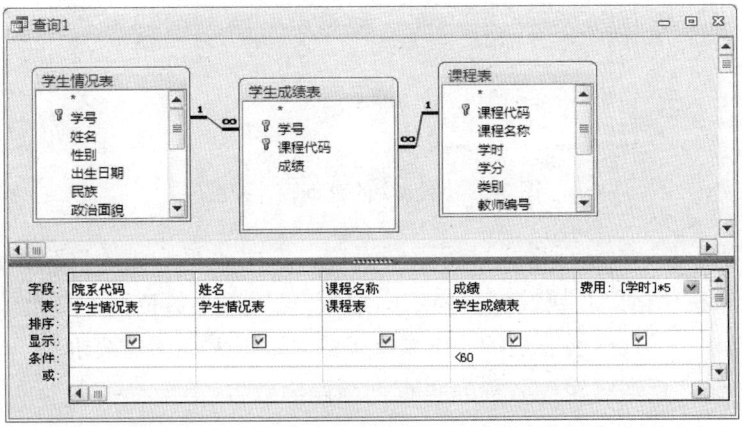

图 3-26 添加计算字段后的查询设计视图

④ 单击快速访问工具栏中的“保存”按钮，出现“另存为”对话框，给查询命名为“重修费用”，单击“确定”按钮，完成查询的设计过程。运行查询的结果如图 3-27 所示。

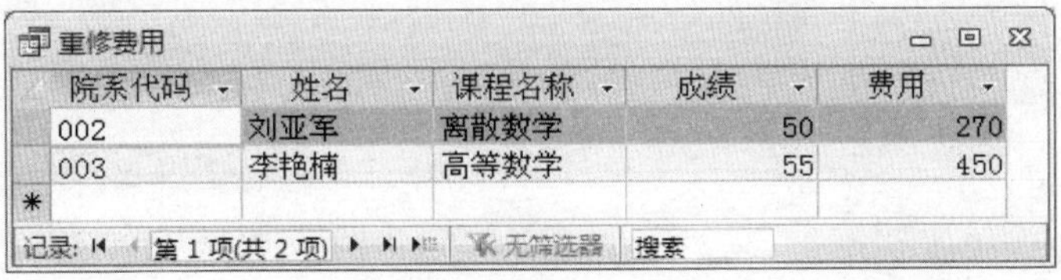

图 3-27 查询结果

例 3-7 利用“学生情况表”和“学生成绩表”建立一个查询，统计每个同学选修了几门课、总分和平均分是多少，字段名包括学号、姓名、选课门数、总成绩和平均成绩。具体操作步骤如下。

① 打开查询设计视图，在“显示表”对话框中添加“学生情况表”和“学生成绩表”。

② 在“字段”行的第 1 列放置“学号”、第 2 列放置“姓名”、第 3 列放置“选课门数：课程代码”、第 4 列放置“总成绩：成绩”、第 5 列放置“平均成绩：成绩”。

③ 单击 Access 2010 窗口“查询工具”的“设计”选项卡，在“显示/隐藏”组中单击“汇总”按钮 Σ ，在设计视图下方“表”行与“排序”行之间增加一个“总计”行，在“选课门数：成绩”列的“总计”行，单击右侧按钮，从下拉列表中选择“计数”选项；在“总成绩：成绩”列的“总计”行，单击右侧按钮，从下拉列表中选择“总计”选项；在“平均成绩：成绩”列的“总计”行，单击右侧按钮，从下拉列表中选择“平均值”选项；在“总成绩”列的“排序”选项中，选择降序排列。如图 3-28 所示。

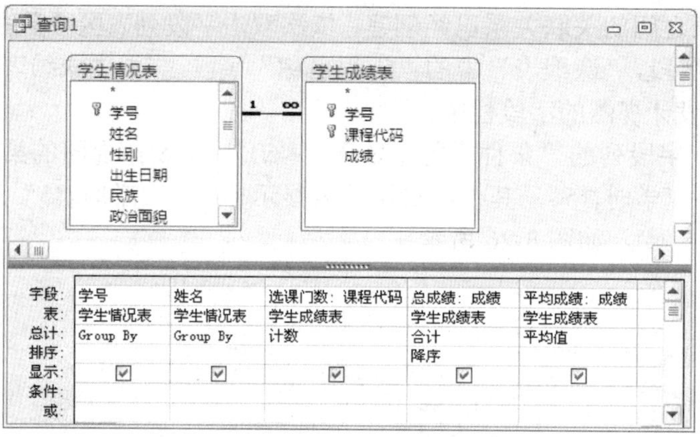

图 3-28　例 3-7 的查询设计视图

④ 对“平均成绩”的显示格式进行重新设置。右击“平均成绩”列，弹出快捷菜单选择“属性”命令。将“格式”属性设置为“固定”，设置“小数位数”属性值为“1”。

⑤ 单击“设计”工具栏最左边的“结果”组的“数据表视图”按钮，查看查询结果，如图 3-29 所示。保存查询对象，名称为“查询选课门数”，单击“确定”。

学号	姓名	选课门数	总成绩	平均成绩
2012126112	徐云芳	3	249	83.0
2012111566	司晓冰	3	246	82.0
2012005849	史小慧	3	228	76.0
2012005856	刘亚军	3	218	72.7
2012457856	孙晓刚	2	180	90.0
2012007869	吴彤彤	2	178	89.0
2012230458	吴明	2	175	87.5
2012457896	王宏	2	171	85.5
2012379605	张浩	2	168	84.0
2012001617	杨雪云	1	90	90.0
2012002356	王楠楠	1	85	85.0
2012648976	胡佳易	1	84	84.0
2012325041	张雪	1	83	83.0

图 3-29　例 3-7 查询结果

例 3-8　查询“学生情况表”各个年级的人数(学号的前四位是年级)，查询字段只包括年级和人数。具体操作步骤如下。

① 打开查询设计视图，在“显示表”对话框中添加“学生情况表”。

② 在“学生情况表”中，并没有“年级”字段，所以要从“学号”字段中截取出来，这里使用“左取字串”函数 Left。在“字段”行的第 1 列放置“年级：Left([学号],4)”，Left 函数截取“学号”字段前 4 位表示“年级”，第 2 列放置“人数：学号”。

③ 单击 Access 2010 窗口“查询工具”的“设计”选项卡，在“显示/隐藏”组中单击“汇总”按钮 Σ，在设计视图下方“表”行与“排序”行之间增加一个“总计”行，在“人数”列的“总计”行，单击右侧按钮，从下拉列表中选择“计数”选项，如图 3-30 所示。

④ 单击“设计”工具栏最左边的“结果”组的“数据表视图”按钮，查看查询结果，如图 3-31 所示。保存查询对象，名称为“各年级人数”，单击“确定”。

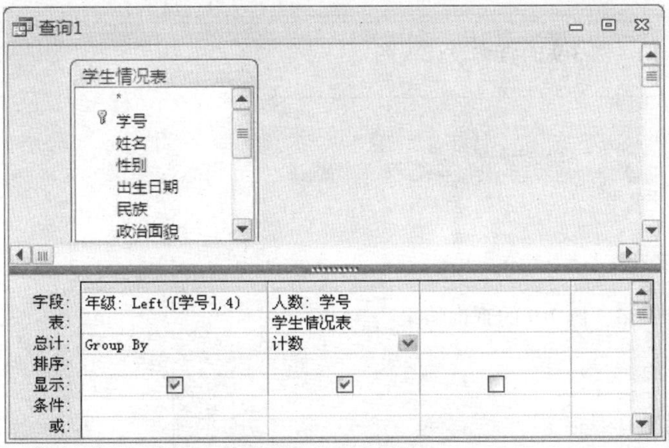

图 3-30　例 3-8 的查询设计视图

图 3-31　例 3-8 查询结果

3.2.5　创建条件查询

在查询设计视图中设置条件来创建条件查询，可以筛选掉不需要的记录。

例 3-9　在“学生情况表”中查询年龄在 20～22 岁之间的男同学记录，字段包括学号、姓名、出生日期和年龄。在表中没有“年龄”字段，我们可以通过用当前“系统日期”减去“出生日期”计算获得，表达式为：year(date())–year([出生日期])。操作步骤如下。

① 打开查询设计视图，在屏幕弹出的“显示表”对话框，选择“学生情况表”添加。

② 在字段行依次添加学号、姓名、性别(不显示)、出生日期。然后用鼠标指向第 5 列右边的竖线，向右边拖动，加宽第 5 列宽度，在第 5 列输入如下语句。

年龄：year(date())–year([出生日期])。

冒号左边为新定义的列标题，右边为计算表达式，用来计算年龄值；在年龄下的“条件”行输入：>=20 And <=22。在“性别”下面的“条件”行，输入“男”，并去掉“显示”复选框的显示选择。如图 3-32 所示。

③ 单击工具栏上最左边的“视图”按钮，查看“查询”结果，如图 3-33 所示。

④ 保存查询对象，查询名称为“20～22 之间的男生”。

例 3-10　在“学生情况表”中查询年龄在 20～22 之间的同学或者男同学记录，字段包括学号、姓名、出生日期和年龄。所有的操作步骤都与例 3-9 一样，只有一项不同，即，在第 5 列的“或”栏中输入：>=20　And　<=22。如图 3-34 所示。

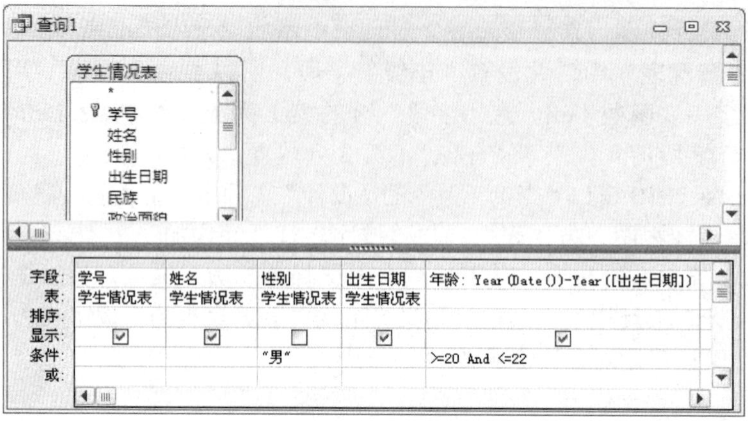

图 3-32　例 3-9 的查询设计视图

图 3-33　例 3-9 的查询结果

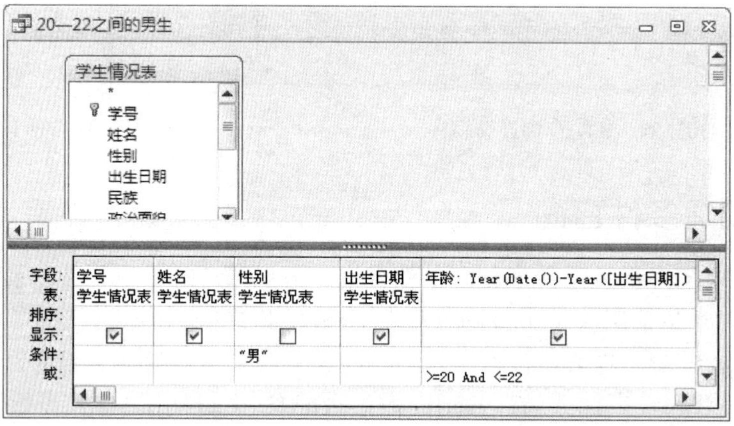

图 3-34　例 3-10 的查询设计视图

① 单击工具栏上最左边的“视图”按钮，查看“查询”结果，如图 3-35 所示。

图 3-35　例 3-10 的查询结果

② 保存查询对象，查询名称为“20～22 之间的同学”。

3.3 创建参数查询

参数，是指查询条件的参数，是为了方便用户的查询，Access 2010 提供了一种交互式的查询功能，它利用对话框提示用户输入参数并检索符合所输入参数的记录或值。

要创建参数查询，必须在查询列的“条件”单元格中输入参数表达式(括在英文半角方括号中)，而不是输入具体特定的条件。运行该查询时，Access 2010 将显示包含参数表达式文本的参数提示框，在输入数据后，Access 2010 使用输入的数据作为查询条件进行查询。

例 3-11 使用“学生情况表”、“学生成绩表”和“课程表”，创建“按年级查找不及格学生”的查询。

① 选择“创建”选项卡的“查询”组，单击“查询设计”按钮。屏幕弹出查询设计视图窗口和一个“显示表”对话框，依次双击添加“学生情况表”、“学生成绩表”和“课程表”，关闭“显示表”对话框。

② 在查询设计视图的“字段”栏中依次添加“学号”、“姓名”、“年级：Left([学生情况表]![学号],4)”(Left 函数截取学号的前 4 位表示年级，因为学号是公共字段，学生情况表跟学生成绩表中都有，所以要加表名前缀，表名跟字段名中间用英文半角叹号分隔)、“课程名称”和“成绩”字段。

③ 在“年级”字段列的“条件”行中输入“[请输入年级：]”，在“成绩”字段列的“条件”行中输入“<60”，如图 3-36 所示。

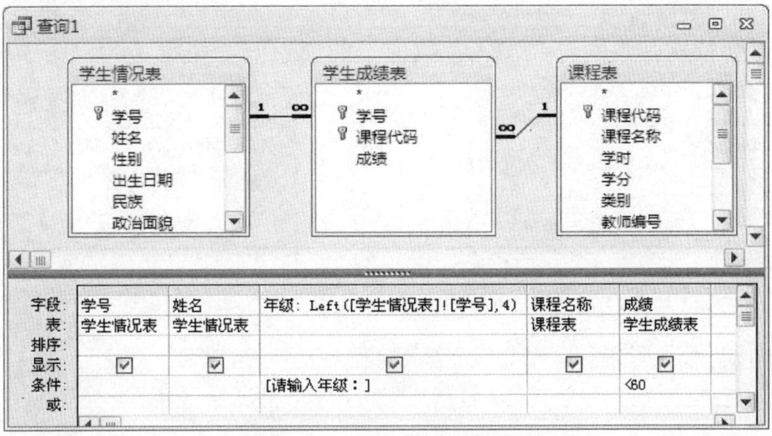

图 3-36 参数查询设计视图

④ 单击快速访问工具栏中的“保存”按钮，出现“另存为”对话框，将查询命名为“按院系查找不及格学生”，单击“确定”按钮，完成查询的设计过程。

⑤ 运行查询时会首先弹出如图 3-37 所示的“输入参数值”消息框，在“请输入年级：”下的文本框中输入指定年级，单击“确定”按钮，会看到查询结果，如图 3-38 所示。

创建参数查询时，不仅可以使用一个参数，也可以使用两个或两个以上的参数。多个参数查询的创建过程与一个参数查询的创建过程完全一样，只是在查询设计视图窗口中将多个参数的条件都放在“条件”行上。

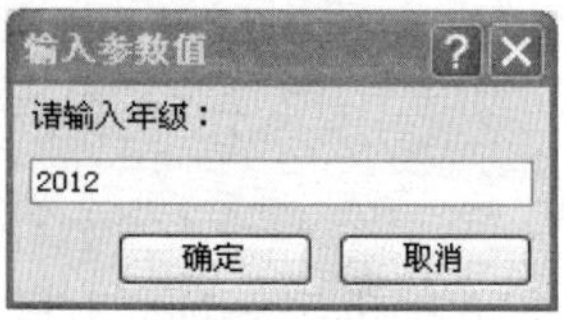

图 3-37 “输入参数值”消息框

图 3-38 参数查询结果

例 3-12 下面使用“学生情况表”、“学生成绩表”和“课程表”，建立“按学号和课程名称查询学生成绩”的参数查询，如图 3-39 所示。

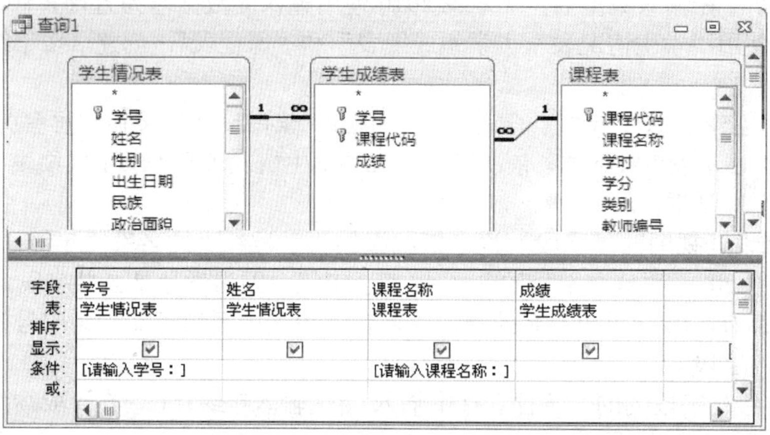

图 3-39 多参数查询设计视图

运行查询时会依次弹出两个“输入参数值”的消息框，如图 3-40、图 3-41 所示。

图 3-40 第一个“输入参数值”消息框

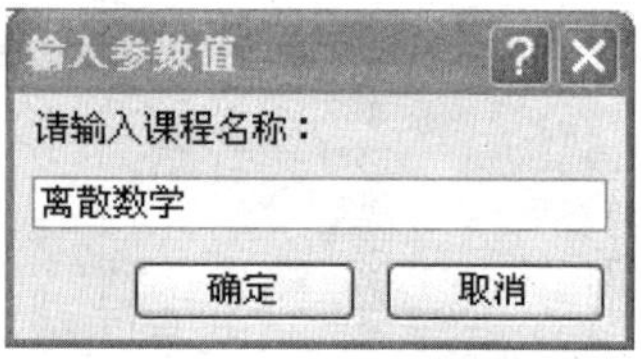

图 3-41 第二个“输入参数值”消息框

查询结果如图 3-42 所示。

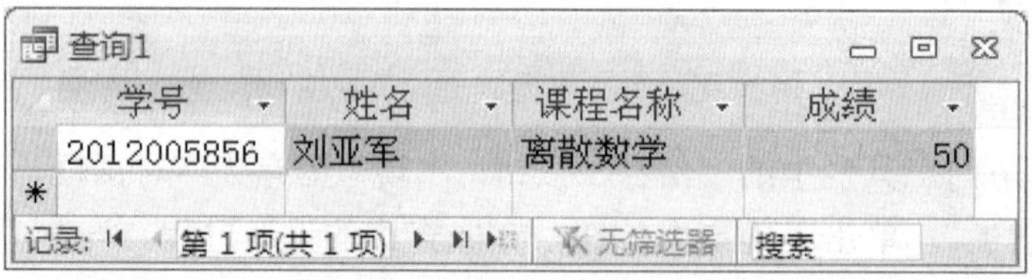

图 3-42 两个参数的查询结果

3.4 创建交叉表查询

交叉表查询可以重新组织数据的显示结构，交叉表查询以行和列为标题来选取数据，并进行汇总、统计等计算。

3.4.1　使用向导创建交叉表查询

使用向导创建交叉表查询，可以将数据组合成表，并利用计算工具将数值显示为电子报表式的格式。交叉表查询可以将数据分为两组显示，一组显示在左边，另一组显示在上面，左边和上面的数据在表中的交叉点可以进行求和、求平均值、计数或其他计算。

例 3-13　使用交叉表查询向导，创建按“学号”、“课程代码”统计学生成绩及各科平均成绩的交叉表查询，操作步骤如下。

① 选择“创建”选项卡的“查询”组，单击“查询向导”按钮，打开“新建查询”对话框。

② 选择“交叉表查询向导”选项，然后单击“确定”按钮，打开如图 3-43 所示的“交叉表查询向导”对话框。

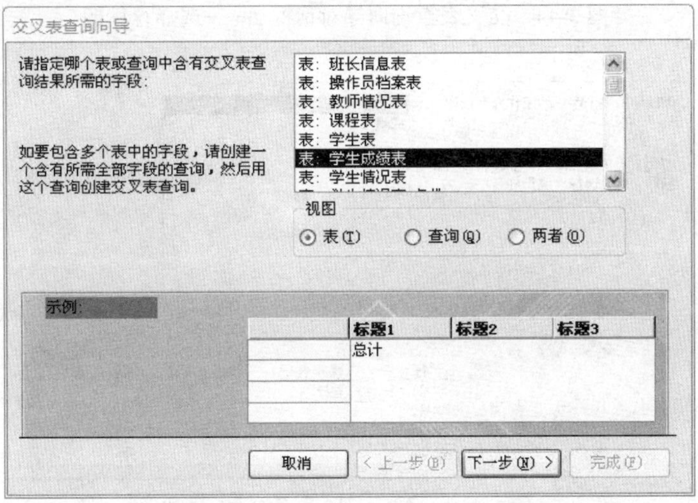

图 3-43　交叉表查询向导对话框 1——选择表

③ 在“视图”选项组中，选择用于交叉表查询所使用的视图，这里选择“表”。在“请指定哪个表或查询中含有交叉表查询结果所需的字段”列表框中，选择需要使用的表或查询，在这里选择“表：学生成绩表”。

④ 单击“下一步”按钮，在“可用字段”框中选择“学号”作为交叉表中要用的行标题，如图 3-44 所示。

⑤ 单击“下一步”按钮，在这个对话框中选择“课程代码”作为列标题，如图 3-45 所示。

⑥ 单击“下一步”按钮，确定为每个列和行的交叉点计算出什么数字。在“字段”框中选择“成绩”，在“函数”框中选择“平均”，如图 3-46 所示。在“函数”框中，列出了 9 种 Access 2010 可以提供计算的函数，用户只要从中选择，Access 2010 就可以自动建立按选择的函数，计算交叉点的数据。

⑦ 单击“下一步”按钮，在出现的对话框中输入交叉表的名称“成绩表_交叉表”，如图 3-47 所示。

⑧ 单击“完成”按钮，最后得到的交叉表查询结果如图 3-48 所示。

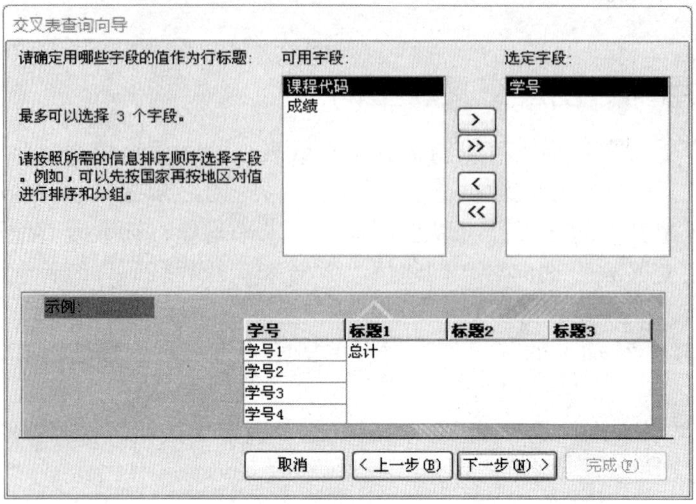

图 3-44　交叉表查询向导对话框 2——选择行标题

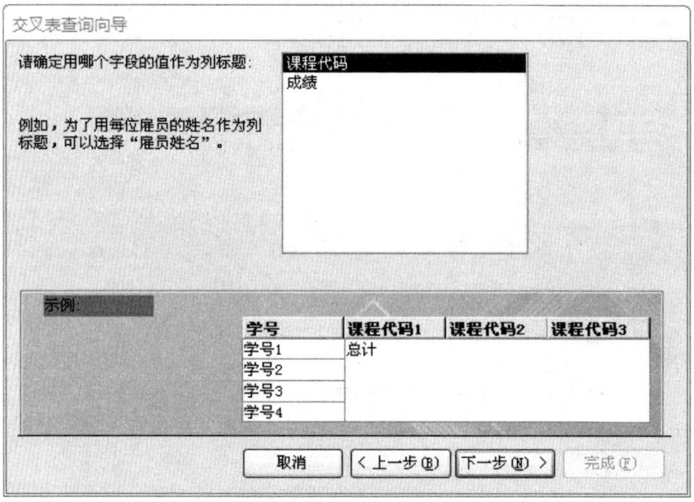

图 3-45　交叉表查询向导对话框 3——选择列标题

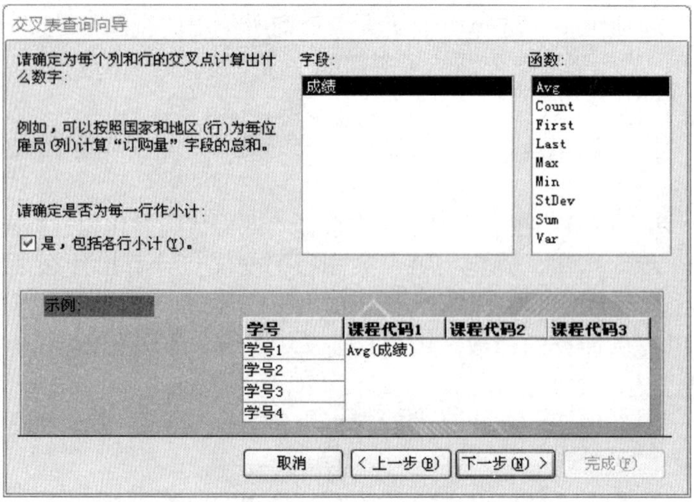

图 3-46　交叉表查询向导对话框 4——选择计算字段和函数

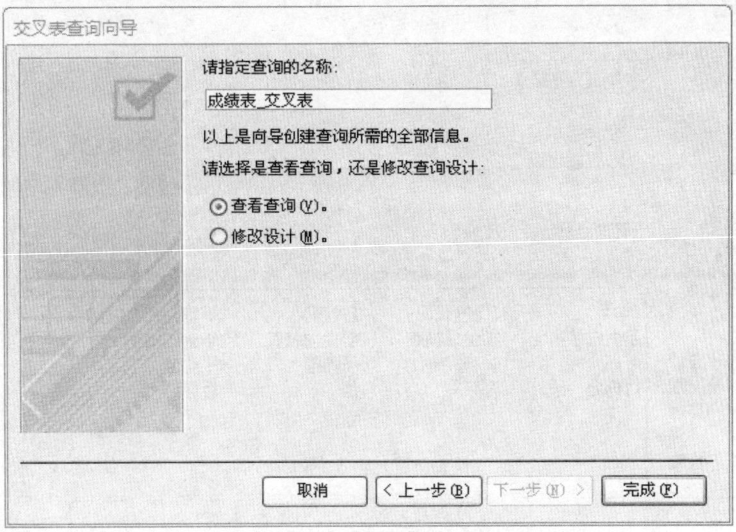

图 3-47 为查询指定标题

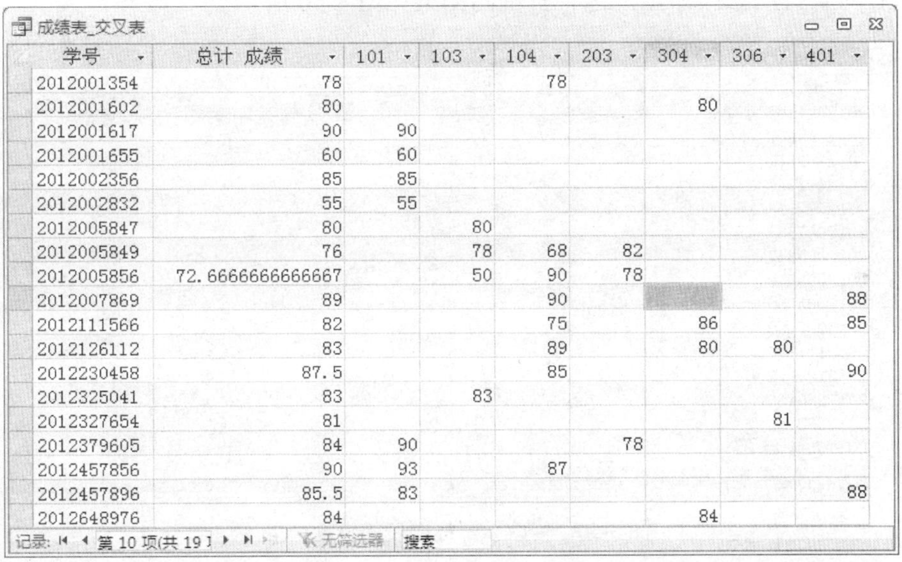

成绩表_交叉表

学号	总计 成绩	101	103	104	203	304	306	401
2012001354	78			78				
2012001602	80					80		
2012001617	90	90						
2012001655	60	60						
2012002356	85	85						
2012002832	55	55						
2012005847	80		80					
2012005849	76		78	68	82			
2012005856	72.6666666666667		50	90	78			
2012007869	89			90				88
2012111566	82			75		86		85
2012126112	83			89		80	80	
2012230458	87.5			85				90
2012325041	83		83					
2012327654	81						81	
2012379605	84	90			78			
2012457856	90	93		87				
2012457896	85.5	83						88
2012648976	84					84		

记录: 第 10 项(共 19 项) 无筛选器 搜索

图 3-48 交叉表查询结果

从这个交叉表中，可以看出交叉表主要分为三部分：行标题、列标题和交叉点。其中，行标题是在交叉表左边出现的字段；列标题是在交叉表上面出现的字段；交叉点则是行列标题交叉的数据计算结果点。

在如图 3-48 所示的查询结果中，用来表示每个同学平均分的字段标题为“总计 成绩”，显然这样的显示可读性差，应该调整。方法有两种：第一种方法是在“查询设计视图”中右键选中“字段”，弹出的快捷菜单，执行“属性”命令，修改字段的列标题；第二种方法是直接在设计视图的“字段”行上进行修改，操作步骤如下。

① 在“字段”行的“总计 成绩”单元格重新输入“平均分：[成绩] ”，如图 3-49 所示。

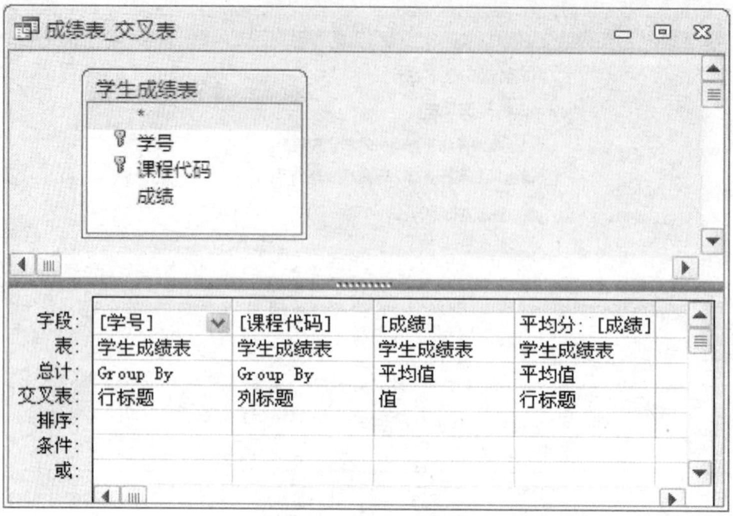

图 3-49 修改显示标题后的查询设计视图

② 保存对查询的修改即可，运行查询的结果如图 3-50 所示。

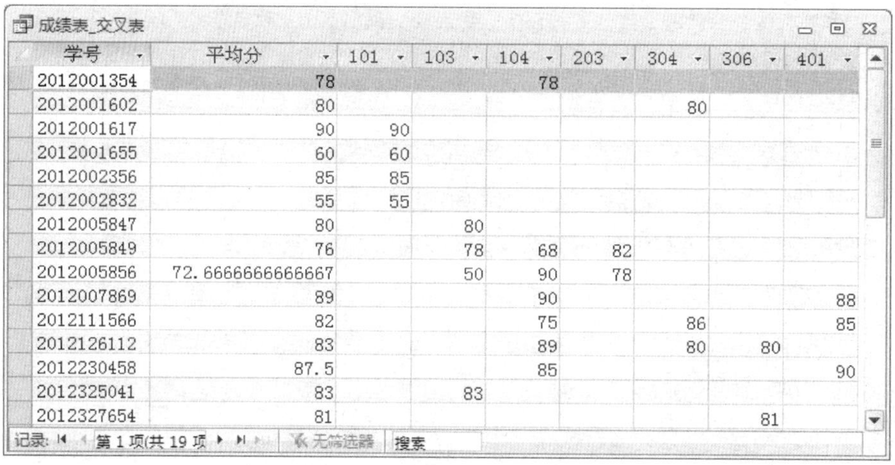

成绩表_交叉表

学号	平均分	101	103	104	203	304	306	401
2012001354	78			78				
2012001602	80					80		
2012001617	90	90						
2012001655	60	60						
2012002356	85	85						
2012002832	55	55						
2012005847	80		80					
2012005849	76		78	68	82			
2012005856	72.6666666666667		50	90	78			
2012007869	89			90				88
2012111566	82			75		86		85
2012126112	83			89		80	80	
2012230458	87.5			85				90
2012325041	83		83					
2012327654	81						81	

记录: 第 1 项(共 19 项 无筛选器 搜索

图 3-50 修改显示标题后的查询结果

3.4.2 使用查询设计视图创建交叉表查询

例 3-14 利用查询设计视图创建统计每个年级各门课程的平均成绩的交叉表查询，操作步骤如下。

① 选择“创建”选项卡的“查询”组，单击“查询设计”按钮。屏幕弹出查询设计视图窗口和一个“显示表”对话框。

② 双击“学生情况表”，将“学生情况表”添加到查询设计视图窗口上半部分的窗口中。然后使用同样的方法将“学生成绩表”和“课程表”也添加上去。“学生情况表”、“学生成绩表”和“课程表”三个表已经关联，单击“显示表”关闭按钮。

③ 在设计视图字段行的第 1 列输入一个新字段“年级：Left([学生情况表]![学号],4)”，Left 函数截取“学号”字段前 4 位表示“年级”，第 2 列输入“课程名称”、第 3 列输入“成绩”、第 4 列输入“平均分：成绩”。

④ 单击工具栏上“查询类型”组的“交叉表”按钮，在“表”和“排序”之间插入了“总计”行和“交叉表”行。

⑤ 单击“年级”字段列中的“交叉表”栏，从列表框中选择“行标题”项；单击“课程名称”字段列中的“交叉表”栏，从列表框中选择“列标题”项；单击“成绩”字段列中的“交叉表”栏，从列表框中选择“值”项；单击“平均分”字段列下的“交叉表”栏，从列表框中选择“行标题”项。

⑥ 然后确定“年级”字段列和“课程名称”字段列中“总计”栏为“分组”；单击“成绩”字段列下面“总计”栏，选择“第一条记录”项；单击“平均分”字段列下面“总计”栏，选择“平均值”项，如图 3-51 所示。

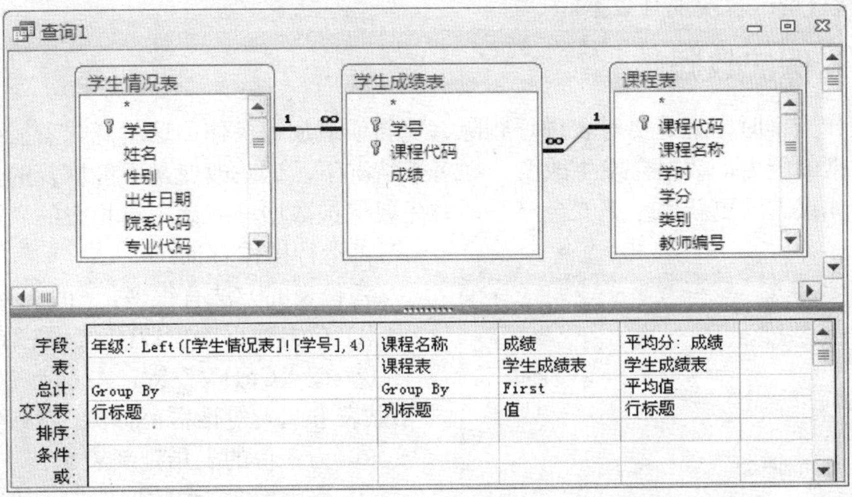

图 3-51 利用查询设计视图创建交叉表查询

⑦ 单击快速访问工具栏中的“保存”按钮，将查询命名为“统计年级平均分交叉表”，然后单击“确定”按钮。

⑧ 单击工具栏上的“视图”按钮，或单击工具栏上的“运行”按钮 !，可以看到如图 3-52 所示的“统计年级平均分交叉表”的查询结果。

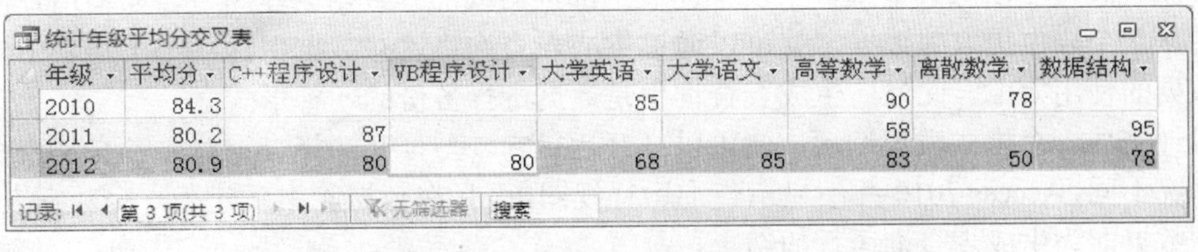
统计年级平均分交叉表

年级	平均分	C++程序设计	VB程序设计	大学英语	大学语文	高等数学	离散数学	数据结构
2010	84.3			85		90	78	
2011	80.2	87				58		95
2012	80.9	80	80	68	85	83	50	78

记录: 第 3 项(共 3 项) 无筛选器 搜索

图 3-52 利用查询设计视图创建交叉表查询的结果

3.5 操作查询

前面介绍的几种查询均是按照给出特定的查询条件，从数据源中筛选出一个数据集合，其结果是动态的。当查询运行结束时，该动态数据集合是不会为 Access 2010 所保存。不能修改表中原有的数据。用户可以直接在数据表视图中查看查询结果。而操作查询是建立在选择查询的基础上，可以对数据表中的记录进行成批的更改或移动。运行操作查询就会执行相应的追加、更新、删除和生成等操作，用户不能直接在数据表视图中查看查询结果，只有打开被追加、删除、更新和生成的表，才能看到操作查询的结果。通过操作查询，可以使数据的更改更加方便和快速。

在查询中修改数据，可以使用操作查询。

Access 2010 中有 4 种类型的操作查询。

① 生成表查询：创建新表。

② 删除查询：从现有表中删除记录。

③ 追加查询：在现有表中添加新记录。

④ 更新查询：替换现有数据。

3.5.1 保护数据

创建操作查询时，就是要对表进行删除、更新或追加等操作，这就意味着操作查询具有一定破坏数据的能力，数据会发生改变。在多数情况下，这些改变是不能恢复的，在使用操作查询时，如果希望更新操作更安全一些，首先要保护数据，应该先对相应的表进行备份，然后再运行操作查询。

备份表的方法有很多，下面介绍其中一种。

① 单击数据库窗口的表，按“Ctrl+C”键。

② 按“Ctrl+V”键，Access 2010 会显示“粘贴表方式”对话框，如图 3-53 所示。

③ 为备份的表指定新表名。

④ 选中“结构和数据”选项，然后单击“确定”按钮，将新表添加到数据库窗口中，此备份的表和原表完全相同。

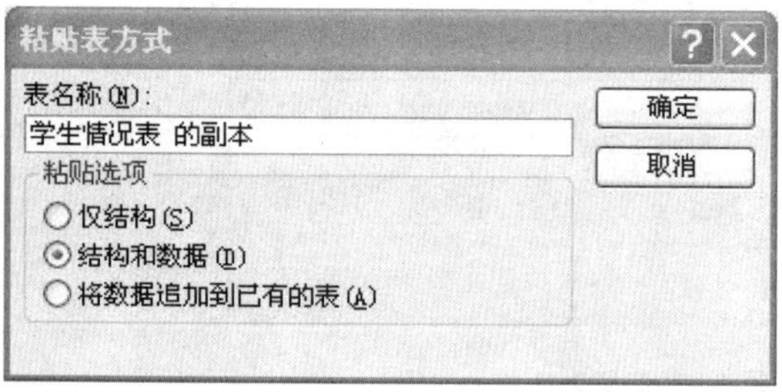

图 3-53 “粘贴表方式”对话框

3.5.2 创建生成表查询

如果希望查询所形成的动态数据集能够被固定地保存下来，就需要设计生成表查询。

生成表查询可以从一个或多个表中提取全部数据或部分数据创建新表。如果用户需要经常使用从几个表中提取的数据，就可以通过生成表查询将这些数据保存到一个新表中，从而提高数据的使用效率。此外，生成表查询也是数据进行备份的一种形式。

设计完成一个生成表查询后，就可以打开运行它。与打开选择查询对象和交叉表查询对象的情况不同，Access 2010 并不显示查询运行视图，而是在数据库中新建了一个数据表对象，其中的数据即为生成表查询运行的结果。

例 3-15 利用“学生情况表”、“学生成绩表”和“课程表”创建一个具有不及格学生信息的“补考学生名单”，操作步骤如下。

① 选择“创建”选项卡的“查询”组，单击“查询设计”按钮。屏幕弹出查询设计视图窗口和一个“显示表”对话框。

② 在“显示表”对话框中单击“表”选项卡，依次双击“学生情况表”、“学生成绩表”和“课程表”，将它们添加到查询设计视图窗口中，单击“显示表”对话框“关闭”按钮。

③ 双击“学生情况表”中的“学号”、“姓名”、“院系代码”，“课程表”中的“课程名

称”和“学生成绩表”中“成绩”字段，或用鼠标依次拖动选中字段，使这些字段显示在“设计视图”的字段行上。

④ 在“成绩”字段列的“条件”行中输入条件：“<60”。图 3-54 所示。

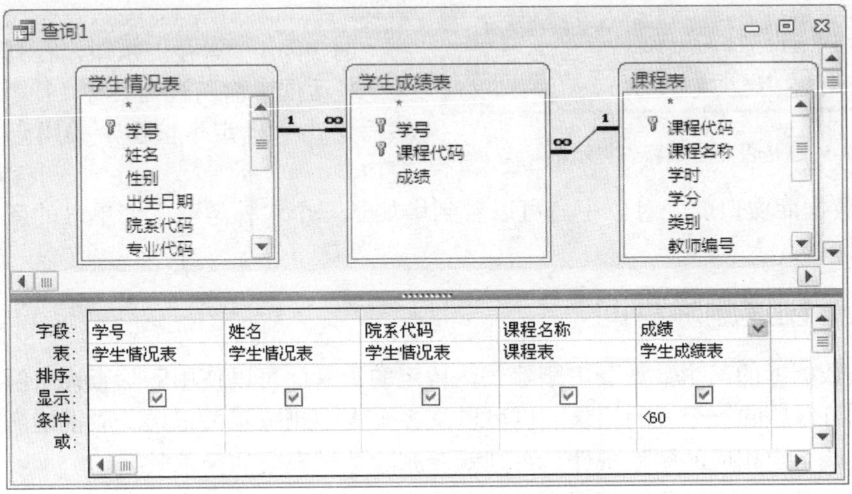

图 3-54 使用查询设计视图设计生成表查询

⑤ 单击“设计”选项卡下“查询类型”组中的“生成表查询”按钮，打开“生成表”对话框。

⑥ 在“表名称”文本框中输入新表名“补考学生名单”，然后选择“当前数据库”单选项，表示新表将要存放在当前数据库中，最后单击“确定”按钮，如图 3-55 所示。

图 3-55 生成表对话框

⑦ 单击工具栏上最左边的“视图”按钮，预览“生成表查询”新建的表，如图 3-56 所示。如果有错误需要修改，请单击工具栏上最左边的“设计”按钮，回到“查询设计视图”进行修改。

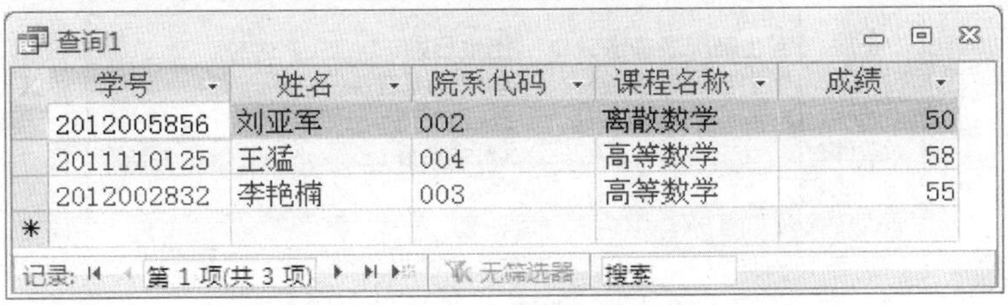

图 3-56 预览“生成表查询”的结果

⑧ 单击工具栏上的“运行”按钮，这时系统弹出一个提示对话框，如图 3-57 所示。

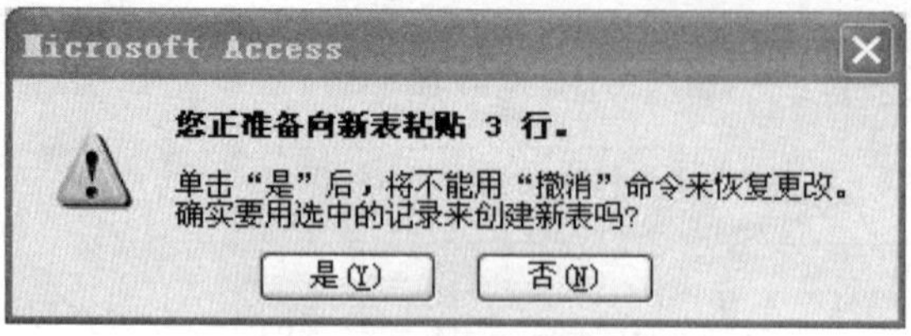

图 3-57　是否要生成新表提示框

⑨ 单击“是”按钮，保存“生成表查询”创建的表对象，若单击“否”按钮，则不建立新表。

⑩ 单击“保存”按钮，在弹出的“另存为”对话框中输入查询名称“补考学生查询”，然后单击“确定”按钮，关闭查询设计视图窗口。

⑪ 在数据库窗口的表对象中，可以看到增加了一个“补考学生名单”的新表，可以双击打开查看记录。

3.5.3　创建删除查询

如果从数据库的某个数据表中删除一些特定的记录，可以使用删除查询来解决。应用删除查询对象可以删除一个表的记录，也可以从多个表中删除相关记录。成批地删除数据表中的记录，应该指定相应的删除条件，否则就会删除数据表中的全部数据。

例 3-16　建立一个“学生情况表”的备份表，删除“学生情况表备份”中所有“出生日期”在 1994 年以前的学生记录，操作步骤如下。

① 建立表名为“学生情况表备份”的备份表。

② 选择“创建”选项卡的“查询”组，单击“查询设计”按钮。屏幕弹出查询设计视图窗口和一个“显示表”对话框。双击添加“学生情况表备份”，关闭“显示表”对话框。

③ 在查询设计视图的字段列表区，将“学生情况表备份”字段表中的“*”拖放到字段栏中(“*”代表所有字段)，再将“出生日期”字段加到设计视图“字段”行的第 2 列中。

④ 单击“设计”选项卡下“查询类型”组中的“删除查询”按钮 ×!，即可看到在查询设计视图中新增了一个“删除”行，该行中有 Where 字样，表示“出生日期”是一个条件字段。

⑤ 在查询设计视图中的“条件”行中输入删除条件：<#1994-1-1#。如图 3-58 所示。

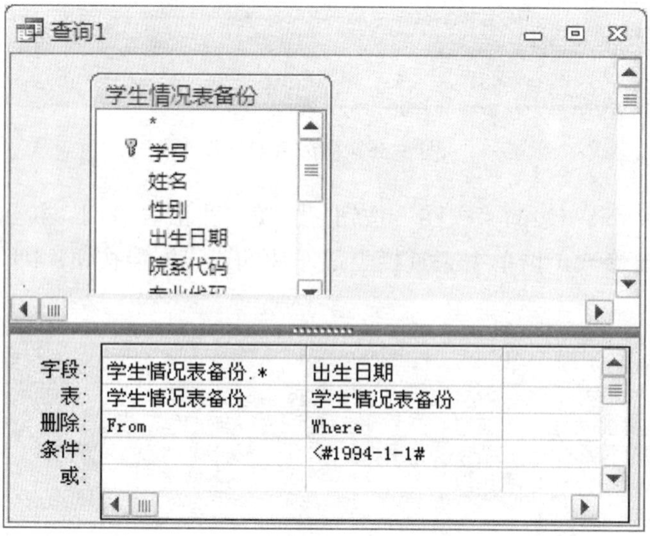

图 3-58　删除查询设计视图

⑥ 单击快速访问工具栏中的“保存”按钮，出现“另存为”对话框，将查询命名为“删除 1994 年以前出生的学生记录”，单击“确定”按钮，完成查询的设计过程。

⑦ 单击工具栏上的“数据表视图”按钮，可以预览要被删除的记录，如图 3-59 所示。

学号	姓名	性别	学生情况表	院系代码	专业代码	班
2011110125	王猛	男	1993-2-10	004	106	11-1
2011110156	张晓燕	女	1993-6-11	003	110	11-2
2010100015	李丽	女	1991-5-17	007	112	10-1
2012007869	吴彤彤	女	1993-12-15	001	104	12-1
2012327654	尹文刚	男	1993-12-11	002	101	12-2
2012345678	张雪妍	女	1993-4-6	005	105	12-2
2012006034	朱雅楠	女	1993-12-20	001	104	12-2
*						

图 3-59 预览要被删除的记录

⑧ 运行删除查询时会出现如图 3-60 所示的提示框，确定要删除请选择“是”，在数据表视图中打开“学生情况表备份”会发现删除后的结果；放弃删除请选择“否”。

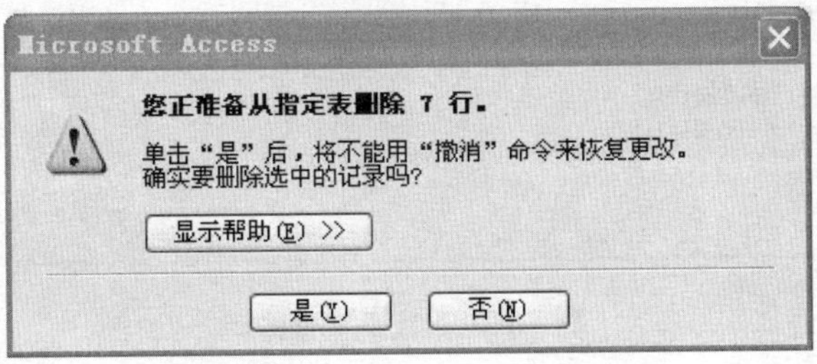

图 3-60 “删除查询”提示框

3.5.4 创建追加查询

如果需要将查询得到的数据追加到另外一个结构相同的数据表中，就必须使用追加查询。追加查询可以将一个或多个表中的一组记录添加到其他表的末尾。追加记录时只能追加匹配字段，其他字段被忽略。因此，可以使用追加查询从外部数据源中导入数据，然后将它们追加到现有表中，也可以从其他的 Access 2010 数据库，甚至同一数据库的其他表中导入数据。与选择查询和更新查询类似，追加查询的范围也可以利用条件加以限制。

例 3-17 将“学生情况表”中“出生日期”在 1994 年以前的同学记录追加到“学生情况表备份”中。

① 选择“创建”选项卡的“查询”组，单击“查询设计”按钮。屏幕弹出查询设计视图窗口和一个“显示表”对话框。双击“学生情况表”，关闭“显示表”对话框。

② 在查询设计视图的字段列表区，双击“学生情况表”中“*”，将所有字段加入到查询设计视图的“字段”行中。然后，双击“出生日期”字段，在“出生日期”字段列下面的“条件”单元格输入：<#1994-1-1#。如图 3-61 所示。

③ 单击“设计”选项卡下“查询类型”组中的“追加查询”按钮，打开“追加”对话框，在“追加”对话框中，从“表名称”下拉列表中选定“学生情况表备份”，如图 3-62 所

示，然后单击“确定”按钮。

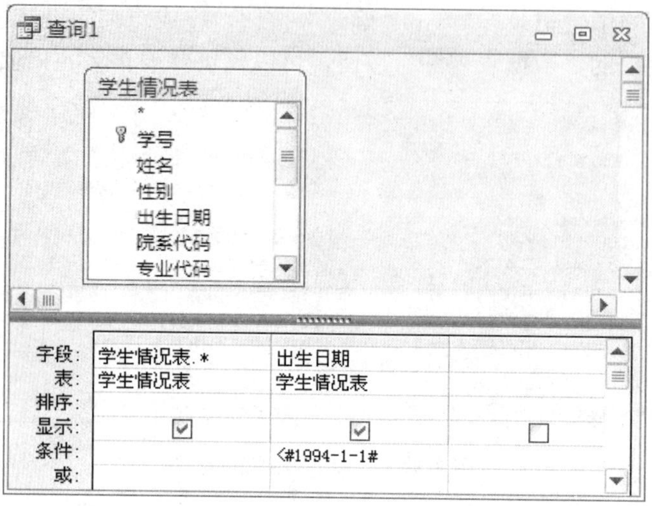

图 3-61　查询设计视图窗口

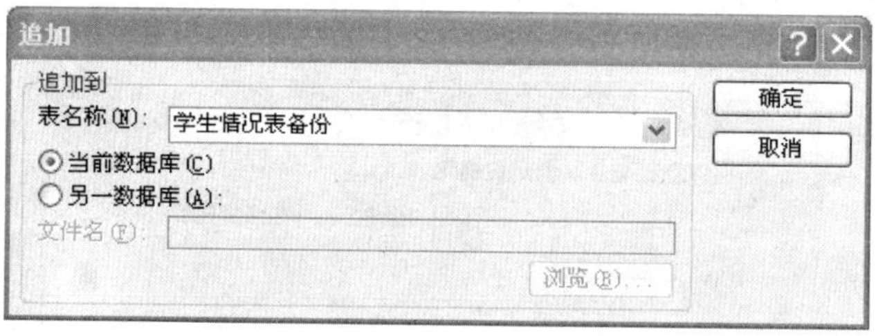

图 3-62 “追加”对话框

④ 回到设计视图，选中“出生日期”字段列下面的“追加到”单元格里的“出生日期”并删除，如图 3-63 所示。单击快速访问工具栏中的“保存”按钮，给追加查询命名为“追加 1994 年以前出生的同学”，单击“确定”按钮，完成追加查询的设计过程。

⑤ 运行查询时会出现如图 3-64 所示的提示框，确定要追加请选择“是”，在数据表视图中打开“学生情况表备份”会发现追加后的结果；放弃追加请选择“否”。

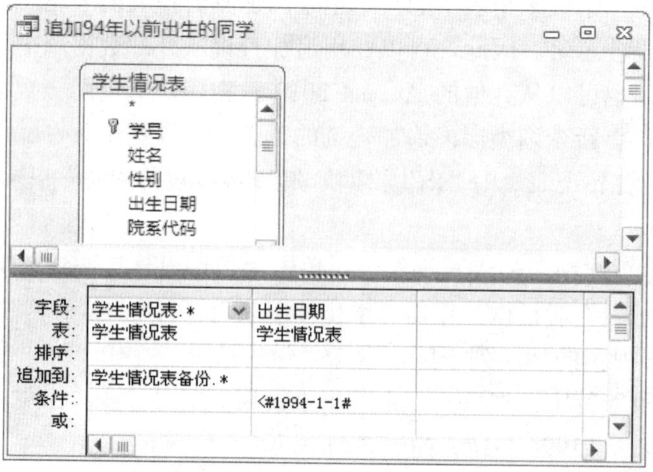

图 3-63　追加查询设计视图窗口

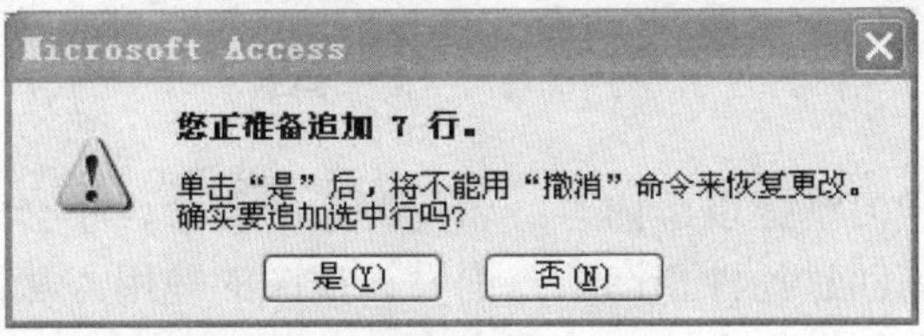

图 3-64 “追加查询”提示框

3.5.5 创建更新查询

更新查询用于同时对一个或多个表的记录进行有规律的成批的更新修改操作，用户通过添加某些特定的条件来更新一个或多个表中的记录，或筛选出要更改的记录。

例 3-18 现在将“教师情况表”中工资在 3000 元以上的讲师的职称改为“副教授”，操作步骤如下。

① 选择“创建”选项卡的“查询”组，单击“查询设计”按钮。屏幕弹出查询设计视图窗口和一个“显示表”对话框，双击“教师情况表”，关闭“显示表”对话框。

② 双击查询设计视图中字段列表区“教师情况表”中的“工资”字段和“职称”字段，将它们加入到设计网格的“字段”行中。

③ 单击“设计”选项卡下“查询类型”组中的“更新查询”按钮，此时可以看到在查询设计视图中新增一个“更新到”行。在“更新到”行的“职称”字段列下的单元格输入“副教授”；在“条件”行的“职称”字段列下的单元格输入“讲师”；在“条件”行的“工资”字段列中输入：>3000，如图 3-65 所示。

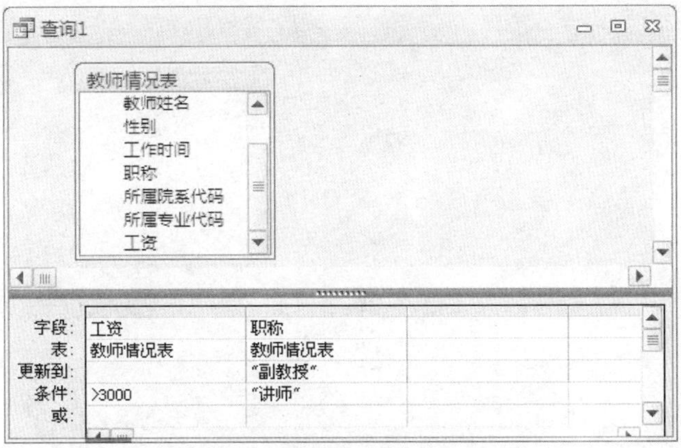

图 3-65 更新查询设计视图

④ 单击快速访问工具栏中的“保存”按钮，出现“另存为”对话框，给更新查询命名为“修改职称查询”，单击“确定”按钮，完成查询的设计过程。

⑤ 运行查询时会出现如图 3-66 所示的提示框，确定要修改请选择“是”，在数据表视图中打开“教师情况表”会发现修改后的结果；放弃修改请选择“否”。

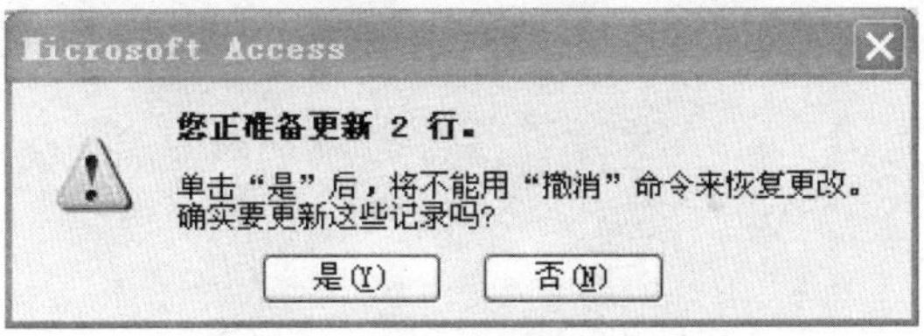

图 3-66 “更新查询”提示框

本 章 小 结

通过对本章内容的学习掌握以下内容：表间关系的概念，学会定义表间关系；查询的概念及作用；使用查询向导创建各种查询；查询设计视图的使用方法；在查询设计网格中添加字段，设置查询条件的各种操作方法；计算查询、参数查询、交叉表查询的创建方法；操作查询的设计及其创建方法。

思 考 题

1. 什么是查询？查询有哪些功能？
2. 查询有哪些类型？
3. 查询和表有何不同？
4. 如何创建交叉表查询？
5. 如何创建多表查询？多表查询有什么优点？
6. 简述交叉查询、更新查询、追加查询和删除查询的应用。
7. 常用的查询向导有哪些？如何利用查询向导创建不同类型的查询？

第 4 章　结构化查询语言 SQL

SQL 是结构化查询语言（Structured Query Language）的缩写，是一种介于关系代数与关系演算之间的语言，是标准的关系型数据库语言，一般关系数据库管理系统都支持使用 SQL 作为数据库系统语言。SQL 语言的功能包括数据定义、数据查询、数据操纵和数据控制四个部分，了解和掌握 SQL 语言的基本语法对使用和管理数据库是非常有意义的。

SQL 查询就是利用 SQL 语句创建的查询。SQL 语言由若干语句组成，每个语句都遵守特定的语法和约定。在 Access 中，每个查询都对应着一个 SQL 查询命令。当用户使用查询向导或查询设计器创建查询时，系统会自动生成对应的 SQL 命令，可以在 SQL 视图中查看，除此之外，用户还可以直接通过 SQL 视图窗口输入 SQL 命令来创建查询。

4.1　SQL 语言简介

结构化查询语言 SQL（Structured Query Language）是最重要的关系数据库操作语言，并且它的影响已经超出数据库领域，得到其他领域的重视和采用，如人工智能领域的数据检索，第四代软件开发工具中嵌入 SQL 的语言等。

4.1.1　SQL 的发展

SQL 是 1986 年 10 月由美国国家标准局（ANSI）通过的数据库语言美国标准，接着，国际标准化组织（ISO）颁布了 SQL 正式国际标准。1989 年 4 月，ISO 提出了具有完整性特征的 SQL89 标准，1992 年 11 月又公布了 SQL92 标准，在此标准中，把数据库分为三个级别，即基本集、标准集和完全集。

各种不同的数据库对 SQL 语言的支持与标准存在着细微的不同，这是因为，有的产品的开发先于标准的公布，另外，各产品开发商为了达到特殊的性能或新的特性，需要对标准进行扩展。现在已有 100 多种遍布在从微机到大型机上的数据库产品 SQL，其中包括 DB2、SQL/DS、Oracle、Ingres、Sysbase、Sql Server、DbaseⅣ、Paradox、Microsoft Access 等。

SQL 语言基本上独立于数据库本身、使用的机器、网络、操作系统，基于 SQL 的 DBMS 产品可以运行在从个人机、工作站到基于局域网、小型机和大型机的各种计算机系统上，具有良好的可移植性。可以看出标准化的工作是很有意义的。早在 1987 年就有一些有识之士预测 SQL 的标准化是“一场革命”，是“关系数据库管理系统的转折点”。数据库和各种产品都使用 SQL 作为共同的数据存取语言和标准的接口，使不同数据库系统之间的互操作有了共同的基础。

1974年，在IBM公司圣约瑟研究实验室研制的大型关系数据库管理系统System R 中，使用Sequel语言（由Boyce 和Chamberlin提出），后来在Sequel的基础上发展了SQL 语言。SQL语言是一种交互式查询语言，允许用户直接查询存储数据，但它不是完整的程序语言，如它没有DO或FOR类似的循环语句，但它可以嵌入到另一种语言中，也可以借用VB、C、JAVA等语言，通过调用级接口（Call Level Interface）直接发送到数据库管理系统。SQL基本上是域关系演算，但可以实现关系代数操作。

SQL的发展主要经历了以下几个阶段。

① 1970：E.J. Codd 发表了关系数据库理论（Relational Database Theory）。

② 1974～1979：IBM 以 Codd 的理论为基础开发了“Sequel”，并重命名为“结构化查询语言”。

③ 1979：Oracle发布了商业版结构化查询语言。

④ 1981～1984：出现了其他商业版本，分别来自IBM（DB2），Data General，Relational Technology（INGRES）。

⑤ 结构化查询语言/86：ANSI和ISO的第一个标准。

⑥ 结构化查询语言/89：增加了引用完整性（Referential Integrity）。

⑦ 结构化查询语言/92（aka 结构化查询语言 2）：被数据库管理系统（DBMS）生产商广泛接受。

⑧ 1997+：成为动态网站（Dynamic Web Content）的后台支持。

⑨ 结构化查询语言/2003：包含了XML相关内容，自动生成列值（Column Values）。

⑩ 结构化查询语言/2006：定义了结构化查询语言与XML（包含XQuery）的关联应用。

⑪ 2006：Sun公司将以结构化查询语言基础的数据库管理系统嵌入JavaV6。

4.1.2 SQL的特点

（1）综合统一

SQL集数据定义语言DDL（Data Definition Language）、数据操纵DML（Data Manipulation Language）、数据控制语言DCL（Data Control Language）的功能于一体，语言风格统一，可以独立完成数据库生命周期中的全部活动，包括：定义关系模式，插入数据，建立数据库；对数据库中的数据进行查询和更新；数据库重构和维护；数据库安全性、完整性控制等一系列操作要求。

这就为数据库应用系统的开发提供了良好的环境。特别是用户在数据库系统投入运行后，还可根据需要随时地、逐步地修改模式，并不影响数据库的运行，从而使系统具有良好的可扩展性。

另外，在关系模型中实体和实体之间的联系用关系表示，这种数据结构的单一性带来了数据操作符的统一性，查找、插入、删除、更新等每一种操作都只需一种操作符，从而克服了非关系系统由于信息表示方式的多样性带来的操作复杂性。

（2）高度非过程化

非关系数据模型的数据操纵语言是“面向过程”的语言，用“过程化”语言完成某项请求，必须指定存取路径。而用SQL进行数据操作，只要提出“做什么”，而无须指明“怎么做”，因此无需了解存取路径。存取路径的选择以及SQL的操作过程由系统自动完成。这不但大大减轻了用户负担，而且有利于提高数据独立性。

（3）面向集合的操作方式

非关系数据模型采用的是面向记录的操作方式，操作对象是一条记录。而 SQL 采用集合操作方式，不仅操作对象、查找结果可以是元组的集合，而且一次插入、删除、更新操作的对象也可以是元组的集合。

（4）以同一种语法结构提供多种使用方式

SQL 既是独立的语言，又是嵌入式语言。作为独立的语言，它能够独立地用于联机交互的使用方式，用户可以在终端键盘上直接键入 SQL 命令对数据库进行操作；作为嵌入式语言，SQL 语句能够嵌入到 C、C++、FORTRAN、COBOL、JAVA 等高级语言程序中使用。而在两种不同的使用方式下，SQL 的语法结构基本上是一致的。这种以统一的语法结构提供多种不同使用方式的做法，提供了极大的灵活性与方便性。

（5）语言简洁，易学易用

SQL 功能极强，但由于设计巧妙，语言十分简洁，完成核心功能只有 9 个动词，如表 4-1 所示。SQL 接近英语口语，因此容易学习，容易使用。

表 4-1　SQL 语言的核心命令

<table>
<tr><th colspan="2">功能分类</th><th>命令动词</th><th>功能作用</th></tr>
<tr><td colspan="2" rowspan="3">数据定义</td><td>Create</td><td>创建对象</td></tr>
<tr><td>Alter</td><td>修改对象</td></tr>
<tr><td>Drop</td><td>删除对象</td></tr>
<tr><td rowspan="4">数据操纵</td><td>数据查询</td><td>Select</td><td>数据查询</td></tr>
<tr><td rowspan="3">数据更新</td><td>Update</td><td>更新数据</td></tr>
<tr><td>Insert</td><td>插入数据</td></tr>
<tr><td>Delete</td><td>删除数据</td></tr>
<tr><td colspan="2" rowspan="2">数据控制</td><td>Grant</td><td>定义访问权限</td></tr>
<tr><td>Revoke</td><td>回收访问权限</td></tr>
</table>

4.1.3　SQL 语句结构

结构化查询语言包含以下 6 个部分。

① 数据查询语言（DQL）：其语句也称为“数据检索语句”，用以从表中获得数据，确定数据怎样在应用程序给出。保留字 SELECT 是 DQL（也是所有 SQL）用得最多的动词，其他 DQL 常用的保留字有 WHERE，ORDER BY，GROUP BY 和 HAVING。这些 DQL 保留字常与其他类型的 SQL 语句一起使用。

② 数据操作语言（DML）：其语句包括动词 INSERT，UPDATE 和 DELETE。它们分别用于添加，修改和删除表中的行。也称为动作查询语言。

③ 事务处理语言（TPL）：它的语句能确保被 DML 语句影响的表的所有行及时得以更新。TPL 语句包括 BEGIN TRANSACTION，COMMIT 和 ROLLBACK。

④ 数据控制语言（DCL）：它的语句通过 GRANT 或 REVOKE 获得许可，确定单个用户和用户组对数据库对象的访问。某些 RDBMS 可用 GRANT 或 REVOKE 控制对表单个列的访问。

⑤ 数据定义语言（DDL）：其语句包括动词 CREATE 和 DROP。在数据库中创建新表或删除表（CREATE TABLE 或 DROP TABLE）；为表加入索引等。它也是动作查询的一部分。

⑥ 指针控制语言（CCL）：它的语句，像 DECLARE CURSOR，FETCH INTO 和 UPDATE WHERE CURRENT 用于对一个或多个表单独行的操作。

4.1.4 数据类型

下面介绍一下结构化查询语言中的 5 种数据类型：字符型、文本型、数值型、逻辑型和日期型。

（1）字符型（VARCHAR 型和 CHAR 型）

VARCHAR 型和 CHAR 型数据的这个差别是细微的，但是非常重要。它们都是用来储存字符串长度小于 255 的字符。

假如向一个长度为 40 个字符的 VARCHAR 型字段中输入数据 Bill Gates。当以后从这个字段中取出此数据时，取出的数据其长度为 10 个字符——字符串 Bill Gates 的长度。假如把字符串输入一个长度为 40 个字符的 CHAR 型字段中，那么当取出数据时，所取出的数据长度将是 40 个字符。字符串的后面会被附加多余的空格。

当实际应用时，会发现使用 VARCHAR 型字段要比 CHAR 型字段方便得多。使用 VARCHAR 型字段时，不需要为剪掉数据中多余的空格而操心。

VARCHAR 型字段的另一个突出的好处是它可以比 CHAR 型字段占用更少的内存和硬盘空间。当的数据库很大时，这种内存和磁盘空间的节省会变得非常重要。

（2）文本型（TEXT）

使用文本型数据，可以存放超过 20 亿个字符的字符串。当需要存储大串的字符时，应该使用文本型数据。

注意文本型数据没有长度，而上一节中所讲的字符型数据是有长度的。一个文本型字段中的数据通常要么为空，要么很大。

当从 HTML FORM 的多行文本编辑框（TEXT AREA）中收集数据时，应该把收集的信息存储于文本型字段中。但是，无论何时，只要能避免使用文本型字段，就应该不使用它。文本型字段既大且慢，滥用文本型字段会使服务器速度变慢。文本型字段还会占用大量的磁盘空间。

一旦向文本型字段中输入了任何数据（甚至是空值），就会有 2K 的空间被自动分配给该数据。除非删除该记录，否则无法收回这部分存储空间。

（3）数值型（整数 INT、小数 NUMERIC、钱数 MONEY）

① INT、SMALLINT 和 TINYINT 的区别。通常，为了节省空间，应该尽可能地使用最小的整型数据。一个 TINYINT 型数据只占用 1 个字节；一个 INT 型数据占用 4 个字节。这看起来似乎差别不大，但是在比较大的表中，字节数的增长是很快的。另一方面，一旦已经创建了一个字段，要修改它是很困难的。因此，为安全起见，应该预测一下，一个字段所需要存储的数值最大有可能是多大，然后选择适当的数据类型。

② NUMERIC。为了能对字段所存放的数据有更多的控制，可以使用 NUMERIC 型数据来同时表示一个数的整数部分和小数部分。NUMERIC 型数据使能表示非常大的数——比 INT 型数据要大得多。一个 NUMERIC 型字段可以存储-10^{38}~10^{38}范围内的数。NUMERIC 型数据还使能表示有小数部分的数。例如，可以在 NUMERIC 型字段中存储小数 3.14。

③ MONEY 和 SMALLMONEY。可以使用 INT 型或 NUMERIC 型数据来存储钱数。但是，专门有另外两种数据类型用于此目的。如果钱数很大，可以使用 MONEY 型数据。如果钱数不大，可以使用 SMALLMONEY 型数据。MONEY 型数据可以存储–922,337,203,685,

477.5808～922,337,203,685,477.5807 的钱数。如果需要存储比这还大的金额，可以使用 NUMERIC 型数据。

SMALLMONEY 型数据只能存储–214,748.3648~214,748.3647 的钱数。同样，如果可以的话，应该用 SMALLMONEY 型来代替 MONEY 型数据，以节省空间。

（4）逻辑型（BIT）

如果使用复选框（CHECK BOX）从网页中搜集信息，可以把此信息存储在 BIT 型字段中。BIT 型字段只能取两个值：0 或 1。

注意：在创建好一个表之后，不能向表中添加 BIT 型字段。如果打算在一个表中包含 BIT 型字段，必须在创建表时完成。

（5）日期型（DATETIME 和 SMALLDATETIME）

一个 DATETIME 型的字段可以存储的日期范围是从 1753 年 1 月 1 日第一毫秒到 9999 年 12 月 31 日最后一毫秒。

如果不需要覆盖这么大范围的日期和时间，可以使用 SMALLDATETIME 型数据。它与 DATETIME 型数据同样使用，只不过它能表示的日期和时间范围比 DATETIME 型数据小，而且不如 DATETIME 型数据精确。一个 SMALLDATETIME 型的字段能够存储从 1900 年 1 月 1 日到 2079 年 6 月 6 日的日期，它只能精确到秒。

DATETIME 型字段在输入日期和时间之前并不包含实际的数据，认识这一点是重要的。

4.2 数据定义语言

数据定义语言（Data Definition Language, DDL）是 SQL 语言集中负责数据结构定义与数据库对象定义的语言，由 CREATE、ALTER 与 DROP 三个语法所组成，最早是由 Codasyl（Conference on Data Systems Languages） 数据模型开始，现在被纳入 SQL 指令中作为其中一个子集。目前大多数的 DBMS 都支持对数据库对象的 DDL 操作，部分数据库 （如 PostgreSQL）可把 DDL 放在交易指令中，也就是它可以被撤回（Rollback）。较新版本的 DBMS 会加入 DDL 专用的触发程序，让数据库管理员可以追踪来自 DDL 的修改。

SQL 数据定义功能包括四部分：定义数据库、定义基本表、定义基本视图、定义索引。其中数据库、基本表的定义可以包括创建、修改和删除三个方面；视图和索引的定义包括创建和删除两个方面；通过 CREATE、ALTER、DROP 三个核心动词完成数据定义功能。每个数据定义语言只包含一条数据定义语句。具体数据定义动词和相关语句见表 4-2。

表 4-2 数据定义动词和相关语句

动词	语句	功能
CREATE	CREATE DATABASE	创建数据库
	CREATE TABLE	创建表
	CREATE VIEW	创建视图
	CREATE INDEX	创建索引
ALTER	ALTER DATABASE	修改数据库
	ALTER TABLE	修改表的结构设计
DROP	DROP DATABASE	删除数据库
	DROP TABLE	删除表
	DROP VIEW	删除视图
	DROP INDEX	删除索引

4.2.1 创建基本表

SQL 语言使用 CREATE TABLE 语句定义表结构。

命令格式为：

Create Table <表名> (<列名 1> <数据类型> [列完整性约束条件],
<列名 2> <数据类型> [列完整性约束条件],
…
,[表完整性约束条件]) ;

一般语法格式中出现的一些符号说明如下。

① <> 表示里面的内容在该语句中是必选的，真正书写语句时必须去掉。

② [] 表示里面的内容是可以选择的，真正书写语句时必须去掉。

③ | 表示前后内容地位是相同的，一般在一个语句中只能选择其中之一。

④ {} 表示里面的内容是一个整体，真正书写语句时必须去掉。

⑤ () 表示语法中里面内容是个整体，真正书写语句时必须带上。

⑥ , 表示语法中前后部分是并列的关系，真正书写语句时必须带上。

⑦ ; 表示语句的结束，真正书写语句一般情况下可以省略，有些时候必须带上。

⑧ … 表示省略，省略内容跟该符号前面内容格式一致，真正书写语句时必须去掉。

这些符号跟在本书出现的其他语法格式中含义相同，需要注意的是，所有语句中的标点都是英文半角状态符号。

语法说明如下。

<表名>所要定义的基本表的名字，一般自己命名。

<列名>标有一个或多个属性（列）组成。建表时通常需要定义列信息及每列所使用的数据类型，列名在表内必须为唯一的，一个表至少包含一个列。

<数据类型>定义表的各个列时需指明其数据类型和长度，不同的数据库管理系统支持的数据类型不完全相同，应根据实际使用的 DBMS 来确定。

<列级完整性约束条件>只应用到一个列的完整性约束条件。Access 支持的约束如表 4-3 所示。

<表级完整性约束条件>应用到多个列的完整性约束条件。如果完整性约束条件涉及该表的多个属性列，则必须定义在表级上，否则既可以定义在列级也可以定义在表级。

表 4-3 基本列和表级完整性约束

约束类型	功能描述	Access 是否支持
NOT NULL	防止空值进入该列	√
UNIQUE	防止重复值进入该列	√
PRIMARY KEY	进入该列的所有值是唯一的，且不为 NULL	√
FOREIGN KEY	定义外码，限制外码要么取空要么取相应主码值	√
DEFAULT	默认约束，将该列常用的值定义为缺省值，减少数据输入	语句不支持，表设计视图支持
CHECK	检查约束，通过约束条件表达式设置列值应满足的条件	语句不支持，表设计视图支持

例 4-1 使用 SQL 语句定义一个名为“同学通讯录”的表，结构为：学号（文本，6）、

姓名（文本，3）、性别（文本，1）、出生日期（日期/时间）、婚否（是/否）、家庭住址（文本，10）、简历（备注）、照片（OLE），学号为主键，姓名不允许为空值。

```
CREATE TABLE 同学通讯录
(学号 TEXT（6） PRIMARY KEY,
姓名 TEXT（3） NOT NULL,
性别 TEXT（1），
出生日期 DATE,
婚否 LOGICAL,
家庭住址 TEXT（10），
简历 MEMO,
照片 OLEOBJECT）
```

Access 中执行该语句的步骤如下。

① 打开“教学管理系统”数据库。

② 选择“创建”选项卡的“查询”组，单击“查询设计”按钮。屏幕弹出查询设计视图窗口和一个“显示表”对话框，单击“关闭”按钮，将其关闭。

③ 在“设计”选项卡上的“查询类型”组中，单击“数据定义”，弹出如图 4-1 所示的 SQL 视图窗口，在窗口中把例 4-1 的 SQL 语句输入，如图 4-2 所示。

图 4-1　数据定义 SQL 视图

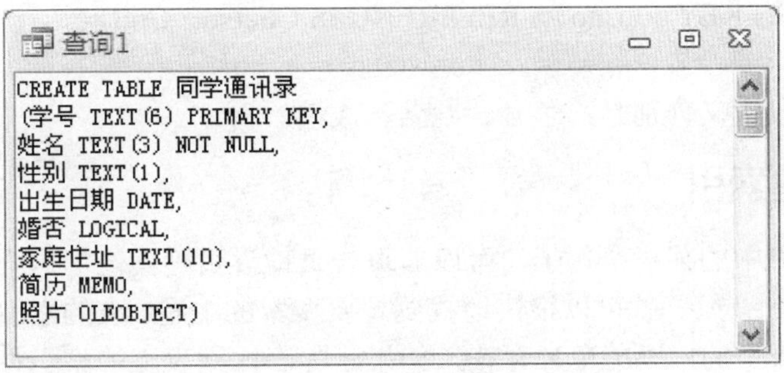

图 4-2　输入例 4-1 的 SQL 语句

④ 单击工具栏上的“运行”按钮，如果语句有错误会弹出错误提示窗口，如果没有错误，光标会回到该语句的最前方，表示执行成功。如果想把该语句保存下来，直接单击工具栏上的“保存”按钮，在弹出的“另存为”窗口中输入保存的名称，单击“确定”按钮即可。

⑤ 回到数据库窗口的“表”对象列表中，就能看到刚创建的新表“同学通讯录”，如图

4-3 所示。

例 4-2 建立“学生”表 Student,学号是主码,姓名取值唯一。

```
CREATE TABLE Student（
        Sno    CHAR（9） PRIMARY KEY,
        Sname  CHAR（20） UNIQUE,
        Ssex   CHAR（2），
        Sage   SMALLINT,
        Sdept  CHAR（20）
        ）
```

各列表示的字段含义分别是：学号、姓名、性别、年龄、学生所在系。

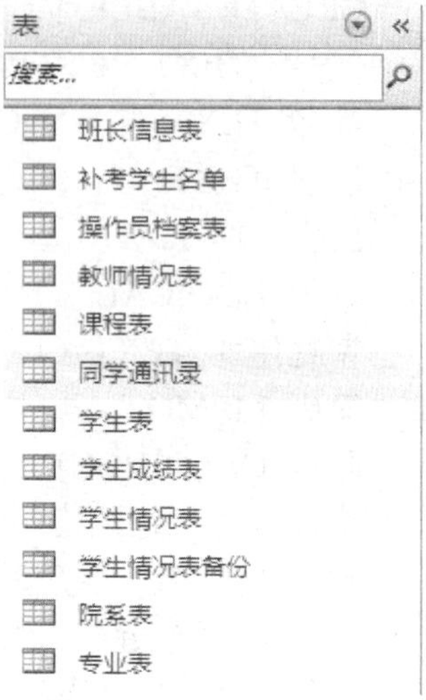

图 4-3 表对象下查看新创建的表“同学通讯录”

例 4-3 建立一个“课程”表 Course。

```
CREATE TABLE  Course（
    Cno   CHAR（4） PRIMARY KEY,
    Cname  CHAR（40），
    Cpno     CHAR（4） ，
    Ccredit  SMALLINT,
    FOREIGN KEY （Cpno） REFERENCES Course（Cno）
    ）;
```

各列表示的字段含义分别是：课程号、课程名、选修课课号、学分。

例 4-4 请创建学生选课表 SC,表结构为学号、课程号、成绩。要求建表时确定主键。

```
CREATE TABLE  SC（
    Sno  CHAR（9），
    Cno  CHAR（4），
    Grade  SMALLINT,
    PRIMARY KEY （Sno,Cno），
    FOREIGN KEY （Sno） REFERENCES Student（sno），
    FOREIGN KEY （Cno） REFERENCES Course（Cno）
    ）
```

各列表示的字段含义分别是：学号、姓名、成绩。

4.2.2 创建索引

假设想找到本书中的某一个句子，可以一页一页地逐页搜索，但这会花很多时间；而通过使用本书的索引（目录），就可以很快地找到想要搜索的主题。表的索引就是表中数据的目录。索引是建立在表上的，不能单独存在，如果删除表，则表上的索引将随之消失。

在进行数据查询时，如果不使用索引，就需要将数据文件分块，逐个读到内存中进行查找的比较操作。如果使用索引，可先将索引文件读入内存，根据索引项找到元组的地址，然后再根据地址将元组数据读入内存，并且由于索引文件中只含有索引项和元组地址，极大地提高查询的速度。对一个较大的表来说，通过加索引，一个通常要花费几个小时来完成的查询只要几分钟就可以完成。

使用索引可保证数据的唯一性。在索引的定义中包括了数据唯一性的内容。在对相关的

索引项进行数据输入或数据更改时，系统都要进行检查，以确保数据的唯一性。

使用索引可加快连接速度。在两个关系进行连接操作时，系统需要在连接关系中对每一个被连接字段做查询操作。如果每个连接文件的连接字段上建有索引，可以大大加快连接速度。如要实现学生情况表和学生成绩表的连接操作，在学生成绩表的学号字段（外码）上建立索引，数据连接的速度就会非常快。

SQL 语言使用 CREATE INDEX 语句建立索引。

命令格式：

CREATE [UNIQUE] INDEX <索引名称> ON 〈表名〉

（<索引字段 1>[ASC|DESC][,<索引字段 2>[ASC|DESC][,…]]）[WITH PRIMARY]

用<表名>指定要建索引的基本表名字；索引可以建立在该表的一列或多列上，各列名之间用逗号分隔；用<次序>指定索引值的排列次序，升序为 ASC，降序为 DESC，缺省值为 ASC；UNIQUE 表明此索引的每一个索引值只对应唯一的数据记录。

例 4-5 使用 SQL 语句建立索引，为“同学通讯录”按“姓名”降序建立索引，索引名称为 XMK。

CREATE INDEX XMK ON 同学通讯录（姓名 DESC）

对于已含重复值的属性列不能建 UNIQUE 索引，对某个列建立 UNIQUE 索引后，插入新记录时 DBMS 会自动检查新记录在该列上是否取了重复值。这相当于增加了一个 UNIQUE 约束。

例 4-6 为学生-课程数据库中的 Student，Course，SC 三个表建立索引。

CREATE UNIQUE INDEX Stusno ON Student（Sno）;

CREATE UNIQUE INDEX Coucno ON Course（Cno）;

CREATE UNIQUE INDEX SCno ON SC（Sno ASC，Cno DESC）;

Student 表按学号升序建唯一索引；Course 表按课程号升序建唯一索引；SC 表按学号升序和课程号降序建唯一索引。

4.2.3 修改基本表

SQL 语言使用 ALTER TABLE 语句修改表的结构。

（1）修改字段类型及大小

ALTER TABLE <表名> ALTER <字段名> <数据类型>（<大小>）

（2）添加字段

ALTER TABLE <表名> ADD <字段名> <数据类型>（<大小>）

（3）删除字段

ALTER TABLE 表名 DROP <字段名>

例 4-7 使用 SQL 语句修改表，在“同学通讯录”表中增加一个“电话号码”字段（长整型），然后将该字段的类型改为文本型（8 字符），最后将其删除。

ALTER TABLE 同学通讯录 ADD 电话号码 INTEGER

ALTER TABLE 同学通讯录 ALTER 电话号码 TEXT（8）

ALTER TABLE 同学通讯录 DROP 电话号码

4.2.4 删除索引及基本表

SQL 语言使用 DROP 删除索引及表。

（1）删除索引

DROP INDEX <索引标识> ON <表名>

（2）删除表

DROP TABLE <表名>

例 4-8 使用 SQL 语句删除同学通讯录表中名为 XMK 的索引项。

DROP INDEX XMK ON 同学通讯录

例 4-9 删除表“同学通讯录”。

DROP TABLE 同学通讯录;

基本表一旦被删除，表中的数据和在此表上建立的索引都将自动被删除。所以删除表语句一定要慎用，确保表确实无用了再删除。

4.3 数据查询语句

数据库是为更方便有效地管理信息而存在的，人们希望数据库可以随时提供所需要的数据信息，因此对用户来说数据查询是数据库最重要的功能。可以说查询是每个项目的核心操作，也是数据库的核心操作。数据查询功能是指根据用户的需要以一种可读的方式从数据库中提取数据。SQL 提供了 SELECT 动词进行数据的查询，该语句具有灵活的使用方式和丰富的功能。可以实现数据的查询、统计、分组、汇总和排序等多种功能。本节讲述数据查询的实现方法，即 SELECT 语句的使用。

4.3.1 SELECT 语句的语法格式

```
SELECT [ALL|DISTINCT] [TOP<数值>]
                 [PERCENT] <目标列表> [[AS]<列标题>]
FROM <表或查询 1> [[AS]<别名 1>][,<表或查询 2> [[AS]<别名 2>]
            [INNER|LEFT[OUTER]|RIGHT[OUTER]] JOIN
                 [,<表或查询 3> [[AS]<别名 3>] [ON <联接条件>]…]
[WHERE <联接条件> AND <筛选条件>]
[GROUP BY <分组项> [HAVING<分组筛选条件>]]
[ORDER BY <排序项> [ASC|DESC]];
```

在 SELECT 语句中共有五个子句，其中 SELECT 和 FROM 语句为必选子句，而其余三个 WHERE、GROUP BY、ORDER BY 语句为任选子句。整个 SELECT 语句的含义是，根据 WHERE 子句的行条件表达式，从 FROM 子句指定的表或视图中查找满足条件的元组，如果有 GROUP BY 子句，则将结果按 GROUP BY 后的分组字段（GROUP BY 后跟的字段）分组，分组字段中列值相等的元组为一个组，每个组产生结果表中一条记录，通常会在每组中作用集函数。如果有 HAVING 短语，则只有满足指定条件的组才能输出。再按 SELECT 子句中的目标列表达式，选出元组中的属性值形成结果表。最后，如果有 ORDER BY 子句，结果表再按排序字段（ORDER BY 后的字段）及指定的排序次序排序。

这 5 个子句，书写时一定要按语法中的先后顺序，另外，为了美观和不容易出错，尽量每个字句占一行。但在机器内部执行时的顺序是②③④①⑤，即先确定从哪个数据源查找，然后确定过滤条件，如果有分组子句，对过滤后的记录分组，如果分组有限制条件，则对分组进一步限制，然后把符合过滤条件和分组后符合分组条件记录的对应列查询出来，最后对结果进行排序。

（1）参数说明

① SELECT 子句：指定查询输出的结果。

ALL：表示包括所有满足查询条件的记录，也包括值重复的记录。默认为 ALL。

DISTINCT：表示内容完全相同的记录只能出现一次。

TOP<数值>[PERCENT]：限制查询结果的记录条数为当前<数值>条或占记录总数的百分比为<数值>。TOP 参数必须与 ORDER BY 子句联用。

AS<列标题>：指定查询结果中列的标题名称。

② FROM 子句：指定查询使用的表以及连接条件中涉及的表。表（视图）间用英文半角逗号“,”进行分隔。

<表或查询> [[AS]<别名>]：表或查询表示要操作的表或查询名称，即数据源。AS<别名>表示同时为表指定一个别名。

③ JOIN 子句：指定多表之间的连接方式。

INNER　JOIN ：表示内部连接。

LEFT[OUTER]　JOIN：表示左（外部）连接

RIGHT[OUTER]　JOIN：　表示右（外部）连接。

OUTER：是可选项，用来强调创建的是一个外部连接查询。

ON 子句：与 JOIN 子句连用，指定多表之间的关联条件为<连接条件>。

④ WHERE 子句：指定多表之间的连接条件为<连接条件>，查询条件为<筛选条件>，多个条件之间用 AND 或 OR 连接，分别表示多个条件之间的“与”和“或”关系。

过滤 FROM 子句中给出的数据源中的数据，通过条件表达式限制查询必须满足的条件。DBMS 在处理语句时，以行为单位，逐个考察每个行是否满足条件，将不满足条件的行过滤掉。WHERE 条件的特点就是一次作用一行记录，表中每行记录都要过滤一遍，所以在条件中不能出现集合函数（分组函数）。

⑤ GROUP BY 子句：指定对查询结果分组的依据。

<分组项>：指定分组所依据的字段。

HAVING 子句：与 GROUP BY 子句联用。指定对分组结果进行筛选的条件为：<分组筛选条件>。

对满足 WHERE 子句的行指明按照 GROUP BY 子句中所指定的某个（几个）列的值对整个结果集进行分组。GROUP BY 子句使得同组的元组集中在一起，也使数据能够分组进行统计。将来每个分组对应结果集中的一个值。所以该子句影响 SELECT 子句后的目标列表达式，要求目标列表达式只能是集合函数或分组字段或者两者的组合。HAVING 子句（分组条件子句）依赖于 GROUP BY 子句，作用是对分组进行过滤，没有 GROUP BY 子句不可能有 HAVING 子句，有 HAVING 子句一定要有 GROUP BY 子句，且 HAVING 子句后的条件表达式必须是集合函数构成的条件表达式，不能是一般的条件，表达式的作用范围是每个分组，并且一个分组只作用一次，一个分组一个分组地起作用。

⑥ ORDER BY 子句：指定对查询结果排序所依据的列。

<排序项>：指定对查询结果排序所依据的列。

ASC 指定查询结果以升序排列，DESC 指定查询结果以降序排列。

对查询返回的结果集进行排序。查询结果集可按多个排序列进行排序。每个排序列后面可以跟一个排序次序。最终排序结果跟排序列先后顺序有关，如果有两个排序列，先按第一个排序，只有第一个排序列值相等的记录，才考虑用第二个排序列排序。ORDER BY 子句仅对所检索数据显示有影响，并不改变表中行的内部顺序，且不能出现在子查询中。

（2）SELECT 命令与查询设计器中的选项的对应关系

从 SELECT 语句的格式中可以看到，一条 SELECT 语句可以包含多个子句，其中各子句与查询设计器功能项之间的对应关系如表 4-4 所示。

表 4-4 SELECT 命令各子句与查询设计器中各选项间的对应关系

SELECT 功能	查询设计视图的功能
SELECT 子句	查询设计视图中的选项
SELECT<目标列>	“字段”栏
FROM<表或查询>	“显示表”对话框
WHERE<筛选条件>	“条件”栏
GROUP BY<分组项>	“总计”栏
ORDER BY<排序项>	“排序”栏

（3）SELECT 命令的书写规则

① 在“数据定义查询”窗口中一次只能编辑执行一条 SQL 语句。

② 动词必须书写完整，如“SELECT”，不能写成“SELE”。

③ 当 SQL 命令较长时，用“ENTER”键直接换行即可，无需加分行符。

④ 输入 SQL 命令要遵守格式规则，尽可能一个子句写一行。

4.3.2 创建 SQL 查询视图

（1）SQL 命令的输入与编辑

建立 SQL 查询的操作步骤如下。

① 在“创建”选项卡上的“查询”组中，单击“查询设计”。

② 关闭“显示表”对话框。

③ 选择“设计”选项卡的最左边“结果”组，单击“SQL 视图”按钮 **SQL**，弹出如图 4-4 所示的 SQL 视图窗口。

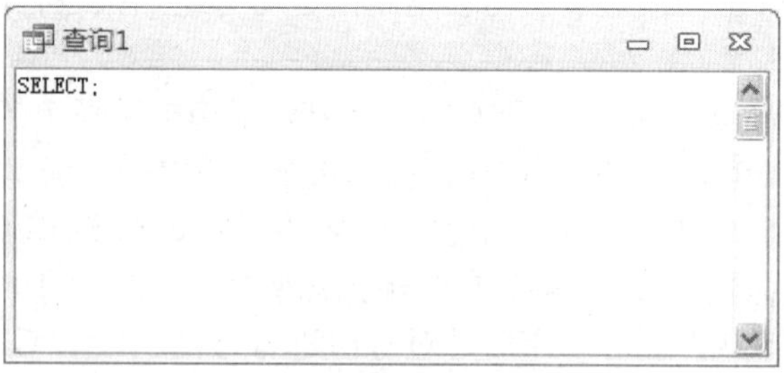

图 4-4 “选择查询”SQL 视图窗口

④ 在打开的“选择查询”窗口中，输入编辑 SQL 命令，SQL 命令的输入要严格遵循其定义规则，否则在执行时出错。

（2）SQL 命令的执行

SQL 命令输入完成后，在“设计”选项卡上的“结果”组中，单击“运行”按钮，即可执行 SQL 命令。命令中如有错误，系统给出相关提示，可以重新编辑修改，直至命令正确运行。

（3）SQL 命令的保存

根据需要，单击“保存”按钮，可以将 SQL 命令以一个查询对象的形式保存，也可以在关闭“SQL 视图”窗口时对 SQL 命令进行保存。

（4）SQL 命令的修改

对于用 SQL 语句建立的查询，可以在选定该查询的状态下使用“设计视图”按钮，再次打开“数据定义查询”窗口或“选择查询”窗口，然后对其进行修改，并保存。

4.3.3　SQL 的单表查询

SQL 所谓单表查询是指查询数据源均来自于一个表或一个查询。单表查询有下面 4 种形式。

（1）查询表中的若干列

这是最简单的查询，就是从数据表中选取需要的目标字段，对应于关系代数中的投影运算，其格式为：

SELECT <字段名列表> FROM <表或查询>

其中<字段名列表>表示可以有若干个字段名，字段名之间用西文半角逗号“,”隔开。

① 查询所有字段。当需要查询数据表所有字段时，可以使用“*”代替所有字段项，而不必将数据表中所有字段列出。

例 4-10　查询“学生情况表”中全部信息。

打开“SQL 视图”窗口，输入下面的命令如图 4-5 所示。

SELECT　*　FROM 学生情况表;

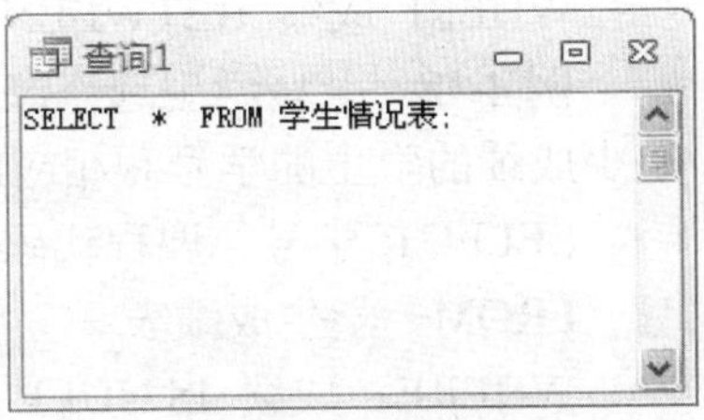

图 4-5　“SQL 视图”窗口

单击工具栏上的“运行”按钮，即可看到结果。

② 查询指定的字段。当需要查询数据表中的某些字段时，只要列出相关的字段名，字段名之间用西文半角逗号“,”隔开即可。

例 4-11　查询“教师情况表”中所有教师的“教师姓名”、“性别”、“职称”和“工资”。

SELECT　教师姓名,性别,职称,工资 FROM 教师情况表

③ 消除重复记录。如果要去掉查询结果中的重复记录，可以在字段名前加上 DISTINCT 关键字选项。

例 4-12　查询“学生成绩表”中考试课的“课程代码”。

SELECT　DISTINCT 课程代码 FROM 学生成绩表

此命令去掉重复的“课程代码”。

④ 查询计算值。查询的目标列可以是表中的字段，也可以是一个表达式。

例 4-13　查询“教师情况表”中所有教师的“教师姓名”、“性别”、“年龄”和“职称”。

SELECT　教师姓名,性别,YEAR（DATE（））-YEAR（出生日期） AS 年龄,职称

FROM 教师情况表

（2）条件查询

条件查询是从表中筛选出满足条件的记录，对应于关系代数中的选择运算，其格式为：

SELECT <字段名列表> FROM <表名> WHERE <条件>

其中 WHERE 子句中的“条件”是一个逻辑表达式，常由多个关系表达式通过逻辑运算符连接而成，表示满足“条件”的记录才能在结果中列出。

例 4-14 查询“教师情况表”中“职称”为“副教授”的女教师信息。

```
SELECT  *  FROM 教师情况表
WHERE 职称="副教授" AND 性别="女"
```

例 4-15 查询“学生情况表”中“年级”为“2012”的男生的“学号”、“姓名”、“年级”。

```
SELECT 学号, 姓名,LEFT（学号,4） AS 年级
FROM 学生情况表
WHERE  LEFT（学号,4）="2012" AND 性别="男"
```

例 4-16 查询“教师情况表”中“职称”为“教授”或“副教授”的“教师姓名”、“性别”和“职称”。

```
SELECT  教师姓名,性别,职称
FROM 教师情况表
WHERE 职称 In （"教授","副教授"）
```

例 4-17 查询“学生成绩表”中成绩在 90～100 之间的记录。

```
SELECT *
FROM 学生成绩表
WHERE 成绩 BETWEEN 90 AND 100
```

例 4-18 某些学生选修课程后没有参加考试，所以有选课记录，但没有考试成绩。查询缺少成绩的学生的学号和相应的课程代码。

```
SELECT 学号，课程代码
FROM  学生成绩表
WHERE  成绩 IS NULL
```

例 4-19 查询所有姓刘学生的姓名、学号和性别。

```
SELECT 姓名,学号,性别
FROM 学生情况表
WHERE  姓名 LIKE '刘*';
```

例 4-20 查询名字中第 2 个字为“志”字的学生的姓名和学号。

```
SELECT 姓名,学号
FROM 学生情况表
WHERE 姓名 LIKE '?志*';
```

（3）排序查询

在 SELECT 语句中使用 ORDER BY 子句可以对查询结果按照一个或多个列的升序（ASC）或降序（DESC）排列，默认是升序。命令格式为：

```
SELECT <字段名列表>
FROM <表名>
[WHERE <条件>]
ORDER BY <排序项> [ASC|DESC]
```

其中<排序项>可以是字段名，也可以是字段名的序号。

例 4-21 查询“学生成绩表”中成绩在 0~59 之间的记录。并按“学号”排序，同“学号”同学按“课程代码”降序排列。

```
SELECT *
FROM 学生成绩表
```

```
WHERE 成绩 BETWEEN 0 AND 59
ORDER BY 学号,课程代码 DESC
```

（4）分组查询

分组查询的目的是为了进行统计。在 SELECT 语句中使用 GROUP BY 子句对查询结果按照某字段的值进行分组统计。命令的格式为：

```
SELECT <字段名列表> FROM <表名>
[WHERE <条件>]
GROUP BY <分组项> [HAVING<分组筛选条件>]
[ORDER BY <排序项> [ASC|DESC]]
```

说明：分组查询通常与 SQL 聚合函数一起使用，先按指定的字段分组，再对各组进行合并，如计数、求和，求平均值等。如果未分组，则聚合函数将作用于整个查询结果。

Access 2010 中提供的 SQL 聚合函数如表 4-5 所示。

表 4-5 SQL 聚合函数

函 数 名	功 能	参 数	实 例
COUNT()	统计记录个数	*或字段名	COUNT（*）
AVG()	求数字型数据的平均值	字段名	AVG（工资）
SUM()	求数字型数据的总和	字段名	SUM（成绩）
MIN()	求最小值	字段名	MIN（成绩）
MAX()	求最大值	字段名	MAX（成绩）

例 4-22 统计“学生情况表”中学生总数。

```
SELECT COUNT（*） AS 学生总数 FROM 学生情况表
```

说明：由聚合函数形成的数据将成为一个新的列，在查询结果中出现，其列标题名可以用 AS 子句指定，如果不指定，系统给出默认的列标题名。

例 4-23 统计各个年级的学生人数。

```
SELECT LEFT（学号,4） AS 年级, COUNT（*） AS 学生人数
FROM 学生情况表
GROUP BY LEFT（学号,4）
```

例 4-24 统计各级职称的教师“总人数”。结果按人数降序排列。

```
SELECT 职称,COUNT（*） AS 总人数
FROM 教师情况表
GROUP BY 职称
ORDER BY 2 DESC
```

与例 4-24 的命令等价的命令:

```
SELECT 职称, Count（*） AS 总人数
FROM 教师情况表
GROUP BY 职称
ORDER BY Count（*） DESC;
```

例 4-25 统计教师人数在 2 人以上（含 2 人）的职称与该职称的总人数，并按人数降序排序。

由于增加了对分组后数据的筛选，所以使用 HAVING 短语对统计人数进行筛选。

```
SELECT 职称, Count（*） AS 总人数
FROM 教师情况表
GROUP BY 职称
HAVING Count（*）>=2
ORDER BY Count（*） DESC;
```

在分组后如果还要求按一定的条件对这些分组结果进行筛选，则可以在 GROUP BY 子句后添加 HAVING 短语来指定筛选条件。

例 4-26 在学生成绩表中查询选课门数在 3 门以上（含 3 门）的学生“学号”、“选课门数”及“平均成绩”。

```
SELECT 学号,COUNT（*） AS 选课门数, avg（成绩） AS 平均成绩
FROM 学生成绩表
GROUP BY 学号
HAVING COUNT（*）>=3
```

4.3.4 SQL 多表查询

所谓多表查询就是在实际应用中从两个或两个以上有关联关系的表中提取数据。

（1）连接操作的执行过程

① 嵌套循环法（NESTED-LOOP）。首先在表 1 中找到第一个元组，然后从头开始扫描表 2，逐一查找满足连接条件的元组，找到后就将表 1 中的第一个元组与该元组拼接起来，形成结果表中一个元组。

表 2 全部查找完后，再找表 1 中第二个元组，然后再从头开始扫描表 2，逐一查找满足连接条件的元组，找到后就将表 1 中的第二个元组与该元组拼接起来，形成结果表中一个元组。

重复上述操作，直到表 1 中的全部元组都处理完毕。

② 排序合并法（SORT-MERGE）。常用于=连接。

首先按连接属性对表 1 和表 2 排序。

对表 1 的第一个元组，从头开始扫描表 2，顺序查找满足连接条件的元组，找到后就将表 1 中的第一个元组与该元组拼接起来，形成结果表中一个元组。当遇到表 2 中第一条大于表 1 连接字段值的元组时，对表 2 的查询不再继续。

找到表 1 的第二条元组，然后从刚才的中断点处继续顺序扫描表 2，查找满足连接条件的元组，找到后就将表 1 中的第一个元组与该元组拼接起来，形成结果表中一个元组。直接遇到表 2 中大于表 1 连接字段值的元组时，对表 2 的查询不再继续。

重复上述操作，直到表 1 或表 2 中的全部元组都处理完毕为止。

③ 索引连接（INDEX-JOIN）。对表 2 按连接字段建立索引。

对表 1 中的每个元组，依次根据其连接字段值查询表 2 的索引，从中找到满足条件的元组，找到后就将表 1 中的第一个元组与该元组拼接起来，形成结果表中一个元组。

（2）表间查询的连接类型

多表进行连接查询时，Access 2010 提供了三种类型表间查询连接子句：

INNER JOIN （内部连接）;

LEFT JOIN （左连接）;

RIGHT JOIN （右连接）。

其中内部连接是最常用的连接方式。根据查询的需要，可以直接在命令中指定多表的连接类型。

① INNER JOIN（内部连接）。从相关联的左右两个表中筛选共同满足连接条件的记录，合并成新记录输出；即查询结果中只包含左右两个表中连接表达式值相同的记录。内部关联可以通过两种格式实现。

a.使用 INNER JOIN ON 子句实现。格式为：

SELECT <字段名列表> FROM <表名 1>

INNER JOIN <表名 2> ON <表名 1>.<字段名>=<表名 2>.<字段名>

b.使用 WHERE 子句实现。格式为：

SELECT <字段名列表> FROM <表名 1>,<表名 2>

WHERE <表名 1>.<字段名>=<表名 2>.<字段名>

例 4-27 使用“学生情况表”和”学生成绩表”查询有成绩的学生的“学号”、“姓名”、“课程代码”和“成绩”。查询结果如图 4-6 所示。

SELECT 学生情况表.学号, 姓名, 成绩表.课程代码,成绩

FROM 学生情况表 INNER JOIN 成绩表 ON 学生情况表.学号=成绩表.学号

与之等价的命令：

SELECT 学生情况表.学号, 姓名, 学生成绩表.课程代码,成绩

FROM 学生情况表,学生成绩表

WHERE 学生情况表.学号=学生成绩表.学号

② LEFT JOIN（左连接）。从左边的表中选取所有记录，按连接条件与右边的表中相关联的记录连接成新记录输出，若右边的表中不存在相关联的记录，则查询输出结果中相应字段为空。

左连接可以使用 LEFT JOIN ON 子句实现，格式为：

SELECT <字段名列表> FROM <表名 1>

LEFT JOIN <表名 2> ON <表名 1>.<字段名>=<表名 2>.<字段名>

例 4-28 使用“学生情况表”和”学生成绩表”查询所有学生的“学号”、“姓名”、“课程代码”和“成绩”，没有成绩的学生也要显示出该学生的“学号”和“姓名”信息。查询结果如图 4-7 所示。

SELECT 学生情况表.学号, 姓名, 学生成绩表.课程代码, 成绩

FROM 学生情况表 LEFT JOIN 学生成绩表 ON 学生情况表.学号=学生成绩表.学号

③ RIGHT JOIN（右连接）。从右边的表中选取所有记录，按连接条件与左边的表中相关联的记录连接成新记录输出，若左边的表中不存在相关联的记录，则查询输出结果中相应字段为空。

右关联可以使用 RIGHT JOIN ON 子句实现，格式为：

SELECT <字段名列表> FROM <表名 1>

RIGHT JOIN <表名 2> ON <表名 1>.<字段名>=<表名 2>.<字段名>

例 4-29 使用“学生情况表”和”学生成绩表”查询所有学生的“学号”、“姓名”、“课程代码”和“成绩”，如果某门课程的学生不在学生情况表中，也要显示出该课程的“课程代码”和“成绩”信息。查询结果如图 4-8 所示。

SELECT 学生情况表.学号, 姓名, 学生成绩表.课程代码, 成绩

FROM 学生情况表 RIGHT JOIN 学生成绩表 ON 学生情况表.学号=学生成绩表.学号

学号	姓名	课程代码	成绩
2012005856	刘亚军	103	50
2012111566	司晓冰	401	85
2012126112	徐云芳	304	80
2012007869	吴彤彤	401	88
2012457896	王宏	101	83
2012005856	刘亚军	203	78
2012005849	史小慧	203	82
2012005849	史小慧	104	68
2012005856	刘亚军	104	90
2012111566	司晓冰	304	86
2012126112	徐云芳	104	89
2012126112	徐云芳	306	80
2012111566	司晓冰	104	75
2010100015	李丽	101	90
2010100015	李丽	104	85
2010100015	李丽	103	78
2011110125	王猛	203	95
2011110125	王猛	306	87
2011110125	王猛	101	58
2011110156	张晓燕	101	65
2011110156	张晓燕	306	87
2011110156	张晓燕	203	89
2012001354	李东海	104	78
2012002356	王楠楠	101	85
2012007869	吴彤彤	104	90
2012230458	吴明	104	85
2012230458	吴明	401	90
2012325041	张雪	103	83
2012327654	尹文刚	306	81

图 4-6　内部连接查询结果

学号	姓名	课程代码	成绩
2012002832	李艳楠	101	55
2012000407	梁宏明		
2012125876	曹红		
2012565919	王一鸣		
2012247566	徐佳欣		
2011110125	王猛	203	95
2011110125	王猛	306	87
2011110125	王猛	101	58
2011110156	张晓燕	101	65
2011110156	张晓燕	306	87
2011110156	张晓燕	203	89
2010100015	李丽	101	90
2010100015	李丽	104	85
2010100015	李丽	103	78
2012007807	赵程程		
2012007812	王智慧		
2012006025	张宇梦		
2012006030	赵彪		
2012006035	修玉岩		
2012006040	于箫阳		
2012006045	常明亮		
2012006050	杨景明		
2012006060	丁利君		
2012006070	肖涵宇		
2012006075	付震海		
2012226080	王志琛		
2012256085	朱大雷		
2012237808	焦丽云		
2012236102	张大礼		

图 4-7　左连接查询结果

学号	姓名	课程代码	成绩
2012005856	刘亚军	103	50
2012111566	司晓冰	401	85
2012126112	徐云芳	304	80
2012007869	吴彤彤	401	88
2012457896	王宏	101	83
2012005856	刘亚军	203	78
2012005849	史小慧	203	82
2012005849	史小慧	104	68
2012005856	刘亚军	104	90
2012111566	司晓冰	304	86
2012126112	徐云芳	104	89
2012126112	徐云芳	306	80
2012111566	司晓冰	104	75
2010100015	李丽	101	90
2010100015	李丽	104	85
2010100015	李丽	103	78
2011110125	王猛	203	95
2011110125	王猛	306	87
2011110125	王猛	101	58
2011110156	张晓燕	101	65
2011110156	张晓燕	306	87
2011110156	张晓燕	203	89
2012001354	李东海	104	78
2012002356	王楠楠	101	85
2012007869	吴彤彤	104	90
2012230458	吴明	104	85
2012230458	吴明	401	90
2012325041	张雪	103	83
2012327654	尹文刚	306	81

图 4-8　右连接查询结果

（3）多张表的连接查询

多张表的连接基本方法有 3 种类型。

① 使用 INNER JOIN　ON 子句连接。

② 使用 WHERE <连接条件>子句连接。

③ 混合使用 INNER JOIN　ON 子句 和 WHERE <连接条件>子句连接。

命令格式 1：

SELECT　<字段名列表>
FROM <表名 1>　INNER JOIN
(<表名 2>　INNER JOIN　<表名 3>
ON <表名 2>.<字段名 1>=<表名 3>.<字段名 2>)
ON <表名 1>.<字段名 1>=<表名 2>.<字段名 2>
WHERE　<筛选条件>

命令格式 2：

SELECT <字段名列表>
FROM <表名 1> <别名 1>,<表名 2> <别名 2>,<表名 3> <别名 3>
WHERE <别名 1>.<字段名 1>=<别名 2>.<字段名 1>
AND <别名 2>.<字段名 2>=<别名 3>.<字段名 2>AND<筛选条件>

为了简化输入，有时在 SELECT 命令中使用表的“别名”。“别名”可以在 FROM 子名中定义，在查询中使用。“别名”的意义就是简化“表名”。

命令格式 3：

SELECT　<字段名列表>
FROM <表名 1> INNER JOIN <表名 2>
ON <表名 1>.<字段名 1>=<表名 2>.<字段名 1>
WHERE　<表名 1>.<字段名 1>=<别名 2>.<字段名 1>AND<筛选条件>

例 4-30　查询分数在 90 分以上学生的“学号”、“姓名”、“课程代码”和“成绩”。

```
SELECT XS.学号,姓名,课程代码,成绩
FROM 学生情况表 XS ,学生成绩表 CJ
WHERE XS.学号=CJ.学号 AND 成绩>90
```

命令中“XS”和“CJ”分别为“学生情况表”和”学生成绩表”的“别名”。

例 4-31　查询“成绩”在 85 分以上学生的“学号”、“姓名”、所修课程的“课程名称”和“成绩”。

本查询中要使用 3 张表“学生情况表”、”学生成绩表”和“课程表”。在 SQL 查询中 3 张表的连接形式可以有多种方法。

方法之一：

使用 INNER JOIN　ON 子句连接 3 张表。

```
SELECT 学生情况表.学号,姓名,课程名称,成绩
FROM 学生情况表
INNER JOIN(学生成绩表 INNER JOIN 课程表 ON 学生成绩表.课程代码=课程表.课程代码) ON 学生情况表.学号=学生成绩表.学号
WHERE 成绩>85
```

方法之二：

使用 WHERE <连接条件>子句连接 3 张表。

```
SELECT 学生情况表.学号,姓名,课程名称,成绩
FROM 学生情况表,学生成绩表,课程表
WHERE 学生情况表.学号=学生成绩表.学号
AND 课程表.课程代码=学生成绩表.课程代码 AND 成绩>85
```

方法之三：

混合 INNER JOIN　ON 子句 和 WHERE <连接条件>子句连接 3 张表。

```
SELECT 学生情况表.学号,姓名,课程名称,成绩
FROM 学生情况表,学生成绩表 INNER JOIN 课程表
                ON 学生成绩表.课程代码=课程表.课程代码
WHERE 学生情况表.学号=学生成绩表.学号 AND 成绩>85
```

上述 3 种形式的查询命令执行结果完全一样，如图 4-9 所示。

学号	姓名	课程名称	成绩
2012007869	吴彤彤	大学语文	88
2012005856	刘亚军	大学英语	90
2012111566	司晓冰	VB程序设计	86
2012126112	徐云芳	大学英语	89
2010100015	李丽	高等数学	90
2011110125	王猛	数据结构	95
2011110125	王猛	C++程序设计	87
2011110156	张晓燕	C++程序设计	87
2011110156	张晓燕	数据结构	89
2012007869	吴彤彤	大学英语	90
2012230458	吴明	大学语文	90
2012379605	张浩	高等数学	90
2012457856	孙晓刚	高等数学	93
2012457856	孙晓刚	大学英语	87
2012457896	王宏	大学语文	88
2012001617	杨雪云	高等数学	90

图 4-9　例 4-31 命令的查询结果

4.3.5　SQL 嵌套查询

把一个 SQL 查询结果作为另一个 SQL 查询条件表达式的参数使用就是所谓的嵌套查询，即一个 SELECT 语句包含在另一个 SELECT 语句的 WHERE 子句中。嵌套在内层的查询称为子查询。因此，子查询的结果必须具有确定的值。

嵌套查询就是利用几个简单查询构成一个复杂查询，从而增强 SQL 的查询能力。

例 4-32 查询张晓燕同学的“学号”、她所修课程的“课程代码”、“课程名称”和“成绩”。

SELECT 学号, 学生成绩表.课程代码,课程名称,成绩 FROM 课程表,学生成绩表
WHERE 学号=（SELECT 学号 FROM 学生情况表
WHERE 姓名="张晓燕"） AND 课程表.课程代码=学生成绩表.课程代码

命令的执行过程：先执行子查询，从“学生情况表”表中找出“张晓燕”的学号，然后执行外层查询，在“学生成绩表”中找出学号值等于子查询结果的记录，并利用“课程代码”找出对应的课程名称。查询结果如图 4-10 所示。

例 4-33 查询学生情况表中，没有选修课程的学生学号和姓名。

SELECT 学号,姓名 FROM 学生情况表
WHERE 学号 NOT IN （SELECT DISTINCT 学号 FROM 学生成绩表）

在“学生成绩表”中唯一查询“学号”，得到学生的学号，再查“学生情况表”学号不在其中的记录。命令执行结果如图 4-11 所示。

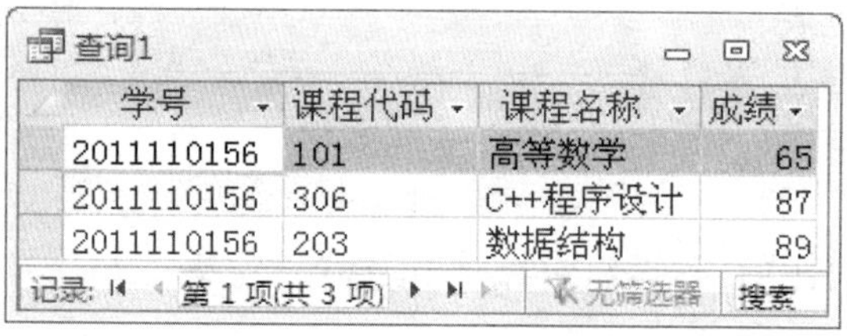

查询1

学号	课程代码	课程名称	成绩
2011110156	101	高等数学	65
2011110156	306	C++程序设计	87
2011110156	203	数据结构	89

记录: 第 1 项(共 3 项) 无筛选器 搜索

图 4-10 例 4-32 命令的查询结果

查询1

学号	姓名
2012000407	梁宏明
2012125876	曹红
2012565919	王一鸣
2012247566	徐佳欣
2012007807	赵程程
2012007812	王智慧
2012006025	张宇梦
2012006030	赵彪
2012006035	修玉岩
2012006040	于箫阳
2012006045	常明亮
2012006050	杨景明
2012006060	丁利君

记录: 第 6 项(共 92 项

图 4-11 例 4-33 命令查询结果

4.3.6 SQL 合并查询

合并查询就是使用并运算（UNION）将两个查询得到的结果纵向合并为一个查询记录。执行合并查询时，要求两个查询结果具有相同的字段数据结构。创建合并查询的唯一方法是使用“SQL 视图”窗口。

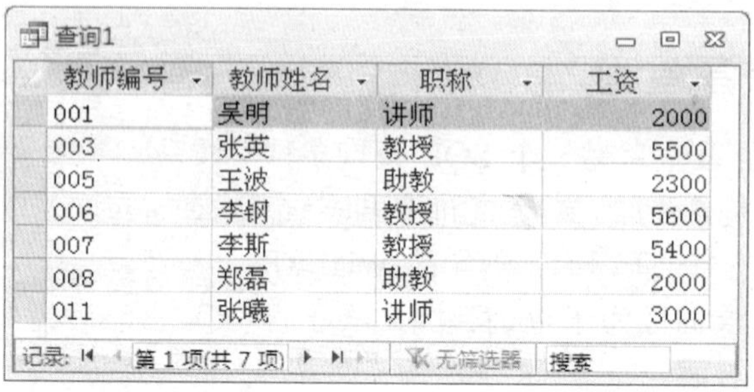

查询1

教师编号	教师姓名	职称	工资
001	吴明	讲师	2000
003	张英	教授	5500
005	王波	助教	2300
006	李钢	教授	5600
007	李斯	教授	5400
008	郑磊	助教	2000
011	张曦	讲师	3000

记录: 第 1 项(共 7 项) 无筛选器 搜索

图 4-12 例 4-34 命令查询结果

例 4-34　查询工资低于 3000 和高于 5000 的教师信息。命令执行结果如图 4-12 所示。

```
SELECT 教师编号,教师姓名,职称,工资 FROM 教师情况表 WHERE 工资<=3000
  UNION
SELECT 教师编号,教师姓名,职称,工资 FROM 教师情况表 WHERE 工资>=5000
```

4.4　数据更新语言

一个数据库能否保持信息的正确、及时，在很大程度上依赖于数据库更新功能的强弱与实时。使用 SQL 语言的 INSERT，UPDATE，DELETE 命令可以实现数据更新功能，包括插入记录、更新记录和删除记录。本节将分别讲述如何使用这些操作，以便有效地更新数据库。

4.4.1　插入数据

SQL 的数据插入语句 INSERT 通常有两种插入数据方式。一种是一次插入一个元组，另一种是插入子查询结果，后者可以一次插入多个元组。

（1）插入单个元组

插入单个元组的 INSERT 语句的格式为：

```
INSERT INTO <表名>[（<字段名 1>[,<字段名 2>[,…]]）]
VALUES （<表达式 1>[,<表达式 2>[,…]]）
```

其功能是将新元组插入指定表中。其中新记录字段名 1 的值为表达式 1，字段名 2 的值为表达式 2，……。如果某些字段列在 INTO 子句中没有出现，则新记录在这些列上将取空值（NULL）。但必须注意的是，在表定义时说明了 NOT NULL 的属性列不能取空值，否则插入记录失败。如果 INTO 子句中没有指名任何列名，则新插入的记录必须在每个属性列上均有值，且指定的常量值顺序必须跟表中出现列的顺序保持一致，否则可能出错。

例 4-35　使用 SQL 语句向“学生情况表”中插入一条新记录。

```
INSERT INTO 学生情况表（学号,姓名,性别,出生日期）
  VALUES（"2011214518","陶力","男",#1992-7-16#）
```

例 4-36　插入一条选课记录（"2011214518","101"）。

```
INSERT INTO 学生成绩表（学号,课程代码）
  VALUES（"2011214518","101"）；
```

新插入的记录在 Grade 列上取空值。如果想插入多条数据则需要多次使用 INSERT 语句。VALUES 数据取值要与表中对应字段数据类型保持一致。建议“INTO 表名”后的字段列表一般不要省略，省略后容易产生常量值跟表中字段不对应的错误。

（2）通过子查询向表中插入多条数据

子查询不仅可以嵌套在 SELECT 语句中，用以构造父查询的条件，也可以嵌套在 INSERT 语句中，用以生成要插入的数据。插入子查询的 INSERT 语句语法如下：

```
INSERT INTO <表名>　[（<属性列 1>[，<属性列 2>…　）]
子查询
```

其功能是把从子查询中得到的多条数据一次性插入表中，实现数据批量插入的功能。

例 4-37　对每一类职称，求教师的平均工资，并把结果存入数据库。

对于这道题，首先要在数据库中建立一个有两个字段的新表，其中一列存放职称，另一列存放相应职称的教师的平均工资。

```
CREATE TABLE 职称平均工资
```

（职称 CHAR（6）,平均工资 SINGLE）;

然后对数据库中的“教师情况表”按“职称”分组求平均工资，再把职称和平均工资存入新表中。

```
INSERT INTO 职称平均工资（职称,平均工资）
SELECT 职称,AVG（工资）
FROM 教师情况表
GROUP BY 职称;
```

RDBMS 在执行插入语句时会检查所插元组是否破坏表上已定义的完整性规则，包括实体完整性、参照完整性和用户定义的完整性（NOT NULL 约束、UNIQUE 约束、值域约束）。

4.4.2 更新数据

修改操作又称为更新操作，其语句的一般格式为：

UPDATE <表名> SET <字段名 1>=<表达式 1>[,<字段名 2>=<表达式 2>[,…]]
  [WHERE <条件>]

其功能是修改指定表中满足 WHERE 子句条件的元组。其中 SET 子句用于指定修改方法，即用<表达式>的值取代相应的属性列值。如果省略 WHERE 子句，则表示要修改表中的所有元组。该语句在实现批量数据修改时非常有效。

（1）修改某一个元组的值

例 4-38 使用 SQL 语句将“教师情况表”教师编号为“004”的教师工资增加 300 元。

```
UPDATE 教师情况表 SET 工资=工资+300  WHERE 教师编号="004"
```

（2）修改多个元组的值

例 4-39 使用 SQL 语句将“教师情况表”表所有教师的工资增加 700 元。

```
UPDATE 教师情况表 SET 工资=工资+700
```

（3）带子查询的修改语句

因为 UPDATE 有 WHERE 子句，而 WHERE 子句后面可以跟子查询，所以子查询也可以嵌套在 UPDATE 语句中，用以构造执行修改操作的条件。

例 4-40 将院系代码为“007”的全体学生的成绩置零。

```
UPDATE 学生成绩表
SET  成绩=0
WHERE  '007'=
        （SELECT 院系代码
        FROM  学生情况表
        WHERE 学生情况表.学号=学生成绩表.学号）;
```

或

```
UPDATE 学生成绩表
SET  成绩=0
WHERE  学号 in
        （SELECT 学号
        FROM  学生情况表
        WHERE 院系代码='007'）;
```

RDBMS 在执行修改语句时会检查修改操作是否破坏表上已定义的完整性规则：实体完整性、主码不允许修改和用户定义的完整性（NOT NULL 约束、UNIQUE 约束、值域约束）。

4.4.3　删除数据

如果表中有多余数据，可以在打开表的时候手工删除数据，也可以用 SQL 语句删除数据。删除语句的一般格式为：

DELETE FROM <表名> [WHERE <条件>]

DELETE 语句的功能是从指定表当中删除满足 WHERE 子句条件的所有元组。如果省略 WHERE 子句，表示删除表中全部元组，但表的定义仍存在。也就是说，删除的是表中的数据，而不是表的定义。

（1）删除某一个元组的值

例 4-41　删除“学生情况表”学号为“2012648976”的学生记录。

DELETE FROM 学生情况表 WHERE 学号="2012648976"

DELETE 操作也是一次只能操作一个表，因此同样会遇到 UPDATE 操作中的数据不一致问题。比如 2012648976 学生被删除后，有关他的选课信息也应同时删除，而这必须用一条独立的 DELETE 语句完成。在 Access 2010 中，提供了级联删除的方法，通过建立外码的形式，设置级联删除，在删除一个表中数据的时候，相关表的信息被同时删除，或设置当有级联数据时不允许删除数据。

（2）删除多个元组的值

例 4-42　删除所有学生的选课记录。

DELETE FROM 学生成绩表

这条 DELETE 语句将使学生成绩表成为空表，它删除了学生成绩表的所有元组。

（3）利用子查询删除数据

子查询同样也可以嵌套在 DELETE 语句中，用以构造执行删除操作的条件。

例 4-43　删除院系代码为“007”的所有学生的选课记录。

```
DELETE FROM 学生成绩表
WHERE  学号 in
      （SELECT 学号
       FROM   学生情况表
       WHERE 院系代码='007'）；
```

本 章 小 结

通过对本章内容的学习，了解 SQL 及其标准的发展、SQL 的特点及分类，熟悉 SQL 中各种语句的语法，重点掌握 SELECT 语句，熟悉 SQL 数据定义语言（DDL）语句，掌握 SQL 中数据查询、数据操作语言的详细语法，并能深刻理解、综合应用，以便为今后深入学习打下更加坚实的基础。

思 考 题

1. SQL 的英文全称和中文翻译各是什么？
2. 简述 SQL 的主要特点。
3. 试述 SQL 的定义功能。
4. 简述索引的概念以及为什么要使用索引。
5. 简述 DCL、DML、DDL 等的意义。

第 5 章　窗体设计与使用

窗体是 Access 的重要对象，可用于为数据库应用程序创建用户界面。通过窗体用户可以方便地输入数据、编辑数据、显示和查询数据，是用户和数据库之间的接口。“绑定”窗体是直接连接到数据源（如表或查询）的窗体，并可用于输入、编辑或显示来自该数据源的数据。另外，也可以创建“未绑定”窗体，该窗体没有直接链接到数据源，但仍然包含操作应用程序所需的命令按钮、标签或其他控件等。利用窗体可以有效地组织控制程序，建立完整的数据库应用系统。

5.1　窗体基础知识

5.1.1　窗体的概念与作用

用户对数据的使用与维护，大多都是通过窗体来完成的，窗体是可视化程序设计中使用的概念，窗体的体现就是程序运行时的 Windows 窗口，数据库应用系统开发设计的过程，就是窗口的设计过程。如图 5-1 所示，即为一份“学生情况表”的窗体。

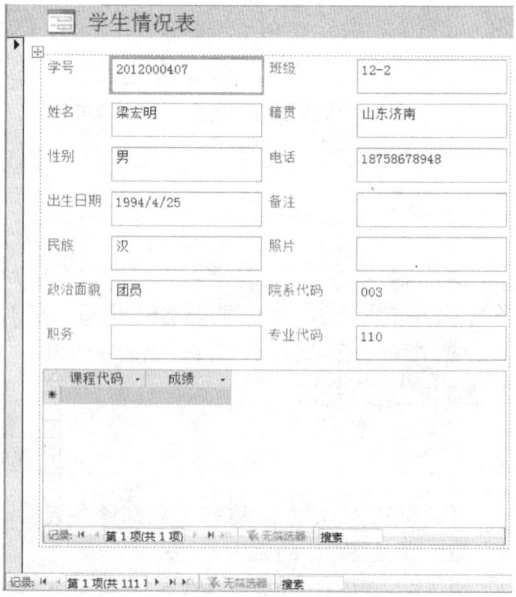

图 5-1　“学生情况表”窗体

用户通过使用窗体来实现数据维护、控制应用程序流程等人机交互的功能。窗体的作用主要包括以下几个方面。

① 输入和编辑数据。可以为数据库中的数据表设计相应的窗体作为输入或编辑数据的界面，实现数据的输入和编辑。

② 显示和打印数据。在窗体中可以显示或打印来自一个或多个数据表或查询中的数据。可以显示警告或解释信息。

③ 控制应用程序流程。窗体可以组织控制应用程序，使用相关控件与宏或函数配合，控制程序的执行流程。管理数据库中的各个对象。

5.1.2　窗体构成

一个完整的 Access 窗体对象包含 5 节。它们的名称分别是："窗体页眉"、"页面页眉"、"主体"、"页面页脚"、"窗体页脚"。除"主体"节是必须有的之外，其他节可以根据需要，通过"右键"单击选择设置，确定有无。如图 5-2 所示。

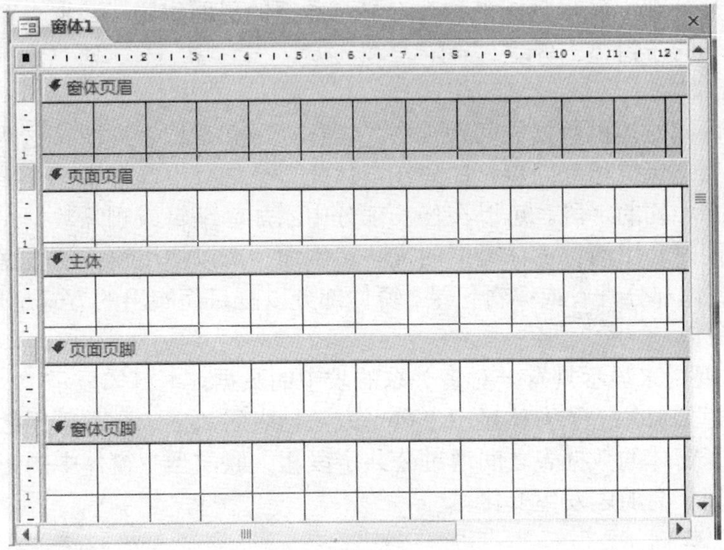

图 5-2　窗体的基本结构

（1）窗体页眉

窗体页眉节位于窗体的顶部，通常用于显示窗体标题、窗体使用说明或者窗体任务按钮等。在窗体视图中，窗体页眉出现在屏幕的顶部，而在打印窗体时，窗体页眉出现在第一页的顶部。

（2）页面页眉

页面页眉节只用于设计窗体在打印时每页的页头信息。例如，用户要在每一页打印页上方显示标题、图像等。

（3）主体

主体节是窗体的主要工作使用区，大多数的控件及信息都布置在主体节中，可以在页面上显示一条记录，也可以根据页面的大小显示多条记录，是数据库系统数据处理的主要工作界面。

（4）页面页脚

页面页脚只出现在打印窗体中，用于设置窗体在打印时的页脚信息，即用户要在每一打印页下方显示的内容，例如日期、页码等。

（5）窗体页脚

窗体页脚位于窗体底部，一般用于设置命令按钮或窗体的使用说明等。在窗体视图中，窗体页脚出现在屏幕的底部。在打印窗体中，出现在最后一条主体节下面。

5.1.3　窗体类型

（1）纵栏式窗体

纵栏式窗体是窗体中的一条记录按列显示，每列的左侧显示字段名，右侧显示字段内容。

也称作单页窗体，通常用于浏览和输入数据。

（2）表格窗体

表格式窗体一次可以显示多条记录，以数据表的方式显示已经格式化的数据，也称作多个项目窗体。

（3）数据表窗体

数据表窗体从外观上看与数据表和查询显示数据的界面相同，数据表窗体的主要功能是用来作为一个窗体的子窗体。

（4）分割窗体

分割窗体可以同时提供数据的两种视图：窗体视图和数据表视图。这两种视图链接到同一数据源，并且总是保持相互同步。如果在窗体的一个部分中选择了一个字段，则会在窗体的另一部分中选择相同的字段。可以在任一部分中添加、编辑或删除数据。使用分割窗体可以在一个窗体中同时利用两种窗体类型的优势。例如，可以使用窗体的数据表部分快速定位记录，然后使用窗体部分查看或编辑记录。窗体部分以醒目而实用的方式呈现出数据表部分。

（5）主/子窗体

主/子窗体主要用来显示具有一对多关系的表中的数据。主窗体显示“一”方数据表的数据，一般采用纵栏式窗体；子窗体显示“多”方数据表的数据，通常采用数据表式或表格式窗体。主窗体和子窗体的数据表之间通过公共字段相关联，当主窗体中的记录指针发生变化时，子窗体中的记录会随之发生变化。

（6）图表窗体

图表窗体是将数据经过一定的处理，以图表形式直观显示出来，可以清晰地显示数据的变化状态以及发展趋势，可以单独使用，也可以作为子窗体嵌入其他窗体中。

5.1.4 窗体视图

为了能够从不同的角度查看窗体的数据源和显示方式，Access 为窗体提供了多种视图。在 Access 2010 中，窗体有 6 种视图，分别是设计视图、窗体视图、布局视图、数据表视图、数据透视表视图和数据透视图视图。

（1）设计视图

窗体的设计视图用于窗体的创建和修改，用户可以根据需要向窗体中添加对象、设置对象的属相，窗体设计完成后可以保存运行。

（2）窗体视图

窗体视图是窗体运行时的显示方式，根据窗体的功能可以浏览数据库的数据，也可以对数据库中的数据进行添加、修改、删除和统计等操作。

（3）布局视图

布局视图是 Access 2010 新增加的一种视图，适用于修改窗体最直观的视图。使用“布局”视图，可以在浏览数据时更改设计。可以在查看窗体中的数据时使用“布局”视图进行许多常见设计更改。例如，可以通过从新的“字段列表”窗格中拖动字段名称来添加字段，或者通过使用属性表来更改属性。

（4）数据表视图

数据表视图以表格的形式显示数据，数据表视图与数据表窗口从外观上基本相同，可以对表中的数据进行编辑和修改。

（5）数据透视表视图

数据透视表视图主要用于数据的分析和统计。通过指定行字段、列字段和总计字段来形成新的显示数据记录，从而以不同的方法来分析数据。

（6）数据透视图视图

数据透视图视图是将数据的分析和汇总结果以图形化的方式直观显示出来，其作用是进行数据的分析和统计。

5.2 创建窗体

Access 在“创建”选项卡上提供了几个快速创建窗体工具，使用其中每个工具，只需单击一次鼠标就可以创建窗体。但是，如果想对显示在窗体上的字段有更多的选择，可以改用“窗体向导”。通过该向导还可以定义对数据进行分组和排序的方式，并且可以使用来自多个表或查询的字段（前提是事先指定这些表与查询之间的关系）。

5.2.1 自动创建窗体

（1）使用“窗体”工具创建窗体

利用窗体工具，只需单击一次鼠标便可以创建窗体，数据源来源于某个表或查询。

例 5-1　在“教学管理系统”中，使用“窗体”按钮创建“教师情况表”窗体。

操作步骤如下。

① 打开数据库“教学管理系统”，在“导航”窗口选定“教师情况表”。

② 在“创建”选项卡上的“窗体”组中，单击“窗体”，系统将自动创建窗体，并以布局视图显示此窗体，如图 5-3 所示。

③ 关闭窗体并保存窗体，窗体设计完成。

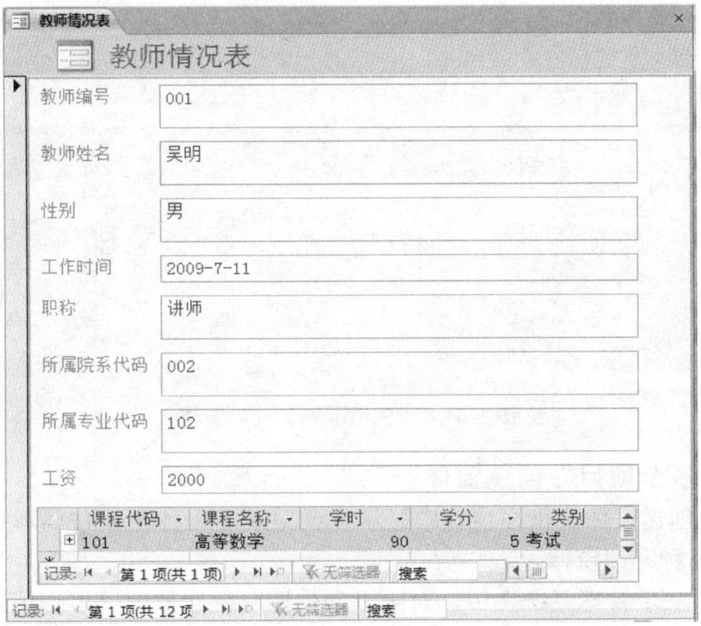

图 5-3 “教师情况表”窗体

在布局视图中，可以在窗体显示数据的同时对窗体进行设计方面的更改。例如，可以根据需要调整文本框的大小以适合数据。如果 Access 发现某个表与用于创建窗体的表或查询具有一对多关系，Access 将向基于相关表或相关查询的窗体中添加一个数据表。例如，本例中，“教师情况表”和“课程表”之间存在着一对多的关系，因此，在窗体中添加了显示“课程表”信息的子窗体。

（2）创建分割窗体

分割窗体的两个视图链接到同一数据源，并且总是相互保持同步。如果在窗体的一个部分中选择了一个字段，则会在窗体的另一部分中选择相同的字段。可以从任一部分添加、编辑或删除数据。

使用分割窗体可以在一个窗体中同时利用两种窗体类型的优势。例如，可以使用窗体的数据表部分快速定位记录，然后使用窗体部分查看或编辑记录。

例 5-2 在“教学管理系统”中，对于“学生情况表”创建分割窗体。操作步骤如下。

① 打开数据库“教学管理系统”，在“导航”窗口选定“学生情况表”。

② 在“创建”选项卡上的“窗体”组中，单击“其他窗体”按钮，并在下拉列表中选择“分割窗体”按钮，系统将自动创建分割窗体，并以布局视图显示此窗体，如图 5-4 所示。

③ 关闭窗体并保存窗体，窗体设计完成。

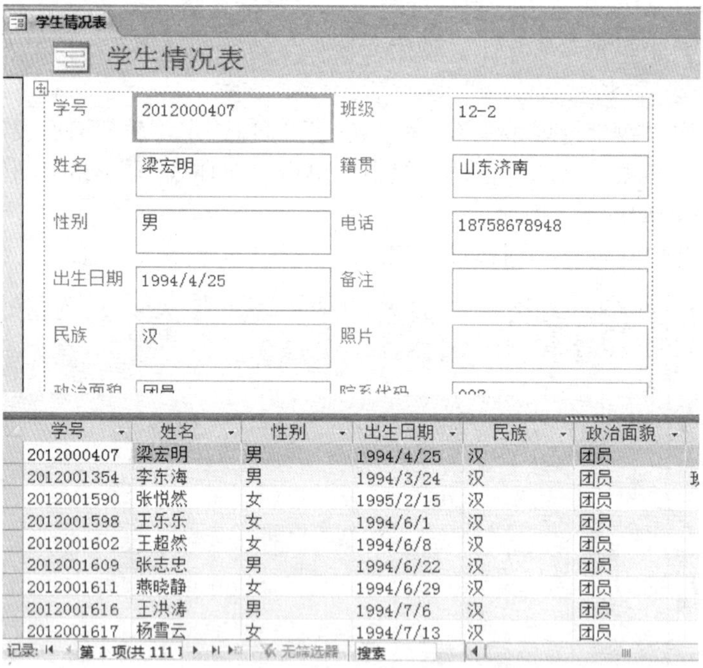

图 5-4 “学生情况表”分割窗体

（3）使用“多个项目”创建窗体

“多个项目”创建窗体是指在窗体中显示多条记录的一种窗体布局形式，记录以数据表的形式显示，是一种连续窗体。

例 5-3 在“教学管理系统”中，对于“学生情况表”使用“多个项目”创建窗体。操作步骤如下。

① 打开数据库“教学管理系统”，在“导航”窗口选定“学生情况表”。

② 在“创建”选项卡上的“窗体”组中，单击“其他窗体”按钮，并在下拉列表中选择“多个项目”按钮，系统将自动创建分割窗体，并以布局视图显示此窗体，如图 5-5 所示。

③ 关闭窗体并保存窗体，窗体设计完成。

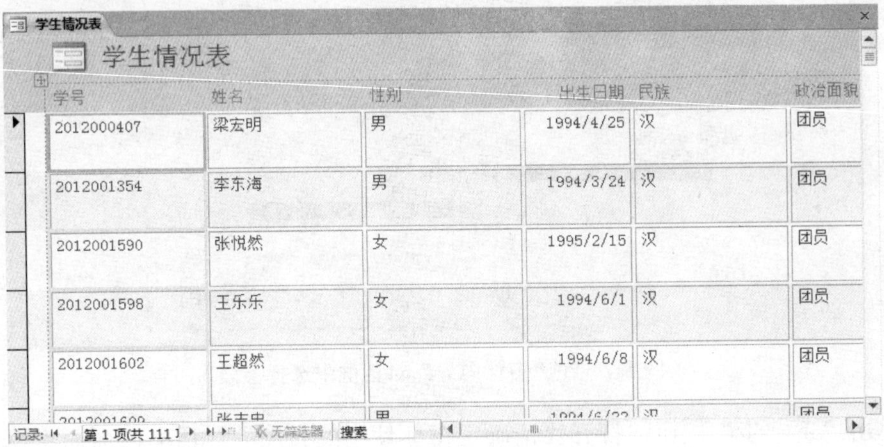

图 5-5　“学生情况表”多个项目窗体

5.2.2　使用“窗体向导”

使用向导创建窗体与自动创建窗体有所不同，使用向导创建窗体，需要创建过程中选择数据源，可以进行字段的选择、设置窗体布局等。使用窗体向导可以创建数据浏览和编辑窗体，窗体类型可以是纵栏式、表格式、数据表，其创建的过程基本相同。

（1）创建基于单一数据源的窗体

使用“窗体向导”创建的窗体，其数据可以来自于一个表或查询，也可以来自于多个表和查询。下面通过实例介绍如何创建基于单一数据源的窗体。

例 5-4　在“教学管理系统”中，以教师情况表为数据源，使用“窗体向导”创建一个纵栏式窗体。操作步骤如下。

① 打开数据库“教学管理系统”。

② 在“创建”选项卡上的“窗体”组中，单击“窗体向导”，打开“窗体向导”对话框，在数据源列表框中选择“教师情况表”，然后单击“下一步”按钮，打开“选择字段”对话框，如图 5-6 所示。

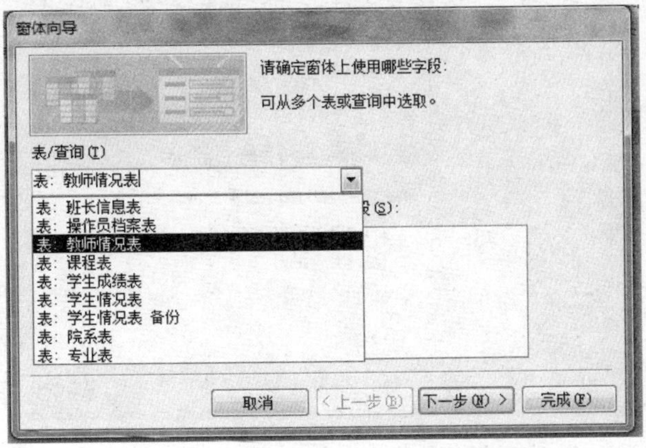

图 5-6　在“窗体向导”中选择数据源

③ 将“可用字段”列表框中的字段添加到“选定字段”列表框中，如图 5-7 所示。

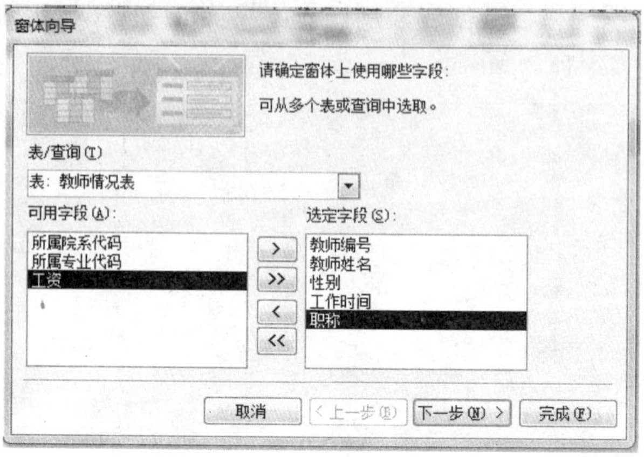

图 5-7　在“窗体向导”对话框中选择字段

④ 单击“下一步”按钮，打开“请确定窗体使用的布局”对话框，选择“纵栏表”，如图 5-8 所示。

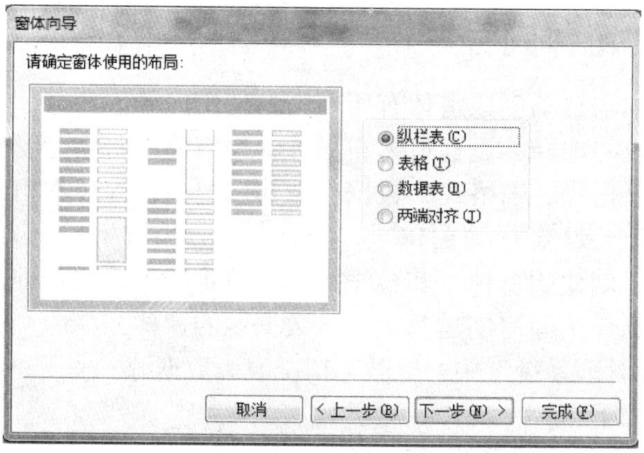

图 5-8　“请确定窗体使用的布局”对话框

⑤ 单击“下一步”按钮，打开“请为窗体指定标题”对话框，如图 5-9 所示。

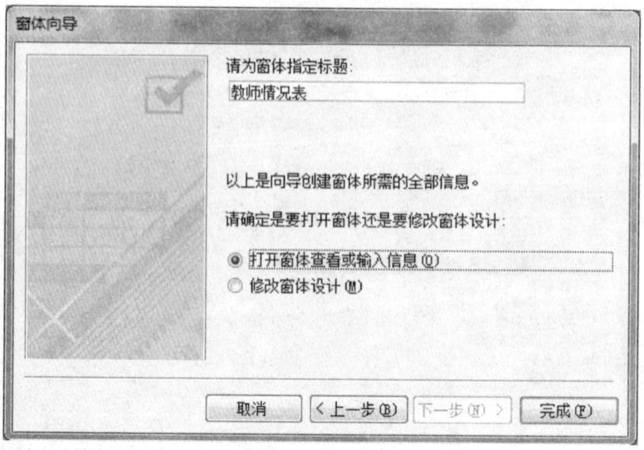

图 5-9　“请为窗体指定标题”对话框

⑥ 在标题文本框中输入标题或使用默认标题，至此，使用向导创建窗体完成，选择“打开窗体查看或输入信息”，单击“完成”按钮，系统将自动打开窗体，如图 5-10 所示。

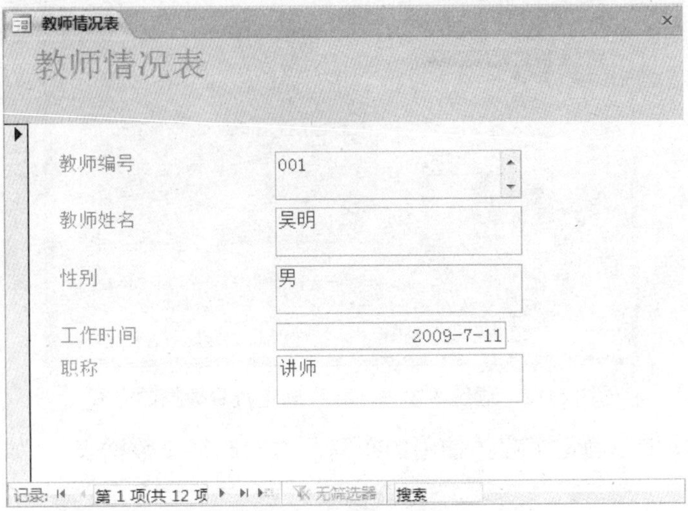

图 5-10　窗体运行界面

（2）创建基于多个数据源的窗体

使用“窗体向导”也可以创建基于多个数据源的窗体，即主/子窗体。在创建这种窗体之前，要确定作为主窗体的数据源与作为子窗体的数据远之间存在着“一对多”关系。子窗体与主窗体的关系，可以是嵌入式，也可以是链接式。

例 5-5　在“教学管理系统”中，以“学生情况表”和“学生成绩表”为数据源，创建嵌入式的主/子窗体。操作步骤如下。

① 打开数据库“教学管理系统”。

② 在“创建”选项卡上的“窗体”组中，单击“窗体向导”，打开“窗体向导”对话框，在“表/查询”中选择“表：学生情况表”，单击 >> 按钮选择所有字段。再单击“表/查询”下拉式列表框右侧的向下箭头按钮，从中选择“表：学生成绩表”，单击 >> 按钮选择所有字段。如图 5-11 所示。

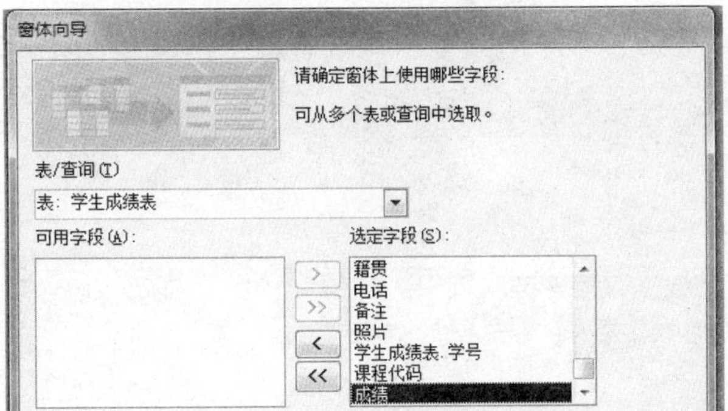

图 5-11　在“窗体向导”中选择数据源

③ 单击“下一步”按钮，如图 5-12 所示，要求确定窗体查看数据的方式，由于数据来源于两个表，因此有两个可选项——“通过　学生情况表”查看或“通过　学生成绩表”查看，

本例选择“通过 学生情况表”，并选择“带有子窗体的窗体”单选按钮，如图 5-12 所示。

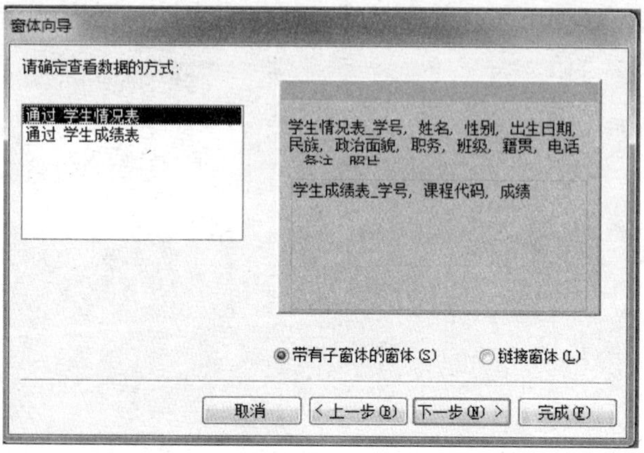

图 5-12 通过“窗体向导”确定查看数据的方式

④ 单击“下一步”确定子窗体使用的布局，本例选择“数据表”，如图 5-13 所示。

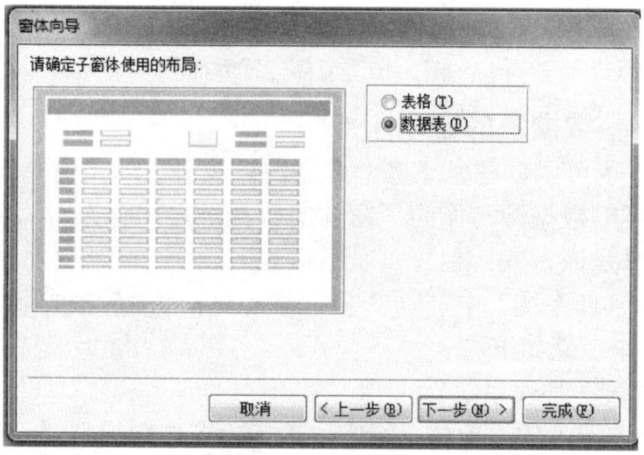

图 5-13 通过“窗体向导”确定子窗体使用的布局

⑤ 单击“下一步”按钮，打开“窗体向导”最后一个对话框。指定窗体和子窗体的标题，单击“完成”按钮，所创建的主窗体和子窗体同时显示在屏幕上，如图 5-14 所示。

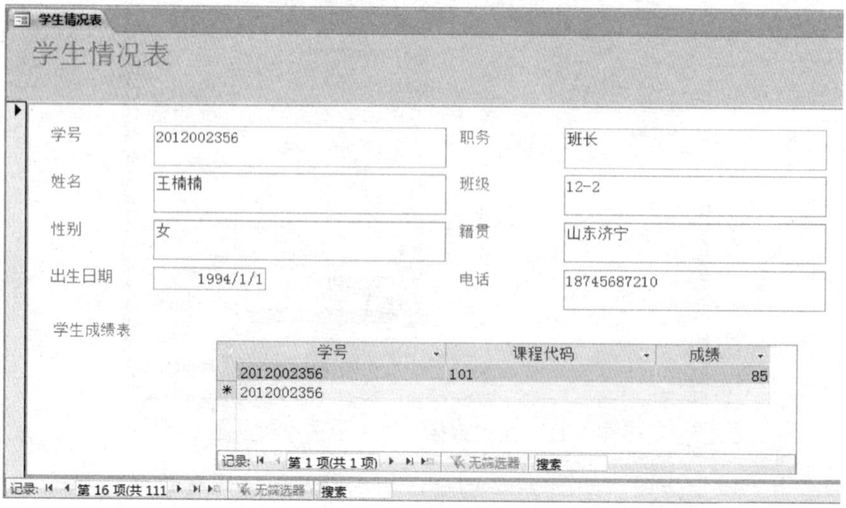

图 5-14 嵌入式主/子窗体

创建链接式的主/子窗体方法与创建嵌入式的主/子窗体方法基本相同，只是在第③步选择“链接窗体”单选按钮。

5.2.3　创建图表窗体

使用 Access 提供的向导功能，也可以创建数据透视表窗体、数据透视图窗体和图表窗体。这种窗体使用图表形式显示记录，汇总数据。

（1）创建数据透视表窗体

数据透视表示一种特殊的表，用于进行数据计算和分析。通过使用数据透视表，可以动态更改表的布局，以不同的方式查看和分析数据。例如，可以重新排列行标题、列标题和筛选字段，直到获得所需的布局。在 Access 2010 中，使用“数据透视表”向导来创建数据透视表。

例 5-6　以“教师情况表 1”为数据源，创建数据透视表窗体，将各院按职称分别统计男女教师的人数。操作步骤如下。

① 打开数据库“教学管理系统”，在“导航”窗口选定“教师情况表 1”。

② 在“创建”选项卡中选择“窗体”组，单击“其他窗体”按钮，并在下拉列表框中选择“数据透视表”，打开“数据透视表”设计窗口，同时显示“数据透视表字段列表”对话框，如图 5-15 所示。

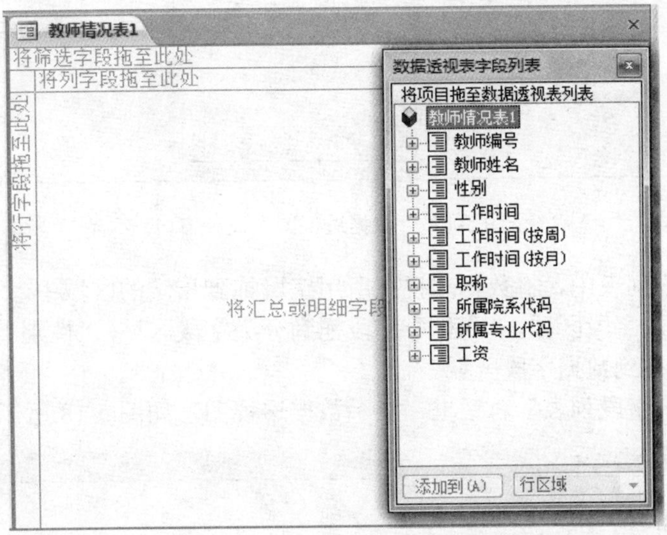

图 5-15　数据透视表设计窗口

③ 用鼠标将数据透视图所用字段拖到指定的区域中，“所属院系代码”字段拖到左上角的筛选字段区域，“职称”字段拖到行字段区域，“性别”字段拖到列字段区域，“教师编号”拖到汇总区域。

④ 关闭“字段列表”对话框，单击右键，在弹出的菜单中选择“自动计算”→“计数”命令，数据透视表窗体设计完成，显示结果如图 5-16 所示。

（2）创建数据透视图窗体

数据透视图是以图形的方式显示数据汇总和统计结果，可以直观地反映数据分析信息，形象表达数据的变化。在 Access2010 中，使用“数据透视图”向导来创建数据透视图窗体。

例 5-7 以“教师情况表 2”为数据源，创建数据透视图窗体，将各院按职称分别统计男女教师的人数。操作步骤如下。

① 打开数据库“教学管理系统”，在“导航”窗口选定“教师情况表 2”。

② 在“创建”选项卡中选择“窗体”组，单击“其他窗体”按钮，并在下拉列表框中选择“数据透视图”，打开“数据透视表”设计窗口，同时显示“图表字段列表”对话框，如图 5-17 所示。

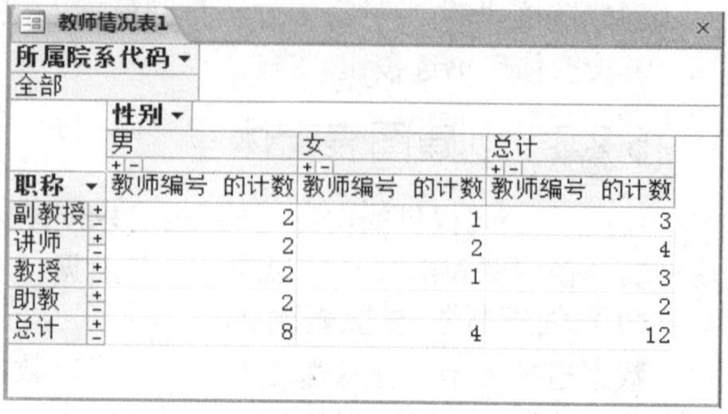
教师情况表1

所属院系代码：全部

职称	男 教师编号 的计数	女 教师编号 的计数	总计 教师编号 的计数
副教授	2	1	3
讲师	2	2	4
教授	2	1	3
助教	2		2
总计	8	4	12

图 5-16 统计教师各职称人数数据透视表

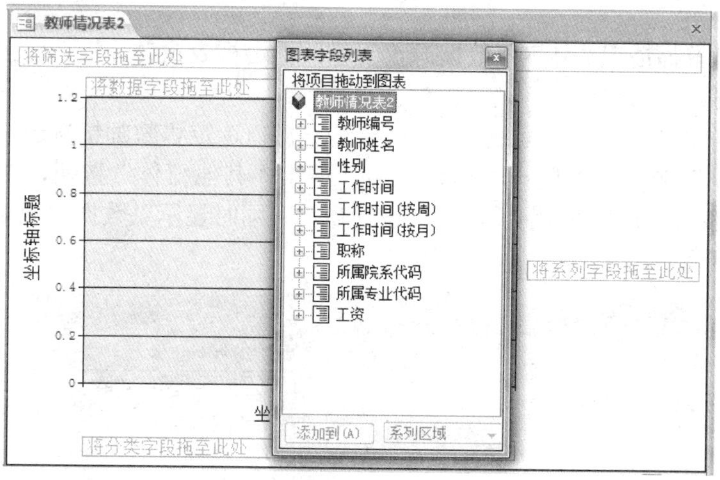

图 5-17 “数据透视图”设计窗口

③ 在图表字段列表中，将数据透视图所用字段拖到指定的区域中，“所属院系代码”字段拖到左上角的筛选字段区域，“职称”字段拖到分类字段区域，“性别”字段拖动到系列字段区域，教师编号拖到数据字段区域。

④ 关闭“图表字段列表”对话框，显示数据透视图，如图 5-18 所示。

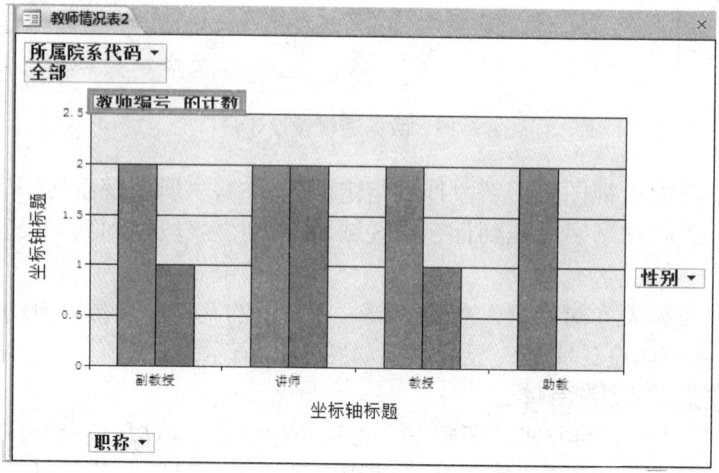

图 5-18 数据透视图

⑤ 为图表的坐标轴命名。选中水平坐标轴“坐标轴标题”，在“数据透视图工具”选项卡中单击“工具”组中的“属性”按钮，打开属性对话框，如图 5-19 所示。

⑥ 单击“格式”选项并在标题文本框中输入“职称结构”，则数据透视图的水平坐标轴的标题更改为“职称结构”，用同样的方法可以将垂直坐标轴的标题改为“人数”。

⑦ 如果需要，用户还可以设置图表的其他属性，保存窗体，完成数据透视图窗体设计，如图 5-20 所示。

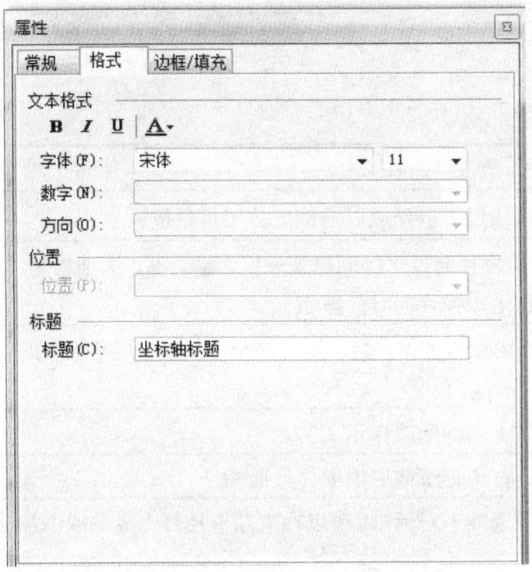

图 5-19 “属性”对话框

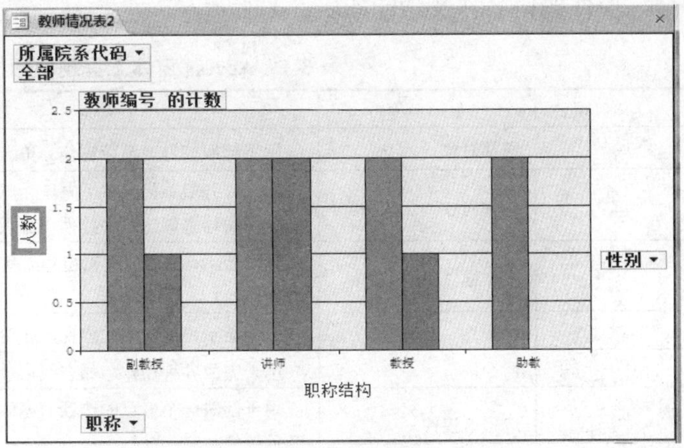

图 5-20 设置坐标轴标题后的数据透视图

5.3 自定义窗体

使用窗体向导可以快速创建窗体，但只能创建一些简单窗体，在实际应用中不能满足用户需求，而且某些类型的窗体无法用向导创建。例如，在窗体中添加各种按钮，打开/关闭 Access 数据库对象，实现数据检索等，这些功能只能通过自定义窗体来实现。利用窗体设计器，即窗体的设计视图可以进行自定义窗体的创建。窗体的设计视图不仅可以用来新建一个窗体，还可以对已有的窗体进行修改和编辑。

5.3.1 窗体设计视图的组成与主要功能

选择“创建”选项卡中的“窗体”组，单击“窗体设计”按钮，打开窗体的设计视图。窗体设计视图由多个部分组成，每个部分称为一个“节”，默认情况下，设计视图只有主体节，右击窗体，并在快捷菜单中选择“页面页眉/页脚”和“窗体页眉和页脚”，可以展开其他节。

（1）窗体的节

主体部分是窗体的主要组成部分，用于显示、修改、查看和输入信息等。每个窗体都必须包含主体部分，其他部分是可选的，可以使用工具向窗体添加控件。如图 5-2 所示。

（2）控件

控件工具按钮主要用于向窗体或报表添加控件对象，它在窗体中起着显示数据、执行操作以及修饰窗体的作用。在“设计”选项卡中的控件按钮如图 5-21 所示。

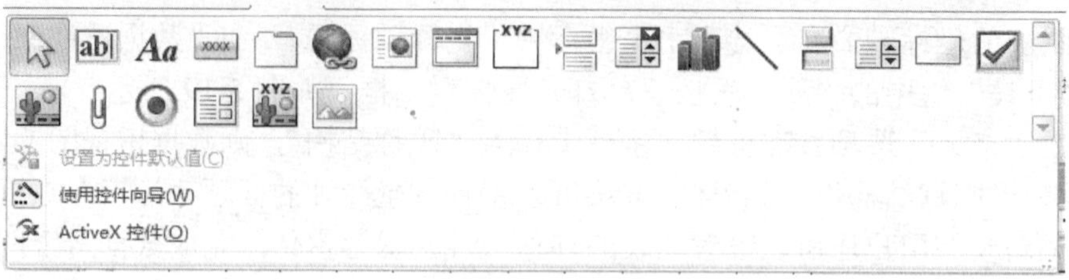

图 5-21 “设计”选项卡控件按钮组

控件按钮名称及功能如表 5-1 所示。

表 5-1 Access 窗体工具箱中的控件及功能

工　具	名　称	功　能
	选择对象	用于选取控件、节或窗体。单击该按钮可以释放以前锁定的工具栏按钮
	控件向导	用于打开或关闭控件“向导”。使用控件向导可以创建列表框、组合框、选项组等。要使用向导来创建这些控件，必须按下“控件向导”按钮
	文本框	用于显示、输入或编辑窗体的基础记录源数据，显示计算结果，或接收用户输入的数据
	标签	用于显示说明文本的控件，如窗体上的标题或提示文字
	命令按钮	用于完成各种操作，如查找记录、打印记录或应用窗体筛选
	选项卡控件	用于创建一个多页的选项卡窗体或选项卡对话框。可以在选项卡控件上复制或添加其他控件
	选项组	创建一个大小可调的框，框内可以放入切换按钮、选项按钮或者复选框
	分页符	用于在窗体上开始一个新的屏幕，或在打印窗体上开始一个新页
	组合框	该控件绑定了列表框和文本框的特性，即可以在文本框中键入文字或在列表框中选择输入项，然后将值添加到基础字段中
	列表框	显示可滚动的数值列表。在“窗体”是途中，可以从列表中选择值输入到新记录中，或者更改现有记录中的值
	切换按钮	可以作为绑定到“是/否”字段的独立控件，也可以用于接收用户在自定义对话框中输入数据的未绑定控件，或者选项组的一部分
	复选框	可以作为绑定到“是/否”字段的独立控件，也可以用于接收用户在自定义对话框中输入数据的未绑定控件，或者选项组的一部分
	选项按钮	可以作为绑定到“是/否”字段的独立控件，也可以用于接收用户在自定义对话框中输入数据的未绑定控件，或者选项组的一部分
	图像	用于在窗体中显示静态图片。由于静态图片并非 OLE 对象，所以一旦将图片添加到窗体或报表中，便不能在 Access 内进行图片编辑
	直线	用于突出相关的或特别重要的信息
	矩形	显示图形效果，例如在窗体中将一组相关的控件组织在一起
	子窗体/子报表	用于显示来自多个表的数据
	未绑定对象框	用于在窗体中显示未绑定 OLE 对象，例如 Excel 电子表格。当在记录间移动时，该对象将保持不变
	绑定对象框	用于在窗体或报表上显示 OLE 对象，例如一系列的图片。该控件针对的是保存在窗体或报表基础纪录源字段中的对象。当在记录间移动时，不同的对象将显示在窗体或报表上

（3）工具

工具集成了窗体设计中一些常用的工具，当打开窗体的设计视图时，系统会自动显示“窗体设计工具”上下文选项卡，工具位于“窗体设计工具”的“设计”选项卡中，如图 5-22 所示。

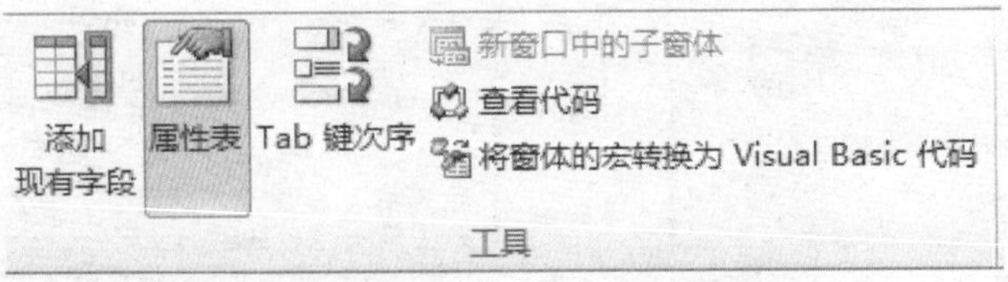

图 5-22 “工具”选项卡

工具选项卡常用按钮的基本功能如表 5-2 所示。

表 5-2　工具选项卡常用按钮的功能

按　钮	名　称	功　能
	添加现有字段	显示相关数据源中的所有字段
	属性表	打开/关闭窗体、控件属性对话框
	Tab 键次序	Tab 键将焦点从一个控件移到另一个控件
	查看代码	进入 VBA 窗口，显示当前窗体的代码
	将窗体的宏转换为 Visual Basic 代码	将窗体的宏转换为 VBA 中的 VB（Visual Basic）代码

（4）使用“窗体设计视图”创建窗体

在实际系统开发设计中，由于应用程序的复杂性和功能要求的多样性，窗体向导工具不能满足窗体设计的样式及功能要求。因此窗体设计视图是进行窗体功能设计的主要工具，我们既可以直接在设计视图中创建窗体，也可以在窗体设计视图中修改已有的窗体。窗体设计视图是进行窗体设计的主要界面。

在设计视图中创建窗体主要包括以下步骤。

① 打开窗体设计视图。

② 为窗体添加数据源。当使用窗体对表的数据进行操作时，需要为窗体添加数据源，数据源可以是一个或多个表或查询。为窗体添加数据源的方法有以下两种。

a.使用“字段列表”窗口添加数据源。在“创建”选项卡中选择“窗体”组，单击“窗体设计”按钮，系统将会创建一个新的窗体，并进入“窗体设计”视图。在“窗体设计工具”选项卡的“工具”组中单击“添加现有字段按钮”，打开“字段列表”窗口，单击“显示所有表”按钮，将会在窗口中显示数据库中的所有表，如图 5-23 所示。单击“+”按钮可以展开所选定表的字段。

b.使用属性窗口添加数据源。在“窗体设计工具”选项卡的“工具”组中单击“属性表”按钮，或者右单击窗体，在快捷菜单中单击“属性”命令，打开“属性表”窗口。如图 5-24 所示。在窗体的属性对话框中，单击“数据”选项卡，选择“记录源”属性，使用下拉列表框选择需要的表或查询。

以上两种创建数据源的方法在数据源的选取上有一定的差别。使用“字段列表”添加的数据源只能是表，而使用“属性表”添加的数据源可以是表也可以是查询。

③ 调整控件的相对位置及大小。对控件进行操作时，首先要选择控件。选择控件的方

法是，打开窗体及工具箱，然后选中控件。控件被选中后，周围显示 4~8 个句柄，即在控件的周围有棕色的小方块。用鼠标拖动这些小方块时可以对控件进行调整。

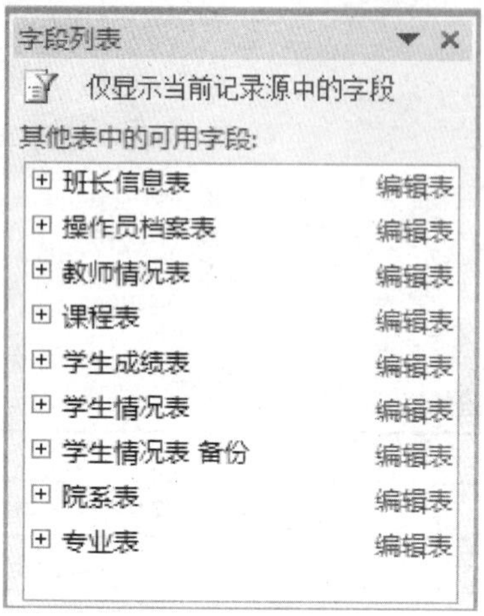

图 5-23 “字段列表”窗口

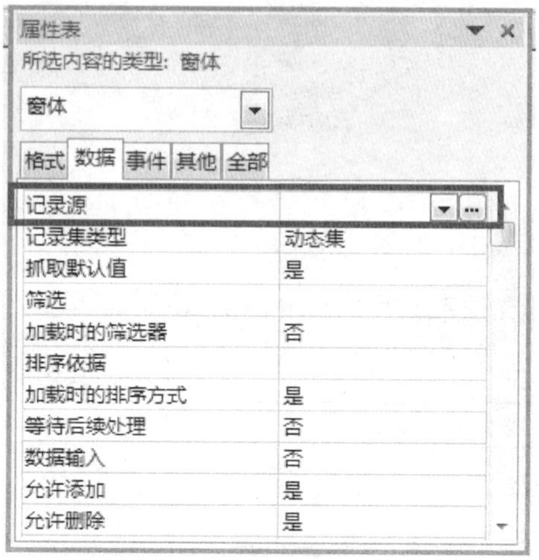

图 5-24 “属性表”对话框

④ 设置属性。

⑤ 切换视图查看结果。

⑥ 保存窗体。

5.3.2 窗体控件及其应用

窗体设计的主要使用对象是控件，其功能主要用于控制事件、执行操作和显示数据。当打开窗体的设计视图时，系统会自动显示“窗体设计工具”上下文选项卡，如图 5-22 所示。选择相应的控件并在窗体中拖动即可在窗体中添加相应的对象。

（1）控件的类型

根据控件的用途与其数据源的关系，可以将控件分为绑定型、非绑定型和计算型 3 种类型。

① 绑定型控件。控件与数据源的字段列表结合在一起，使用绑定控件输入数据时，Access 自动更新当前记录中与绑定控件相关联的表字段的值。大多数允许输入信息的控件都是绑定型控件。

② 非绑定型控件。控件与表中的字段无关联，当使用非绑定控件输入数据时，可以保留输入的值，但是不会更新表中字段的值。非绑定型控件用于显示文本、图像和线条。

③ 计算型控件。计算型控件根据窗体上的一个或多个字段中的数据，使用表达式计算其值，表达式总是以等号开始，并使用最基本的运算符。计算型控件也是非绑定型控件，所以，它不会更新表的字段值。

（2）常用控件的功能

① 标签控件。标签主要用来在窗体或报表上显示说明文本。标签有两种：独立标签和关联标签。其中独立标签用于显示标题或其他说明性文本，关联标签可以将标签附加到其他控件的旁边。在默认情况下，将文本框、组合框和列表框等控件添加到窗体或报表中时，Access 都会在控件左侧加上关联标签。如果不需要关联标签，可以通过属性窗口进行设置。具体操

作方法是：首先在“控件”组中选定控件；然后打开“属性表”窗口，将“自动标签”属性改为“否”完成设置后，当添加文本框等控件时，不再自动添加关联标签，直到该控件的“自动标签”改为“是”。

② 文本框控件。文本框主要用来输入或编辑数据，它是一种交互式控件。文本框分为 3 种类型：绑定型、未绑定型与计算型。绑定型文本框能够从表、查询或 SQL 语言中获得所需要的内容。未绑定型文本框并没有链接某一字段，一般用来显示提示信息或接受用户输入数据等。计算型文本框中，可以显示表达式的结果。当表达式发生变化时，数值就会被重新计算。

③ 复选框、切换按钮、选项按钮控件。复选框、切换按钮和选项按钮是作为单独的控件来显示表和查询中的“是”或“否”的值。当选中复选框或选项按钮时，设置为“是”，如果不选则为“否”。对于切换按钮，如果按下切换按钮，其值为“是”，否则其值为“否”。如图 5-25 所示。

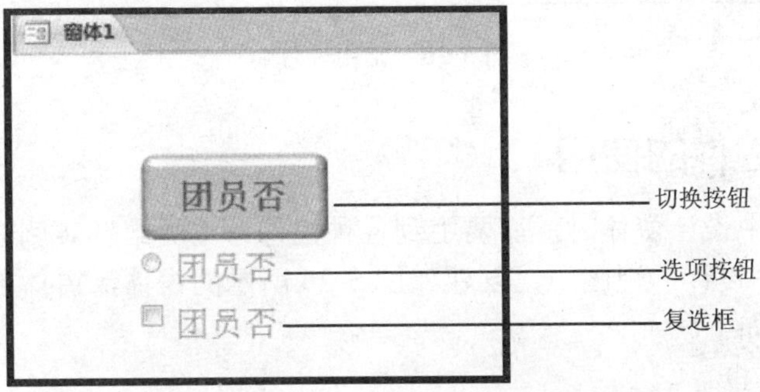

图 5-25　切换按钮等控件

④ 选项组控件。选项组控件是由一个组框及一组复选框、选项按钮或切换按钮组成，如图 5-25 所示。在选项组中每次只能选择一个选项。如果选项组绑定了某个字段，则只有组框架本身绑定此字段，而不是组框架内的复选框、选项按钮和切换按钮。选项组可以设置为表达式或未绑定选项组，也可以在自定义对话框中使用未绑定选项组来接受用户的输入，然后根据输入的内容来执行相应的操作。

⑤ 列表框和组合框控件。如果在窗体上输入的数据总是来自一个表或查询中记录的数据，或者取自固定内容的数据，可以使用组合框和列表框空间来完成。窗体中的列表框可以包含一列或几列数据，用户只能从列表中选择值，而不能输入新值，例如，图 5-26 中“学历”字段值的输入使用的是列表框方式。组合框的列表是由多行数据组成，但平时只显示一行，需要选择其他数据时，可以单击右侧的向下箭头按钮，如图 5-26 所示。使用组合框，既可以进行选择，也可以输入数据，这也是组合框和列表框的区别。

⑥ 命令按钮控件。在窗体中可以使用命令按钮来执行某项操作或某些操作。例如，“确定”、“取消”、“关闭”。图 5-26 中的“上一项记录”、“保存记录”、“退出”等都是命令按钮。使用 Access 提供的“命令按钮向导”可以创建 30 多种不同类型的命令按钮。

⑦ 选项卡控件。当窗体中的内容较多无法在一页全部显示时，可以使用选项卡进行分页，操作时只要单击选项卡上的标签，就可以在多个页面间进行切换。选项卡控件主要用于将多个不同格式的数据操作窗体封装在一个选项卡中。

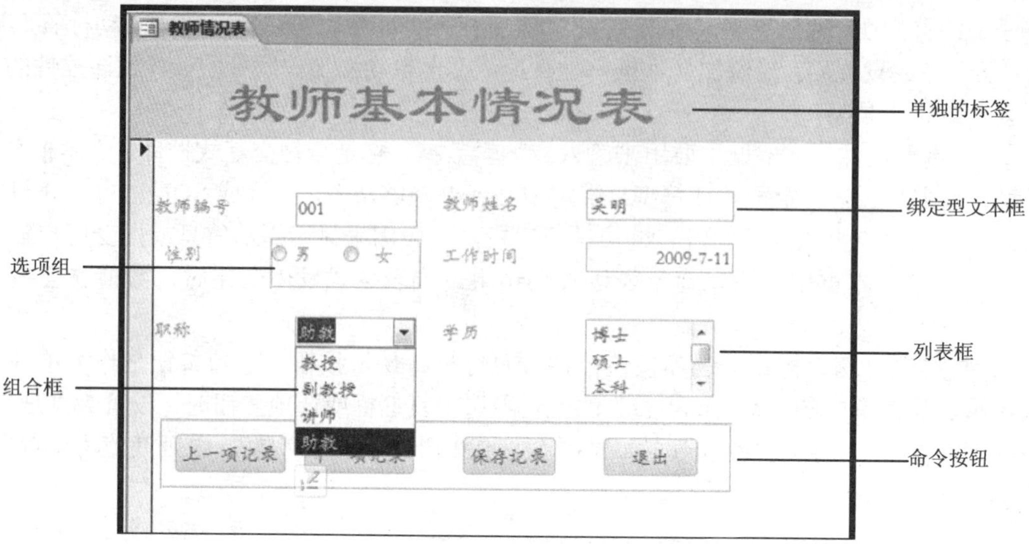

图 5-26　常用控件

5.3.3　常用控件的使用

在窗体设计视图中设计窗体时，需要用到各种控件，下面结合实例创建控件。

例 5-8　在窗体“设计”视图中，创建如图 5-26 所示的窗体，窗体名为“教师基本情况表”窗体。操作步骤如下。

① 创建绑定文本框。

a.在“教学管理系统”数据库窗口的“窗体”对象中，单击“创建”选项卡的“窗体设计”对话框。选择“教师情况表”作为数据源。

b.将“教师编号”、“教师姓名”、“工作时间”等字段一次拖到窗体适当的位置，即可在该窗体中创建绑定型文本框。如图 5-27 所示。

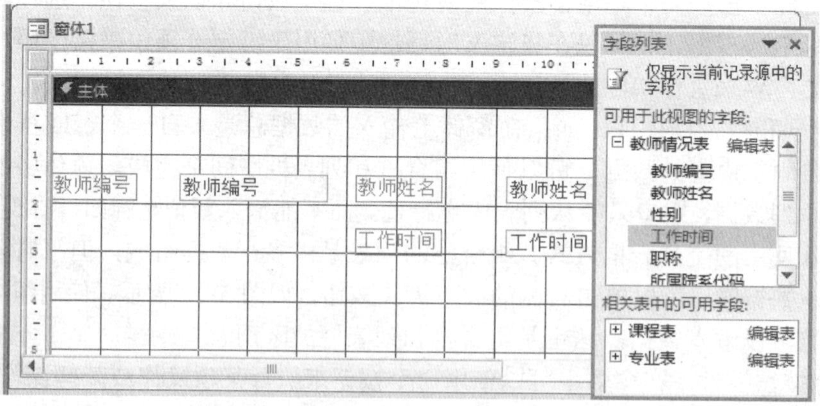

图 5-27　创建绑定型“文本框”

② 创建计算型文本框。在图 5-27 中添加一个文本框，计算工龄。

创建一个非绑定文本框，并将文本框的名称设置为“工龄”，然后打开该文本框的“属性表”对话框，将其“控件来源”设置为“=Year（Date（））-Year（[出生日期]）。效果如图 5-28 所示。

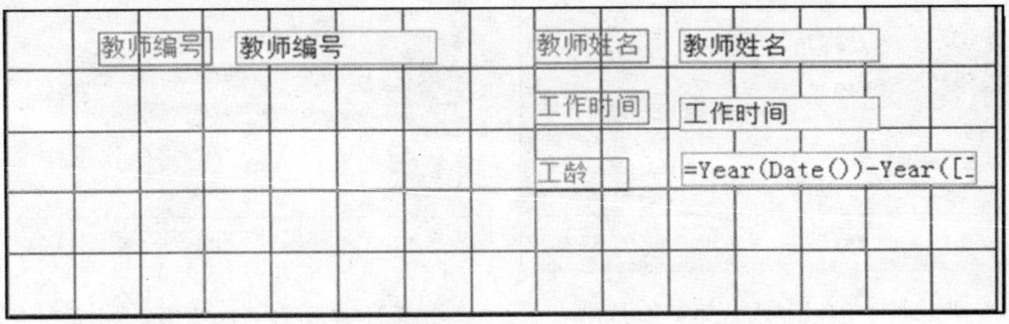

图 5-28　计算型文本框

③ 创建标签控件。如果希望在窗体上显示该窗体的标题，可在窗体页眉处添加一个“标签”，下面在图 5-29 所示。

a. 在“设计视图”中右键单击窗体打开“窗体页眉/页脚”，在窗体“设计”视图中添加一个“窗体页眉”节。

b. 单击工具箱中“标签”按钮。在窗体页眉处单击要放置标签的位置，然后输入标签内容“教师基本情况表”，如图 5-29 所示。

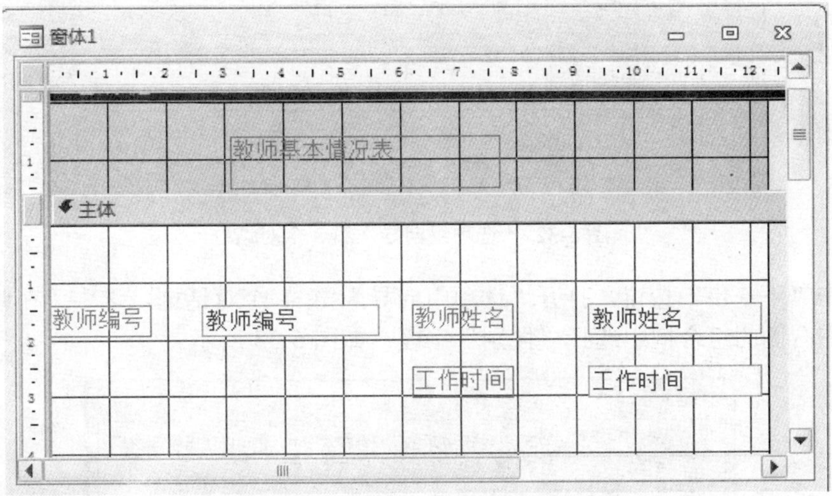

图 5-29　创建“标签”

④ 创建选项组控件。“选项组”控件提供了必要的选项，用户只需进行简单的选取即可完成参数设计。“选项组”中可以包含复选框、切换按钮或选项按钮等控件。可以利用向导来创建“选项组”，也可以在窗体“设计”视图中直接创建。

下面介绍如何使用向导创建“性别”选项组。

a. 在图 5-29 所示“设计”视图中，单击“选项组”按钮[XYZ]。在窗体上单击要放置选项组的左上角位置，打开“选项组向导”第 1 个对话框。在该对话框中要求输入选项组中每个选项的标签名。此例在“标签名称”框内分别输入“男”、“女”，结果如图 5-30 所示。

b. 单击“下一步”按钮，屏幕显示“选项组向导”第 2 个对话框。对话框要求用户确定是否需要默认选项，选择“是，默认选项是”，并指定“男”为默认项。如图 5-31 所示。

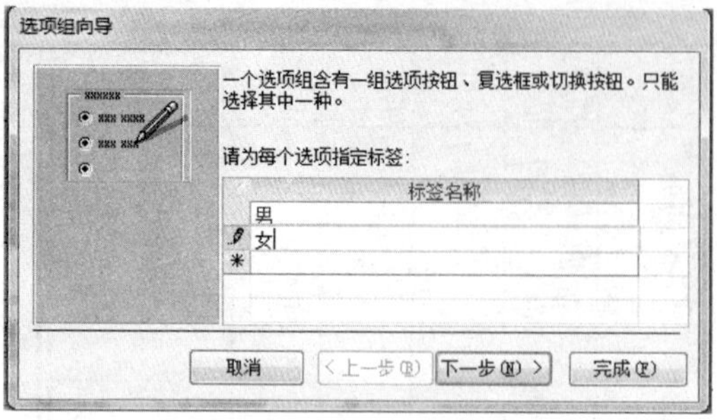

图 5-30 “选项组向导”第 1 个对话框

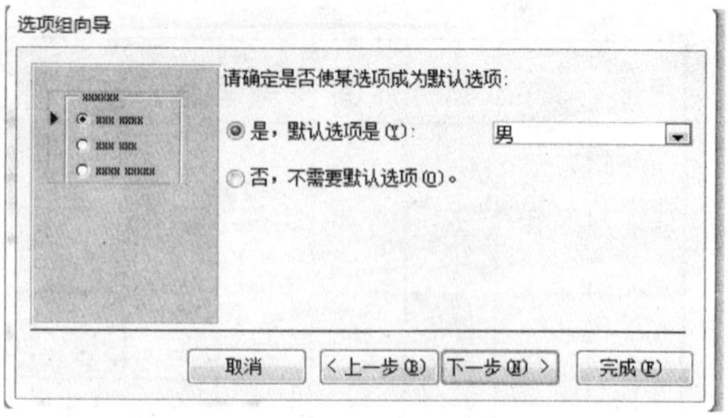

图 5-31 “选项组向导”第 2 个对话框

c．单击“下一步”按钮，打开“选项组向导”第 3 个对话框。此处设置“男”选项值为 0，“女”选项值为 1，如图 5-32 所示。

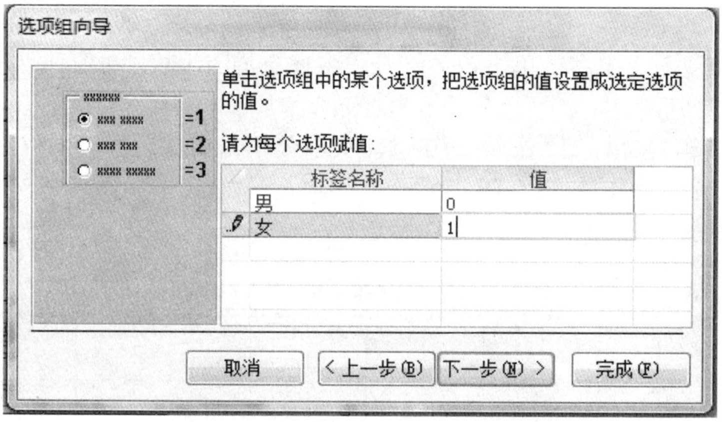

图 5-32 “选项组向导”第 3 个对话框

d．单击“下一步”按钮，打开“选项组向导”第 4 个对话框，选中“在此字段中保存该值”，并在右侧的组合框中选择“性别”字段，如图 5-33 所示。

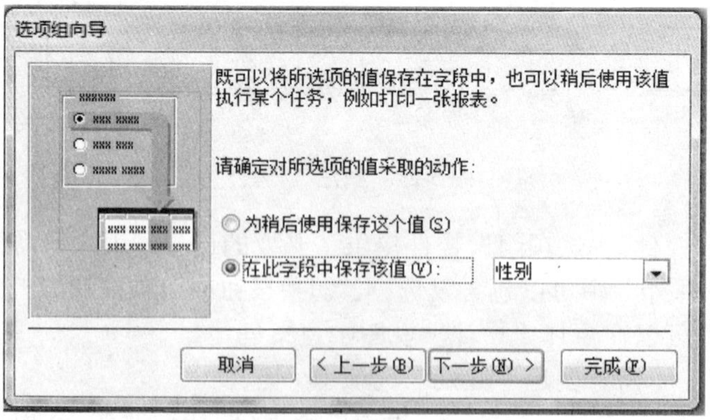

图 5-33 “选项组向导”第 4 个对话框

e．单击“下一步”按钮，打开“选项组向导”第 5 个对话框，选项组可选用的控件为“选项按钮”、“复选框”、“切换按钮”。本例选择“选项按钮”为“蚀刻”按钮样式，选择结果如图 5-34 所示。

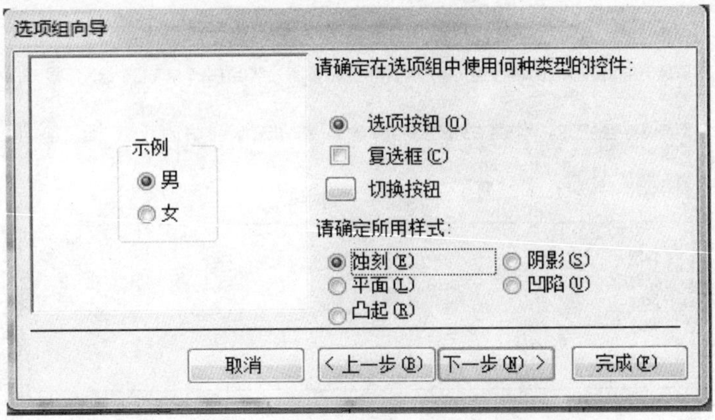

图 5-34　选择选项组中使用的控制类型

f. 单击“下一步”按钮，打开“选项组向导”最后一个对话框，在“请为选项组指定标题”文本框中输入选项组的标题——“性别”，然后单击“完成”按钮。

g. 对所建选项组进行调整，如图 5-35 所示。

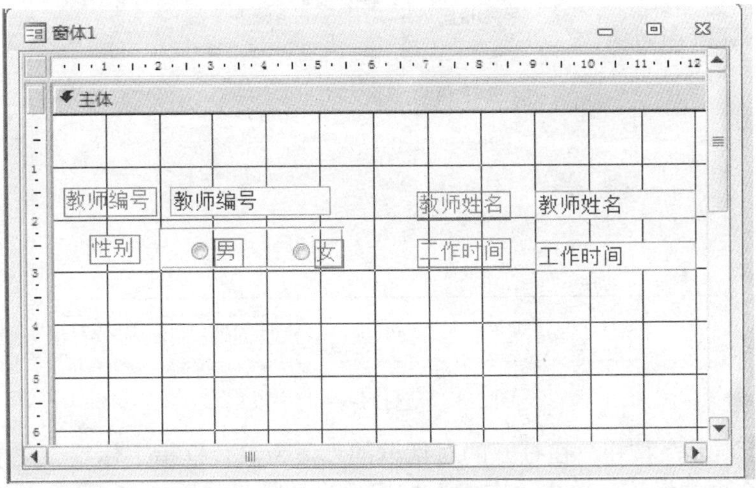

图 5-35　创建“选项组”

⑤ 创建组合框控件。组合框分为绑定型与未绑定型两种，如果要保存在组合框中选择的值，一般创建绑定型的组合框，如果要使用组合框中选择的值来决定其他空间内容，可以建立未绑定的组合框。

下面介绍使用向导创建“职称”组合框的操作方法。

a. 在图 5-35 所示的设计视图中，单击“组合框”按钮，在窗体上单击要放置“组合框”的位置，打开“组合框向导”第 1 个对话框，在该对话框中，选择“自行键入所需的值”单选按钮。

b. 单击“下一步”按钮，打开“组合框向导”第 2 个对话框，在“第 1 列”列表中依次输入“教授”、“副教授”、“讲师”、“助教”等值，设置后的结果如图 5-36 所示。

c. 单击“下一步”按钮，打开“组合框向导”第 3 个对话框，选择“将该数值保存在这个字段中”单击按钮，选择“职称”字段，设置结果如图 5-37 所示。

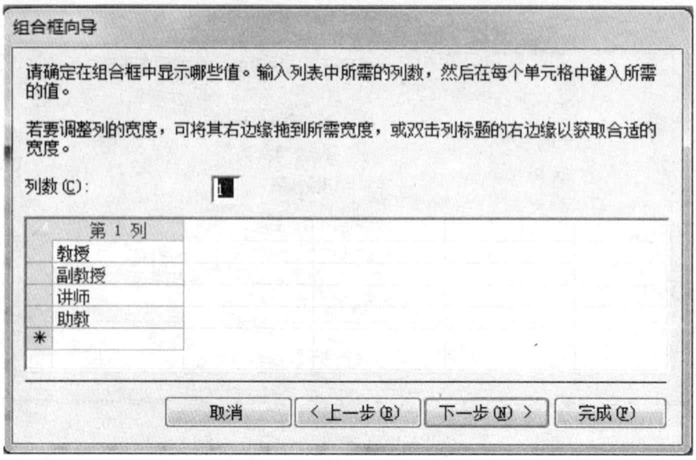

图 5-36 设置组合框中显示值

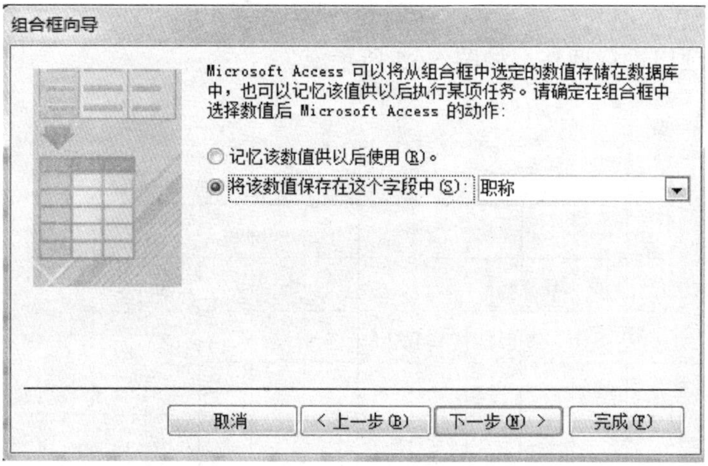

图 5-37 选择保存的字段

d. 单击“下一步”按钮，在打开的对话框的“请为组合框指定标签”文本框中输入“职称”，作为该组合框的标签。单击“完成”按钮。设置效果如图 5-38 所示。

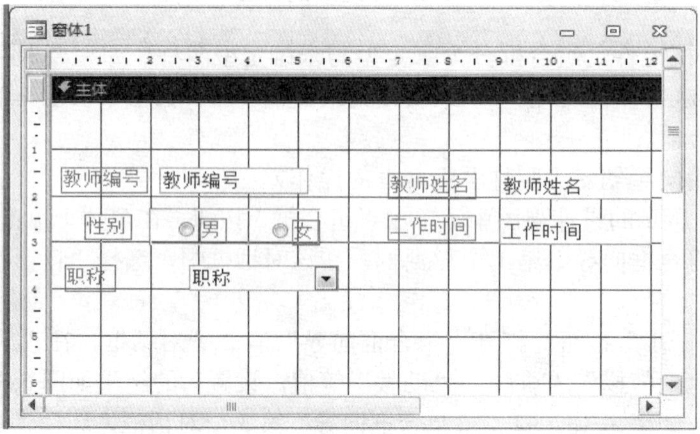

图 5-38 创建组合框

⑥ 创建列表框控件。与“组合框”控件相似，可以通过向导创建“列表框”，在图 5-34 所示的“设计”视图中创建“学历”列表框为例，介绍使用向导创建“列表框”显示表中值的操作方法。

a．单击工具箱中的“列表框”工具按钮。在窗体上单击要放置列表框的位置，打开“列表框向导”第 1 个对话框。

b．单击“下一步”按钮，打开“列表框向导”第 2 个对话框，在“第 1 列”列表中一次输入“博士”、“硕士”、“本科”、“专科”、“其他”等值，每输入完一个值，按“Tab”键。

c．单击“下一步”按钮，打开“列表框向导”第 3 个对话框，根据是否关联进行相应选择，本例选择“记忆该数值以后使用”。

d．单击“下一步”按钮，在“请为列表框指定标签”文本框中输入“学历”，作为该列表框的标签，然后单击“完成”按钮，创建结果如图 5-39 所示。

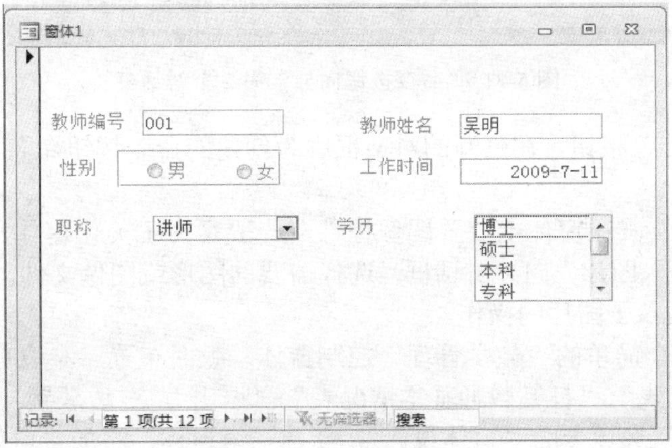

图 5-39　创建“列表框”

⑦ 创建命令按钮。在窗体中单击某个命令按钮可以使 Access 完成特定的操作。例如，“添加记录”、“保存记录”、“退出”等。这些操作可以是一个过程，也可以是一个宏。下面介绍使用“命令按钮向导”创建“保存记录”命令按钮的操作方法。操作步骤如下。

a．单击工具箱中的“命令按钮”，在窗体上单击要放置命令按钮的位置，打开“命令按钮向导”第 1 个对话框。在对话框的“类别”列表框中，每个类别在“操作”列表框中对应着多种不同的操作。先在“类别”框内选择“记录操作”，然后在“操作”框中选择“保存记录”，如图 5-40 所示。

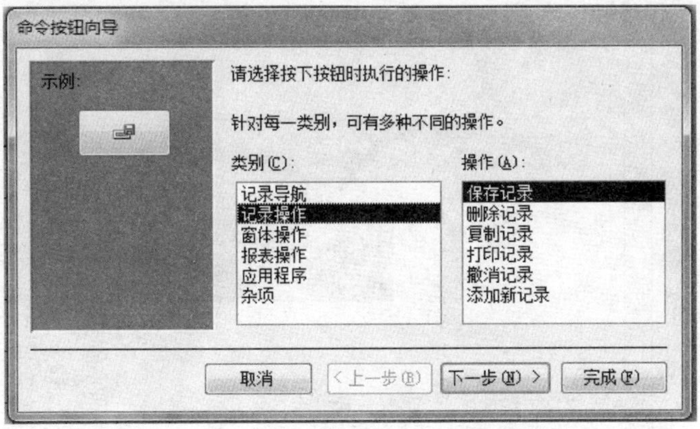

图 5-40　“命令按钮向导”第 1 个对话框

b．单击“下一步”按钮，打开“命令按钮向导”第 2 个对话框。为使在按钮上显示文本，单击“文本”选项按钮，并在其后的文本框内输入“保存记录”，如图 5-41 所示。

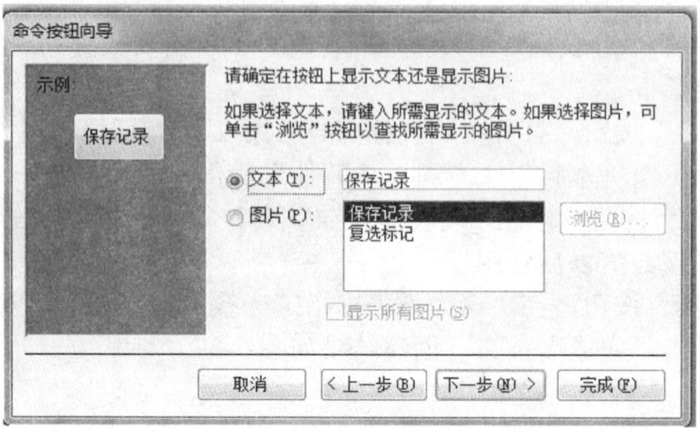

图 5-41 “命令按钮向导”第 2 个对话框

c．单击“下一步”按钮，在打开的对话框中为创建的命令按钮命名，以便以后使用。单击“完成”按钮。

⑧ 创建图像控件。在窗体上放置图像控件，一般是为了美化窗体。在窗体上放置图像控件，随即弹出“插入图片”向导对话框，选择需要的图形或图像文件，单击“确定”按钮，即可完成在窗体上插入子图片的操作。

例 5-9 创建一个简单的“教学管理”控制窗体，版面布置，左边有 3 个命令按钮，分别是“打开学生情况表”、“打开教师基本情况表”、“退出”，右边放置一幅图片。

① 单击“创建”选项卡的“窗体设计”，新建一个窗体，添加“窗体页眉/页脚”。

② 在“窗体页眉”处添加“标签”控件，标题为“教学管理”，在属性表设置：特殊效果为“凹陷”，字体为“隶书”，字号为“20”，文本对齐为“居中”。

③ 在“主体”节，添加“矩形”控件，适当调整大小，在矩形框左边添加命令按钮，标题设置为“打开学生情况表”，类别选择“窗体操作”，操作选择“打开窗体”，打开的窗体选择“学生情况表”窗体。“打开教师基本情况表”与“打开学生情况表相同”，再添加一个“退出按钮”。

④ 准备好一幅图片，在“矩形框”右边放置“图像”控件，在随后打开的“插入图片”对话框中，选择要插入图片的文件名，单击“确定”图片插入当前位置。如图 5-42 所示。

图 5-42 创建“图像”控件窗体视图

5.3.4 窗体和控件的属性

窗体及窗体中的每一个控件都有各自的属性，这些属性决定了窗体及控件的外观、它所包含的数据，以及对鼠标或键盘事件的响应。下面对窗体和控件的属性进行介绍。

（1）属性对话框

在窗体“设计”视图中，窗体和控件的属性可以在“属性”对话框设定。单击“窗体设计工具”选项卡的“设计”，单击“属性表”按钮或单击鼠标右键并从打开的菜单中选择“属性”命令，可以打开“属性”对话框，如图 5-43 所示。

对话框左上方的下拉列表是当前窗体上所有对象的列表，可从中选择要选择属性的对象，也可以直接在窗体上选中对象，那么列表框将显示被选中对象的控件名称。

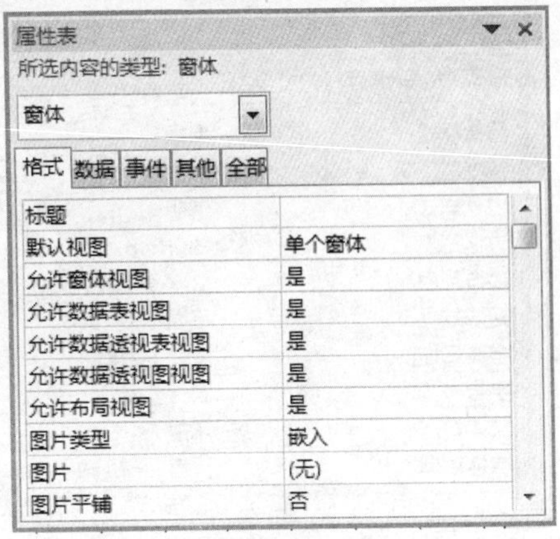

图 5-43 “属性”对话框

“属性”对话框包含 5 个选项卡，分别是格式、数据、事件、其他和全部。其中，“格式”选项卡包含了窗体和控件的外观属性，“数据”选项卡包含了与数据源、数据操作相关的属性，“事件”选项卡包含了窗体或当前控件能够响应的事件，“其他”选项卡包含了“名称”、“制表位”等其他属性。选项卡左侧是属性名称，右侧是属性值。

（2）常用的格式属性

“格式”属性主要用于设置窗体和控件的外观或显示格式。控件的格式属性包括标题、字体名称、字号、字体粗细、前景色、背景色、特殊效果等。

控件中的“标题”属性用于这是控件中显示的文字；“前景色”和“背景色”属性分别用于设置控件的底色和文字的颜色；“特殊效果”属性用于设定控件的显示效果，如“平面”、“凸起”、“凹陷”、“蚀刻”、“阴影”、“凿痕”等；“字体名称”、“字体大小”、“字体粗细”、“倾斜字体”等属性，可以根据需要进行设置。

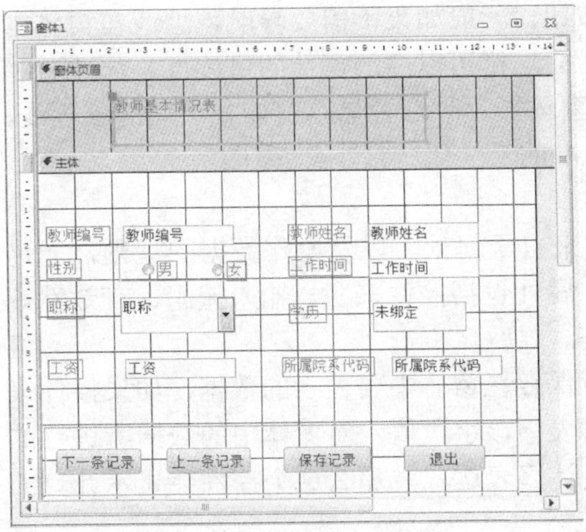

图 5-44 教师基本情况表

例 5-10 设置如图 5-44 所示窗体中的标题和教师姓名标签的格式属性。设置标题的“字体名称”为“华文行楷”，“字号”为“20”，特殊效果为“凸起”，前景色为“黑色”，“文本对齐”设置为“居中”；“教师姓名”标签的背景色为“蓝色”，前景色为“白色”。

① 打开窗体的“设计”视图，单击“窗体设计工具”的“属性表”。

② 选中“教师基本情况表”标签，单击“属性”对话框的“格式”选项卡，在“字体名称”框中选择“华文行楷”，在“字号”框中选择“20”，单击“前景色”栏，选中“黑色文本”，在“特殊效果”框中选择“凸起”，在“文本对齐”框中设置“居中”。“属性”对话框的设置结果如图 5-45 所示。

③ 选中“教师姓名”标签，使用同样方法设置标签的“前景色”和“背景色”，“属性”

对话框的设置结果如图 5-46 所示。

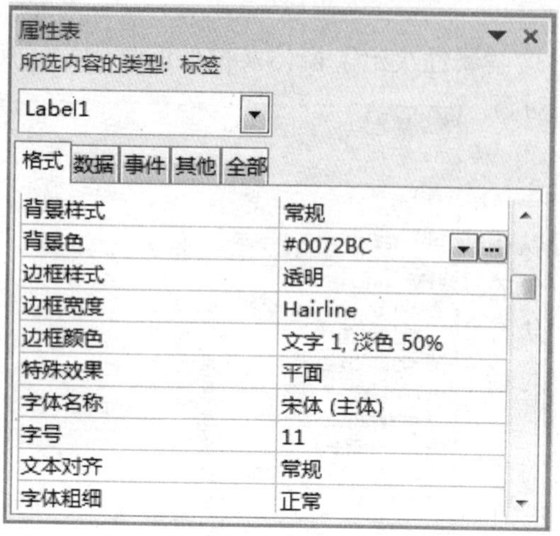

图 5-45　标题设置结果

图 5-46　“教师姓名”标签设置结果

窗体的“格式”属性包括默认视图、滚动条、记录选择器、导航按钮、分割线、自动居中、控制框、最大最小化按钮、关闭按钮、边框样式等。

窗体中的“标题”属性值将成为窗体标题栏上显示的字符串。“默认视图”属性决定了窗体的显示形式，包括“单个窗体”、“连续窗体”、“数据表”、“分割窗体”等形式。“滚动条”属性值决定了窗体显示时是否有窗体滚动条，该属性值有“两者都有”、“两者都无”、“只水平”、“只垂直”4 个选项，可以选择其一。“记录选择器”属性有“是”和“否”两个值，它决定窗体显示时是否有记录选择器，即数据表最左端是否有标志块。“导航按钮”属性有“是”和“否”两个值，它决定窗体运行时是否有导航按钮，一般如果不需要导航数据或在窗体本身设置了数据浏览命令按钮时，该属性应设为“否”，这样可以增加窗体的可读性。“分割线”属性值需在“是”、“否”“两个选项中选取，它决定窗体显示时是否显示窗体各节间的分割线。“最大最小化按钮”属性决定是否使用 Windows 标准的最大化和最小化按钮。

（3）常用的数据属性

“数据”属性决定了一个控件或窗体中的数据来自于何处，以及操作数据的规则，而这些数据均为绑定在控件上的数据。控件的“数据”属性包括控件来源、输入掩码、有效性规则、有效性文本、默认值、是否有效、是否锁定等。

控件的“控件来源”属性告诉系统如何检索或保存在窗体中要显示的数据，如果控件来源包含一个字段名，那么在控件中显示的就是数据表中该字段值，对窗体中的数据所进行的任何修改都会被写入字段中，如果该属性含有一个计算表达式，那么这个控件会显示计算的结果。

例 5-11　将图 5-44 所示窗体中的“工作时间”改为工龄，工龄由工作时间计算得到（要求保留整数）。操作步骤如下。

① 打开图 5-44 所示的窗体“设计”视图，选中“工作时间”标签，将其中文字改为“工龄”。

② 删除“工作时间”文本框，在相同位置上创建一个文本。

③ 在属性对话框，单击“数据”选项卡，单击“控件来源”栏，输入计算工龄的公式“=Round（(Date（）–[工作时间]）/365,0)”，设置结果如图 5-47 所示。

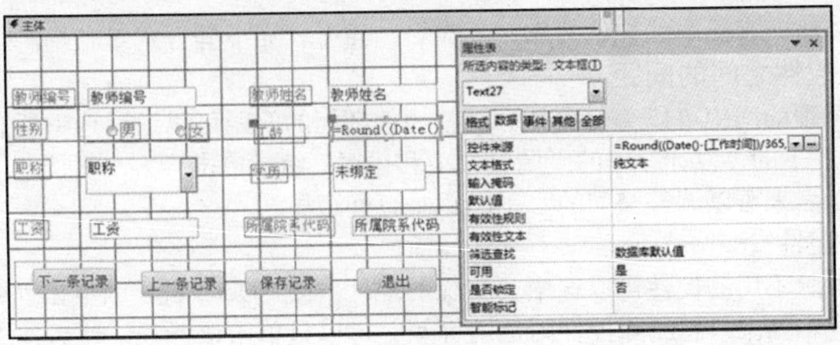

图 5-47 “控件来源”属性设置结果

④ 切换到“窗体”视图，查看效果。控件的“输入掩码”属性用于设定控件的输入格式，仅对文本型或日期型数据有效。“默认值”属性用于设定一个计算型控件或未绑定型控件的初始值，可以使用表达式生成器向向导来确定默认值。“有效性规则”属性用于设定在控件中输入数据的合法性检查表达式。在窗体运行时，当在该控件中输入的数据违反了有效性规则时，“有效性文本”显示提示信息。“是否锁定”属性用于指定该控件是否允许在“窗体”视图中接受编辑控件中显示数据的操作。“是否有效”属性用于决定鼠标是否能够单击该控件。

（4）常用的其他属性

“其他”属性表示了控件的附加功能特征。控件的“其他”属性包括名称、状态栏文字、控件提示文本等。

窗体中的每一个对象都有一个名称，若在程序中指定或使用某一个对象，可以使用这个名称，这个名称由“名称”属性来定义的，控件的名称必须是唯一的。

5.3.5 常用控件的基本操作

在设计窗体过程中，可以对添加到窗体中的控件进行调整，如改变位置、尺寸，设置控件的属性以及格式等。

（1）选择控件

Access 将窗体中的每个控件都看作是一个独立的对象，用户可以使用鼠标单击控件来选择它，被选中的控件四周将出现小方块状的控制句柄。

（2）取消控件

取消控件是指取消控件的选中状态，使其不受控制。操作方式是，单击窗体中不包含任何控件的区域，即可取消对已选中的控件的句柄。

（3）移动控件

移动控件有两种方法：

① 当选中状态后，待出现双十字图表，用鼠标将控件拖动到所需位置；

② 把鼠标放在控件左上角的移动句柄上，待出现双十字图标，将控件拖动到指定位置。这种方法智能移动单个控件。

（4）改变控件尺寸

可以将鼠标放置在控制句柄上进行拖拽以调整控件的大小，若要改变控件的类型，则要先选择该控件，然后单击鼠标右键，在该菜单中选择“更改为”级联菜单中所需的新控件类型。

（5）调整对齐格式

在设计窗体布局时，有时需要多个控件排列整齐。选中所有控件，在快捷菜单中选择“对齐”命令，可以将所有选中的控件按靠左、靠右、靠上、靠下等方式对齐。

（6）调整控件之间的间距

控件之间合理的间距可以美化窗体。调整控件之间的间距可以通过选中所有控件，选择“窗体设计工具”下的“设计”中的“调整大小和排序”组，单击“大小”按钮，使用快捷菜单中的“间距”名来可以调整空间的水平间距垂直间距。

（7）删除控件

如果希望删除不用的控件可以选中要删除的控件，按“Del”键，或单击“编辑”菜单下的“删除”命令。如果只想删除控件附加的标签，可以只单击该标签，然后按“Del”键。

5.4 窗体外观格式设计

5.4.1 设置窗体的页眉页脚

窗体的页眉只出现在窗体的顶部，它主要用来显示窗体的标题以及说明，可以在页眉中添加标签和文本框以显示信息。在多记录窗体中，窗体页眉的内容一直保持在屏幕上显示；打印时，窗体页眉显示在第一页的顶部。

窗体页脚的内容出现在窗体的底部，主要用来显示每页的功用内容提示或运行其他任务的命令按钮等。打印时，窗体页脚显示在最后一页的底部。

页面页眉和页脚只在打印窗体时才显示。页面页眉用于在窗体的顶部显示标题、列标题、日期和页码等；页面页脚用于在窗体每页的底部显示页汇总、日期和页码。

例 5-12 在图 5-44 中添加窗体页脚，也叫显示说明信息“分页浏览教师信息”和系统的日期。操作步骤如下。

① 打开“教师基本情况表”窗体，切换到设计视图。

② 右击窗体主体的空白处，在快捷菜单中选择“窗体页眉/页脚”，在窗体中显示窗体的页眉和页脚。

③ 在页脚中插入一个标签，输入字符串“分页浏览教师信息”，插入一个文本框，将文本框的“控件来源”属性设置为“=Date（）”，如图 5-48 所示。

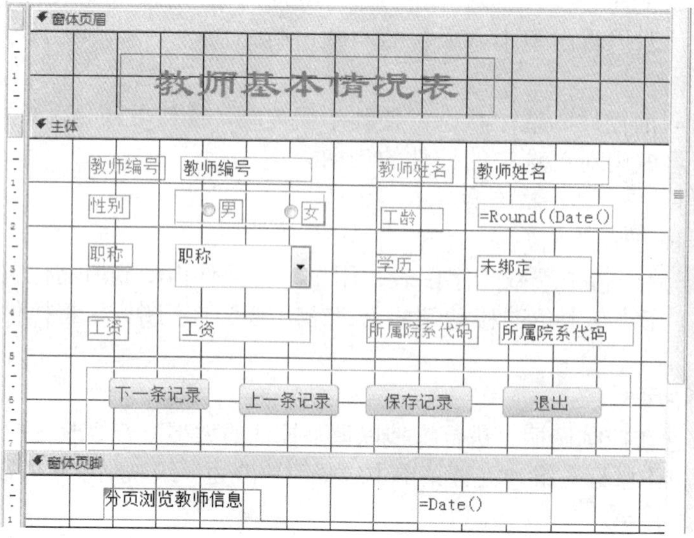

图 5-48 “窗体页眉/页脚”设置

④ 切换到窗体视图，可以查看设置效果。

5.4.2　窗体外观设计

窗体作为数据库与用户交互式访问的界面，还需要对窗体上的控件及窗体本身的一些格式进行设置，使窗体界面看起来更加友好、布局更加合理，使用更加方便。

（1）设置窗体背景

窗体的背景作为窗体的属性之一，可以用来设置窗体运行时显示的窗体图案及图案显示方式。背景图案可以是 Windows 环境下各种图形格式的文件。

设置窗体背景的步骤如下。

① 在数据库中选择所需要的窗体，打开其设计视图。

② 打开“属性表”窗格，然后选择“窗体”对象。

③ 在“属性表”窗格中，选择“格式”选项卡，如果将窗体背景设置为图片，则设置其“图片”属性，可以直接输入图形文件名及完整路径，也可以使用浏览按钮查找文件并添加到该属性中，同时设置“图片类型”、“图片缩放方式”和“图片对齐方式”等属性。

④ 如果只设置窗体的背景色，则在“属性”对话框中，选择“主体”对象，将其“背景色”属性设置为所需要的颜色。

（2）为控件设置特殊效果

选择“窗体设计工具”中的“格式”选项卡，可以设置控件的特殊效果，如设置字体、填充背景色、字体颜色、边框颜色等。如图 5-49 所示。

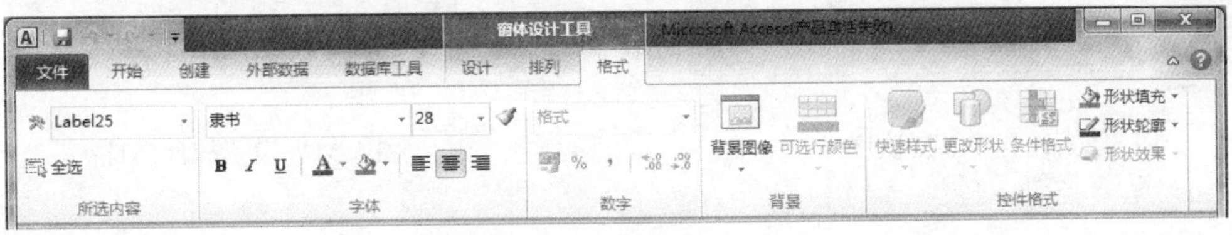

图 5-49　“格式”工具按钮

5.4.3　使用 Tab 键设置控件次序

在使用窗体时，可通过按 Tab 键在控件之间进行切换，可以指定窗体上的控件响应 Tab 键的次序。在设计良好的窗体中，控件按逻辑次序（例如，从上到下和从左到右）响应 Tab 键，以便窗体更易于使用。

（1）更改控件的 Tab 键次序

当使用诸如向导或布局之类的工具创建窗体时，Access 会将 Tab 键次序设置为与控件在窗体上的显示顺序相同，即：从上到下和从左至右。但是，如果创建或修改窗体时未使用向导或布局，则创建的 Tab 键次序可能不会与控件在窗体上的显示位置相对应。

更改控件的 Tab 键次序的过程如下。

① 打开要设计窗体的“设计视图”。

② 在“设计”选项卡上的“工具”组中，单击“Tab 键次序”。如图 5-50 所示。

③ 在“Tab 键次序”对话框中可以执行下列操作之一：

如果要使 Access 创建从上到下和从左至右的 Tab 键次序，请单击“自动排序”。

如果要创建自己的自定义 Tab 键次序，请单击对应于要移动的控件的选择器。（单击并拖动以便一次选择多个控件。）再次单击选择器并将控件拖到列表中的所需位置。

（2）从 Tab 键次序中删除控件

① 打开窗体“设计视图”。

② 如果未显示“属性表”任务窗格，请按“F4”键以显示该窗格。

③ 选择要从 Tab 键次序中删除的控件。

④ 在属性表的“其他”选项卡上，单击“制表位”属性框中的“否”。如图 5-51 所示。

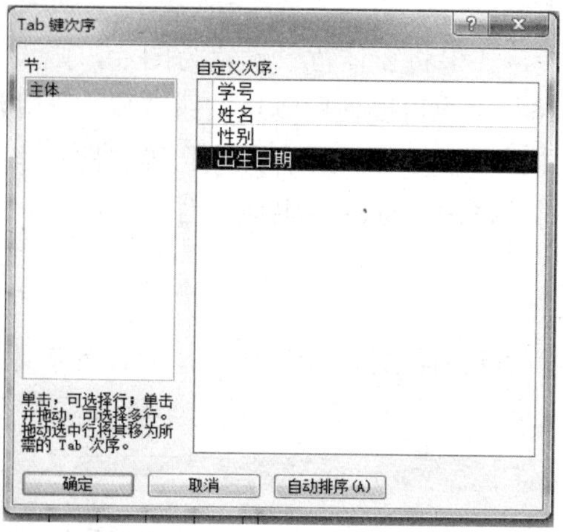

图 5-50 设置 Tab 键次序

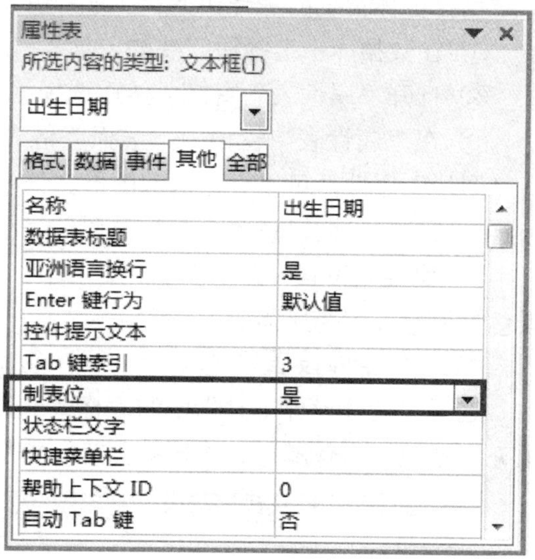

图 5-51 设置控件属性

5.4.4 设置自动启动窗体

为了让用户在打开数据库时自动进入操作界面，可以设置自动启动窗体。自动启动窗体的作用是在打开数据库文件时直接运行指定的窗体，该窗体一般是数据库系统的主控窗体，启动后可以完成数据库应用系统的所有操作。

在 Access 2010 中，设置自动启动窗体的操作步骤如下。

① 打开数据库。

② 选择“文件”选项卡，单击“选项”命令，打开“Access 选项”对话框，如图 5-52 所示。

③ 单击“当前数据库”命令，选择“应用程序选项”，在“显示窗体”列表框中要启动的窗体，在“应用程序标题”文本框中输入启动窗体的标题，如图 5-53 所示。

④ 选择“导航”栏，将“显示导航窗格”复选框的勾选去掉；在“功能区和工具栏选项”栏，将“允许全部菜单”、“允许默认快捷菜单”、“允许内置工具栏”的勾选去掉，然后单击“确定”按钮，设置完成。

⑤ 重新打开数据库文件时，系统将自动启动所设定的窗体。

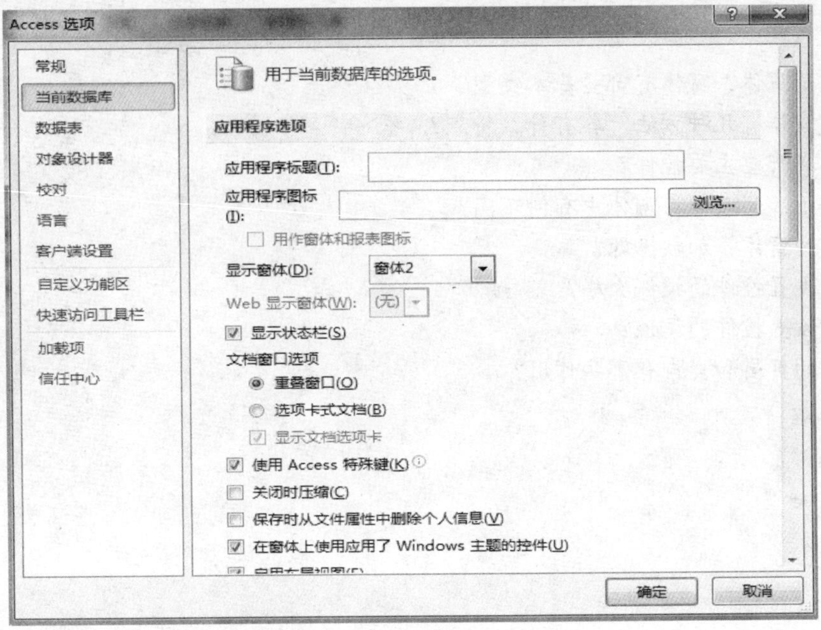

图 5-52 “Access 选项”对话框

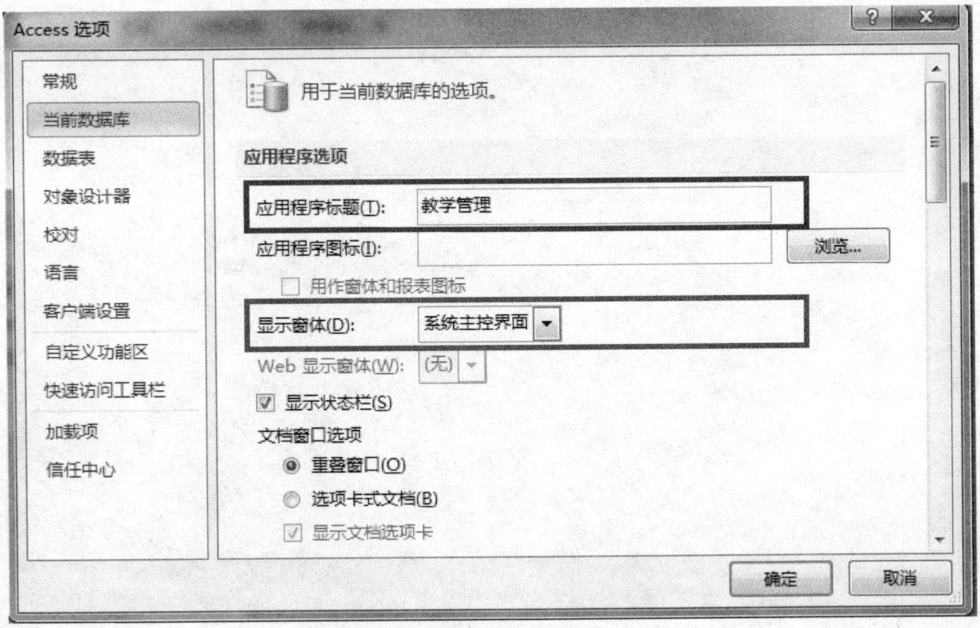

图 5-53 设置“应用程序”选项

本 章 小 结

本章重点介绍了窗体的有关知识，包括窗体的种类，窗体的创建方式、窗体控件的属性和使用方法等。通过本章的学习，读者应该掌握不同形式窗体的创建过程，掌握常用控件的基本使用方法。

思 考 题

1. 什么是窗体？窗体有哪些基本类型？
2. 创建窗体有几种方法？各有什么特点？
3. 窗体有哪些主要控件？
4. 组合框和列表框在窗体中有何不同？
5. 如何为窗体添加数据源？
6. 如何设置控件的控件次序？
7. 如何设置控件的属性？
8. 窗体的页眉和页脚有哪些作用？

第 6 章　报表设计

在前面的章节中，系统地介绍了 Access 2010 数据库中的表、查询和窗体三个对象。而这一章将要介绍的报表，作为 Access 2010 数据库的又一个对象，它主要用来打印数据。报表不仅可以显示表和查询表中数据，还可以对数据进行分组、汇总和排序。相比于窗体，报表没有交互功能。

6.1　报表基础知识

6.1.1　报表的概念

报表是数据库中数据信息和文档信息输出的一种形式，它可以将数据库中的数据信息和文档信息以多种形式通过屏幕显示或打印机打印出来。

6.1.2　报表的视图

Access 2010 提供的报表视图有 4 种，分别是报表视图、打印视图、布局视图、设计视图。报表视图用于在显示器中显示报表内容，可以对报表中的记录进行筛选、查找；打印视图可以按不同的缩放比例对报表进行预览，对页面进行设置；布局视图是 Access 2010 新增的一种视图，可以在显示数据的同时调整报表设计；设计视图用于报表的创建和修改。

4 种视图的切换可通过“开始”选项卡“视图”组中“视图”按钮（图 6-1）来完成。

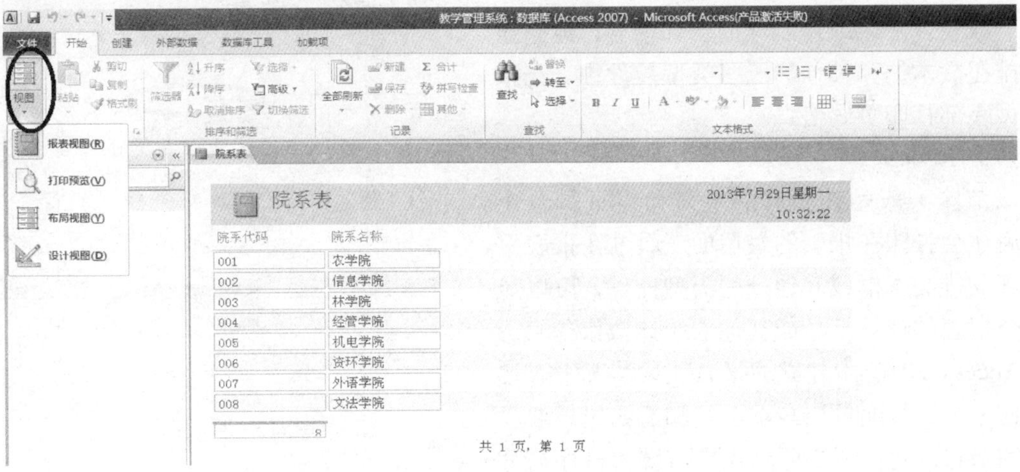

图 6-1　报表视图

6.1.3 报表的组成

报表通常由报表页眉、报表页脚、页面页眉、页面页脚、组页眉、组页脚及主体 7 个部分组成，这些部分被称为报表的“节”。报表中的信息可以安排在多个节中，每个节在页面上和报表中具有特定的目的并按照预期顺序输出打印。与窗体的“节”相比，报表区段被分为更多种类的节。

（1）报表页眉

在报表的开始处，即报表的第一页。用来显示报表的标题、图形或说明性文字，每份报表只有一个报表页眉。一般来说，报表页眉主要用在封面。

（2）页面页眉

页面页眉中的文字或控件一般输出显示在每页的顶端。通常，它是用来显示数据的列标题。可以给每个标题加上特殊的效果，如颜色、字体种类和字体大小等。

一般来说，把报表的标题放在报表页眉中，该标题打印时在第一页的开始位置出现。如果将标题移动到页面页眉中，则该标题在每一页上都显示。

（3）组页眉

根据需要，在报表设计 5 个基本的“节”区域的基础上，还可以使用“排序与分组”属性来设置“组页眉/组页脚”区域，以实现报表的分组输出和分组统计。组页眉节主要安排文本框或其他类型控件显示分组字段等数据信息。

可以建立多层次的组页眉及组页脚，但不可分出太多的层（一般不超过 3～6 层）。

（4）主体

打印表或查询中的记录数据，是报表显示数据的主要区域。根据主体节内字段数据的显示位置，报表又划分为多种类型。

（5）组页脚

组页脚节内主要安排文本框或其他类型控件显示分组统计数据。打印输出时，其数据显示在每组结束位置。

在实际操作中，组页眉和组页脚可以根据需要单独设置使用。可以从“视图”菜单中选择“排序与分组”选项。

（6）页面页脚

一般包含页码或控制项的合计内容，数据显示安排在文本框和其他的一些类型控件中。在报表每页底部打印页码信息。

（7）报表页脚

该节区一般是在所有的主体和组页脚输出完成后才会打印在报表的最后面。通过在报表页脚区域安排文本框或其他一些类型控件，可以显示整个报表的计算汇总或其他的统计数字信息。

Access 2010 中建立的报表默认情况下有 3 个节：主体、页面页眉与页面页脚，如果想要添加新的节可通过图 6-2 所示点击右键“排序与分

图 6-2 报表所有节

组”中添加组页眉与组页脚，“页面页眉/页脚”中添加页面页眉与页面页脚，“报表页眉/页脚”中添加报表页眉与报表页脚。

6.2 创建报表

在 Access 2010 中，如图 6-3 所示提供了 4 种创建报表的方法，分别是：自动创建报表、创建空报表、利用向导创建报表、使用设计器创建报表。还有一种标签报表可以通过标签报表向导来完成。

图 6-3 创建报表方法

6.2.1 自动创建报表

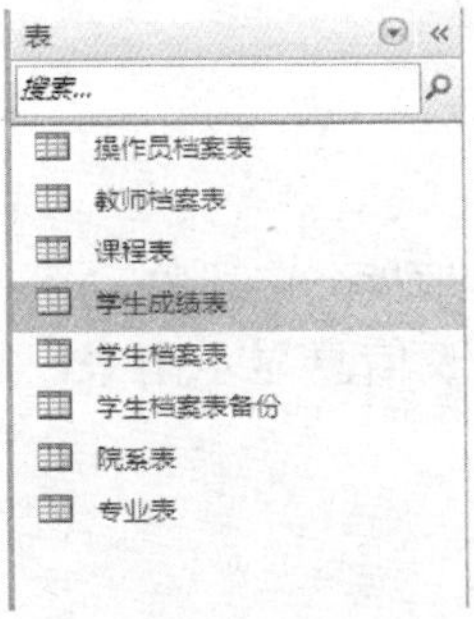

图 6-4 选定“学生成绩表”

使用“报表”按钮创建报表是一种创建报表的快速方法，其数据源来源于某个表、查询、窗体或报表，所创建的报表为表格式报表。

在 Access 2010 中利用这种方式创建报表，必须要先选中表、查询、窗体或报表(窗体或报表也要绑定表或查询)，否则没法创建报表！

例 6-1 在教学管理系统.accdb 中使用“报表”创建“学生成绩表”报表。操作步骤如下。

① 打开数据库“教学管理系统”，在“导航”窗口选定“学生成绩表”，如图 6-4 所示。

② 在“创建”选项卡“报表”组中选择“报表”按钮，生成如图 6-5 所示报表并保存结果。

图 6-5 “学生成绩表”报表

6.2.2 创建空报表

空白报表就是报表中什么字段都没有，需要自己添加，然后再在设计视图中对报表的样式进行设置。使用这种方法创建报表，其数据源只能是表。

例 6-2 在教学管理系统.accdb 中使用“空报表”创建“课程表”。操作步骤如下。

① 打开数据库“教学管理系统”，在“创建”选项卡中选择“报表”组，单击“空报表”，系统将自动创建一个空报表并以布局视图显示，同时打开“字段列表”窗口，如图 6-6 所示。

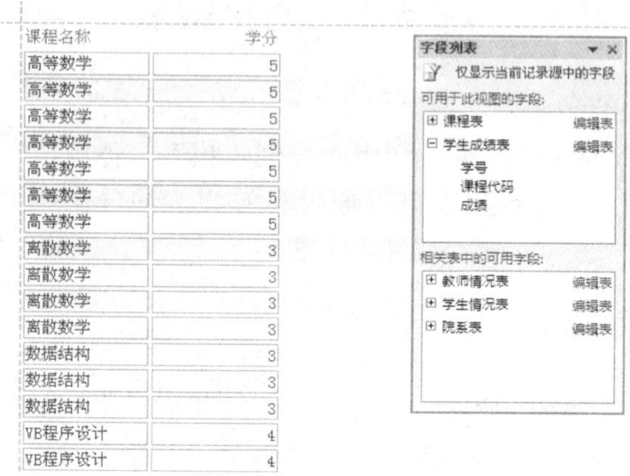

图 6-6 “空报表”与“字段列表”

② 在“字段列表”中选择“课程表”中的“课程名称”、“学分”两个字段拖动到布局视图。注意：这种方式创建报表时“字段列表”可以将与该表关联的表信息显示出来，所以创建报表时可以将与该表相关联的表字段信息拖动到视图中显示。

6.2.3 通过向导创建报表

利用向导可以快速地创建报表，是常用的一种创建报表的方法。使用向导创建报表可以在创建报表过程中选择数据源，可以对多个表或查询生成新的报表，可以进行排序及汇总。

例 6-3 在教学管理系统.accdb 中使用向导创建“学生成绩表”报表。显示内容：姓名、课程名、成绩。操作步骤如下。

注意：利用“报表向导”创建报表时，如果报表中字段来源于好几张数据表，这就要求这几张表必须要先建立好关系！

① 打开数据库“教学管理系统”，在“创建”选项卡中选择“报表”组，单击“报表向导”，在出现的窗口中选择“表：学生情况表”中的“姓名”，点击“>”按钮选定“姓名”字段，选择“表：课程表”中“课程名称”，点击“>”按钮选定“课程名称”字段，选择“表：学生成绩表”中“成绩”字段，如图 6-7～图 6-9 所示。

② 点“下一步”，确定查看数据的方式为“通过 学生成绩表”，如图 6-10 所示。一直点“下一步”，生成如图 6-11 所示的学生成绩报表。

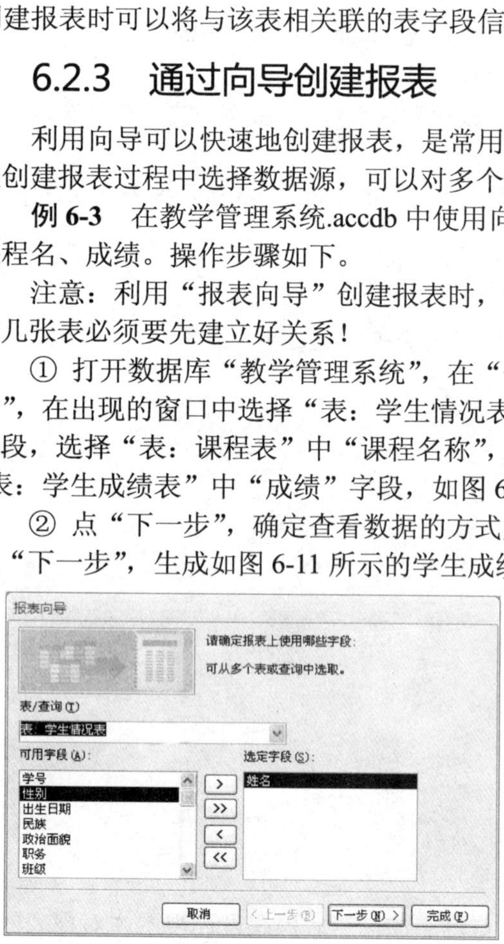

图 6-7 选择“表：学生情况表”

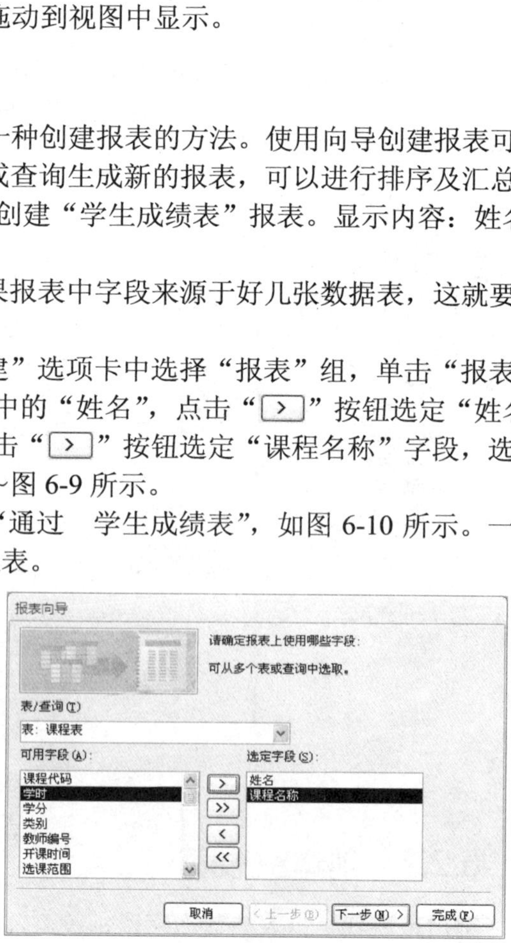

图 6-8 选择“表：课程表”

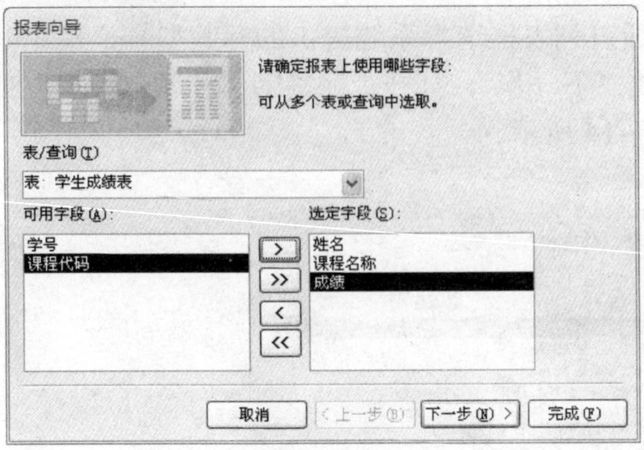

图 6-9　选择“表：学生成绩表”

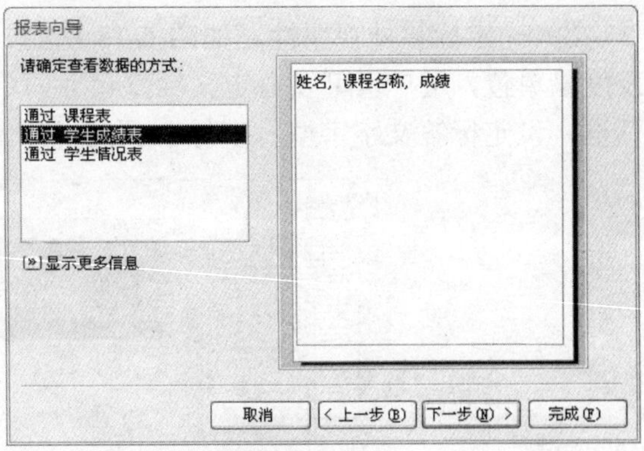

图 6-10　选择“通过　学生成绩表”

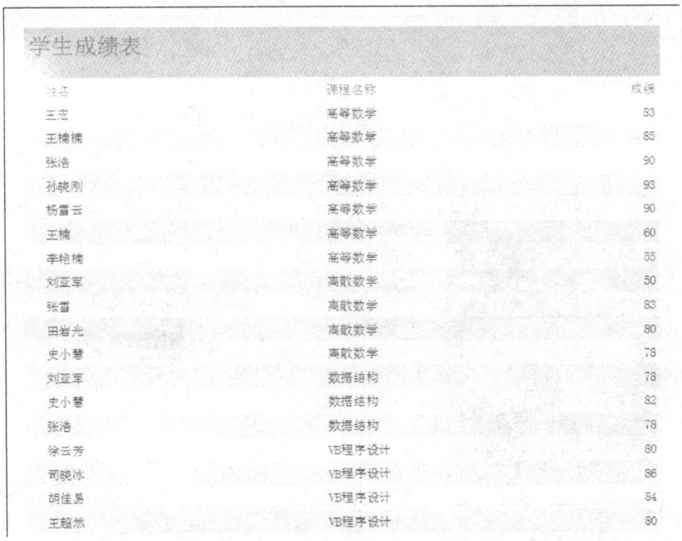
学生成绩表

姓名	课程名称	成绩
王宏	高等数学	83
王楠楠	高等数学	85
张浩	高等数学	90
孙晓刚	高等数学	93
杨雪云	高等数学	90
王楠	高等数学	60
李艳楠	高等数学	55
刘亚军	离散数学	50
张雪	离散数学	83
田岩光	离散数学	80
史小慧	离散数学	76
刘亚军	数据结构	78
史小慧	数据结构	82
张浩	数据结构	78
徐云芳	VB程序设计	80
司晓冰	VB程序设计	86
胡佳易	VB程序设计	84
王超然	VB程序设计	80

图 6-11　学生成绩报表

6.2.4　通过标签向导创建标签报表

标签是一种特殊的报表，它是以记录为单位，创建格式完全相同的独立报表，主要应用于制作信封、打印工资条、学生成绩通知单等。Access 2010 提供的标签向导可以快速生成标签报表。

在 Access 2010 中利用标签向导创建标签报表，必须要先选中表、查询、窗体或报表(窗体或报表也要绑定表或查询)，否则没法创建标签报表！

例 6-4　在教学管理系统.accdb 中使用标签向导创建学生情况标签报表，如图 6-12 所示。操作步骤如下。

① 打开数据库“教学管理系统”，在“创建”选项卡中选择“报表”组，单击“标签”按钮，打开“标签向导”对话框。

图 6-12　“学生情况”标签报表

② 确定标签外观属性。如图 6-13 所示，通过列表框选择系统提供的标签型号、尺寸以及度量单位，用户也可以自定义标签尺寸。单击“下一步”，打开“标签字体和颜色设置”对话框，设定标签文字字型、字号、颜色，如图 6-14 所示。

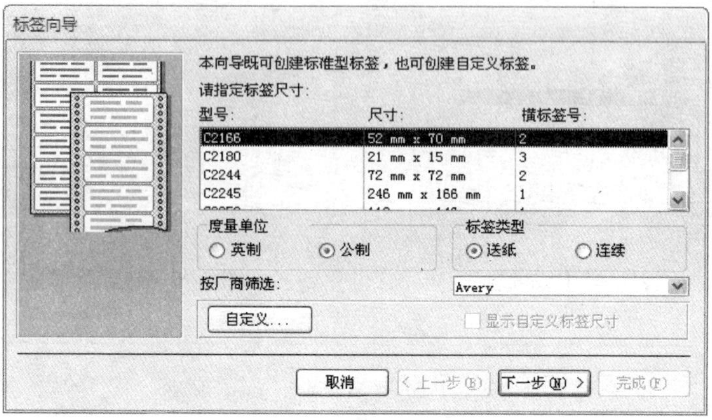

图 6-13 “标签向导”对话框

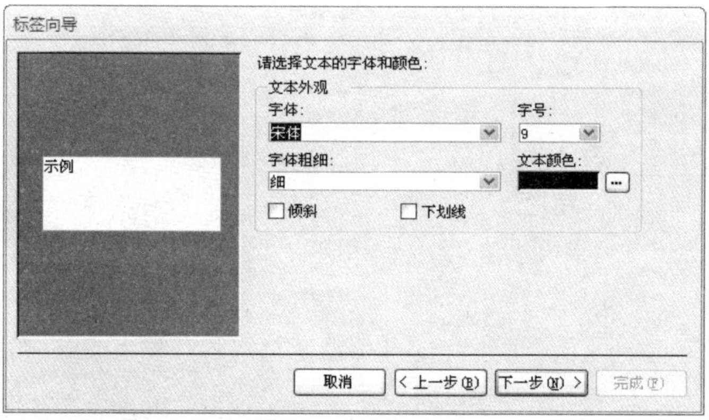

图 6-14 “标签字体和颜色设置”对话框

③ 确定标签显示内容。如图 6-15 所示，在列表框“原型标签”中先输入“学号:”，在列表框“可用字段”中选中“学号”列，点“ > ”按钮，将列表框中的字段加到右边的原型标签列表框中，打回车，“姓名”、“籍贯”、“电话”这三个字段的添加方法与上同。

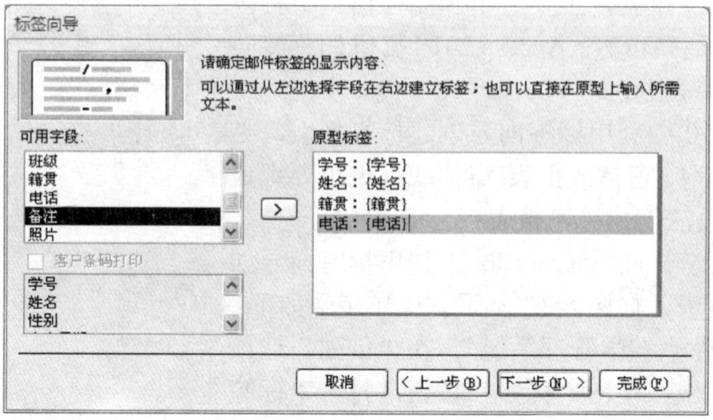

图 6-15 “确定标签显示内容”对话框

④ 确定排序字段。如图 6-16 所示，将字段“学号”添加到排序依据中。

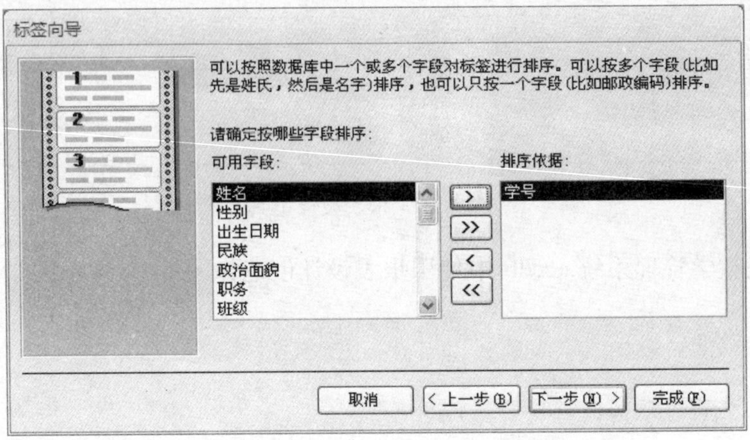

图 6-16 “确定排序字段”对话框

⑤ 确定标签报表名称。如图 6-17 所示。

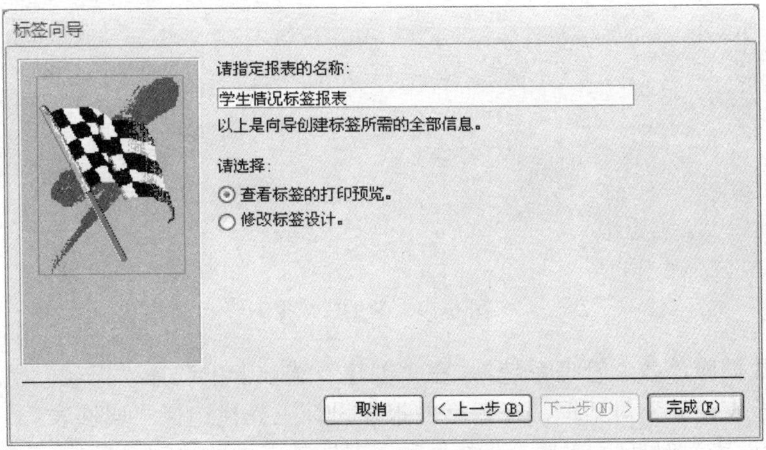

图 6-17 “确定标签报表名称”对话框

6.2.5 在设计视图中创建报表

使用报表向导创建的报表是用 Access 系统提供的报表设计工具完成的，它的许多参数都是系统自动设置的，这样的报表有时无法提供更为灵活的报表形式。对 Access 2010 来说，最灵活的报表方式可以利用报表设计创建报表。

（1）创建报表

在“创建”选项卡中选择“报表”组，单击“报表设计”按钮就进入了报表的设计视图。此时会在菜单项中多出如图 6-18 所示的“设计”、“排列”、“格式”、“页面设置”4 个选项卡，这 4 个选项卡中都有一些常用的快捷菜单，绝大多数对报表的操作都可以在这 4 个选项卡的快捷菜单中找到答案。除此之外，利用“报表设计”创建报表，要经常跟“控件”打交道。Access 2010 控件组中提供了很多设计报表时的控件，比较常用的有标签、文本框、按钮、直线，这些控件的使用都是先选中控件，后在设计视图中把这个控件画出来即可。

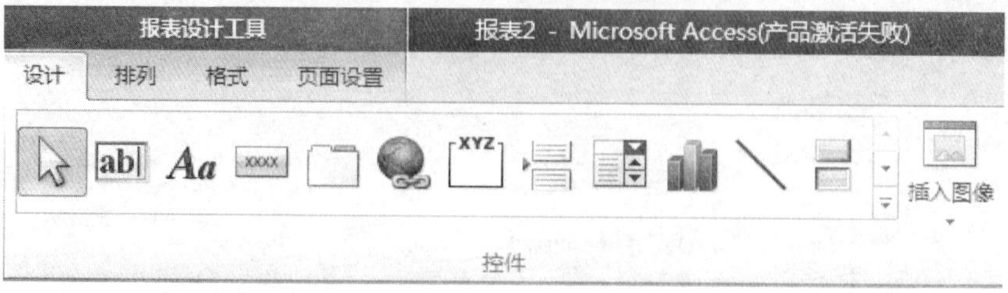

图 6-18　报表设计工具

例 6-5　在教学管理系统.accdb 中使用报表设计创建如图 6-19 所示的学生成绩报表。操作步骤如下。

图 6-19　学生成绩报表

① 打开数据库“教学管理系统”，在“创建”选项卡中选择“报表”组，单击“报表设计”，打开“报表设计”对话框，在新增的报表设计工具栏选择“属性表”，如图 6-20 所示，在出现的“属性表”对话框口中，设置“数据”选项卡中的“记录源”为“学生成绩表”。

图 6-20　设置“记录源”

② 设置报表字段：如图 6-21、图 6-22 所示，在“设计”选项卡中选中“工具”组中的“添加现有字段”，会出现“字段列表”窗口，选中“字段窗口”中的“学号”、“课程代码”、

“成绩”三个字段拖动设计视图的主体节，此时每个字段包含标签和文本框两部分内容，左边为标签，右边为文本框。如图 6-22 所示，选中“设计”选项卡“工具”组中的“标签”控件，在设计视图“页面页眉”节画出“标签”控件，选中“直线”控件在主体节的末尾画出“直线”控件。各自选中“标签”、“直线”控件，分别点击右键“属性”，对“标签”控件的属性设置如图 6-23 所示，“格式”选项卡中设置“字号”、“文本对齐”、“字体粗细”三个属性，“全部”选项卡中设置“标题”属性。对“直线”控件属性设置如图 6-24 所示，“格式”选项卡中设置“高度”、“宽度”。

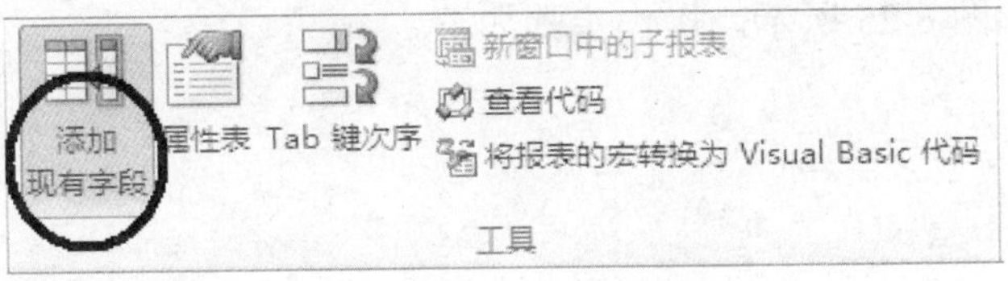

图 6-21　选中“添加现有字段”

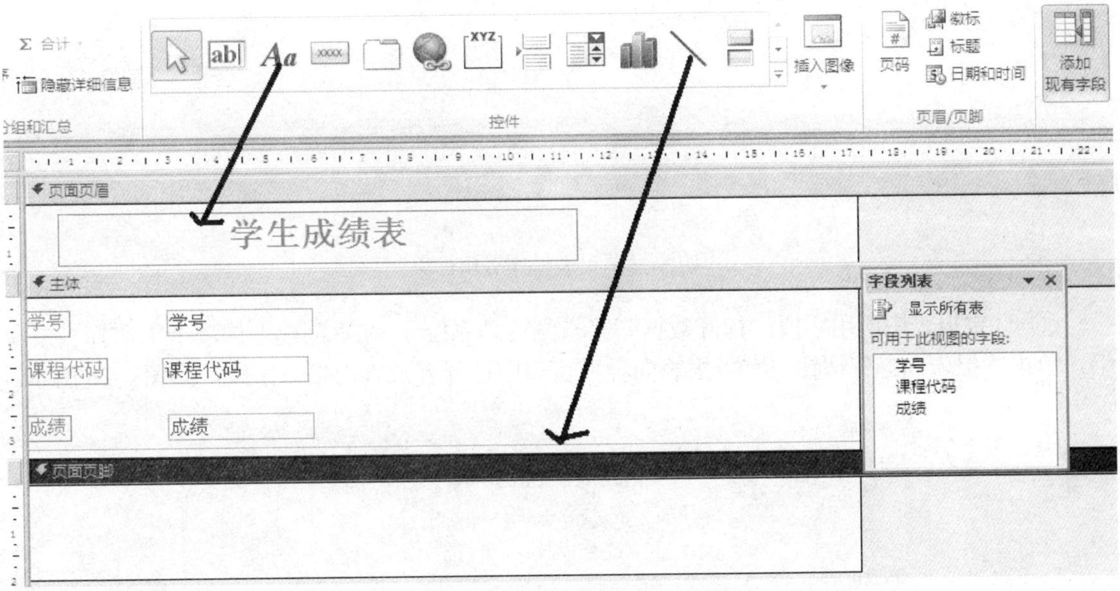

图 6-22　设置报表字段

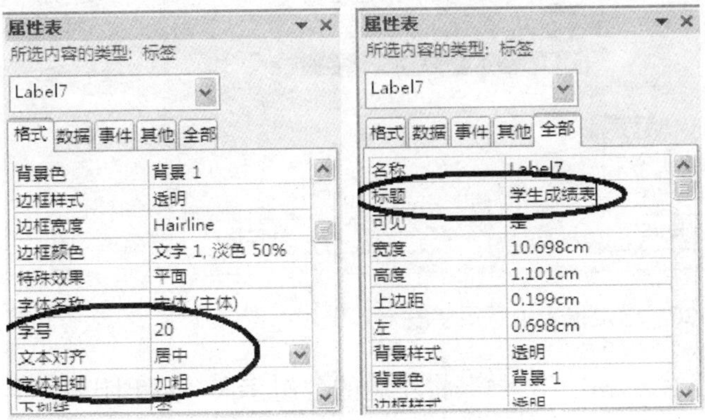

图 6-23　设置标签属性窗口

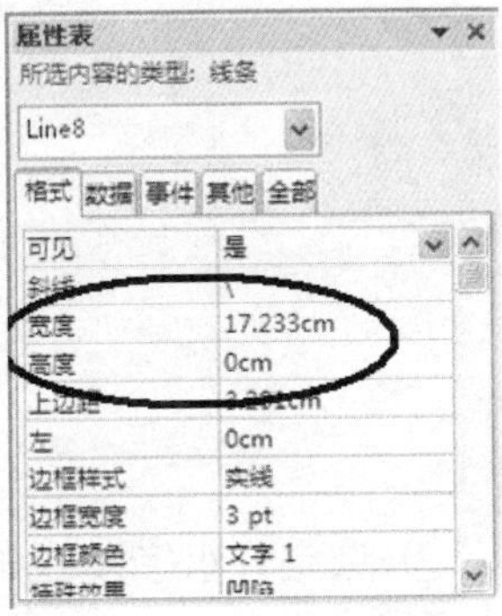

图 6-24　设置直线属性窗口

（2）报表排序与分组

在默认情况下，报表中的记录是按照自然顺序，即数据的输入先后顺序来排列显示。在实际应用过程中，经常需要按照某个指定的顺序来排列记录，例如，按照年龄从小到大排列等，称为报表“排序”操作。此外，报表设计时还经常需要就某个字段按照其值的相等与否划分成组来进行一些统计操作并输出统计信息，这就是报表的“分组”操作。报表中的“排序与分组”可以通过报表向导来完成，也可以通过报表设计来完成。

例6-6 在教学管理系统.accdb中利用报表向导建立学生成绩报表，并按课程代码分组，按学号升序排列，如图6-25所示。操作步骤如下。

课程代码	学号	成绩
101		
	2012001617	90
	2012001655	60
	2012002356	85
	2012002832	55
	2012379605	90
	2012457856	93
	2012457896	83
103		
	2012005847	80
	2012005849	78
	2012005856	50
	2012325041	83

图6-25 报表排序分组结果

① 选定报表中所用字段。打开数据库“教学管理系统”，在“创建”选项卡中选择“报表”组，单击“报表向导”按钮，在“报表向导”窗口中选择表及表内报表字段，如图6-26所示。

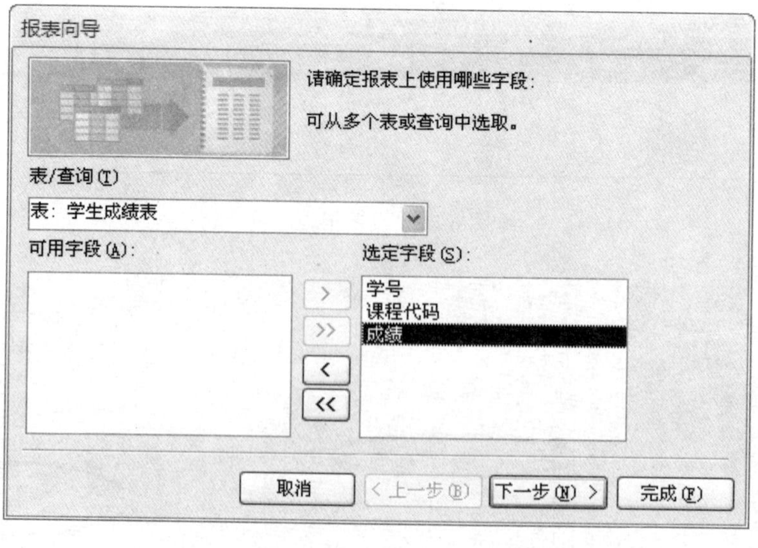

图6-26 选定报表中所用字段

② 选定分组字段。如图6-27所示，点击“>”将左边的分组字段“课程代码”字段添加到右边。

图 6-27　选定分组字段

③ 选定排序字段。如图 6-28 所示，选择排序字段“学号”。

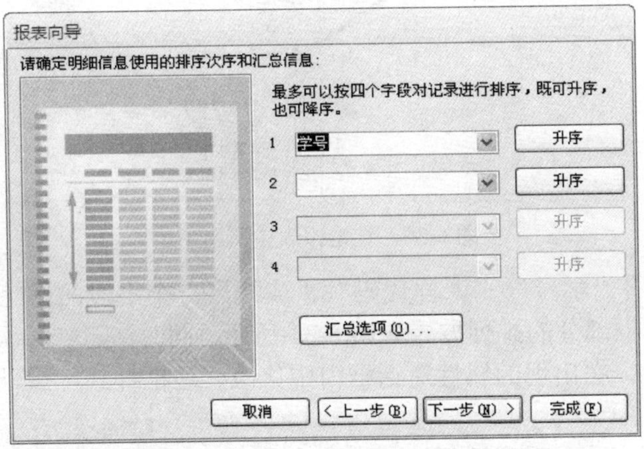

图 6-28　选定排序字段

④ 确定报表布局方式。如图 6-29 所示，确定布局方式为“递阶”。一直点“下一步”保存结果。

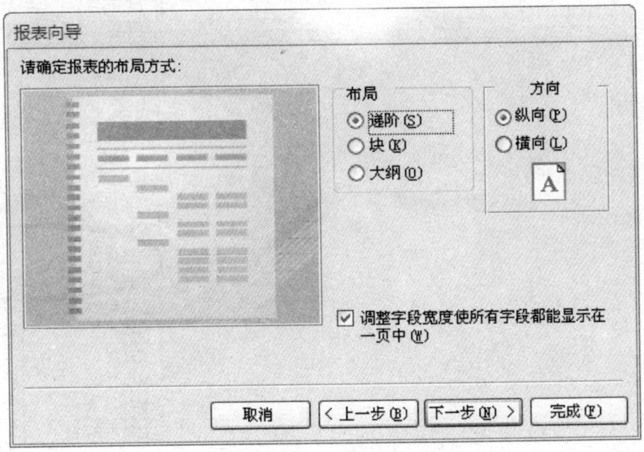

图 6-29　确定报表布局方式

例 6-7 在教学管理系统.accdb 中利用报表设计建立学生成绩报表，并按课程代码分组，按学号升序排列，如图 6-25 所示。操作步骤如下。

① 选定报表中所用字段。打开数据库“教学管理系统”，在“创建”选项卡中选择“报表”组，单击“报表设计”，打开“报表设计”对话框，在新增的报表设计工具栏选择“添加现有字段”，如图 6-30 所示，将“学号”、“课程代码”、“成绩”三个字段拖动到“主体”节中。注意：拖动的每个字段都包含标签与文本框两部分内容。

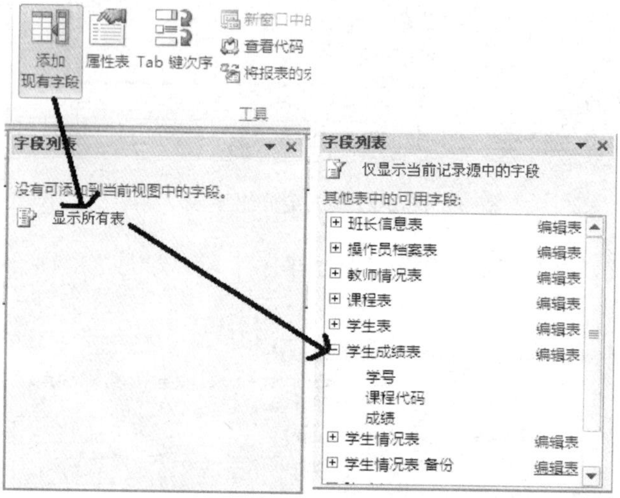

图 6-30 选定报表中所用字段

② 编辑控件。将“学号”、“课程代码”、“成绩”三个字段的标签部分拖动到页面页眉中，标签部分与文本框部分的排列方式如图 6-31 所示。同时注意：一次性选中三个字段文本框部分，点右键属性，在出现的属性对话框口中修改“边框样式”属性为“透明”。

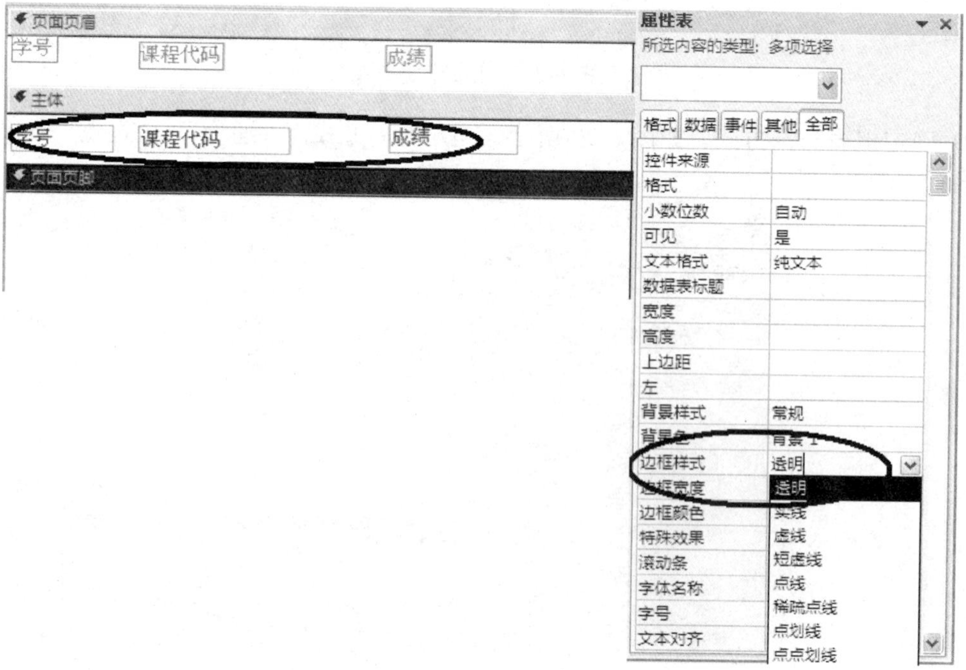

图 6-31 编辑控件

③ 排序与分组。在报表空白位置点鼠标右键，在出现的快捷菜单中选择“排序和分组”，会在界面的下面出现一个“分组、排序和汇总”对话框，先点击“添加组”按钮，设置分组字段是“课程代码”，升序；后点击“添加排序”，设置排序字段为“学号”，这时会在报表页面中出现一个新的节“课程代码页眉”，将主体节中名称为“课程代码”的文本框拖动到节“课程代码页眉”，并排列各个对象如图 6-32 所示。

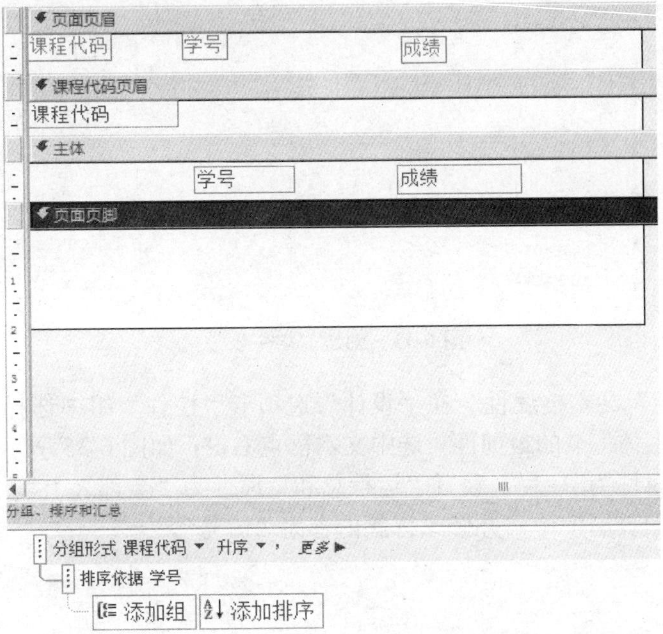

图 6-32 排序与分组

④ 保存报表，在“报表视图”中查看结果。

（3）报表计算

在报表的实际应用中，经常需要对报表中的数据进行一些计算。报表中的计算最主要是实现记录的汇总计算，对汇总计算可以利用“报表向导”的“汇总选项”来实现报表内某些数据字段的汇总，但对于大多数的汇总都是在设计视图中通过某些计算控件来完成的。

① 利用计算控件。在报表中对每个记录进行数值计算，首先要创建计算控件，在报表中用得最多的计算控件是文本框。

例 6-8 利用“报表”创建“学生表”，根据学生“出生日期”计算学生年龄，并对记录进行编号。操作步骤如下。

a．创建“学生表”报表。打开数据库“教学管理系统”，选中“学生表”，在“创建”选项卡中选择“报表”组，单击“报表”按钮，创建“学生表”报表，如图 6-33 所示。

b．编辑“出生日期”标签及文本框控件。在“开始”选项卡选择“视图”组，单击“视图”中的“设计视图”，将“页面页眉”中的“出生日期”标签改为“年龄”。将“主体”节中的“出生日期”文本框去掉。

c．设置“年龄”文本框属性。在“设计”选项卡“控件”组中选择“文本框”按钮，将文本框控件添加到“主体”节，并将文本框的附加标签去掉。点击文本框右键属性，在打开的属性表对话框的“控件来源”属性中，输入“=Year(Date())–Year([出生日期])”，如图 6-34 所示。

图 6-33 创建“学生表”

d．设置“编号”文本框属性。在“设计”选项卡“控件”组中选择“文本框”按钮，将文本框拖动到“主体”节的最前面，选中文本框点右键，如图 6-35 所示在出现的对话框中设置“控件来源”属性为“=1”，设置“运行总和”属性为“全部之上”。同时将文本框的附加标签拖动到“页面页眉”中，并修改标签内容为“编号”。

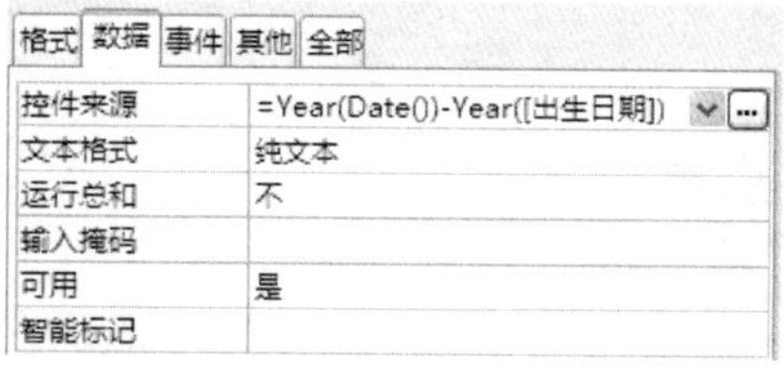

图 6-34 修改属性（一）

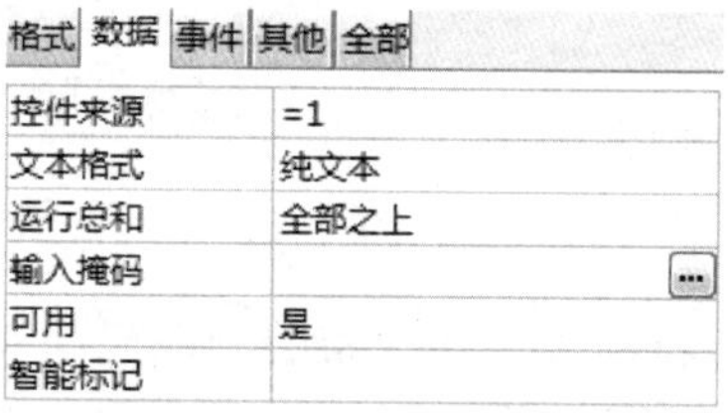

图 6-35 修改属性（二）

e．保存结果，在“报表视图”中浏览查看，如图 6-36 所示。

图 6-36 浏览结果

② 不分组的报表汇总。有时报表中需要对所有的记录数据进行计算汇总，这时用户可以使用 Access 2010 的内置函数，如 Avg()计算字段的平均值，Count()计算记录的数目，Sum()

计算总和等。用时可以在报表页眉或报表页脚中添加文本框，并设置控件相关属性。

例 6-9　利用“报表”创建“教师情况表”，并计算所有教师工资的总和。操作步骤如下。

a．创建“教师情况表”。打开数据库“教学管理系统”，选中“教师情况表”，在“创建”选项卡中选择“报表”组，单击“报表”按钮，创建“教师情况表”，如图 6-37 所示。

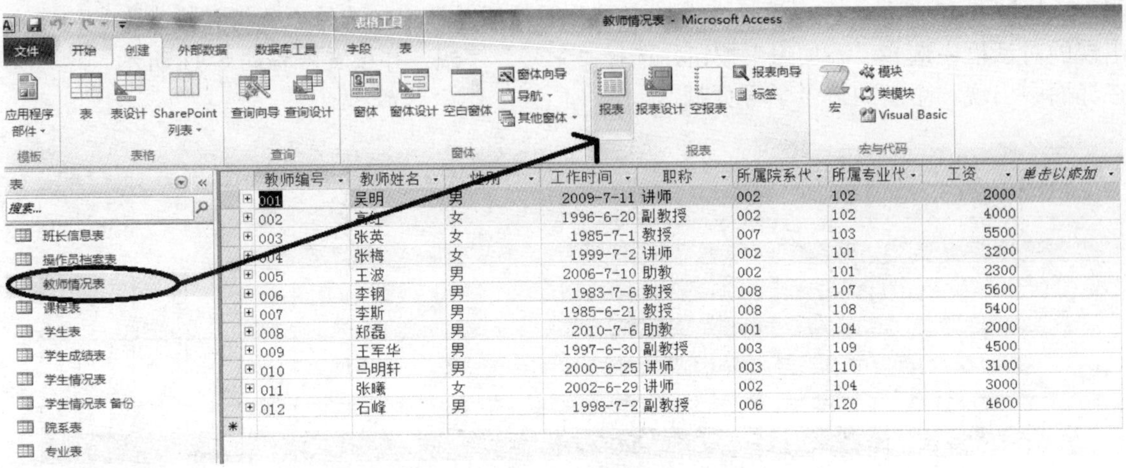

图 6-37　创建“教师情况表”

b．编辑“工资总和”文本框。在“开始”选项卡选择“视图”组，单击“视图”中的“设计视图”，在“设计”选项卡“控件”组中选择“文本框”按钮，将文本框控件添加到“报表页脚”节右侧，并修改文本框的附加标签内容为“工资总和”。点击文本框右键属性，在打开的属性表对话框的“控件来源”属性中，输入“=Sum([工资])”，如图 6-38 所示。

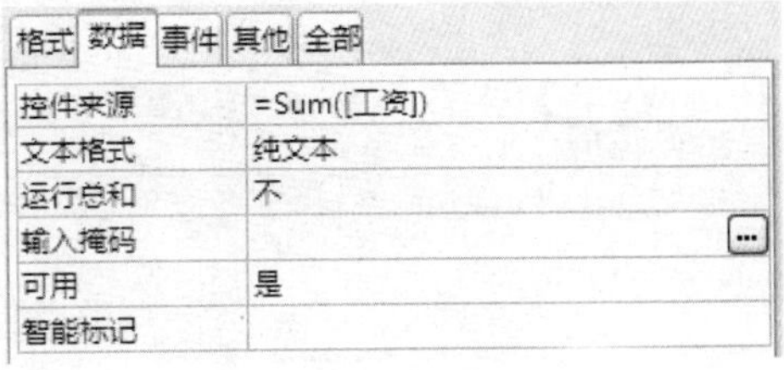

图 6-38　修改显示“工资总和”文本框属性

c．保存结果，在“报表视图”中浏览查看，如图 6-39 所示。

教师编号	教师姓名	性别	工作时间	职称	所属院系代码	所属专业代码	工资
001	吴明	男	2009-7-11	讲师	002	102	2000
002	高红	女	1996-6-20	副教授	002	102	4000
003	张英	女	1985-7-1	教授	007	103	5500
004	张梅	女	1999-7-2	讲师	002	101	3200
005	王波	男	2006-7-10	助教	002	101	2300
006	李钢	男	1983-7-6	教授	008	107	5600
007	李斯	男	1985-6-21	教授	008	108	5400
008	郑磊	男	2010-7-6	助教	001	104	2000
009	王军华	男	1997-6-30	副教授	003	109	4500
010	马明轩	男	2000-6-25	讲师	003	110	3100
011	张曦	女	2002-6-29	讲师	002	104	3000
012	石峰	男	1998-7-2	副教授	006	120	4600
						工资总和	45200

图 6-39　浏览结果

③ 分组的报表汇总。有时报表中也需要对某些分组的记录数据进行计算汇总，这时就需要在组页眉/组页脚节区内添加文本框控件，并设置相关属性。

例 6-10 利用“报表”创建“学生成绩表”，并计算每个学生平均分。操作步骤如下。

a. 创建“学生成绩”报表。打开数据库“教学管理系统”，选中“学生成绩表”，在“创建”选项卡中选择“报表”组，单击“报表”按钮，创建“学生成绩表”。

b. 设置排序与分组。在“开始”选项卡选择“视图”组，单击“视图”中的“设计视图”，如图 6-40 所示。在“设计”选项卡“分组与汇总”组中选择“分组和排序”按钮，在出现的对话框中选择“添加组”按钮，选择“学号”字段，并设置内容如 6-41 所示。这时会在界面中出现一个新的节“学号页脚”。

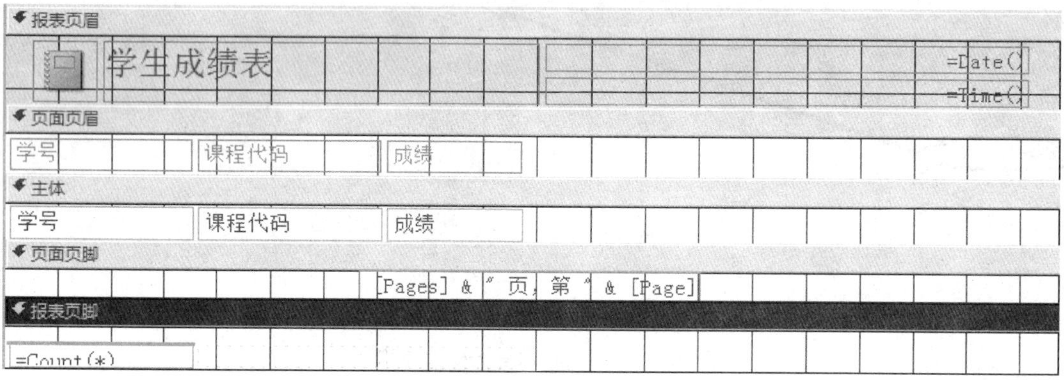

图 6-40 学生成绩报表设计视图

图 6-41 学号分组设置

c. 编辑显示“平均值”的文本框。在“设计”选项卡“控件”组中选择“文本框”按钮，将文本框控件添加到“学号页脚”节右侧，并修改文本框的附加标签内容为“平均值”。点击文本框右键属性，在打开的属性表对话框的“控件来源”属性中，输入“=Avg([成绩])”，如图 6-42 所示。

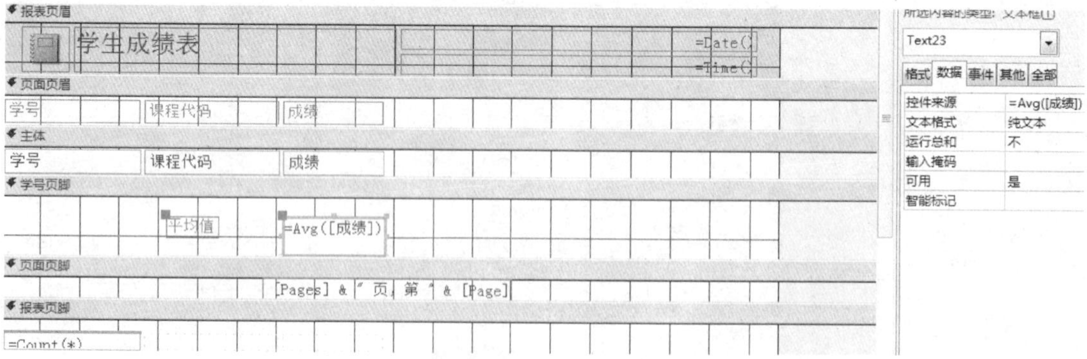

图 6-42 设置显示“平均值”的文本框属性

d. 添加直线控件。在“设计”选项卡“控件”组中选择“直线”按钮，将直线控件添加到“学号页脚”节最下侧，如图 6-43 所示。

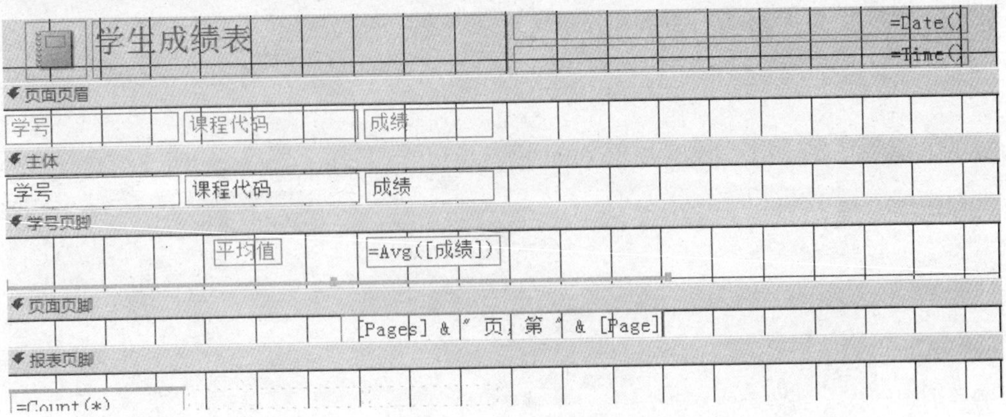

图 6-43 添加直线控件

e．保存结果，在“报表视图”中浏览查看，如图 6-44 所示。

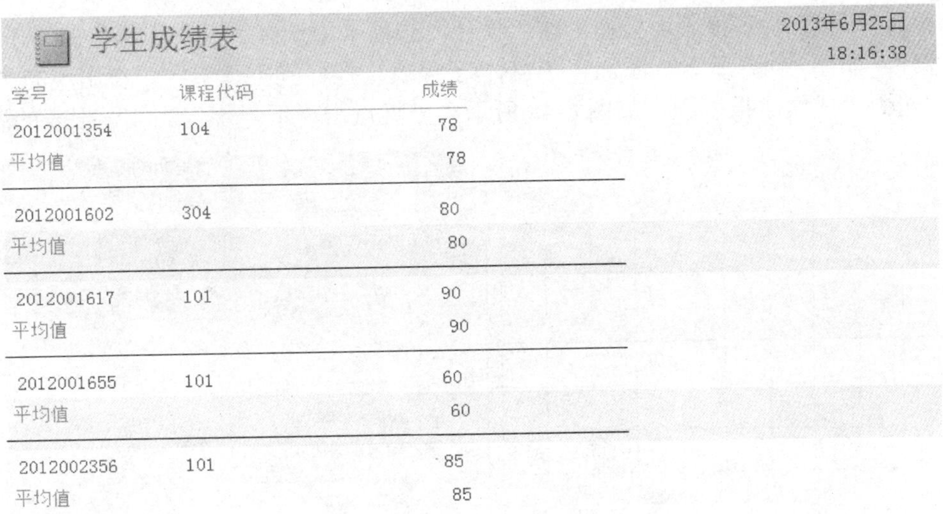

图 6-44 浏览结果

6.3 创建主/子报表

创建主/子报表可以通过在一个报表中链接两个或多个报表的方法实现，链接的报表称为主报表，插在其他报表中的报表为子报表。同时应该注意：主/子报表的创建之前，主、子报表所应用的表的关联关系必须要建立好。

例 6-11 利用“报表设计”创建如图 6-49 所示学生成绩报表。操作步骤如下。

① 创建子报表。打开数据库“教学管理系统”，先利用“报表向导”建立如图 6-45 所示的子报表，命名为“成绩子报表”。

② 设计主报表。在“创建”选项卡中选择“报表”组，单击“报表设计”按钮，在新增的选项卡中选择“设计”中的“工具”组，并点击“添加现有字段”按钮，在出现的“字段列表”窗口中选中“学生情况表”里的“学号”、“姓名”、“班级”三个字段拖动到主体节区，如图 6-46 所示。

学号	课程名称	成绩
2012457896	高等数学	83
2012002356	高等数学	85
2012379605	高等数学	90
2012457856	高等数学	93
2012001617	高等数学	90
2012001655	高等数学	60
2012002832	高等数学	55
2012005856	离散数学	50
2012325041	离散数学	83
2012005847	离散数学	80

图 6-45　子报表

③ 添加“子窗体/子报表”控件。在“设计”选项卡中选择“控件”组里的“子窗体/子报表”控件，如图 6-47 所示。添加“子窗体/子报表”控件到主体节区，在出现的“子报表向导”中选中“成绩子报表”，如图 6-48 所示，一直点击“下一步”完成子报表的添加。

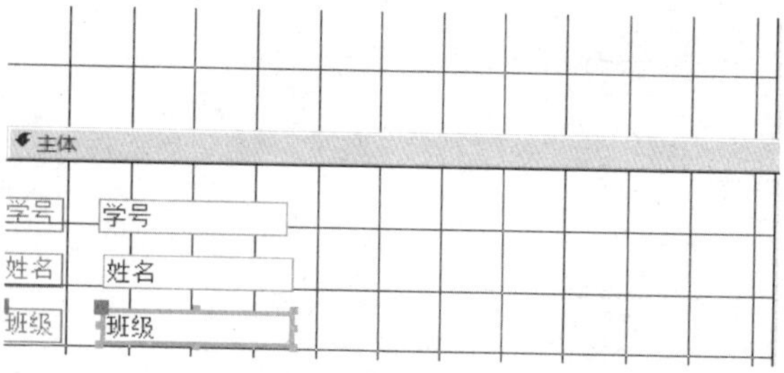

图 6-46　主报表设计

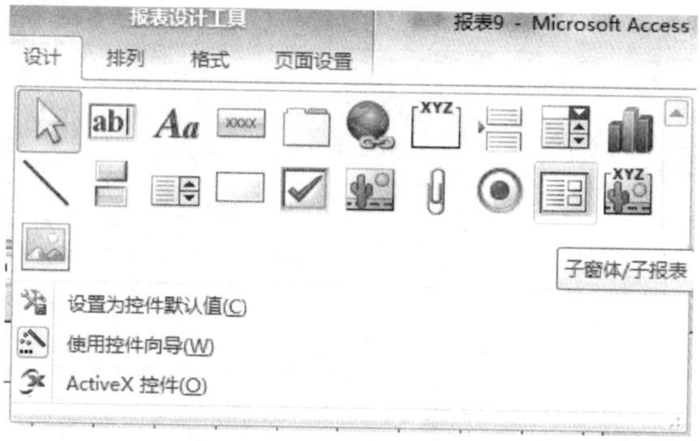

图 6-47　子窗体/子报表控件

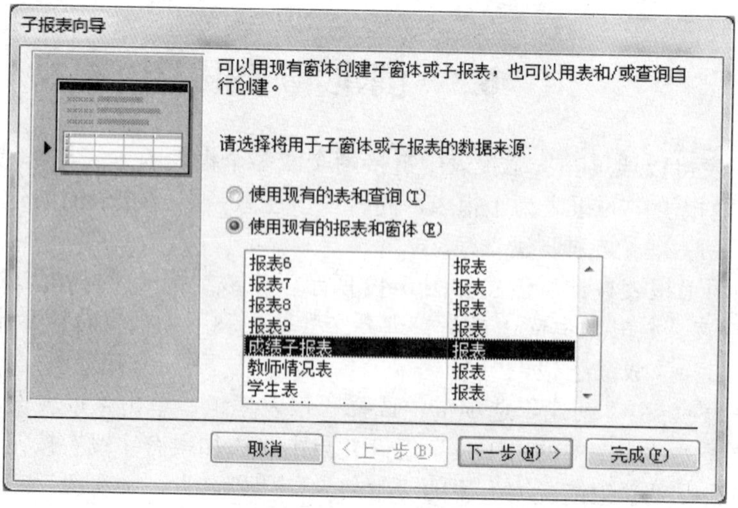

图 6-48　选中成绩子报表

④ 保存结果，在“报表视图”中浏览查看，如图 6-49 所示。

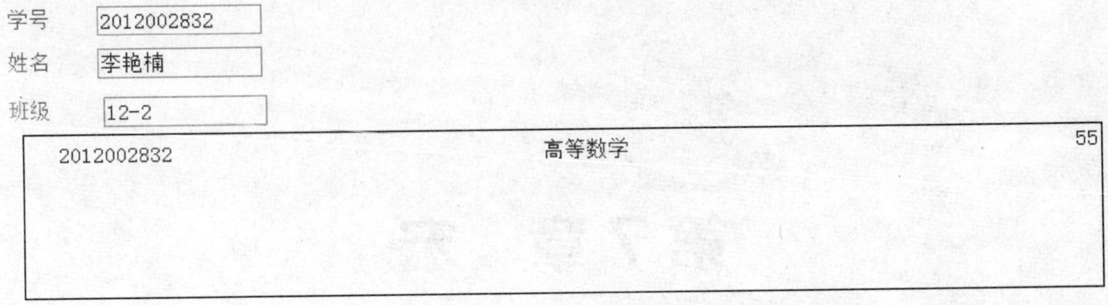

图 6-49　浏览结果

本 章 小 结

本章主要介绍了 Access 2010 环境下如何创建、设计报表的有关知识。报表中有自动创建报表、创建空报表、利用向导创建报表、使用设计器创建报表 4 种方式可以创建报表，最常用的一种方式是可以利用向导先创建报表，后利用设计器来修改报表。当然报表中常常需要对某些数据进行汇总，这里要记住常用的统计汇总函数，还要注意汇总函数的放置位置是报表页眉、报表页脚，还是组页眉、组页脚，放置位置的不同决定了报表是否需要分组。前者是不需要分组的，它统计报表中的所有数据；而后者是需要分组的，它统计报表中分组后的结果记录。

思 考 题

1. 报表包含哪些节？
2. 有哪些方法可以创建报表？
3. 汇总时设置分组与排序有何作用？

第7章 宏

Access 中的宏和模块都可以将表、查询、窗体等对象有机地结合在一起，成为一个性能完善、操作简便的系统。但相比于模块而言，宏指令都是固定的，不需要额外进行编码，使用起来更为简单方便。

7.1 宏的概念

宏是一个或多个操作的集合，每个操作实现特定的功能。在 Access 2010 中，可以将宏看作是一种简化的编程语言，这种语言是通过生成一系列要执行的操作来编写的。利用宏的目的是使大量重复的操作按照一定的顺序自动完成。在 Access 中，经常要进行一些重复性的工作，比如打开报表或窗体等，将大量相同的工作创建为一个宏，在每次执行时运行宏，可以大大提高工作效率。

在 Access 2010 中，宏中包含的每个操作有自己的名称，都是系统提供的、由用户选择的操作命令，名称不能更改。开发者只要进行简单的参数设置而不需要编程就可以完成数据库的开发工作。在 Access 中宏的作用主要表现在以下几个方面。

① 可以替代用户执行重复的任务，节约用户的时间。

② 可以使数据库中各个对象联系更加紧密。

③ 可以把筛选程序加到记录中，提高记录的查找速度。

④ 可以实现数据在应用程序之间的传送。

7.2 宏的设计窗口

点开“创建”选项卡“宏与代码”选项组“宏”按钮，进入了宏的设计界面，在这个界面上分成上下两部分，如图 7-1 所示。上半部分是“设计”选项卡的三个组分别为：工具、折叠/展开、显示/隐藏。“工具”组包括运行、调试宏及将宏转变成 VB 代码三个按钮；“折叠/展开”组提供浏览宏代码的几种方式，即展开操作、折叠操作、全部展开和全部折叠；“显示/隐藏”组主要是操作目录显示和隐藏。

在 Access 窗口的下半部分，分为三个窗格：左侧导航栏显示宏对象；中间窗格是宏设计器；右侧窗格是“操作目录”。

左侧导航栏中可以显示当前数据库中所有存在的对象，包括宏对象。

中间的宏设计器中包含一个前面带有绿色“+”的组合框，点开“▼”，可以看到下拉框中包含所有宏设计时用到的指令，如图 7-2 所示。

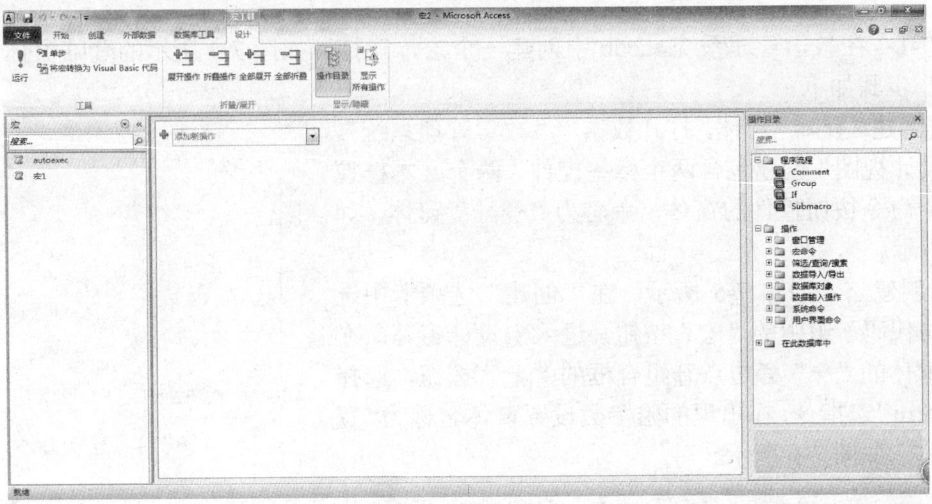

图 7-1　宏设计窗口

右侧的操作目录由三部分组成，上部是程序流程部分，中间是操作部分，下部是此数据库中的对象。程序流程包括注释、组、条件、子宏；操作分为 8 组，分别是“窗口管理”、“宏命令”、“筛选/查询/搜索”、“数据导入/导出”、“数据库对象”、“数据输入操作”、“系统命令”、“用户界面命令”一共 66 个操作；在此数据库中列出了当前数据库的所有宏，以便用户可以重复使用所创建的宏和事件过程代码，如图 7-3 所示。

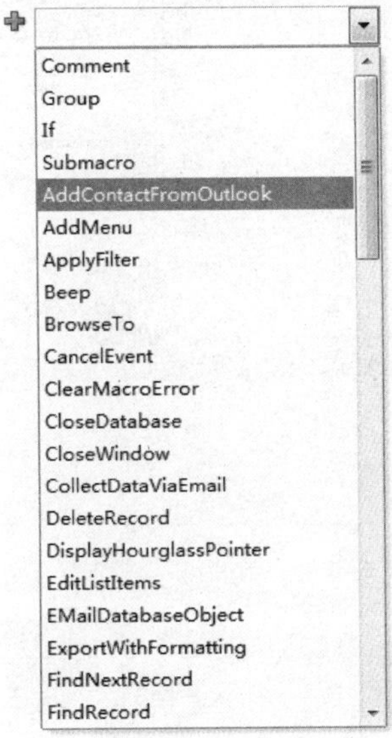

图 7-2　宏设计器

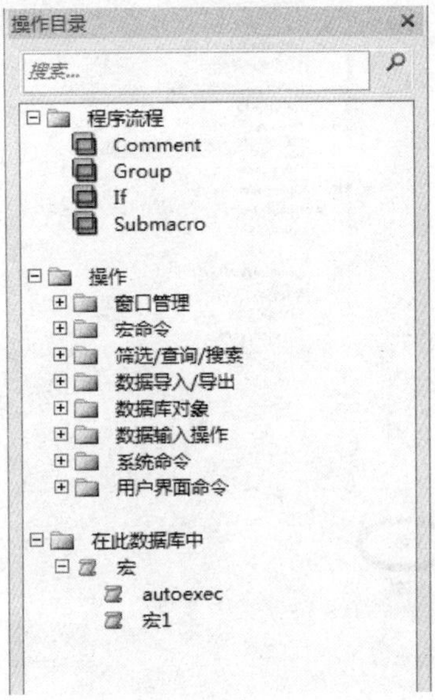

图 7-3　宏操作目录

7.3　创建宏与宏操作

创建宏的过程主要有指定宏名、添加操作、设置参数提供备注等。完成宏的创建后，可以选择多种方式来运行、调试宏。

7.3.1 创建一般宏

例 7-1 在教学管理系统.accdb 中创建一个宏，能打开如图 7-4 所示的登陆窗体。

操作步骤如下。

① 创建“登陆”窗体。打开数据库“教学管理系统”，利用“设计视图”创建包含两个标签控件、两个文本框控件、一个命令按钮控件的窗体，命名为“登陆”窗体，如图 7-4 所示。

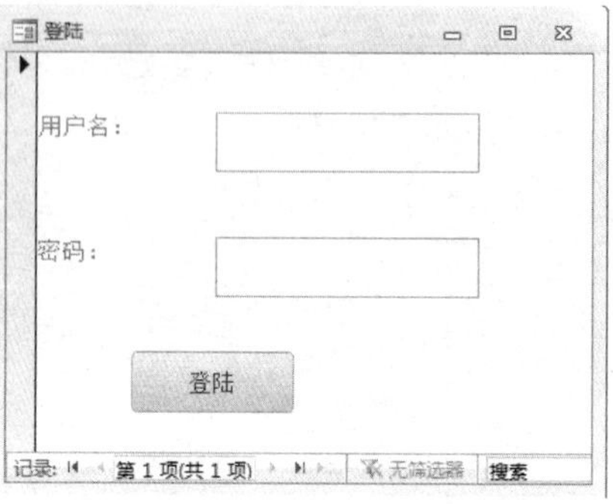

图 7-4 登陆窗体

② 创建宏。如图 7-5 所示，在“创建”选项卡中选择“宏与代码”组中的“宏”按钮，进入宏设计窗体。在宏设计窗体的“✚”旁边点开组合框的“▼”按钮，选择“OpenForm”宏指令，在出现的宏参数设置窗体名称为“登陆”窗体，如图 7-6 所示。

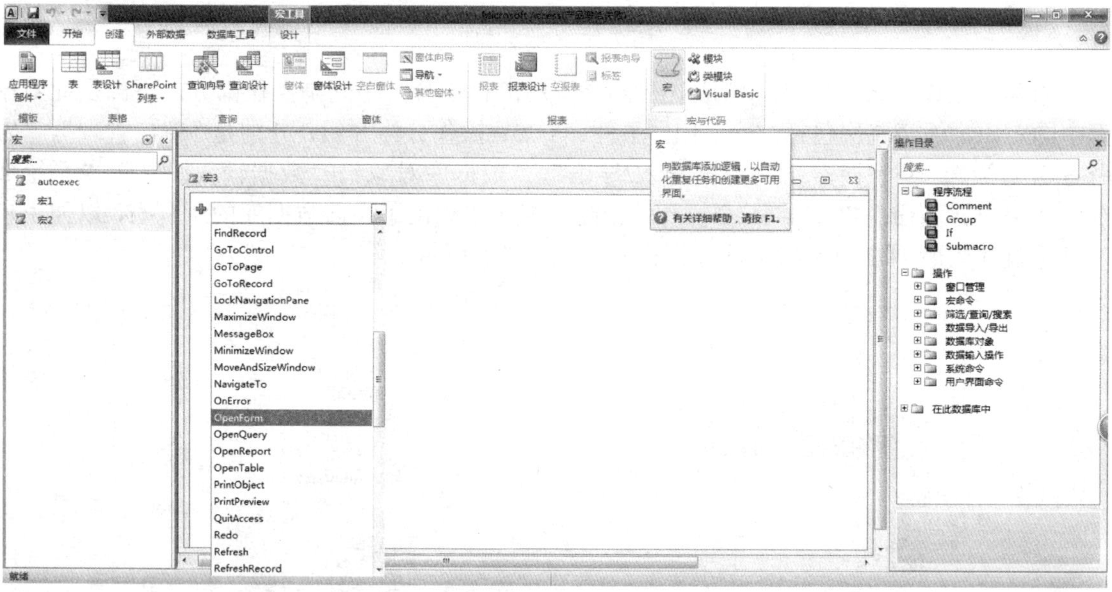

图 7-5 选择宏指令

图 7-6 选择“登陆”窗体

③ 运行宏指令。保存宏指令后，按快捷键“F5”或点击运行按钮“!”，可以运行宏指令，如图 7-7 所示。

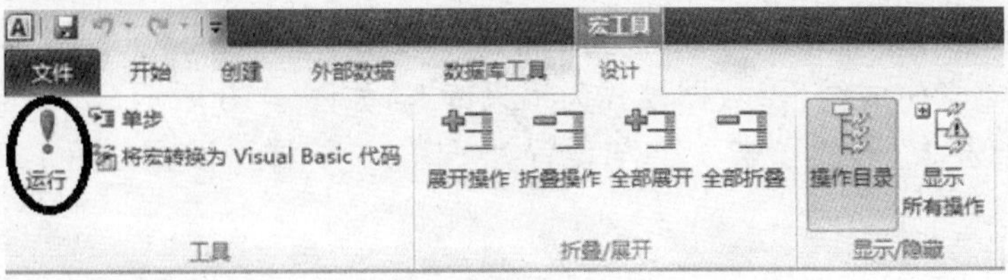

图 7-7 宏指令运行

注意：在 Access 中如果想打开数据库的时候自动运行宏指令，可以将宏指令命名为 AutoExec。

7.3.2 创建宏组

在一个宏中可以包含多个子宏，将几个相关的子宏组成一个宏对象，可以创建一个宏组，宏组的使用可以减少用户的工作量。创建含有子宏的宏组与创建宏的方法基本相同，不同的是在创建过程中需要对子宏命名。宏组中的每个宏单独运行，互相没有关联。

例 7-2 在教学管理系统.accdb 中创建一个名称为“宏组 1”的宏组，该宏组由三个子宏组成，分别命名为“子宏 1”、“子宏 2”、“子宏 3”。其中，子宏 1 功能：打开“学生成绩表”。子宏 2 功能：打开“学生成绩”窗体，使计算机发出“嘟嘟”的鸣叫声。子宏 3 功能：退出 Access 数据库系统。创建一个窗体，分别调用这三个子宏。操作步骤如下。

① 打开数据库“教学管理系统”，创建名称为“学生成绩”的窗体对象，如图 7-8 所示。在“创建”选项卡中的“宏与代码”组中选择“宏”按钮。在出现的操作目录窗口中将“程序流程”中的“Submacro”拖动到宏设计窗口，如图 7-9 所示。

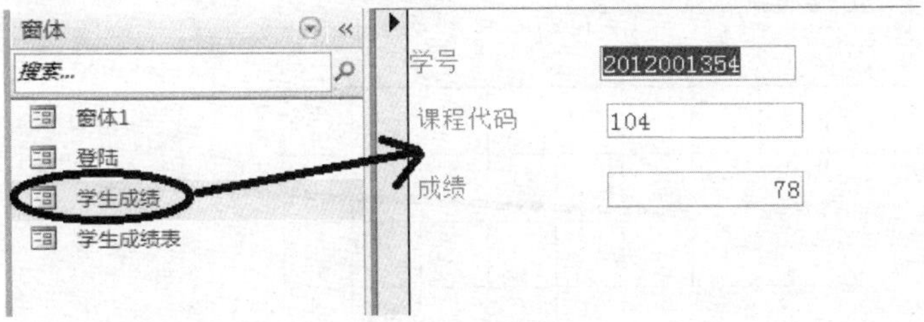

图 7-8 学生成绩窗体

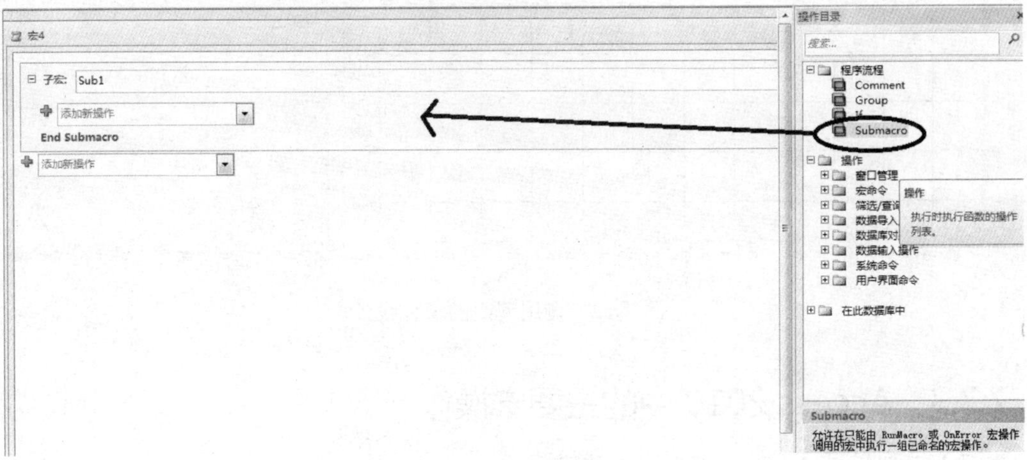

图 7-9 拖动子宏到设计窗体

② 设置“子宏 1”。修改子宏名称为“子宏 1”，选中“OpenQuery”宏指令，并设置宏指令查询名称为“学生成绩”，数据模式为“只读”，如图 7-10 所示。

③ 设置“子宏 2”与“子宏 3”。与设置“子宏 1”一样，设置如图 7-11 所示“子宏 2”、“子宏 3”。

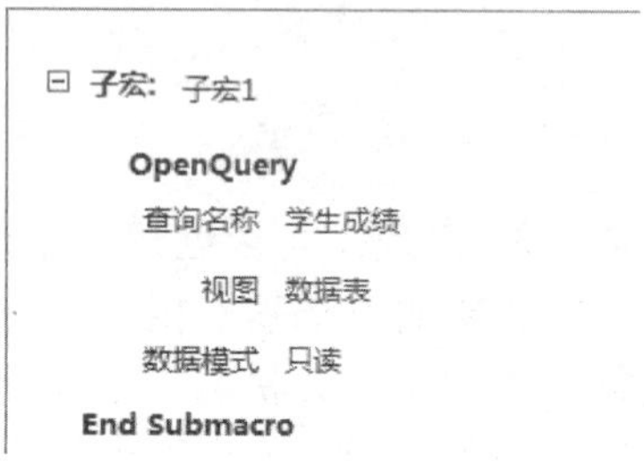

图 7-10　设置子宏 1

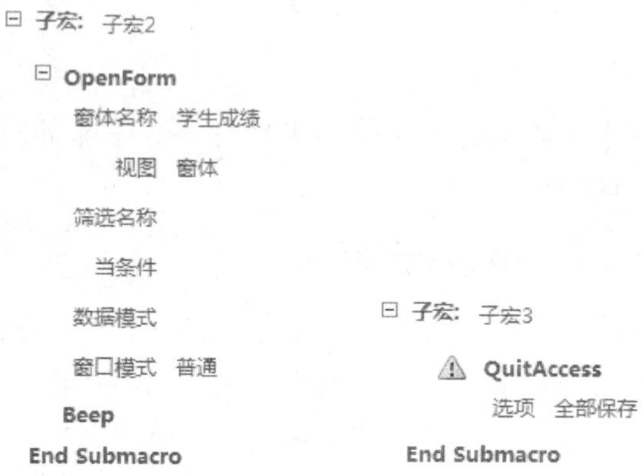

图 7-11　设子宏 2 与子宏 3

④ 命名宏组。保存宏组，并命名为“宏组 1”。

⑤ 窗体设计。设计如图 7-12 所示的包含三个命令按钮的窗体，并分别设置三个命令按钮的“单击”属性为“宏组 1.子宏 1”、“宏组 1.子宏 2”、“宏组 1.子宏 3”。

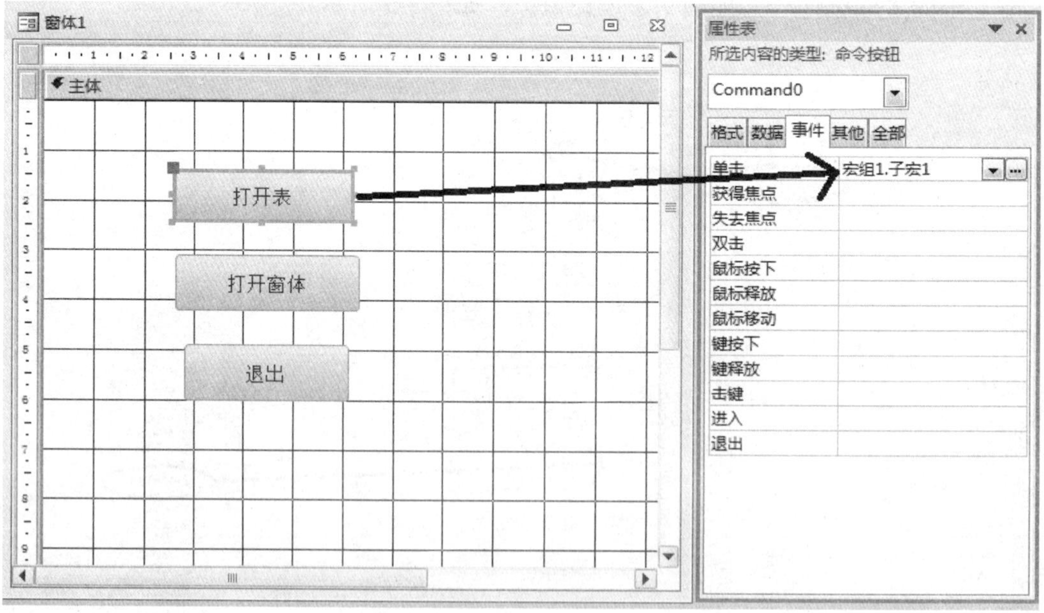

图 7-12　调用宏组的窗体设计

7.3.3　Access 2010 中的主要宏操作

表 7-1 中列举了 Access 2010 的主要宏操作。

表 7-1 Access 2010 主要宏操作

操作类型	宏命令	功能
窗口管理	CloseWindows	关闭指定的 Access 窗口，如果没有指定窗口，则关闭活动窗口
	MaximizeWindows	放大活动窗口
	MinimizeWindows	最小化窗口
	MoveAndSizeWindows	移动活动窗口或调整其大小
	RestoreWindows	将处于最大化或最小化的窗口恢复为原来的大小
宏命令	CancelEvent	取消一个事件，该事件在取消前用于引发 Access 执行后来包含该操作的宏
	ClearMacroError	消除宏对象中上一个错误
	OnError	指定宏出现错误时如何处理
	RemoveAllTempVars	删除用 SetTempVar 操作创建的任意临时变量
	RemoveTempVar	删除通过 SetTempVar 操作创建的单个临时变量
	SetLocal	将本地变量设置为给定值
	SetTempVar	将临时变量设置为给定值
	RunCode	调用 VBA 函数过程
	RunMacro	运行宏，该宏可以在宏中包含子宏
	StopAllMacros	停止当前正在运行的所有宏
	StopMacro	停止当前正在运行的宏
筛选/排序/搜索	ApplyFilter	对表、窗体或报表应用筛选、查询或 Sql Where 子句，以便限制或排序表以及窗体或报表的查询中的记录
	FindNext	查找下一个记录，该记录符合由前一个 FindRecord 操作或“在字段中查找”对话框框所指定的准则
	FindRecord	查找符合该操作参数指定的准则的第一个数据实例
	OpenQuery	在数据表视图、设计视图或“打印预览”中打开选择查询或交叉表查询
	Requery	通过重新查询控件的数据源来刷新活动对象指定控件中的数据
	RequeryRecord	刷新当前记录
	ShowAllRecords	从活动表、查询结果集或窗体中删除任何应用的筛选，以及显示表或结果集中的所有记录或窗体的基础表或查询中的所有记录
数据导入/导出	ExportWithFormating	将指定数据库对象的数据输出为某种格式文件执行邮件合并操作
	WordMailMerge	执行邮件合并操作
数据对象	GoToControl	把焦点移到打开的窗体、窗体数据表、表数据表、查询数据表中当前记录的特定字段或控件上
	GoToPage	在活动窗体中将焦点移到某一特定页的第一个控件上
	GoToRecord	使指定的记录成为打开的表、窗体或结果集中的当前记录
	OpenForm	在窗体视图、设计视图中打开窗体
	OpenReport	在“设计”视图或打印预览中打开报表或立即打印报表，也可以限制需要在报表中打印的记录
	OpenTable	在数据表视图、设计视图或“打印预览”中打开表
	RepaintObject	完成指定的数据库对象的任何未完成的屏幕更新
系统命令	Beep	可表示错误情况和重要的屏幕变化，通过计算机发出嘟嘟声
	CloseDatebase	关闭当前数据库
	QuitAccess	退出 Access
	AddMenu	创建全局菜单栏、窗体、控件或报表的自定义快捷菜单
	MessageBox	显示包含警告信息或其他信息的消息框
	SetMenuItem	设置“加载项”选项卡上的自定义或全局菜单上的菜单项的状态

7.4 在宏中使用条件

在某些情况下，可能希望符合某些条件时执行操作，在这种情况下，可以使用条件来控件宏的流程。条件是一个计算结果为 True/False 的逻辑表达式。宏将根据条件结果的不同执行不同的分支。

例 7-3 在教学管理系统.accdb 中创建一个含有条件的宏，命名为“宏 1”。实现如图 7-4 所示的窗体中命令按钮的功能：当用户名为“abc”且密码为“123456”时，关闭当前的“登陆”窗体，同时打开“学生成绩”窗体；当用户名与密码错误时，提示“用户名或密码错误，请重新输入”。操作步骤如下。

① 添加 If 宏指令。打开数据库“教学管理系统”，在“创建”选项卡中选择“宏与代码”组中的“宏”按钮，进入宏设计窗体。在宏设计窗体的“✚”旁边点开组合框的“▾”按钮，选择“If”宏指令。

② 设置 If 条件成立时的宏指令：If 指令的条件表达式中输入[Forms]![登陆]![Text0]="abc" And [Forms]![登陆]![Text2]="123456"，在“✚”旁边选择“CloseWindow”操作指令，设置对象名称为“登陆”，再在“✚”旁边选择“OpenForm”操作指令，设置窗体名称为“学生成绩”。具体设置如图 7-13 所示。

注意：在写 If 后的条件表达式时,逻辑符号 And 必须前空一格后空一格！

[Forms]![登陆]![Text0]中[登陆]是指窗体的名称是“登陆”，[Text0]是指窗体“登陆”中有一个文本框对象名称叫 Text0。

表达式中的 Text0、Text2 分别指的是窗体中用户名与密码的文本框名称！！

```
⊟ If  [Forms]![登陆]![Text0]="abc" And [Forms]![登陆]![Text2]="123456"  Then
      CloseWindow
        对象类型  窗体
        对象名称  登陆
            保存  提示
    ⊟ OpenForm
        窗体名称  学生成绩表
            视图  窗体
        筛选名称
          当条件
        数据模式
        窗口模式  普通
  End If
```

图 7-13 条件成立时宏指令设置

③ 设置 If 条件不成立时的宏指令。先点一下“ ⊟ ”将条件成立时的 If 语句折叠起来。在下面的“✚”旁边选择“If”宏指令，条件表达式中输入[Forms]![登陆]![Text0]<>"abc" Or [Forms]![登陆]![Text2]<>"123456"，在“✚”旁边选择“MessageBox”操作指令，设置消息为“用户名或密码错误，请重新输入”，类型为“警告”。具体设置如图 7-14 所示。

④ 保存宏操作。保存当前的宏文件，并命名为“宏 1”。

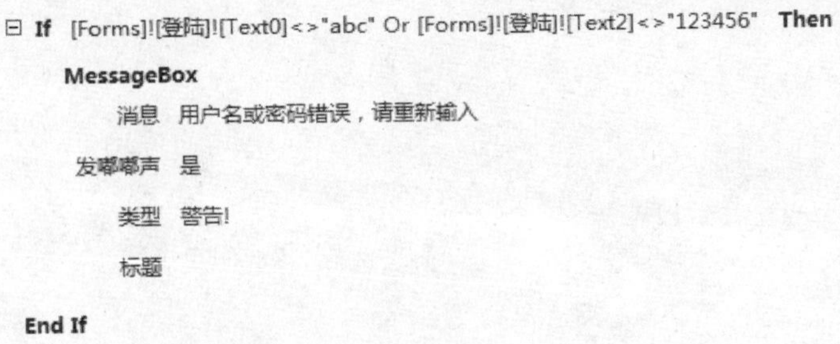

图 7-14 条件不成立时宏指令设置

⑤ 设置“登陆”窗体。打开“登陆”窗体，设置命名按钮的单击属性为“宏 1”。如图 7-15 所示。

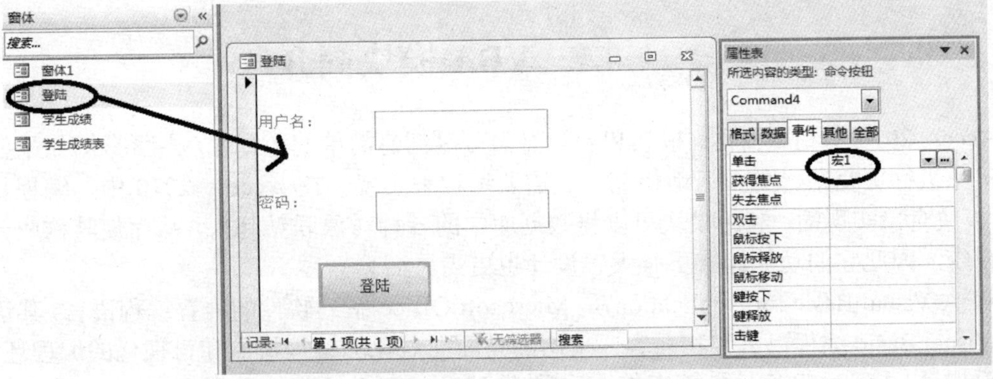

图 7-15 “登陆”窗体的属性设置

本 章 小 结

本章主要介绍了宏的相关知识，包括宏与宏组的相关概念，创建宏及宏组的方法，设置宏的操作参数，并详细介绍了如何在窗体中引用宏。

思 考 题

1. 如何创建能打开窗体的宏操作？
2. 创建一个能判断一个数是否为正数的宏。
3. 在窗体中如何引用宏？

第 8 章　模块与 VBA 编程基础

8.1　VBA 模块简介

Access 2010 中利用窗体、报表和宏等对象可以创建简单的数据库应用系统，如果要对数据库对象进行更复杂、更灵活地控制，就需要编程来实现。在 Access 2010 中，编程是通过 VBA 模块对象实现的，利用模块可以将数据库中的各种对象联结起来，从而使其构成一个完整的系统。因此它的功能比宏更强大、设计也更为灵活。

VBA(Visual Basic for Application)是 Microsoft Office 系列软件的内置编程语言，其语法结构与 Visual Basic 编程语言互相兼容，采用的是面向对象的编程机制和可视化的编程环境。

模块是 Access 2010 系统中的一个重要对象，它以 VBA 为基础编写，以函数过程（Function）或子过程（Sub）为单元的集合方式存储。Access 2010 中，模块分为标准模块和类模块两种类型。

（1）标准模块

标准模块包含的是通用过程和常用过程，这些通用过程不与任何对象相关联，常用过程可以在数据库中的任何位置运行。在系统中可以通过创建新的模块对象而进入其代码设计环境。

标准模块中的公共变量和公共过程具有全局特性，其作用范围在整个应用程序里，生命周期是伴随着应用程序的运行而开始、关闭而结束。

（2）类模块

类模块包括窗体类模块、报表类模块和自定义类模块三种。类模块是可以包含新对象定义的模块。新建一个类实例时，也就新建了一个对象。在 Access 2010 中，类模块是可以单独存在的。实际上，窗体和报表模块都是类模块，而且它们各自与某一窗体或报表相关联。窗体和报表模块通常都含有事件过程，该过程用于响应窗体或报表中的事件。可以使用事件过程来控制窗体或报表的行为，以及它们对用户操作的响应，例如用鼠标单击某个命令按钮。为窗体或报表创建一个事件过程时，Access 2010 将自动创建与之关联的窗体或报表模块。

窗体模块和报表模块中的过程可以调用标准模块中已经定义好的过程。

窗体模块和报表模块具有局部特性，其作用范围局限在所属窗体或报表内部，而生命周期则是伴随着窗体或报表的打开而开始、关闭而结束。

（3）创建模块

模块是装着 VBA 代码的容器。过程是模块的单元组成，由 VBA 代码编写而成。过程分为两种类型：Sub 过程 和 Function 函数过程。能否返回值，是 Sub 过程和 Function 函数之间最大的区别。

单击"创建"→"宏与模块"中的"模块"或"类模块"即可进入模块的设计和编辑窗口。

（4）在模块中执行宏

Access 2010 定义了一个重要的对象 DoCmd，使用它可以在 VBA 程序中运行宏的操作。要运行操作，只需将 DoCmd 对象的方法放到过程中即可。大部分的操作都有相应的 DoCmd 方法。具体格式如下：

DoCmd.method [arguments]

method 是方法的名称。当方法具有参数时，arguments 代表方法参数。但是并不是所有的操作都有对应的 DoCmd 方法。

8.2　VBA 程序设计基础

本节将对 VBA 中的常量、变量、标准函数及表达式，顺序结构、分支结构、循环结构、数组、子程序和子函数加以介绍。

8.2.1　编码规则

标识符用来表示常量、变量、函数、过程、控件、对象等用户命名元素的标识。标识符的命名应遵从以下规则：

① 必须以字母或汉字开头；
② 可以包含字母、数字或下划线符号；
③ 不能包含标点符号或空格；
④ 长度最多只能为 255 个字符；
⑤ 标识符不区别大小写；
⑥ 不能使用 Visual Basic 关键字。

8.2.2　数据类型

VBA 与其他的编程语言一样，为数据操作提供数据类型。表 8-1 列出了 VBA 程序中的基本数据类型、类型符以及它们占用的存储空间、取值范围等。

表 8-1　VBA 的基本数据类型

类型名	含义	类型符	有效值范围
Byte	单字符		0～255
Integer	短整数	%	–32768～32767
Long	长整数	&	–2147483648～2147483647
Single	单精实数	!	-3.402823×10^{38}～3.402823×10^{38}
Double	双精实数	#	$-1.7976916486\times10^{308}$～$1.7976916486\times10^{308}$
Sring	字符串	$	
Currency	货币	@	–922337203685～922337203685
Boolean	布尔值（真/假）		True（非 0）和 False（0）
Date	日期		January 1100～December 319999
Object	对象		
Variant	变体		

8.2.3 常量、变量和表达式

在编写应用程序过程中，经常需要对数据进行处理，完成各种运算。变量、常量和表达式是进行计算的主要成分。

（1）常量

在程序运行过程中，其值不可以发生变化的量叫做常量。常量的作用在于以一些固定的、有意义的名字保存一些在程序中始终不会改变的值。

在初学 VBA 时，经常用到的常量一般都是符号常量。它的作用与变量有些类似，也是用于存放一些需要编程者自行设置的数据。符号常量的定义语句如下。

Const　符号常量名 ＝ 常量值

如：

Const　A = 56.5

Const　B = 90

在此需要强调如下内容：在程序中符号常量不能进行二次赋值，这是它与变量不同的地方。如下面的程序是错误的。

Const　A = 56.5

A = 56.5

在这两个语句中，尽管看上去符号常量 A 的值似乎没有变化，但是却先后两次对符号常量 A 进行了赋值，这是 VBA 所不允许的。

在 VBA 中，除了符号常量之外，还有固有常量和系统常量。

（2）变量

在程序运行的过程中，其值可以发生变化的量叫做变量。变量用于暂时存储程序运行中所产生的一些中间值。同一个程序中，任意两个不同的变量都不能使用相同的名字；每一个变量中的内容在某一时刻可能被更替；变量与变量之间的类型未必完全相同。

① 变量声明。VB 中用户可不做声明而直接使用变量，但编程序时容易产生难以查找的错误，所以在使用变量前应先作声明。声明变量用下面的语句：

Dim\Static\Private\Public 变量名　[AS 类型]

一个 DIM 语句可以同时定义多个变量，但每个变量必须有自己的类型声明，类型声明不能共用。如：

dim I as integer，j as long

dim k%，h!

dim i,j%　　　定义两个变量，其中 i 是变体类型的，j 是整型的。

隐式声明:允许对使用的变量未进行说明而直接使用，隐式声明的变量都是 Variant 类型的。

② 变量赋值。将数据存入变量称为变量赋值，用赋值语句完成。语句格式为：

变量名=<表达式|常量>

例：

a=10　　　将数值 10 赋给变量 a

Name="张海"　将字符串“张海”赋给变量 Name

（3）表达式

表达式是由运算符、函数和数据等内容组合而成的。在 VBA 的编程中，表达式是不可缺少的。根据表达式中的运算符的类型，通常可以将表达式分成 5 种：算术表达式、关系表达式、逻辑表达式、字符串表达式和对象表达式。VBA 的算术运算符如表 8-2 中所列。

表 8-2　VBA 的算术运算符

运算符	运算符含义	举例
+	加	6 + 4　结果为 10
–	减	8–5　结果为 3
*	乘	25 * 4　结果为 100
/	除	10 / 4　结果为 2.5
\	整除	5 \ 3　结果为 1
MOD	求余	8 MOD 3　结果为 2
∧	乘方	2∧3　结果为 8

① 算术运算符。算术运算符之间存在优先级，它们之间的优先级决定算术表达式的运算顺序。如图 8-1 所示。

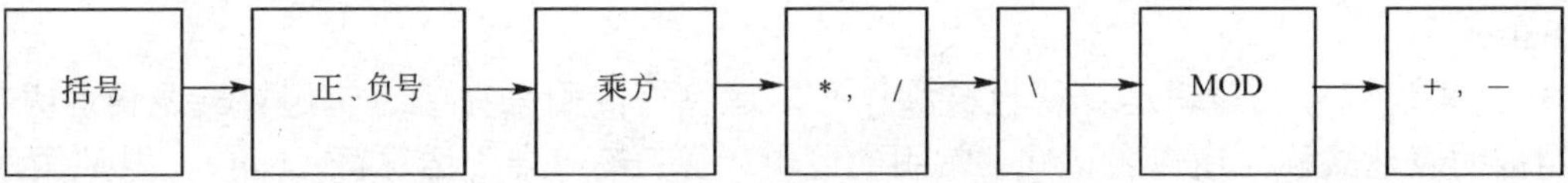

图 8-1　算术运算符的优先级排序

例　求–4 + 3 * 6 MOD 5∧(2 \ 4)

计算过程如下：

a. 求出括号内的算式 2 \ 4 的结果，结果为 0。所以原式化为：

– 4 + 3 * 6 MOD 5∧0

b. 求算式 5∧0 的结果，结果为 1。原式进一步化为：

– 4 + 3 * 6 MOD 1

c. 求算式 3 * 6 的结果，结果为 18。原式再进一步化为：

– 4 + 18 MOD 1

d. 求算式 18 MOD 1 的结果，结果为 0。原式更进一步化为：

– 4 + 0

e. 求出最终结果为：– 4。

② 关系运算符。关系运算符用于在常数以及表达式之间进行比较，从而构成关系表达式。其运算结果只能有两种可能，真（True）或假（False）。VBA 中的关系运算符有 6 个，如表 8-3 所示。

表 8-3　VBA 的关系运算符

运算符	含义	举例
>	大于	5 +2>4　（True）
<	小于	5 –3<0　（False）
=	等于	1 = 0　（False）
>=	大于或等于	8 >= 8　（True）
<=	小于或等于	4 <= 7　（True）
<>	不等于	6 <>7　（True）

这 6 个关系运算符的优先级是相同的，但是比算术运算符的优先级低。如果它们出现在同一个表达式中，按照从左到右的顺序依次运算。

在这里有一点要说明，VBA 是以 BASIC 语言为基础的，所以其赋值号和等于号用的都是“＝”符号。因此初学者要能够从“＝”符号所出现的位置，来判断其代表的真正含义。大致来说，“＝”作为等号出现时，一般是包含在其他语句中。而“＝”作为赋值号出现时，常作为单独的赋值语句。例如：

```
a = 22
b = 28
c = 58
Print a + b = c
```

在这个程序的前三行中，“＝”均作为赋值号出现，作用是把 22、28 和 58 这三个数值分别赋给变量 a、b 和 c。在 VBA 中，数值型变量没有赋值，则使用默认值 0。在这个程序的第四行，“＝”是作为等号出现的。Print 的作用是打印出表达式 a + b = c 的结果。在这个等式的左端，结果是 50，右端结果是 58。很显然，等式不成立，返回一个假值。所以打印的结果为 False。

③ 逻辑运算符。逻辑运算符也被称作布尔运算符，用来完成逻辑运算。逻辑运算符和数值组成的表达式称为逻辑表达式。常用的逻辑运算符有“非”运算符（Not）、“与”运算符（And）和“或”运算符（Or）。其运算关系如表所示。

逻辑运算符的优先级低于关系运算符。这三个逻辑运算符之间的优先级如下：

Not > And > Or

除此之外，还有些不常用的逻辑运算符，例如：异或运算符（Xor）、等价运算符（Eqv）和蕴含运算符（Imp）等。

④ 字符串连接符。在 VBA 中，字符串连接符有两个，分别是“+”和“&”。用于连接字符串，从而构成字符串表达式，它们的作用相同。例如：

```
a$ = "123"
b$ = "456"
c$ = a$ & b$
```

则字符串变量 c$所存放的内容是字符串"123456"。“+”符号的用法与“&”是相同的

⑤ 对象运算符。在 VBA 中，对象运算符有两个，分别是“!” 和“.”，用于引用对象或对象的属性，从而构成对象表达式。

符号“!”的作用是随后为用户定义的内容，如：

Form![学生成绩单]

这里所表示的是打开“学生成绩单”窗体。

“.”的作用是随后为 Access 2010 定义的内容，如：

Cmd1.Caption

这里所表示的是引用命令按钮 Cmd1 的 Caption 属性。

8.2.4 标准函数

在 VBA 中，系统提供了一个颇为完善的函数库，函数库中有一些常用的且被定义好的函数供用户直接调用。这些由系统提供的函数称为标准函数。实际上，函数也可以看作是一类特殊的运算符。表 8-4 中列出了一些常用的标准函数。

表 8-4　常用函数及功能

函数	函数功能	函数说明
Abs(x)	求 x 的绝对值	x 为实数
Sin(x)	求 x 的正弦函数值	x 为弧度值
Cos(x)	求 x 的余弦函数值	x 为弧度值
Tan(x)	求 x 的正切函数值	x 为弧度值
Fix(x)	截取 x 的整数部分	Fix(8.3)=3　Fix(–7.1)= –7
Int(x)	取不大于 x 的最大整数	Int(8.3)=3　Int(–7.1)= –8
Log(x)	求自然对数 ln*x*	x ≥0
Exp(x)	求 e 的 x 次幂	e ≈2.7182818284590
Sgn(x)	符号函数	SGN(x)= 1 (x > 0) 0 (x = 0) –1 (x < 0)
Sqr(x)	求 x 的平方根	x≥0

说明：

① 函数的参数可以是常量、变量或含有常量和变量的表达式。如：

```
Dim a,b As Single
a = 8.7
b = Sin(a + 4)
```

② 标准函数不能脱离表达式而独立地作为语句出现。

8.3　VBA 的程序控制

任何一个程序都要按照一定结构来控制整个程序的流程，常见的程序控制结构分为 3 种：顺序结构、选择结构和循环结构。

8.3.1　顺序结构

顺序结构是指在程序执行时，根据程序中语句的书写顺序依次执行的语句列。

在顺序结构中，通常使用赋值语句、输入语句、输出语句和注释语句、终止语句等。

（1）赋值语句

变量声明以后，需要为变量赋值，为变量赋值应使用赋值语句。

赋值语句的语法格式如下：

变量名=表达式

该语句的功能是，首先计算表达式的值，然后将该值赋值给等号左边的变量。

例 8-1　指出下列语句的功能。

① Dim name as string

name=”李明”

② Dim i as integer

i=2

③ c=5

各语句功能如下。

① 定义了一个 string 类型的变量 name，并为其赋值，其值为李明。

② 定义了一个 integer 类型的变量 *i* ，并为其赋值，其值为 2。

③ 为变体类型的变量 *c* 赋值为 5。在该语句中没有给出变量的声明，因此 *c* 变量为变体类型。

（2）注释语句

注释语句用于对程序或语句的功能给出解释和说明。

注释语句的语法格式分如下两种。

格式 1：

Rem 注释内容

格式 2：

‘注释内容

8.3.2 选择结构（分支结构）

选择结构（分支结构）是指在程序执行时，根据不同的条件选择不同的程序语句，用来解决有选择、有转移的一类问题。

（1）行 If 语句

其语句格式有如下两种。

If <条件> Then <语句 1>

If 语句的含义是：如果（If）条件成立，那么（Then）执行语句 1；如果条件不成立，则该 If 语句不被执行。

If <条件> Then <语句 1> Else <语句 2>

If 语句的含义是：如果（If）条件成立，那么（Then）执行语句 1，否则（Else），即条件不成立执行语句 2。

在行 If 语句中，应当注意的是条件语句的嵌套使用。如果程序中有两个或两个以上的 Else，那么每一个 Else 应当和哪个 If…Then 进行匹配呢？在 VBA 中规定，每一个 Else 与在它前面的、距离最近的且没有被匹配过的 If…Then 配对。例如：

If … Then … If … Then … Else … Else …

（2）块 If 语句

块 If 语句的格式有如下两种。

第一种为常用的、非嵌套的块 If 语句。语法格式为：

```
If  <条件>  then
        <语句组 1>
[Else
        <语句组 2>]
End If
```

当条件为真时，执行语句组 1；当条件为假时，执行语句组 2。

第二种为嵌套的块 If 语句。其功能和下面将要介绍的多路分支选择结构 Select Case 的功能相同，可以对多个条件进行判断。

```
If  <条件 1>  Then
        <语句组 1>
Elseif <条件 2> Then
```

```
        <语句组 2>
     ……
  Elseif <条件 n> Then
        <语句组 n>
[Else
        <语句组 n+1>]
  End If
```

该语句执行的过程是这样的：按条件出现的顺序依次判断每一个条件，发现第一个成立的条件后，则立即执行与该条件相对应的语句组。然后跳出该条件语句，去执行 End If 之后的第一条语句。即便有多个条件都成立，也只是执行与第一个成立的条件相对应的语句组。如果所有的条件都不成立，则看存不存在 Else，要是存在的话，则执行 Else 对应的语句组（即语句组 n + 1），否则直接跳出条件语句，去执行 End If 之后的第一条语句。

例 8-2　输入文本框中三个数，单击“排序”按钮后，三个数按由大到小的顺序排列。单击“重新输入”按钮后，清空文本框，以便于重新输入。

解题思路：要想将三个数进行排序，首先要将这三个数中任意两个数进行比较，如果比较过程中较大数在较小数之前，则不需要改变它们的顺序，否则需要将两个数的位置进行交换。解题步骤如下。

① 新建一个数据库，选择“创建”→“窗体”→“空白窗体”。

② 在上面的工具面板中分别在窗体中添加三个文本框和两个按钮，进入窗体的设计视图方式，单击文本框的右键选择“属性”，修改三个文本框的名称分别为 text1,text2,text3,将两个按钮的名称改成 command1 和 command2,按钮标题分别修改成“排序”和“重新输入”。分别单击文本框和按钮的右键→“布局”→“删除布局”，调整它们的位置。

③ 将窗体切换到设计视图，单击按钮的右键选择“事件生成器”→“代码生成器”分别在两个按钮的 Click 事件中写如下代码

```
Private Sub command1_Click()
Dim a, b, c, t As Double
Me.Text1.SetFocus
a = Val(Me.Text1.Text)
Me.Text2.SetFocus
b = Val(Me.Text2.Text)
Me.Text3.SetFocus
c = Val(Me.Text3.Text)
If b < c Then
  t = c
  c = b
  b = t
End If
If a < b Then
  t = b
  b = a
  a = t
```

```
End If
If b < c Then
  t = c
  c = b
  b = t
End If
Me.Text1.SetFocus
Me.Text1.Text = LTrim(Str(a)) '消除正数前面的空格，然后赋给文本框
Me.Text2.SetFocus
Me.Text2.Text = LTrim(Str(b))
Me.Text3.SetFocus
Me.Text3.Text = LTrim(Str(c))
End Sub
Private Sub command2_Click()
Me.Text2.SetFocus
Me.Text2.Text = ""
Me.Text3.SetFocus
Me.Text3.Text = ""
Me.Text1.SetFocus
Me.Text1.Text = ""
End Sub
```

④ 单击文件菜单“保存”窗体，单击右键选择“窗体视图”运行查看效果。如图 8-2 所示。

图 8-2 例 8-2 运行图

（3）Select Case 语句

在 VBA 语言中，还提供了一种专门面向多个条件的选择结构，称为多路分支选择结构。多路分支选择结构采用 Select Case 语句。其语法格式如下：

```
Select Case  <表达式>
 Case 值 1
     语句组 1
 ……
 Case 值 n
 语句组 n
[Case Else
```

```
  语句组 n+1]
End Select
```

该语句的执行过程是：首先对表达式的值进行计算，然后将计算的结果和每个分支的值进行比较，一旦发现某个分支的值和表达式的值相匹配，则执行该分支所对应的语句组，执行完成后立即跳出该选择结构，即便在该分支之后还有其他分支的值符合条件，也不再对程序的运行产生影响。如果所有分支后面的值均不与表达式的值相匹配，则看存不存在 Case Else 项，如果存在，则直接执行 Case Else 项对应的语句组，否则跳出该分支结构。

Case 项后面的值可以有如下三种形式。

① 可以是单个值或者是几个值。如果是多个值，各值之间用逗号分隔。

② 可以用关键字 to 来指定范围。如：Case 3 to 5，表示 3～5 之间的整数，即 3，4，5。

③ 可以是连续的一段值。这时要在 Case 后面加 Is。例如：Case Is>3，表示大于 3 的所有实数。

例 8-3　完成一个收取货物运费的程序。在固定两地之间，收取货物运费的原则是：10 吨以内（不含 10 吨）的货物，每吨收取运费 100 元；10~50 吨（不含 50 吨）的货物，每吨收取运费 70 元；50 吨以上的货物，每吨收取运费 50 元。如图 8-3 所示，输入货物重量后，单击“计算”按钮，显示出运输费用；单击“清除”按钮，清空两个文本框。

解题思路：这是一个最为简单的多路分支选择结构实例。只需要根据货物重量的不同，选择不同运费计算公式即可。解题步骤如下。

① 新建一个数据库，选择“创建”→“窗体”→“空白窗体”。

② 在上面的工具面板中分别在窗体中添加两个文本框和两个按钮，进入窗体的设计视图方式，单击文本框的右键选择“属性”，修改两个文本框的名称分别为 text1,text2,文本框的标题分别为“货物重量”和“运输费用”；将两个按钮的名称改成 Command1 和 Command2，按钮标题分别修改成“计算”和“清除”。分别单击文本框和按钮的右键→“布局”→“删除布局”，调整它们的位置。

③ 将窗体切换到设计视图，单击按钮的右键选择“事件生成器”→“代码生成器”分别在两个按钮的 click 事件中写如下代码。

```
Private Sub Command1_Click()
 Dim a As Single
 text1.SetFocus
 If Not IsNumeric(text1.Text) Then '用于解决第一个文本框中输入了非数值信息的情况
  MsgBox "请输入有效数值！"
  text1.Text = ""
  Exit Sub
 End If
 a = Val(text1.Text)
 text2.SetFocus
 Select Case a
  Case Is >= 50
   text2.Text = LTrim(Str(a * 50)) + "元"
  Case Is >= 10
   text2.Text = LTrim(Str(a * 70)) + "元"
```

```
    Case Is >= 0
      text2.Text = LTrim(Str(a * 100)) + "元"
    Case Else        '排除输入负数的情况
      text2.Text = "请输入有效数值！"
  End Select
End Sub
Private Sub Command2_Click()
  text1.SetFocus
  text1.Text = ""
  text2.SetFocus
  text2.Text = ""
End Sub
```

④ 单击文件菜单“保存”窗体，单击右键选择“窗体视图”运行查看效果。如图 8-3 所示。

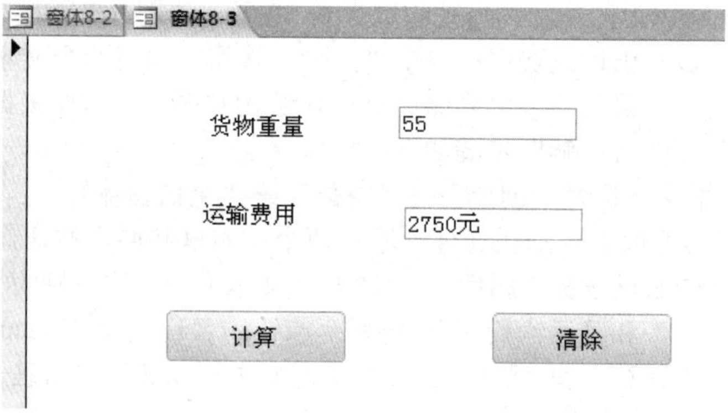

图 8-3　例 8-3 运行图

8.3.3　循环结构

（1）For 循环结构

For 循环结构是一种常用的循环结构。在已知循环次数的前提下，通常使用 For 循环来完成操作。它的格式如下。

```
For <循环变量>=<初值> to <终值> [Step 步长]
   循环体
Next [循环变量]
```

该循环结构所执行的过程是这样的。首先将初值赋给循环变量，然后判断它是否超出了初值与终值之间的范围：如果超出了这个范围，则不执行循环体，直接跳出循环；如果没有超出这个范围，则执行循环体中的内容，执行完循环体后，将初值与步长相加后，结果赋给循环变量，然后再对当前的循环变量值进行判断，看它是否在初值与终值的范围之间。上述过程不断重复，直到循环变量的值超出了初值和终值之间的范围，跳出循环为止。

在该循环结构中，需要说明 3 点。

① 当步长值为 1 时，可以省略步长的说明。如：

```
For I=1 to 7
    print I
Next I
```

在此循环中，循环变量每次的增量是 1，所以不需要加步长说明。

② 步长既可以是正数，也可以是负数；既可以是整数，也可以是小数。

③ 如果想要提前跳出循环，可以使用 Exit For 语句。该语句通常和 If 语句连用。通过预先设定的条件，来判断是否要提前跳出循环。

（2）Do 循环结构

Do 循环结构也是一种常用的循环结构。该循环结构可以在不知道循环次数的前提下，通过对循环条件的判定，来控制循环的执行。在数据库编程中，在记录集中筛选记录时，一般情况下没有必要获得记录的个数，因此在循环中通常使用 Do 循环结构。

Do 循环结构的格式有如下 5 种。

格式 1：

```
Do
  循环体        (死循环)
Loop
```

格式 2：

```
Do While <条件>
  循环体
Loop
```

格式 3：

```
Do Until <条件>
  循环体
Loop
```

格式 4：

```
Do
  循环体
Loop While <条件>
```

格式 5：

```
Do
  循环体
Loop Until <条件>
```

在这 5 种结构中，第一种循环结构是最基本的结构。它的执行过程就是永不间断地执行循环体，这样实际上是进行一个死循环，要想解决这个问题，需要在循环体中加入 Exit Do 语句，用来跳出循环，这个语句通常和 If 语句联用，通过 If 语句来限定退出循环的条件。其他的四种结构都是在第一种结构上衍生的。

例 8-4 如图 8-4 所示，单击“筛选”按钮后，在标签框中显示出 50～100 之间的所有质数。

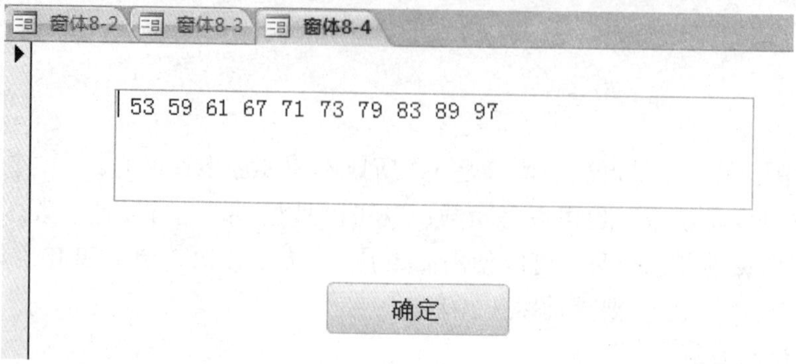

图 8-4 例 8-4 运行图

解题思路：首先，应该清楚怎样判断一个数是否是质数。作为质数，除了 1 和它本身之外，不能再被其他数整除。那么只需判断该数是否存在 1 和它本身之外的因子，如果存在，这两个因子必然是一个大于或等于该数的平方根，另一个小于或等于该数的平方根，并且这两个因子是成对出现的。所以只要找出其中较小的一个因子即可认为该数不是质数，否则，该数就是质数。然后，依次判断其他的数是否是质数。

程序如下。

```
Private Sub Command0_Click()
Text1.SetFocus
Text1.Text = ""
 Dim i, k, j, flag As Integer
 For i = 50 To 100
  k = Int(Sqr(i))
  j = 2
  flag = 0
  Do While j <= k And flag = 0
    If i Mod j = 0 Then
     flag = 1
    Else
     j = j + 1
    End If
  Loop
  If flag = 0 Then Text1.Text = Text1.Text + Str(i)
 Next i
End Sub
```

（3）While…wend 循环结构

While…wend 循环结构也是一种常用的循环结构。该循环结构可以在不知道循环次数的前提下，通过对循环条件的判定，来控制循环的执行。

格式：

```
While <条件>
    循环体
```

wend

当条件成立时就执行循环体，执行完后继续判断条件是否成立，成立就再做循环体，不成立则退出循环，执行 wend 的后继语句。

8.3.4 数组

数组是指若干个相同类型的元素的集合。

在 VBA 中，按照维数分类，数组可以分为一维数组和多维数组；按照类型分类，数组可以分为整型数组、实型数组和字符串型数组等。

① 对于一维数组，定义格式如下：

Dim　数组名(数组下限　To 数组上限)　As　数组类型

Dim　数组名［类型符号］(数组下限　To 数组上限)

例如：

Dim　a(– 6 to 8)　As　Integer

表示该数组元素为短整型，在–6～8 之间共有 15 个元素。

Dim　b$(5 to 15)

表示该数组元素为字符串型，在 5～15 之间共有 11 个元素。

② 对于二维数组，定义格式如下：

Dim　数组名(一维下限　To 一维上限, 二维下限　To 二维上限)　As　数组类型

Dim　数组名［类型符号］(一维下限　To 一维上限, 二维下限　To 二维上限)

也可以采用简略定义方式：

Dim　数组名［类型符号］(n)

Dim　数组名［类型符号］(m,n)

m 和 n 都是整数，表示数组中某一维的上限，其下限默认值为 0。但是如果在定义数组之前，使用了 Option Base 1 语句，则数组下限为 1。

对于数组的使用而言，一般来说，数组通常和循环配合使用。对于数组的操作就是针对数组中的元素进行操作。数组中的元素在程序中的地位和变量是等同的。

8.3.5 子程序和子函数

（1）Sub 子程序

Sub 子程序的功能是将某些语句集成在一起，用于完成某个特定的功能，Sub 子程序也称为过程。一般来说，子程序都是要包含参数的。通常它是依靠参数的传递来完成相应的功能。当然，也有某些特殊的子程序不加参数，但在这种情况下，它们所得到的结果都是固定的，不具备很强的通用性。子程序的格式如下。

```
[Private|Public] [Static] Sub 过程名([参数[As 类型],…])
    [语句组]
    [Exit sub]
    [语句组]
End Sub
```

其中，Private 和 Public 用于表示该过程所能应用的范围；Static 用于设置静态变量；Sub 代表当前定义的是一个子程序；过程名后面的参数是虚拟参数，简称为虚参，有时候也称为形式参数，简称为形参。虚参和形参只是叫法不同，但表示的是同一个含义。虚参的作用是

用来和实际参数（简称为实参）进行虚实结合。这样，通过参数值的传递来完成子程序与主程序之间的数据传递。

在参数传递过程中，涉及值传递、地址传递和保护型的地址传递的问题。值传递中，实参为常数，实参和虚参各自占用自己的内存单元。这样，实参可以影响虚参，但是虚参不能影响实参；地址传递中，实参是变量，实参和虚参共用同一个内存单元。也就是说实参和虚参可以互相影响；保护型的地址传递中，实参是变量，但在虚参的定义中加入 ByVal，这样，实参仍然可以不受虚参影响。

在 VBA 中，过程分为两种，即事件过程和通用过程。事件过程只能由用户或系统触发，VBA 的程序运行也就是依靠事件来驱动的；而通用过程则是由应用程序来触发的。

（2）Function 函数

在 VBA 中，除了系统提供的函数之外，还可以由用户来自行定义函数。函数和子程序在功能上是略有不同的。主程序调用子程序后，是执行了一个过程；主程序调用 Function 函数后，是得到了一个结果。Function 函数的定义格式如下。

```
[Private|Public] [Static] Function 函数名([参数[As 类型],…]) [As 类型]
      [语句组]
      函数名 = 表达式
      [Exit Function]
      [语句组]
 End Function
```

Function 函数的定义格式中，各个关键字的含义与 Sub 子程序中对应的关键字的含义相同。对于初学者要特殊注意一点：由于 Function 函数有返回值，所以在 Function 函数的函数体中，至少要有一次对函数名进行赋值。这是 Function 函数和 Sub 子程序的根本区别。

（3）Property 过程

Property 过程主要用来创建和控制自定义属性，如对类模块创建只读属性时，就可以使用 Property 过程。该过程的定义格式如下。

```
[Private|Public] [Static] Property {Get|Let|Set} 属性名 [参数[As 类型] ]
    [语句组]
End Property
```

例 8-5　求表达式(1+2+3)+(1+2+3+4)+ ⋯ +(1+2+3+⋯+n)之和（n≥4）。

解题思路：该表达式每一项均是一个完成累加求和的多项式。每个多项式有相同的特点：都是从 1 一直累加到某一个数。这样，表达式中的每一项就都可以通过一个相同的求值过程来完成。

首先，通过调用 Sub 子程序来完成这一过程。

主程序如下：

```
Private Sub command1_Click()
 Me.text1.SetFocus
 n = Val(text1.Text)
 For i = 3 To n
  Call a(s, i)                '调用子程序 a
  sum = sum + s
 Next i
```

```
   Me.text2.SetFocus
   Text2.Text = LTrim(Str(sum))
  End Sub
```

子程序如下：

```
  Private Sub a(s, n)
   s = 0
   For i = 1 To n
    s = s + i
   Next i
  End Sub
```

在该程序的编写过程中，主程序通过 Call 语句来调用子程序 a。调用子程序 a 时，a 中有两个参数（见主程序第 5 行）：s 和 i。这两个参变量是实参，分别对应子程序中的两个虚参 s 和 n。在主程序中，由于循环变量 i 发生变化，而 i 和虚参 n 是共用同一个内存单元的，所以 i 的变化会直接导致 n 发生变化。在子程序中，n 的变化又导致子程序中的另外一个虚参 s 发生了变化。虚参 s 和实参 s 共用相同的内存单元，这样也使得实参 s 的值成为某一项的值。最终将实参 s 累加到 sum 中，就求出了该表达式的值。程序的运行结果如图 8-5 所示。

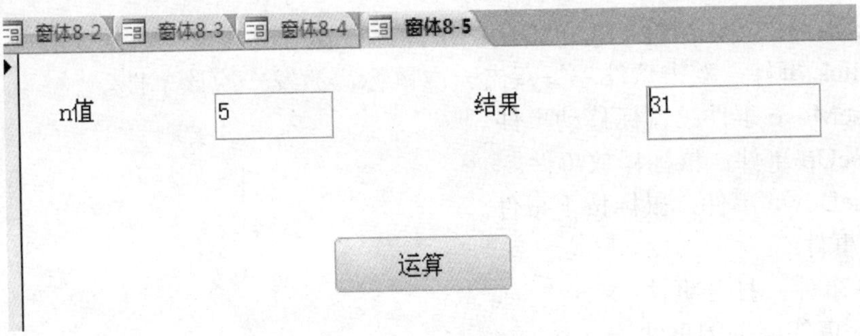

图 8-5　例 8-5 运行图

8.4　VBA 中的面向对象编程

8.4.1　VBA 的开发环境 VBE

VBE 是 VBA 程序的开发环境，在 Access2010 中进入到 VBE 环境有几种方法。

在窗体或报表中，进入 VBE 环境有两种方法。一种方法是在设计视图中打开窗体或者报表，然后单击“创建”→“宏与代码”→“Visual Basic”工具。另一种方法是在设计视图中打开窗体或者报表，然后在某个控件上单击鼠标右键，系统将弹出“事件生成器”对话框，在该对话框中，选择其中的“代码生成器”项，然后单击“确定”按钮即可。

在窗体或者报表之外，进入 VBE 环境也有两种方法。一种方法是单击“创建”面板中的“宏与代码”命令中的“Visual Basic”子命令。另一种方法是选择数据库窗口中“创建”中的“模块”或“类模块”。

8.4.2 事件驱动程序的编写及程序的调试

（1）事件驱动程序的编写

事件驱动是面向对象编程和面向过程编程的一大区别，在视窗操作系统中，用户在操作系统下的各个动作都可被看成是激发了某个事件。比如单击了某个按钮，就相当于激发了该按钮的单击事件。在 Access 系统中，事件主要有：键盘事件、鼠标事件、窗口事件、对象事件和操作事件等。

① 键盘事件

a．KeyPress 事件：每敲击一次键盘，激发一次该事件。该事件返回的参数 keyascii 是根据被敲击键的ASCII码来决定的。如A和a的AscII码分别是65和97，则敲击它们时的keyascii返回值也不同。

b．KeyDown 事件：每按下一个键，激发一次该事件。该事件下返回的参数 keycode 是由键盘上的扫描码决定的。如 A 和 a 的 ASCII 码分别是 65 和 97，但是它们在键盘上却是同一个键，因此它们的 keycode 返回值相同。

c．KeyUp 事件：每释放一个键，激发一次该事件。该事件的其他方面与 KeyDown 事件类似。

② 鼠标事件

a．Click 事件：单击事件。每单击一次鼠标，激发一次该事件。

b．Dblclick 事件：双击事件。每双击一次鼠标，激发一次该事件。

c．MouseMove 事件：鼠标移动事件。

d．MouseUp 事件：鼠标释放事件。

e．MouseDown 事件：鼠标按下事件。

③ 窗口事件

a．Open 事件：打开事件。

b．Close 事件：关闭事件。

c．Active 事件：激活事件。

d．Load 事件：加载事件。

④ 对象事件

a．GotFocus 事件：获得焦点事件（某一个控件处于获得光标的激活状态，则称其获得焦点）。

b．LostFocus 事件：失去焦点事件。

c．BeforeUpdate 事件：更新前事件。

d．AfterUpdate 事件：更新后事件。

e．Change 事件：更改事件。

⑤ 操作事件

a．Delete 事件：删除事件。

b．BeforeInsert 事件：插入前事件。

c．AfterInsert 事件：插入后事件。

（2）程序的调试

程序调试是数据库系统开发中必不可少的环节，在完成系统程序开发后，需要对其进行调试，以便找到其中的错误。常用的调试手段有设置断点、单步跟踪和设置监视点。

设置断点方法有多种，下面介绍一种简便的设置断点的方法。将插入点移动到要设置断点的位置，然后单击工具栏中的“切换断点”按钮。若要取消该断点，再次单击“切换断点”按钮即可。

如果想彻底地了解程序的执行顺序，需要使用单步跟踪功能。单击工具栏中的“逐语句”按钮，使程序运行到下一行，这样逐步检查程序的运行情况。当不想跟踪一个程序时，可以再次单击工具栏中的“逐语句”按钮。

监视点用来监视程序的运行，设置监视点的步骤如下。

① 选择“调试”菜单中的“添加监视”命令，弹出“添加监视”对话框。

② 在“表达式”框中输入表达式或者变量，在“上下文”框中分别选择相应的过程和模块。在“监视类型”中设定监视的方式。

③ 单击“确定”按钮，弹出调试窗口，当程序运行到满足监视条件的位置时，就会暂停运行，并弹出监视窗口。

本 章 小 结

通过对本章内容的学习，了解什么是模块以及 VBA 编程，掌握 VBA 的程序设计基础中的语句的编写、变量、常量和表达式的使用、基本函数，熟悉 VBA 中的顺序、选择、循环三大基本结构以及语法，在这三大结构中循环是重点和难点，掌握每种结构的语法，以便在实际问题中能熟练运用，了解 VBA 中的面向对象编程和事件驱动程序的编写及程序的调试。

思 考 题

1. 什么是模块？模块有哪些类型？
2. 什么是对象的属性、事件和方法？
3. VBA 的程序有哪 3 大结构？
4. Sub 过程和 Function 过程有什么区别？
5. 如何定义常量和变量？命名需要遵循哪些规则？
6. 程序调试的方法有哪些？如何设置？

第 9 章　数据库管理

9.1　管理数据库

Access 2010 提供了两种保证数据库可靠的途径：一种是建立数据库的备份，当数据库损坏时可以用备份的数据库来恢复；另一种是通过自动恢复功能来修复出现错误的数据库。为了提高数据库的性能，Access 2010 还提供了性能优化分析器帮助用户设计具有较高整体性能的数据库。此外，Access 2010 还提供了数据库的压缩和修复功能，以降低对存储空间的需求，并修复受损的数据库。

9.1.1　数据的备份和恢复

为了确保数据库使用时的安全，经常需要对数据进行备份。同时在需要的时候就用备份数据库对系统进行恢复。

例 9-1　备份一份“教学管理系统”数据库。操作步骤如下。

① 打开“教学管理系统”数据库，点击“文件”|“保存并发布”。

② 在“数据库另存为”区域中的“高级”下，双击“备份数据库”，Access 2010 会自动将用户备份时间作为备份文件名的一部分，如图 9-1 所示。

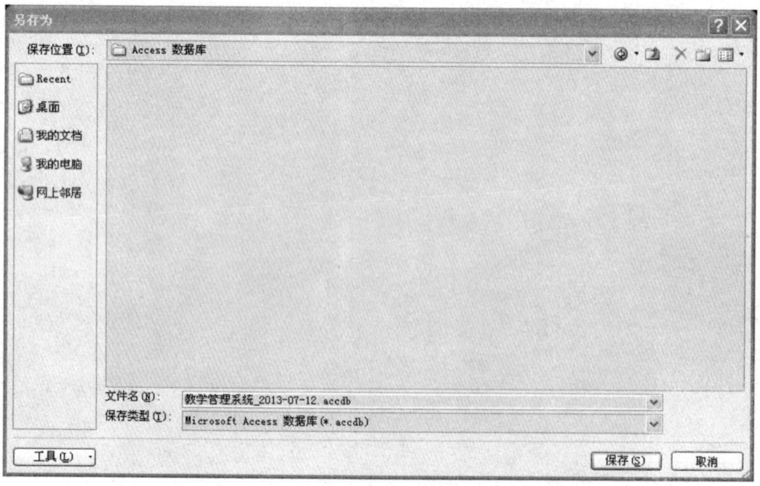

图 9-1　“备份数据库另存为”对话框

例 9-2 根据备份文件“教学管理系统_2013-07-12.accdb”，恢复数据库。操作步骤如下。

直接把备份后的数据库改名后，替换原数据库。

提示：

① 备份数据前，首先要关闭要备份的数据库，如果在多用户（共享）数据库环境中，则要确保所有用户都关闭了要备份的数据库；

② 备份后的数据库不要与原数据库放在同一部电脑，以防不测。

9.1.2 数据库的压缩和恢复

修复一个数据库时，首先要求其他用户关闭这个数据库，然后以管理员的身份打开数据库。

例 9-3 打开“教学管理系统”数据库，压缩和修复数据库。操作步骤如下。

打开“教学管理系统”数据库，执行“数据库工具”|“压缩和修复数据库”命令，压缩修复后重新打开数据库。

例 9-4 压缩未打开的“教学管理系统”数据库，操作步骤如下。

① 启动 Access 2010，选择“数据库工具”|“压缩和修复数据库”命令，打开“压缩数据库来源”对话框。

② 选中要压缩的“教学管理系统”数据库，单击“压缩”按钮，弹出“将数据库压缩为”对话框，如图 9-2，在“保存位置”下拉列表中选择要保存的位置，在“文件名”下拉列表框中输入压缩后的名字“教学管理系统（副本）”，单击“保存”。

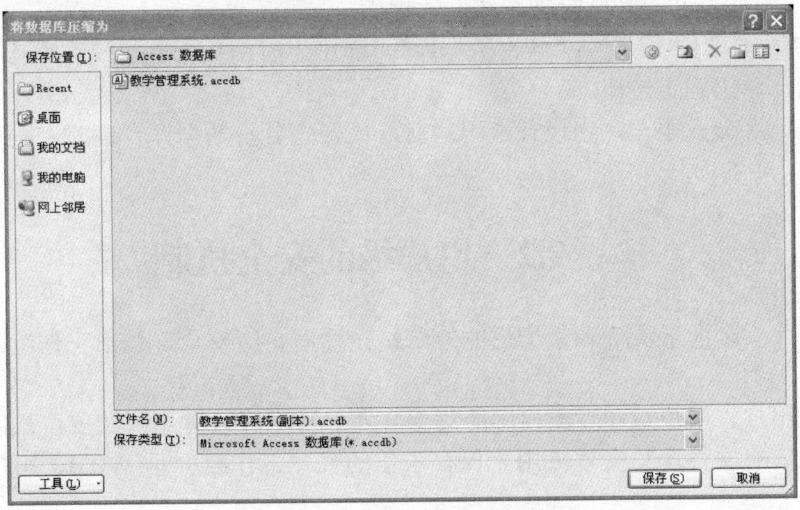

图 9-2 “将数据库压缩为”对话框

9.1.3 生成 ACCDE 文件

Access 2010 系统允许将数据库文件转换成一个 ACCDE 文件。把一个数据库文件转换为一个 ACCDE 文件的过程将编译所有模块、删除所有可编辑的源代码，并压缩目标。由于删除了 Visual Basic 源代码，因此使得其他用户不能查看或编辑数据库对象。当然也使数据库变小了，使得内存得到了优化，从而提高了数据库的性能，这也是把一个数据库文件转换为一个 ACCDE 文件的目的。

例 9-5 将“教学管理系统”数据库转换为 ACCDE 文件。操作步骤如下。

① 打开“教学管理系统”数据库，执行“文件”|“保存并发布”。

② 在“数据库另存为”区域中的“高级”下，双击“生成 ACCDE”，弹出“另存为”对话框为该文件选择保存位置和确定文件名即可。

9.1.4 数据库的密码

数据库访问密码是指为打开数据库而设置的密码，它是一种保护 Access 2010 数据库的简单方法。设置密码后，每次打开数据库时都将显示要求输入密码的对话框，只有输入了正确的密码才能打开数据库。如果不再需要密码，可以撤销。

例 9-6 为“教学管理系统”数据库设置密码“000000”。操作步骤如下。

① 以独占方式打开“教学管理系统”数据库。

② 单击“文件”|“信息”|“用密码进行加密”，弹出如图 9-3 的对话框，输入密码“000000”，在验证中重复输入密码“000000”。

③ 重新打开“教学管理系统”数据库，弹出【要求输入密码】对话框，输入正确密码后，才能打开数据库。否则会弹出警告对话框，单击确定按钮，重新输入密码。

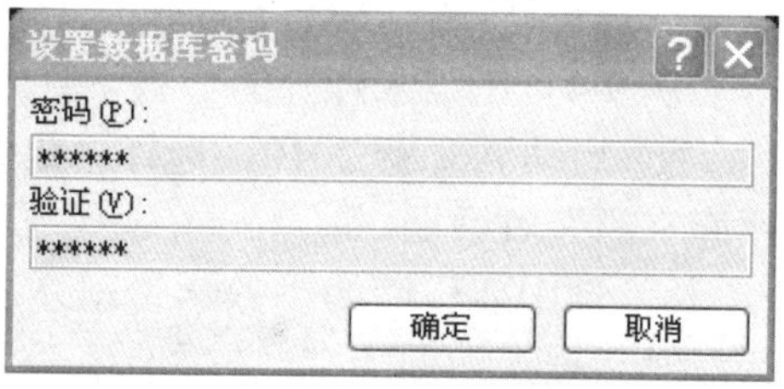

图 9-3 “设置数据库密码”对话框

例 9-7 撤销“教学管理系统”数据库所设置的密码。操作步骤如下。

① 以独占方式打开“教学管理系统”数据库。

② 单击“文件”|“信息”|“解密数据库”，弹出“撤销数据库密码”对话框，输入先前所设置的密码，单击确定按钮。

提示：密码区分大小写，在设置密码之前，最好先备份数据库，同时密码可随时修改和撤销。

9.2 用户级的安全机制

保护数据库安全的最灵活和最广泛的方法是设置用户级安全，包括工作组、用户、用户组和权限。

工作组是用户、用户组和对象权限的集合。在对数据库设置用户级安全机制时，需要使用一个工作组信息文件，该文件夹用于保存工作的唯一工作组标示(WID)、用户、组长和密码等信息。

工作组信息文件作用于 Access 2010 而不是某个数据库，使用 Access 2010 打开的数据库使用的是同一个工作组信息文件。可以为 Access 2010 数据库创建多个工作组信息文件，然后在运行 Access 2010 之前指定使用那个工作组信息文件。

用户级安全功能在使用新的文件格式之一（.accdb、.accde、.accdc、.accdr）的数据库中不可用。可以在使用早期的 Access 文件格式（如 .mdb 或 .ade 文件）的数据库文件中继续管理用户级安全。但是，如果在 Access 2010 中打开由早期版本的 Access 创建的数据库，并且该数据库应用了用户级安全，那么这些设置仍然有效。如果将具有用户级安全的早期版本 Access 数据库转换为新的文件格式，则 Access 2010 将自动剔除所有安全设置，并应用保护.accdb 或.accde 文件的规则。

使用用户级安全功能创建的权限不会阻止具有恶意的用户访问数据库，因此不应用作安全屏障。此功能适用于提高受信任用户对数据库的使用。若要保护数据安全，请使用 Windows 文件系统权限仅允许受信任用户访问数据库文件或关联的用户级安全文件。

9.3 Access 2010 安全性的新增功能

Access 2010 提供了经过改进的安全模型，有助于简化将安全性应用于数据库以及打开已启用安全性的数据库过程。

9.3.1 Access 2010 中的新增功能

① 在不启用数据库内容时也能查看数据的功能。在以前的版本中，如果将安全级别设为“高”，则必须先对数据库进行代码签名并信任数据库，然后才能查看数据。现在使用 Access 2010 可以直接查看数据，而无需决定是否信任数据库。

② 更高的易用性。如果将数据库文件(新的 Access 文件格式或早期文件格式)放在受信任位置，可以直接打开并运行，而不会显示警告消息或要求用户启用任何禁用的内容。此外，如果在 Access 2010 中打开由早期版本的 Access 创建的数据库(例如，.mdb 或 .mde 文件)，并且这些数据库已进行了数字签名，而且用户已选择信任发布者，那么系统运行这些文件将不需要决定是否信任它们。

③ 信任中心。信任中心是一个对话框，是保证 Access 安全的工具，它为设置和更改 Access 的安全设置提供了一个集中的位置。使用信任中心可以为 Access 创建或更改受信任位置并设置安全选项。在 Access 实例中打开新的和现有的数据库时，这些设置将影响它们的行为。信任中心包含的逻辑还可以评估数据库中的组件，确定打开数据库是否安全，或者信任中心是否应禁用数据库，并让用户判断是否启用它。

④ 更少的警告消息。早期版本的 Access 强制用户处理各种警报消息，宏安全性和沙盒模式就是其中的两个例子。在 Access 2010 默认情况下，如果打开一个非信任的.accdb 文件，将只看到一个称为“消息栏”的工具。如果要信任该数据库，可以使用消息栏来启用任何这样的数据库内容。

⑤ 用于签名和分发数据库文件的新方法。在 Access 之前的版本中，使用 Visual Basic 编辑器将安全证书应用于各个数据库组件。现在可以直接将数据库打包，然后签名并分发该包。

如果将数据库从签名的包中解压缩到受信任位置，则数据库将打开而不会显示消息栏。如果将数据库从签名的包中解压缩到不受信任位置，但信任包证书并且签名有效，则数据库将打开而不会显示消息栏。如果对不受信任的数据库进行签名，并将其部署到不受信任位置，则默认情况下信任中心将禁用该数据库，用户必须在每次打开它时选择是否启用数据库。

⑥ 使用更强的加密算法增强数据库密码功能。使用更强的算法来加密那些使用数据库密码功能的.accdb 文件格式的数据库。

加密数据库将打乱表中的数据，有助于防止不请自来的用户读取数据。当使用密码对数据库进行加密时，加密的数据库将使用页面级锁定。

⑦ 新增了一个在禁用数据库时运行的宏操作子类。这些更安全的宏还包含错误处理功能。用户还可以直接将宏(即使宏中包含 Access 禁止的操作)嵌入任何窗体、报表或控件属性。

9.3.2 Access 用户级安全

对于以新文件格式(.accdb 和 .accde 文件)创建的数据库，Access 不提供用户级安全。但是，如果在 Access 2010 中打开由早期版本的 Access 创建的数据库，并且该数据库应用了用户级安全，那么这些设置仍然有效。如果将具有用户级安全的早期版本 Access 数据库转换为新的文件格式，则 Access 将自动剔除所有安全设置，并应用保护.accdb 或.accde 文件的规则。

使用用户级安全功能创建的权限不会阻止具有恶意的用户访问数据库，因此不应用作安全屏障。此功能适用于提高受信任用户对数据库的使用。若要保护数据安全，请使用 Windows 文件系统权限仅允许受信任用户访问数据库文件或关联的用户级安全文件。

9.3.3 Access 安全体系结构

Access 数据库是一组对象(表、窗体、查询、宏、报表等)，这些对象通常必须相互配合才能发挥功用。

例如，当创建数据输入窗体时，如果不将窗体中的控件绑定(链接)到表，就无法用该窗体输入或存储数据。

有几个 Access 组件会造成安全风险，因此不受信任的数据库中将禁用这些组件：

① 动作查询(用于插入、删除或更改数据的查询)；

② 宏；

③ 一些表达式(返回单个值的函数)；

④ VBA 代码。

为了帮助确保用户的数据更加安全，每次打开数据库时，Access 会将数据库的位置提交到信任中心。如果信任中心确定该位置受信任，则数据库将以完整功能运行。如果打开具有早期版本的文件格式的数据库，则 Access 会将文件位置和有关文件的数字签名的详细信息提交到信任中心。

信任中心将审核“证据”，评估该数据库是否值得信任，然后通知 Access 禁用数据库或者打开具有完整功能的数据库。

如果打开的数据库是以早期版本的文件格式（.mdb 或.mde 文件）创建的，并且该数据库未签名且未受信任，则默认情况下，Access 将禁用任何可执行内容。

9.3.4 禁用模式

如果信任中心将数据库评估为不受信任，则 Access 将在禁用模式(即关闭所有可执行内容)下打开该数据库，而不管数据库文件格式如何。

在禁用模式下，Access 会禁用下列组件。

① VBA 代码和 VBA 代码中的任何引用，以及任何不安全的表达式。

② 所有宏中的不安全操作。“不安全”操作是指可能允许用户修改数据库或对数据库意外的资源获得访问权限的任何操作。但是，Access 禁用的操作有时可以被视为是“安全”的。例如，如果用户信任数据库的创建者，则可以信任任何不安全的宏操作。

③ 几种查询类型。

a. 动作查询。这些查询用于添加、更新和删除数据。

b. 数据定义语言 (DDL) 查询。用于创建或更改数据库中的对象，例如，表和过程。

c. SQL 传递查询 。用于直接向支持开放式数据库连接（ODBC）标准的数据库服务器发送命令。传递查询在不涉及 Access 数据库引擎的情况下处理服务器上的表。

④ ActiveX 控件。数据库打开时，Access 可能会尝试载入加载项（用于扩展 Access 或打开的数据库的功能的程序）。可能还需要运行向导，以便在打开的数据库中创建对象。在载入加载项或启动向导时，Access 会将证据传递到信任智能中心，信任中心将作出其他信任决定，并启用或禁用对象或操作。如果信任中心禁用数据库，而用户不同意该决定，那么可以使用“消息栏”来启用相应的内容。

9.4　使用受信任位置中的 Access 数据库

将 Access 数据库放在受信任位置时，所有 VBA 代码、宏和安全表达式都会在数据库打开时运行。您不必在数据库打开时作出信任决定。

使用受信任位置中的 Access 数据库的过程大致分为下面几个步骤。

① 使用信任中心查找或创建受信任位置。

② 将 Access 数据库保存、移动或复制到受信任位置。

③ 打开并使用数据库。查找或创建受信任位置，然后将数据库添加到该位置。

在“文件”选项卡上，单击“选项”，此时显示“Access 选项”对话框。在“Access 选项”对话框左侧窗格，单击“信任中心”，然后在“Microsoft Office Access 信任中心”下，单击“信任中心设置”,如图 9-4 所示。

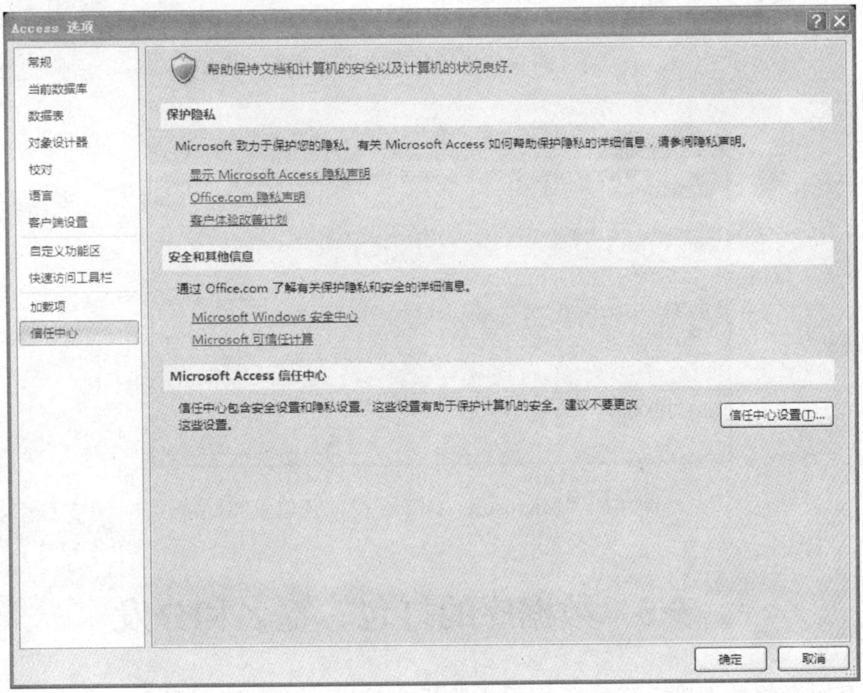

图 9-4　信任中心

在打开的“信任中心”对话框中，单击【受信任位置】，如图 9-5 所示。然后执行下列操作。

a. 记录一个或多个受信任位置的路径。

b. 创建新的受信任位置。用户如果需要创建新的受信任位置，请单击“添加新位置”，在“Microsoft Office 受信任位置”对话框中，添加新的路径，将数据库放在该受信任位置，点击“浏览”选择“受信任位置”的路径，如图 9-6 所示。

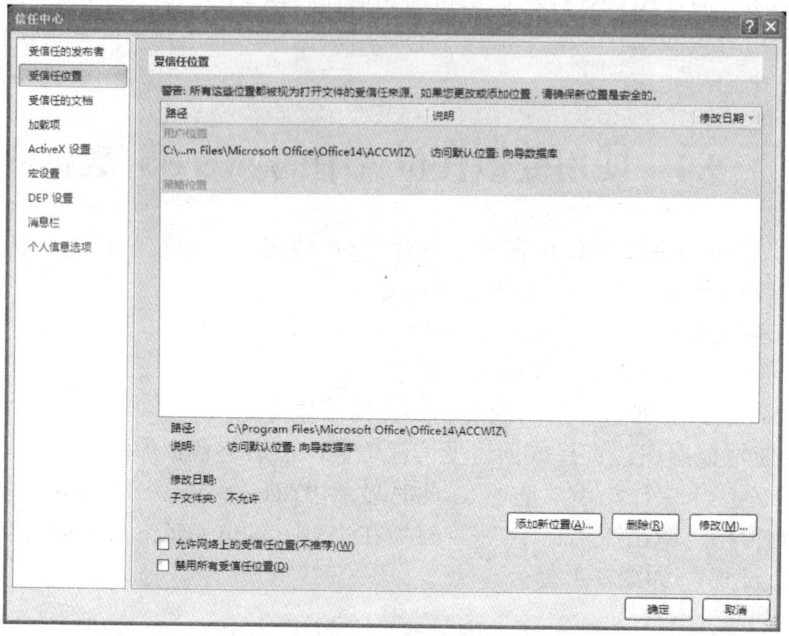

图 9-5 “信任中心”对话框

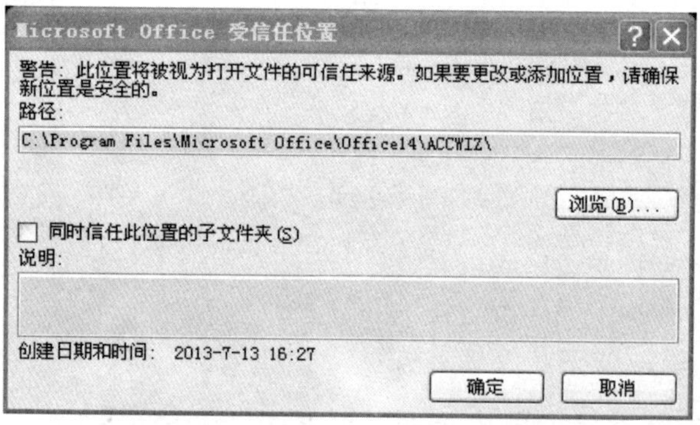

图 9-6 “Microsoft Office 受信任位置”对话框

9.5 数据库的打包、签名和分发

数据库开发者将数据库分发给不同的电脑用户使用，或是局域网中使用，这时需要考虑数据库分发时的安全问题。签名是为了保证分发数据库是安全性。打包是确保在创建该包后数据库没有被修改。

Access 2010 可以轻松而快速地对数据库进行签名和分发。在创建 .accdb 文件或.accde 文件后，可以将该文件打包，对该包应用数字签名，然后将签名包分发给其他用户。“打包并签署”工具会将该数据库放置在 Access 部署 (.accdc) 文件中，对其进行签名，然后将签名包放在您确定的位置。随后，其他用户可以从该包中提取数据库，并直接在该数据库中工作，而不是在包文件中工作。在操作过程中，请记住下列事实。

① 将数据库打包并对包进行签名是一种传达信任的方式。在对数据库打包并签名后，数字签名会确认在创建该包之后数据库未进行过更改。

② 从包中提取数据库后，签名包与提取的数据库之间将不再有关系。

③ 仅可以在以 .accdb、.accdc 或 .accde 文件格式保存的数据库中使用“打包并签署”工具。Access 还提供了用于对以早期版本的文件格式创建的数据库进行签名和分发的工具。所使用的数字签名工具必须适合于所使用的数据库文件格式。

④ 一个包中只能添加一个数据库。

⑤ 该过程将对包含整个数据库的包（而不仅仅是宏或模块）进行签名。

⑥ 该过程将压缩包文件，以便缩短下载时间。

⑦ 可以从位于 Windows SharePoint Services 3.0 服务器上的包文件中提取数据库。

（1）创建签名包

① 打开要打包和签名的数据库。

② 在“文件”选项卡下，单击“保存并发布”，然后在“高级”下双击“打包并签署”，如图 9-7 所示。

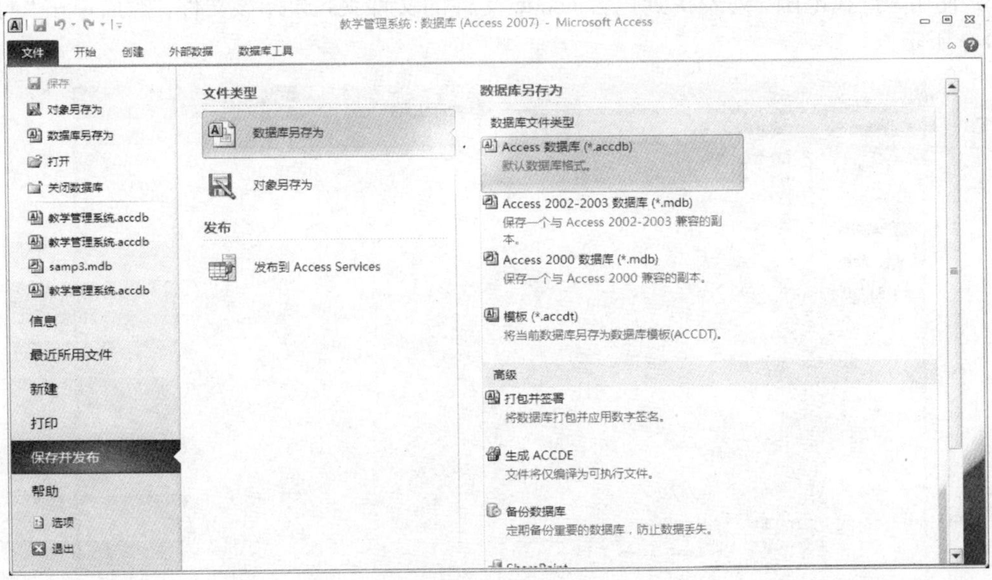

图 9-7 打包并签署

③ 将出现“选择证书”对话框或者出现“创建 Microsoft Office Access 签名包”对话框。

a. 出现“选择证书”对话框，选择数字证书然后单击“确定”按钮。

b. 出现“创建 Microsoft Office Access 签名包”对话框。

ⓐ 在“保存位置”列表中，为签名的数据库包选择一个位置。

ⓑ 在“文件名”框中为签名包输入名称，然后单击“创建”。Access 将创建“教学管理系统.accdc”文件并将其放置在您选择的位置，如图 9-8 所示。

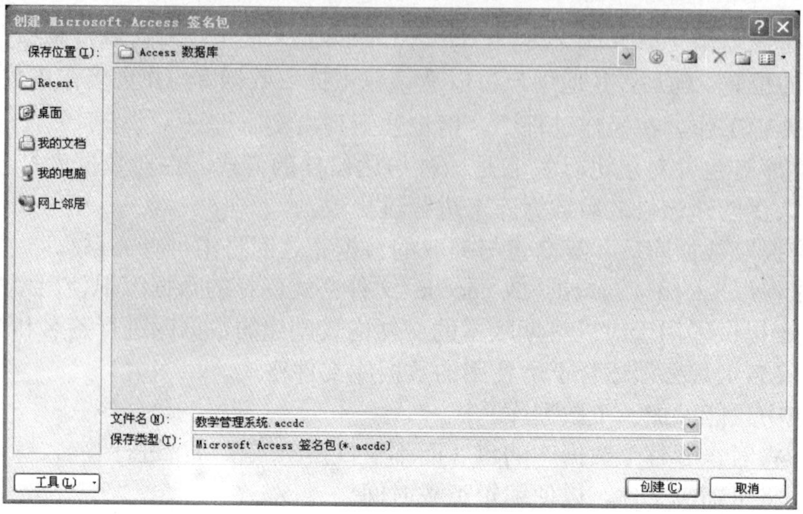

图 9-8　创建签名包

（2）提取并使用签名包

① 在“文件”选项卡上，单击“打开”，将出现“打开”对话框。

② 选择“Microsoft Office Access 签名包(*.accdc)”作为文件类型。

③ 使用“查找范围”列表找到包含.accdc 文件的文件夹，选择该文件，然后单击“打开”。如图 9-9 所示。

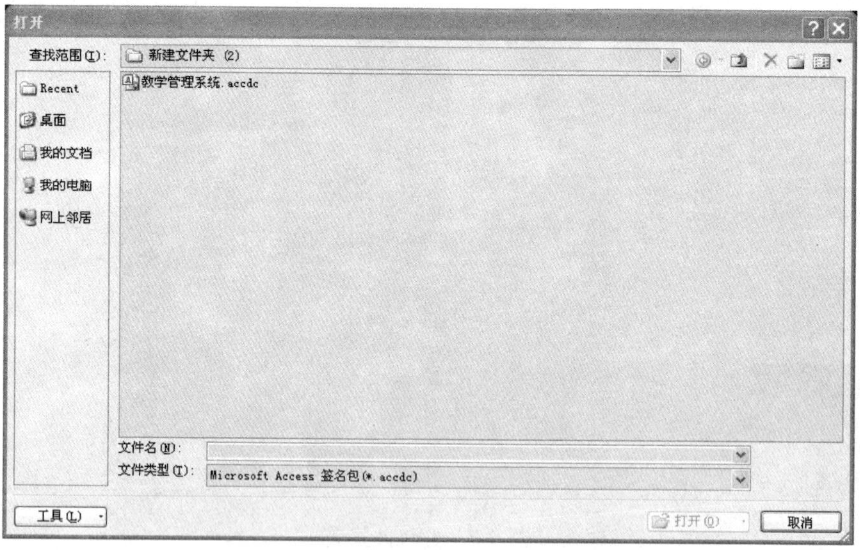

图 9-9　选择教学管理系统.accdc 签名包

④ 请执行下列操作之一。

a．如果选择了信任用于对部署包进行签名的安全证书，则会出现“将数据库提取到”对话框。此时，请转到下一步。

b．如果尚未选择信任安全证书，则会出现下面一条消息，如图 9-10 所示。

如果您信任该数据库，请单击“打开”。如果您信任来自提供者的任何证书，请单击“信任来自发布者的所有内容”。将出现“将数据库提取到”对话框，如图 9-11 所示。

提示：如果使用自签名证书对数据库包进行签名，然后在打开该包时单击了“信任来自发布者的所有内容”，则将始终信任使用自签名证书进行签名的包。

⑤ 另外，还可以在“保存位置”列表中为提取的数据库选择一个位置，然后在“文件名”框中为提取的数据库输入其他名称。

⑥ 单击“确定”。

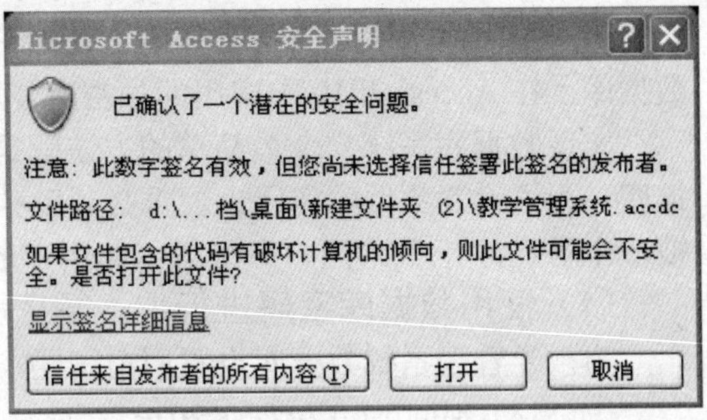

图 9-10　Microsoft Access 安全声明

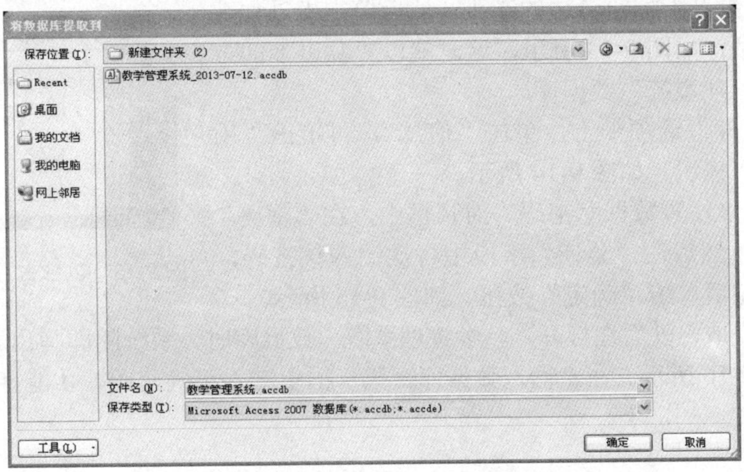

图 9-11　“将数据库提取到”对话框

9.6　信任数据库

无论用户在打开数据库时做什么操作，如果数据库来自可靠的发布者，那么就可以选择启用文件中的可执行组件以信任数据库。

在消息栏中，启用内容或隐藏消息栏，如图 9-12 所示。单击“启用内容”，然后单击“消息栏”右上角的“关闭”按钮 (X)，“消息栏”即会关闭。除非将数据库移到受信任位置，否则在下次打开数据库时仍会重新显示消息栏。

图 9-12　未受信任“消息栏”

9.7　使用数据库密码加密 Access 数据库

Access 中的加密工具合并了两个旧工具（编码和数据库密码），并加以改进。使用数据库密码来加密数据库时，所有其他工具都无法读取数据，并强制用户必须输入密码才能使用数据库。在 Access 2010 中应用的加密所使用的算法比早期版本的 Access 使用的算法更强。

实现数据库系统安全最简单的方法就是给数据库设置打开密码，以禁止非法用户进入数据库。为了设置数据库密码，要求必须以独占的方式打开数据库。一个数据库同一时刻只能被一个用户打开,其他用户只能等待此用户放弃后,才能打开和使用它，则称之为数据库独占。

（1）使用数据库密码进行加、解密

为教学管理系统数据库设置用户密码，操作步骤如下。

① 启动 Microsoft Access 2010。

② 单击“文件”|“打开”命令，在“打开”的对话框中，在“查找范围”内通过浏览找到要设置密码的数据库文件，例如“教学管理系统”。

③ 单击“打开”按钮旁边的箭头，然后单击“以独占方式打开”选项，如图 9-13 所示，这时就以“独占”的方式打开“教学管理系统”数据库。

④ 在“文件”选项卡上，单击“信息”，再单击“用密码进行加密”按钮，如图 9-14 所示。

⑤ 在打开“设置数据库密码”对话框中，在“密码”框中键入密码，然后在“验证”字段中再次键入该密码，两次密码输入完后单击“确定”按钮，如图 9-15 所示。

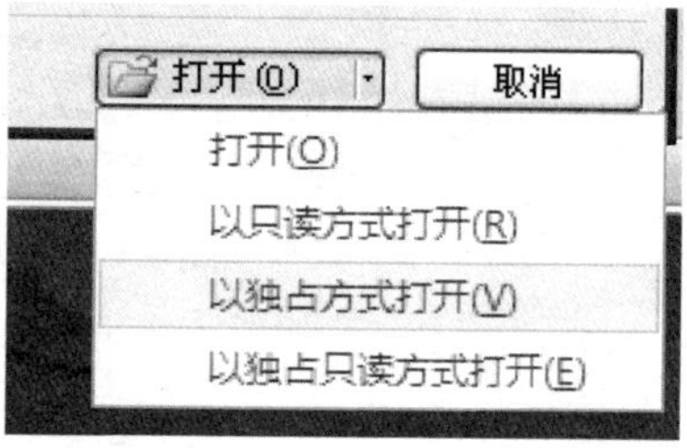

图 9-13 以独占方式打开的“打开”

密码设置完成，以后在打开“教学管理系统”数据库时，系统随即弹出“要求输入密码”对话框，如图 9-16 所示。在“输入数据库密码”框中键入正确密码，才能打开“教学管理系统”数据库。

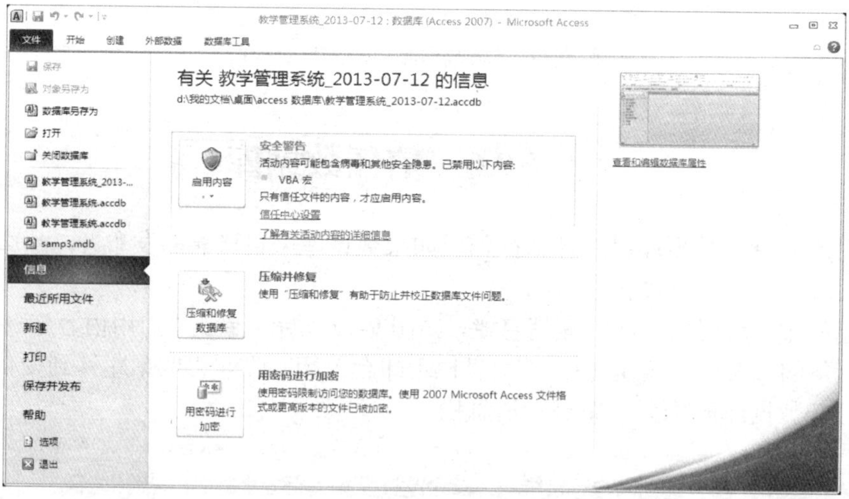

图 9-14 信息窗口

图 9-15 “设置数据库密码”对话框

图 9-16 “要求输入密码”对话框

（2）取消对数据库的加密

① 在取消数据库加密功能时，同样必须以“独占”方式打开数据库，打开已加密的“教学管理系统”数据库。

② 在“文件”选项卡上，单击“信息”，再单击“解密数据库”，将出现“撤销数据库密码”对话框，如图 9-17 所示。

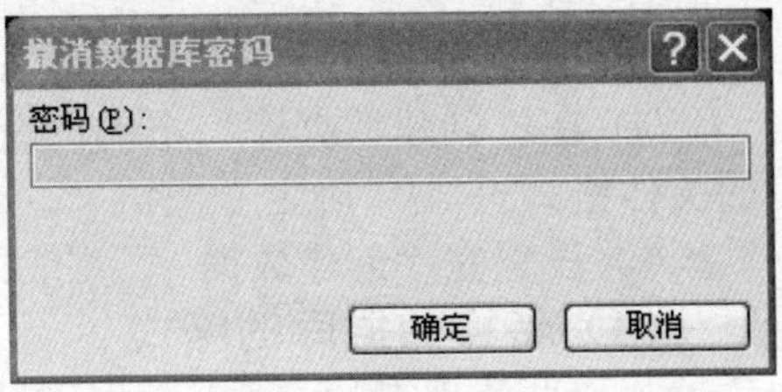

图 9-17 “撤销数据库密码”对话框

③ 在“密码”框中键入先前设置的密码，然后单击“确定”。

9.8　旧版本数据库格式的转换

（1）Access 2010 数据库默认的文件格式

在创建新的空白数据库时，Access 会要求为数据库文件命名。默认情况下，文件的扩展名为“.accdb”，这种文件是采用 Access 2007-2010 文件格式创建的，在早期版本的 Access 中无法打开。

在实际应用当中，不同的用户安装的 Access 版本也不同，但是要是使用同一个数据库，这时就出现了版本之间的兼容性。规则：新版本对旧版本的兼容，高版本向低版本的兼容，是不可逆向兼容的。在 Microsoft Access 2010 中，可以选择采用 Access 2000 格式或 Access 2002-2003 格式（扩展名均为“.mdb”）创建文件。在成功创建新的数据库文件时，生成的文件将采用早期版本的 Access 格式创建，并且可以与使用该版本 Access 的其他用户共享。

（2）更改默认文件格式

① 启动 Microsoft Access 2010。

② 在“文件”选项卡下，单击“选项”命令，打开“Access 选项”对话框中，如图 9-18 所示。

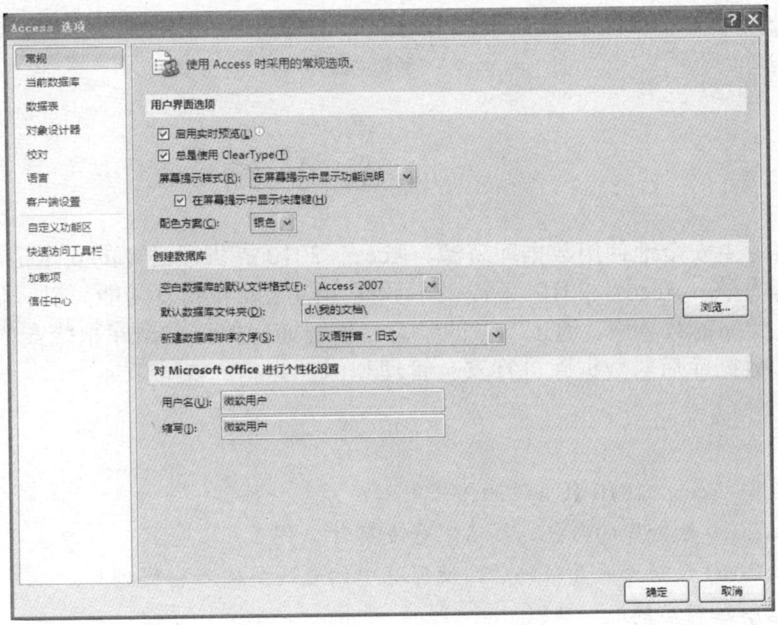

图 9-18 “Access 选项”对话框

③ 在“Access 选项”对话框左侧窗格中，单击“常规”选项。

④ 在“创建数据库”下的“空白数据库的默认文件格式”框中，选择要作为默认设置的文件格式,单击“确定”按钮。

⑤ 设置完“创建数据库”的默认格式后，创建的就是该版本格式的数据库。

（3）转换数据库的格式

如果要将现有的.accdb 数据库转换为其他格式(例如早期的数据库 2000-2003 版本的.mdb 格式，或者是模板.accdt 格式)，那么可以在“将数据库另存为”命令下选择格式。

① 单击“文件”选项卡，在对话框左侧窗格中，单击“保存并发布”选项。

② 在“数据库文件类型”中选择要保存的格式即可，这里选择另存为“Access2002-2003 数据库（*.mdb）”如图 9-19 所示。

③ 在另存为的对话框中的“保存类型”中可以看到此时的文件格式为 2002-2003.mdb 格式。

此命令除了保留数据库原来的格式之外，还按照用户指定的格式创建一个数据库副本。其他用户就可以将该数据库副本用在所需的 Access 版本中。

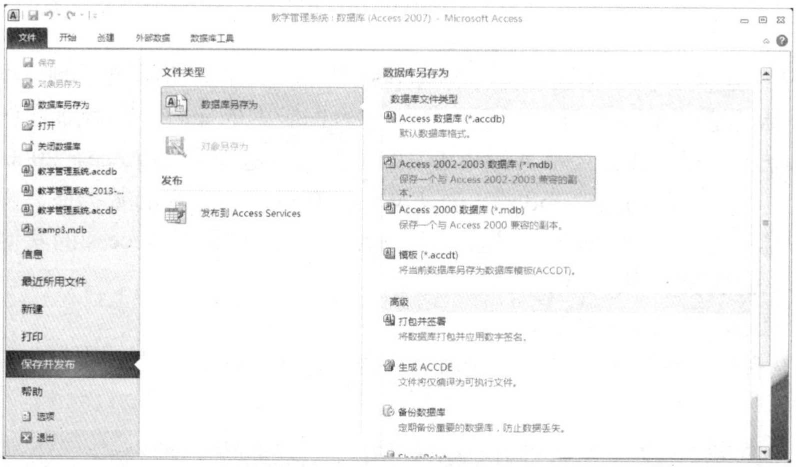

图 9-19 “数据库另存为”对话框

本 章 小 结

为了更好、更安全地使用数据库资源，Access 2010 提供了必要的安全措施，如数据库的备份，加密等方法。Access 2010 还提供了数据库的压缩和修复功能，以降低对存储空间的需求，并修复受损的数据库。通过本章的学习，了解如何保证数据库系统安全、可靠的运行，如何在创建了数据库后对数据库进行安全管理和保护。

思 考 题

1. 如何理解 Access 2010 数据库的信任中心？
2. Access 2010 数据库的打包、签名、分发有什么优点？
3. Access 2010 数据库设置密码后，使用其中的表还要输入密码吗？
4. 怎样理解加密后的数据库？
5. Access 2010 的数据库类型和早期版本的数据库类型可以互相兼容吗？

附录1　全国计算机等级考试（二级Access）无纸化考试介绍

全国计算机等级考试二级 Access（以下简称 Access）无纸化考试测试考生在 Windows 的环境下对 Microsoft Access 数据库软件的使用能力。考试系统在 Windows 7 系统环境下运行。

（1）考试环境

硬件环境

CPU：3G 或以上。

内存：2GB 或以上。

显示卡：支持 DirectX9。

硬盘剩余空间：10GB 或以上。

软件环境

教育部考试中心提供考试系统软件。

操作系统: 中文版 WINDOWS 7。

应用软件: 中文版 Microsoft Access 2010 ，Microsoft .NET Framework 3.5。

汉字输入软件: 考点应具备全拼、双拼、五笔字型汉字输入法。其他输入法如表形码、郑码、钱码也可挂接。如考生有其他特殊要求，考点可挂接测试，如无异常应允许使用。

（2）考试时间

Access 无纸化考试时间定为 120 分钟。考试时间由考试系统自动进行计时，在结束前 5 分钟会自动提醒考生及时存盘，考试时间用完，考试系统将自动锁定计算机，考生将不能再继续考试。

（3）考试题型及分值

Access 无纸化考试试卷满分为 100 分，共有四种类型考题：选择题（40 分）、基本操作题（18 分）、简单应用题（24 分）、综合应用题（18 分）。

（4）系统登录

在系统启动后，出现登录过程。在登录界面中，考生需要输入自己的准考证号，并需要核对身份证号和姓名的一致性。登录信息确认无误后，系统会自动随机地为考生抽取试题。

当考试系统抽取试题成功后，在屏幕上会显示考生须知信息，考生必须先阅读该信息并同意，然后点击“开始考试并计时”按钮开始考试并计时。

如果出现需要密码登录信息，则根据具体情况由监考老师来输入密码。

（5）试题内容查阅

在系统登录完成以后，系统为考生抽取一套完整的试题。系统环境也有了一定的变化，考试系统将自动在屏幕中间生成装载试题内容查阅工具的考试窗口，并在屏幕顶部始终显示着考生的准考证号、姓名、考试剩余时间以及可以随时显示或隐藏试题内容查阅工具和退出考试系统进行交卷的按钮的窗口，对于最左面的“显示窗口”字符表示屏幕中间的考试窗口正被隐藏着，当用鼠标点击“显示窗口”字符时，屏幕中间就会显示考试窗口，且“显示窗口”字符变成“隐藏窗口”。

在考试窗口中单击“选择题”、“基本操作题”、“简单应用题”和“综合应用题”按钮，可以分别查看各个题型的题目要求。

当试题内容查阅窗口中显示上下或左右滚动条时，表明该试题查阅窗口中试题内容不能完全显示，因此考生可用鼠标的箭头光标键并按鼠标的左键进行移动显示余下的试题内容，防止漏做试题从而影响考生考试成绩。

（6）各种题型的测试方法

Access 无纸化考试系统提供了开放式的考试环境，考生可以在中文版 Windows 7 操作系统环境下自由地使用应用软件 Microsoft Access，它的主要功能是答题的执行、控制考试时间以及试题内容查阅。

下列的测试题型，需要在 Microsoft Access 的应用软件环境中的完成。考试界面也提供了测试入口。

① 选择题。当考生系统登录成功后，请在试题内容查阅窗口的“答题”菜单上选择“选择题”命令项，系统将自动进入作答选择题的界面，再根据要求进行答题。

作答选择题时键盘被封锁，使用键盘无效，考生须使用鼠标答题。

选择题作答结束后考生不能再次进入。

② 基本操作题。当考生系统登录成功后，请在试题内容查阅窗口的“答题”菜单上根据试题内容的要求选择相应的命令，系统将自动进入中文版 Microsoft Access 系统（这个系统需事先安装），再根据基本操作试题内容的要求进行操作。

③ 简单应用题。当考生系统登录成功后，请在试题内容查阅窗口的“答题”菜单上根据试题内容的要求选择相应的命令，系统将自动进入中文版 Microsoft Access 系统（这个系统需事先安装），再根据简单应用试题内容的要求进行操作。

④ 综合应用题。当考生系统登录成功后，请在试题内容查阅窗口的“答题”菜单上根据试题内容的要求选择相应的命令，系统将自动进入中文版 Microsoft Access 系统（这个系统需事先安装），再根据综合应用试题内容的要求进行操作。

（7）交卷

如果考生要提前结束考试进行交卷处理，则请在屏幕顶部的浮动窗口中选择“交卷”按钮。考试系统将检查是否存在未作答的文件，如存在会给出未作答文件名提示，否则会给出是否要交卷处理的提示信息，此时考生如果选择“确定”按钮，则退出考试系统进行交卷处理。如果考生还没有做完试题，则选择“取消”按钮继续进行考试。

进行交卷处理时，系统首先锁住屏幕，并显示“系统正在进行交卷处理，请稍候!”，当系统完成了交卷处理，会在屏幕上显示“交卷正常，请输入结束密码:”或“交卷异常，请输入结束密码:”。

（8）注意事项：考生文件夹

当考生登录成功后，考试系统将会自动产生一个考生考试文件夹，该文件夹将存放该考生所有无纸化考试的考试内容以及答题过程，因此考生不能随意删除该文件夹以及该文件夹下与考试内容有关的文件及文件夹，避免在考试和评分时产生错误，从而导致影响考生的考试成绩。

假设考生登录的准考证号为2935999999880001，则考试系统生成的考生文件夹将存放到K盘根目录下的用户目录文件夹下，即考生文件夹为K:\ 用户目录文件夹\29880001。考生在考试过程中所有操作都不能脱离考试系统生成的考生文件夹，否则将会直接影响考生的考试成绩。

在考试界面的菜单栏下，左边的区域可显示出考生文件夹路径，单击后可以直接进入考生文件夹。

附录 2　2013 年 3 月计算机等级考试二级 Access 真题及答案

一、选择题（40 分）

1. 下列数据结构中，属于非线性结构的是（　　）。

A. 循环队列　　B. 带链队列　　C. 二叉树　　D. 带链栈

参考答案：C

【解析】树是简单的非线性结构，所以二叉树作为树的一种也是一种非线性结构。

2. 下列数据结构中，能够按照“先进后出”原则存取数据的是（　　）。

A. 循环队列　　B. 栈　　C. 队列　　D. 二叉树

参考答案：B

【解析】栈是按先进后出的原则组织数据的。队列是先进先出的原则组织数据。

3. 对于循环队列，下列叙述中正确的是（　　）。

A. 队头指针是固定不变的　　B. 队头指针一定大于队尾指针

C. 队头指针一定小于队尾指针　　D. 队头指针可以大于队尾指针，也可以小于队尾指针

参考答案：D

【解析】循环队列的队头指针与队尾指针都不是固定的，随着入队与出队操作要进行变化。因为是循环利用的队列结构所以对头指针有时可能大于队尾指针有时也可能小于队尾指针。

4. 算法的空间复杂度是指（　　）。

A. 算法在执行过程中所需要的计算机存储空间　　B. 算法所处理的数据量

C. 算法程序中的语句或指令条数　D. 算法在执行过程中所需要的临时工作单元数

参考答案：A

【解析】算法的空间复杂度是指算法在执行过程中所需要的内存空间。所以选择 A。

5. 软件设计中划分模块的一个准则是（　　）。

A. 低内聚低耦合　　B. 高内聚低耦合

C. 低内聚高耦合　　D. 高内聚高耦合

参考答案：B

【解析】一般较优秀的软件设计，应尽量做到高内聚、低耦合，即减弱模块之间的耦合性和提高模块内的内聚性，有利于提高模块的独立性。

6. 下列选项中不属于结构化程序设计原则的是（　　）。

A. 可封装　　B. 自顶向下　　C. 模块化　　D. 逐步求精

参考答案：A

【解析】结构化程序设计的思想包括：自顶向下、逐步求精、模块化、限制使用 goto 语句，所以选择 A。

7. 软件详细设计生产的图如下。

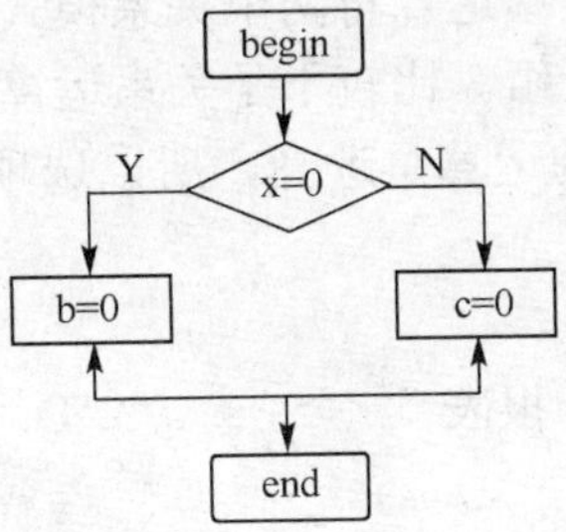

该图是（　　）。

A. N-S 图　　B. PAD 图　　C. 程序流程图　　D. E-R 图

参考答案：C

【解析】N-S 图提出了用方框图来代替传统的程序流程图，所以 A 不对。PAD 图是问题分析图，它是继承程序流程图和方框图之后提出的又一种主要用于描述软件详细设计的图形表示工具，所以 B 不对。E-R 图是数据库中的用于表示 E-R 模型的图示工具，所以 D 不对。根据图中所示表示方法是进行软件详细设计时使用的程序流程图。

8. 数据库管理系统是（　　）。

A. 操作系统的一部分　　B. 在操作系统支持下的系统软件

C. 一种编译系统　　D. 一种操作系统

参考答案：B

【解析】数据库管理系统是数据库的机构，它是一种系统软件，负责数据库中数据组织、数据操纵、数据维护、控制及保护和数据服务等。是一种在操作系统之上的系统软件。

9. 在 E-R 图中，用来表示实体联系的图形是（　　）。

A. 椭圆形　　B. 矩形　　C. 菱形　　D. 三角形

参考答案：C

【解析】在 E-R 图中实体集用矩形，属性用椭圆，联系用菱形。

10. 有三个关系 R、S 和 T 如下。

R

A	B	C
a	1	2
b	2	1
c	3	1

S

A	B	C
d	3	2

T

A	B	C
a	1	2
b	2	1
c	3	1
d	3	2

则关系 T 是由关系 R 和 S 通过某种操作得到，该操作为（　　）。

A. 选择　　B. 投影　　C. 交　　D. 并

参考答案：D

【解析】在关系 T 中包含了关系 R 与 S 中的所有元组，所以进行的是并的运算。

11．在学生表中要查找所有年龄小于 20 岁且姓王的男生，应采用的关系运算是（　　）。

A．选择　　B．投影　　C．联接　　D．比较

参考答案：A

【解析】关系运算包括：选择、投影和连接。①选择：从关系中找出满足给定条件的元组的操作称为选择。选择是从行的角度进行的运算。②投影：从关系模式中指定若干个属性组成新的关系。投影是从列的角度进行的运算。③连接：连接运算将两个关系模式拼接成一个更宽的关系模式，生成的新关系中包含满足连接条件的元组。比较不是关系运算。此题是从关系中查找所有年龄小于 20 岁且姓王的男生，应进行的运算是选择，所以选项 A 是正确的。

12．Access 数据库最基础的对象是（　　）。

A．表　　B．宏　　C．报表　　D．查询

参考答案：A

【解析】Access 数据库对象分为 7 种。这些数据库对象包括表、查询、窗体、报表、数据访问页、宏、模块。其中表是数据库中用来存储数据的对象，是整个数据库系统的基础。

13．在关系窗口中，双击两个表之间的连接线，会出现（　　）。

A．数据表分析向导　　B．数据关系图窗口

C．连接线粗细变化　　D．编辑关系对话框

参考答案：D

【解析】当两个表之间建立关系，两个表之间会出现一条连接线，双击这条连接线会出现编辑关系对话框。所以，选项 D 正确。

14．下列关于 OLE 对象的叙述中，正确的是（　　）。

A．用于输入文本数据　　B．用于处理超级链接数据

C．用于生成自动编号数据　　D. 用于链接或内嵌 Windows 支持的对象

参考答案：D

【解析】OLE 对象是指字段允许单独地“链接”或“嵌入”OLE 对象，如 Word 文档，Excel 表格，图像，声音，或者其他二进制数据。故选项 D 正确。

15．若在查询条件中使用了通配符“!”，它的含义是（　　）。

A．通配任意长度的字符　　B．通配不在括号内的任意字符

C．通配方括号内列出的任一单个字符　　D．错误的使用方法

参考答案：B

【解析】通配符“!”的含义是匹配任意不在方括号里的字符，如 b[! ae]ll 可查到 bill 和 bull，但不能查到 ball 或 bell。故选项 B 正确。

16．“学生表”中有“学号”、“姓名”、“性别”和“入学成绩”等字段。执行如下 SQL 命令后的结果是（　　）。

Select avg(入学成绩) From 学生表 Group by 性别

A．计算并显示所有学生的平均入学成绩

B．计算并显示所有学生的性别和平均入学成绩

C．按性别顺序计算并显示所有学生的平均入学成绩

D．按性别分组计算并显示不同性别学生的平均入学成绩

参考答案：D

【解析】SQL 查询中分组统计使用 Group by 子句，函数 Avg()是用来求平均值的，所以

此题的查询是按性别分组计算并显示不同性别学生的平均入学成绩，所以选项 D 正确。

17．在 SQL 语言的 SELECT 语句中，用于实现选择运算的子句是（　　）。

A．FOR　　B．IF　　C．WHILE　　D．WHERE

参考答案：D

【解析】SQL 查询的 Select 语句是功能最强，也是最为复杂的 SQL 语句。SELECT 语句的结构是：

SELECT [ALL|DISTINCT] 别名 FROM 表名 [WHERE 查询条件]

[GROUP BY 要分组的别名 [HAVING 分组条件]]

WHERE 后面的查询条件用来选择符合要求的记录，所以选项 D 正确。

18．在 Access 数据库中使用向导创建查询，其数据可以来自（　　）。

A．多个表　　B．一个表　　C．一个表的一部分　　D．表或查询

参考答案：D

【解析】所谓查询就是根据给定的条件，从数据库中筛选出符合条件的记录，构成一个数据的集合，其数据来源可以是表或查询。选项 D 正确。

19．在学生借书数据库中，已有“学生”表和“借阅”表，其中“学生”表含有“学号”、“姓名”等信息，“借阅”表含有“借阅编号”、“学号”等信息。若要找出没有借过书的学生记录，并显示其“学号”和“姓名”，则正确的查询设计是（　　）。

A.
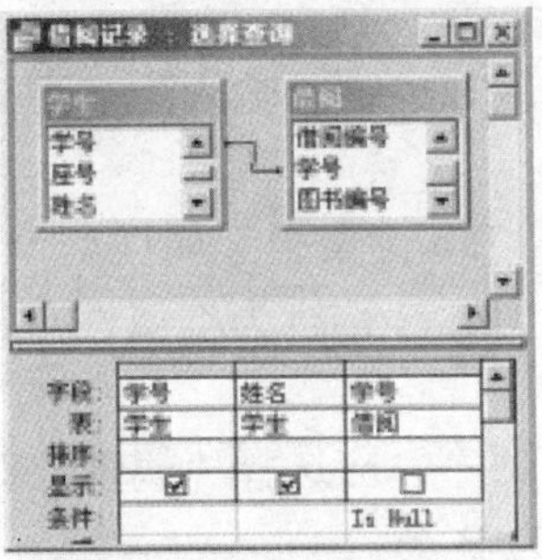

B.
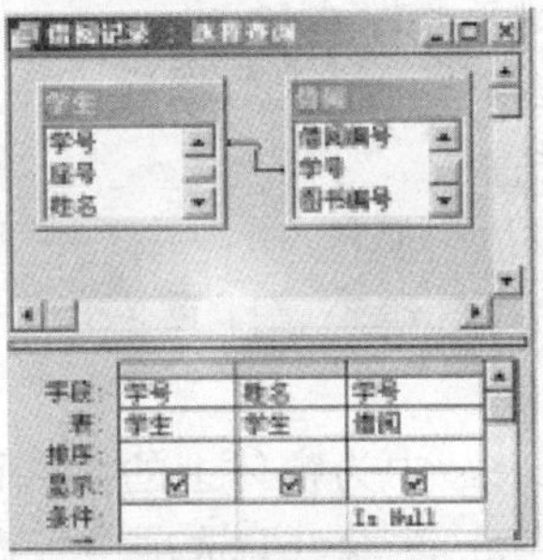

C.
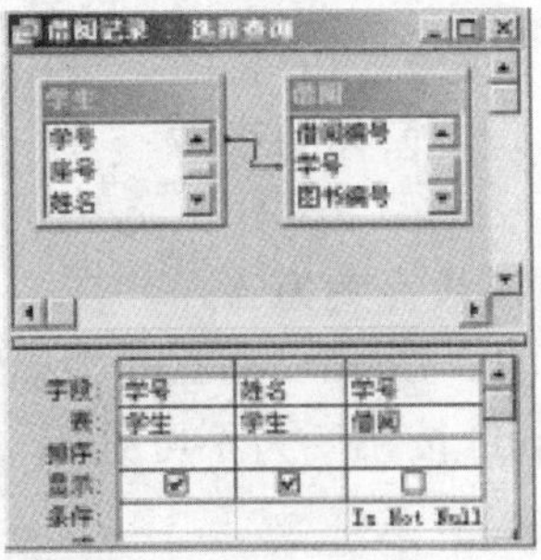

D.

参考答案：A

【解析】要显示没有借过书的学生，说明在“借阅”表中没有该学生记录，即学号字段值为空，要把这些学生学号、姓名字段显示出来，故在“学生”表中要勾上学号、姓名两个字段，所以选项 A 的设计正确。

20．在成绩中要查找成绩≥80 且成绩≤90 的学生，正确的条件表达式是（　　）。

A．成绩 Between 80 And 90　　B．成绩 Between 80 To 90

C．成绩 Between 79 And 91　　D．成绩 Between 79 To 91

参考答案：A

【解析】在查询准则中比较运算符“Between … And”用于设定范围，表示“在…之间”，此题在成绩中要查找成绩≥80 且成绩≤90 的学生，表达式应为“成绩 Between 80 And 90”，所以选项 A 正确。

21. 在报表中，要计算“数学”字段的最低分，应将控件的“控件来源”属性设置为（　　）。

A. = Min([数学])　　B. = Min(数学)　　C. = Min[数学]　　D. Min(数学)

参考答案：A

【解析】在报表中，要为控件添加计算字段，应设置控件的“控件来源”属性，并且以“=”开头，字段要用“()”括起来，在此题中要计算数学的最低分，应使用 Min()函数，故正确形式为“= Min([数学])”，即选项 A 正确。

22. 在打开窗体时，依次发生的事件是（　　）。

A. 打开(Open) →加载(Load)→调整大小(Resize)→激活(Activate)

B. 打开(Open)→激活(Activate)→加载(Load)→调整大小(Resize)

C. 打开(Open)→调整大小(Resize)→加载(Load)→激活(Activate)

D. 打开(Open)→激活(Activate)→调整大小(Resize)→加载(Load)

参考答案：A

【解析】Access 开启窗体时事件发生的顺序是：Open(窗体)→Load(窗体)→Resize(窗体)→Activate(窗体)→Current(窗体)→Enter(第一个拥有焦点的控件)→GotFocus(第一个拥有焦点的控件)。所以此题答案为 A。

23. 如果在文本框内输入数据后，按<Enter>键或按<Tab>键，输入焦点可立即移至下一指定文本框，应设置（　　）。

A. “制表位”属性　　B. “Tab 键索引”属性

C. “自动 Tab 键”属性　　D. “Enter 键行为”属性

参考答案：B

【解析】在 Access 中为窗体上的控件设置 Tab 键的顺序，应选择“属性”对话框的“其他”选项卡中的“Tab 键索引”选项进行设置，故答案为 B。

24. 窗体 Caption 属性的作用是（　　）。

A. 确定窗体的标题　　B. 确定窗体的名称

C. 确定窗体的边界类型　　D. 确定窗体的字体

参考答案：A

【解析】窗体 Caption 属性的作用是确定窗体的标题，故答案为 A。

25. 窗体中有 3 个命令按钮，分别命名为 Command1、Command2 和 Command3。当单击 Command1 按钮时，Command2 按钮变为可用，Command3 按钮变为不可见。下列 Command1 的单击事件过程中，正确的是（　　）。

A.
```
Private Sub Command1_Click()
        Command2.Visible = True
        Command3.Visible = False
End Sub
```

B.
```
Private Sub Command1_Click()
        Command2.Enabled = True
        Command3.Enabled = False
End Sub
```

C. Private Sub Command1_Click()

Command2.Enabled = True

Command3.Visible = False

End Sub

D. Private Sub Command1_Click()

Command2.Visible = True

Command3.Enabled = False

End Sub

参考答案：C

【解析】控件的 Enable 属性是设置控件是否可用，如设为 True 表示控件可用，设为 False 表示控件不可用；控件的 Visible 属性是设置控件是否可见，如设为 True 表示控件可见，设为 False 表示控件不可见。此题要求 Command2 按钮变为可用，Command3 按钮变为不可见，所以选项 C 正确。

26. 在设计报表的过程中，如果要进行强制分页，应使用的工具图标是（　　）。

A. 　　B. 　　C. 　　D. 

参考答案：D

【解析】在设计报表的过程中，如果要进行强制分页，应使用的工具图标是 ，另三个工具图标中，选项 A 为切换按钮，选项 B 为组合框，选项 C 为列表框。所以答案为 D。

27. 下列叙述中，错误的是（　　）。

A. 宏能够一次完成多个操作　　B. 可以将多个宏组成一个宏组

C. 可以用编程的方法来实现宏　　D. 宏命令一般由动作名和操作参数组成

参考答案：C

【解析】宏是由一个或多个操作组成的集合，其中每个操作都实现特定的功能，宏可以是由一系列操作组成的一个宏，也可以是一个宏组。通过使用宏组，可以同时执行多个任务。可以用 Access 中的宏生成器来创建和编辑宏，但不能通过编程实现。宏由条件、操作、操作参数等构成。因此，C 选项错。

28. 在宏表达式中要引用 Form1 窗体中的 txt1 控件的值，正确的引用方法是（　　）。

A. Form1！txt1　　B. txt1

C. Forms！Form1！txt1　　D. Forms！txt1

参考答案：C

【解析】在宏表达式中，引用窗体的控件值的格式是：Forms！窗体名！控件名[.属性名]。

29. VBA 中定义符号常量使用的关键字是（　　）。

A. Const　　B. Dim　　C. Public　　D. Static

参考答案：A

【解析】符号常量使用关键字 Const 来定义，格式为：Const 符号常量名称＝常量值。Dim 是定义变量的关键字，Public 关键字定义作用于全局范围的变量、常量，Static 用于定义静态变量。

30. 下列表达式计算结果为数值类型的是（　　）。

A. #5/5/2010# - #5/1/2010#　　B. “102” > “11”

C. 102 = 98 + 4　　D. #5/1/2010# + 5

参考答案：A

【解析】A 选项中两个日期数据相减后结果为整型数据 4。B 选项中是两个字符串比较，结果为 False，是布尔型。C 选项中为关系表达式的值，结果为 False，是布尔型。D 选项中为日期型数据加 5，结果为 2010-5-6，仍为日期型。

31．要将“选课成绩”表中学生的“成绩”取整，可以使用的函数是（　　）。

A．Abs([成绩])　　B．Int([成绩])　　C．Sqr([成绩])　　D．Sgn([成绩])

参考答案：B

【解析】取整函数是 Int，而 Abs 是求绝对值函数，Sqr 是求平方根函数，Sgn 函数返回的是表达式的符号值。

32．将一个数转换成相应字符串的函数是（　　）。

A．Str　　B．String　　C．Asc　　D．Chr

参考答案：A

【解析】将数值表达式的值转化为字符串的函数是 Str。而 String 返回一个由字符表达式的第 1 个字符重复组成的指定长度为数值表达式值的字符串；Asc 函数返回字符串首字符的 ASCII 值；Chr 函数返回以数值表达式值为编码的字符。

33．可以用 InputBox 函数产生“输入对话框”。执行语句：

st ＝ InputBox(“请输入字符串”,“字符串对话框”,“aaaa”)

当用户输入字符串“bbbb”，按 OK 按钮后，变量 st 的内容是（　　）。

A．aaaa　　B．请输入字符串　　C．字符串对话框　　D．bbbb

参考答案：D

【解析】InputBox 函数表示在对话框中显示提示，等待用户输入正文或按下按钮，并返回包含文本框内容的字符串，其函数格式为 InputBox(Prompt[, Title] [, Default] [, Xpos] [, Ypos] [, Helpfile, Context])。Prompt 是必需的，作为对话框消息出现的字符串表达式；Title 是可选的，显示对话框标题栏中的字符串表达式；Default 是可选的，显示文本框中的字符串表达式，在没有其他输入时作为缺省值。因此，本题中的输入框初始显示为 aaaa，输入 bbbb 后点击 OK 按钮后，bbbb 传给变量 st。

34．由“For i ＝ 1 To 16 Step 3”决定的循环结构被执行（　　）。

A．4 次　　B．5 次　　C．6 次　　D．7 次

参考答案：C

【解析】题目考查的是 For 循环结构，循环初值 i 为 1，终值为 16，每次执行循环 i 依次加 3，则 i 分别为 1、4、7、10、13、16，则循环执行 6 次。

35．运行下列程序，输入数据 8、9、3、0 后，窗体中显示结果是（　　）。

```
Private Sub Form_click()
        Dim sum As Integer,  m As Integer
        sum = 0
        Do
            m = InputBox("输入 m")
            sum = sum + m
        Loop Until m = 0
        MsgBox sum
```

```
End Sub
```

A．0　　B．17　　C．20　　D．21

参考答案：C

【解析】本题程序是通过 Do 循环结构对键盘输入的数据进行累加，循环结束条件是输入的字符为 0，题目在输入 0 之前输入的 3 个有效数据 8，9，3 相加值为 20。

36．窗体中有命令按钮 Command1 和文本框 Text1，事件过程如下：

```
Function result(ByVal x As Integer)As Boolean
    If x Mod 2 = 0 Then
        result = True
    Else
        result = False
    End If
End Function
Private Sub Command1_Click()
    x = Val(InputBox("请输入一个整数"))
    If 【          】 Then
        Text1 = Str(x)& "是偶数."
    Else
        Text1 = Str(x)& "是奇数."
    End If
End Sub
```

运行程序，单击命令按钮，输入 19，在 Text1 中会显示“19 是奇数”。那么在程序的括号内应填写（　　）。

A．NOT result(x)　B．result(x)　C．result(x)="奇数"　D．result(x)="偶数"

参考答案：B

【解析】本题程序是判断奇偶性的程序，函数 Result 用来判断 *x* 是否是偶数，如果 *x* 是偶数，那么 Result 的返回值为真，否则返回值为假，单击命令按钮时执行的过程是输入整数 *x*，然后调用 Result 函数，如果值为真，文本框会显示输入的值是偶数，否则显示输入的值为奇数。调用 Result 函数且 Result 函数值为真时的表达式为：Result(*x*)。

37．若有如下 Sub 过程：

```
Sub sfun(x As Single, y As Single )
        t = x
        x = t / y
        y = t Mod y
End Sub
```

在窗体中添加一个命令按钮 Command33，对应的事件过程如下：

```
Private Sub Command33_Click()
        Dim a As Single
        Dim b As Single
        a = 5 : b = 4
        sfun a, b
```

```
        MsgBox   a & chr(10)+  chr(13)& b
    End   Sub
```

打开窗体运行后，单击命令按钮，消息框中有两行输出，内容分别为（　　）。

A. 1 和 1　　B. 1.25 和 1　　C. 1.25 和 4　　D. 5 和 4

参考答案：B

【解析】此题中设定了一个 Sfun()函数，进行除法运算和求模运算。命令按钮的单击事件中，定义两变量 a=5，b=4，调用 Sfun 函数传递 a，b 的值给 x，y 进行运算，t=x=5，y=4；x=t/y=5/4=1.25(除法运算)；y=t Mod y=5 mod 4=1(求模运算)。Sfun 函数参数没有指明参数传递方式，则默认以传址方式传递，因此 a 的值为 1.25，b 的值为 1。

38. 窗体有命令按钮 Commandl 和文本框 Textl，对应的事件代码如下：

```
Private Sub Command1_Click()
    For i = 1 To 4
            x = 3
            For j = 1 To 3
                For k = 1 To 2
                    x = x + 3
                Next k
            Next j
    Next i
    Text1.Value = Str(x)
End Sub
```

运行以上事件过程，文本框中的输出是（　　）。

A. 6　　B. 12　　C. 18　　D. 21

参考答案：D

【解析】题目中程序是在文本框中输出 x 的值，x 的值由一个三重循环求出，在第一重循环中，x 的初值都是 3，因此，本段程序 x 重复运行 4 次，每次都是初值为 3，然后再经由里面两重循环的计算。在里面的两重循环中，每循环一次，x 的值加 3，里面两重循环分别从 1 到 3，从 1~2 共循环 6 次，所以 x 每次加 3，共加 6 次，最后的结果为 x=3+6*3=21。Str 函数将数值表达式转换成字符串，即在文本框中显示 21。

39. 在窗体中有一个命令按钮 Command1，编写事件代码如下：

```
Private Sub Command1_Click()
    Dim s As Integer
    s = P(1)+ P(2)+ P(3)+ P(4)
    debug.Print s
End Sub
Public Function P(N As Integer)
    Dim Sum As Integer
    Sum = 0
    For i = 1 To N
            Sum = Sum + i
    Next i
```

```
    P = Sum
End Function
```

打开窗体运行后，单击命令按钮，输出结果是（　　）。

A. 15　　B. 20　　C. 25　　D. 35

参考答案：B

【解析】题目中在命令按钮的单击事件中调用了过程 P。而过程 P 的功能是根据参数 N，计算从 1 到 N 的累加，然后返回这个值。N=1 时，P(1)返回 1，N=2 时，P(2)返回 3，N=3 时，P(3)返回 6，N=4 时，P(4)返回 10，所以 s=1+3+6+10=20。

40．下列过程的功能是：通过对象变量返回当前窗体的 Recordset 属性记录集引用，消息框中输出记录集的记录(即窗体记录源)个数。

```
Sub GetRecNum()
    Dim rs As Object
    Set rs = Me.Recordset
    MsgBox 【      】
End Sub
```

程序括号内应填写的是（　　）。

A. Count　　B. rs.Count　　C. RecordCount　　D. rs.RecordCount

参考答案：D

【解析】题目中对象变量 rs 返回了当前窗体的 RecordSet 属性记录集的引用，那么通过访问对象变量 rs 的属性 RrcordCount 就可以得到该记录集的记录个数，引用方法为 rs.RcordCount。

二、基本操作题（18 分）

所属年份：2010.9;2011.3;2011.9;2012.3。

在考生文件夹下的“samp1.mdb”数据库文件中已建立好表对象“tStud”和“tScore”、宏对象“mTest”和窗体“fTest”。试按以下要求，完成各种操作。

（1）分析表对象“tScore”的字段构成，判断并设置其主键。

（2）删除“tStud”表结构的“照片”字段列、在“简历”字段之前增添一个新字段(字段名称：团员否。数据类型：“是/否”型)。

（3）隐藏“tStud”中的“所属院系”字段列。

（4）将考生文件夹下文本文件 Test.txt 中的数据导入到当前数据库中。其中，第一行数据是字段名，导入的数据以“tTest”数据表命名保存。

（5）将窗体“fTest”中名为“bt2”的命令按钮，其高度设置为 1 厘米，左边界设置为左边对齐“bt1”命令按钮。

（6）将宏“mTest”重命名为自动运行的宏。

【答案解析】

【考点分析】 本题考点：删除字段；添加字段；隐藏字段；表的导入；窗体中命令按钮控件属性设置；宏的重命名。

【解题思路】 第（1）、（2）小题在设计视图中删除和添加字段；第（3）小题在数据表中设置隐藏字段；第（4）小题通过单击“外部数据”|“文本文件”导入表；第（5）小题在窗体设计视图中右键单击控件选择“属性”，设置属性；第（6）小题右键单击宏名选择“重命名”。

（1）【操作步骤】

步骤 1：选择“表”对象，右击表“tScore”，从弹出的快捷菜单中选择“设计视图”命令。

步骤 2：选中“学号”和“课程号”字段行，单击“设计”中“主键”按钮。

步骤 3：按 Ctrl+S 保存修改，关闭设计视图。

（2）【操作步骤】

步骤 1：选中“表”对象，右键单击“tStud”选择“设计视图”。

步骤 2：选中“照片”字段行，右键单击“照片”选择“删除行”，在弹出的对话框中选中“是”按钮。选中“简历”字段行，右键单击“简历”选择“插入行”，在“字段名称”列输入“团员否”，在“数据类型”列下拉列表中选中“是/否”。

步骤 3：按“Ctrl+S”保存修改。

（3）【操作步骤】

步骤 1：双击表“tStud”，打开数据表视图。

步骤 2：选中“所属院系”，右键单击“所属院系”|“隐藏字段”。

步骤 3：按“Ctrl+S”保存修改，关闭数据表。

（4）【操作步骤】

步骤 1：单击“外部数据”|“导入”|“文本文件”，点击“浏览”，在“考生文件夹”找到要导入的文件，选中“Test.txt”文件，单击“确定”按钮。

步骤 2：单击“下一步”按钮，选中“第一行包含字段名称”复选框，单击“下一步”按钮，将“学号”字段的数据类型设置为“文本”，将“所属院系”字段的数据类型设置为“文本”，单击“下一步”，单击“不要主键”，单击“下一步”。

步骤 3：在“导入到表”处输入“tTest”，单击“完成”按钮。

（5）【操作步骤】

步骤 1：选中“窗体”对象，右键单击“fTest”选择“设计视图”。

步骤 2：右键单击“bt1”选择“属性”，查看“左边距”行的数值，并记录下来，关闭属性表。

步骤 3：右键单击“bt2”选择“属性”，分别在“高度”和“左边距”行输入“1cm”和“3cm”，关闭属性表。

步骤 4：按“Ctrl+S”保存修改，关闭设计视图。

（6）【操作步骤】

步骤 1：选中“宏”对象，右键单击“mTest”选择“重命名”。

步骤 2：在光标处输入“AutoExec”，按 Ctrl+S 保存修改。

【易错误区】 导入文件时要选择正确的文件类型。

三、简单应用题（24 分）

所属年份：2010.9;2011.3;2011.9;2012.3。

在考生文件夹下有一个数据库文件“samp2.mdb”，里面已经设计好 3 个关联表对象“tStud”、“tCourse”和“tScore”。此外，还提供窗体“fTest”和宏“mTest”，请按以下要求完成设计。

（1）创建一个选择查询，查找年龄大于 25 的学生的“姓名”、“课程名”和“成绩”3 个字段的内容，所建查询命名为“qT1”。

（2）创建生成表查询，组成字段是没有书法爱好学生的“学号”、“姓名”和“入校年”3

列内容(其中“入校年”数据由“入校时间”字段计算得到，显示为 4 位数字年的形式)，生成的数据表命名为“tTemp”，将查询命名为“qT2”。

（3）补充窗体“fTest”上“test1”按钮(名为“bt1”)的单击事件代码，实现以下功能。

当单击按钮“test1”，将文本框中输入的内容与文本串“等级考试测试”连接，并消除连接串的前导和尾随空白字符，用标签“bTitle”显示连接结果。

注意：不能修改窗体对象“fTest”中未涉及的控件和属性；只允许在“*****Add1]****”与“*****Add1]****”之间的空行内补充语句、完成设计。

（4）设置窗体“fTest”上“test2”按钮(名为“bt2”)的单击事件为宏对象“mTest”。

【答案解析】

【考点分析】 本题考点：创建条件查询、生成表查询；窗体中命令按钮控件属性设置。

【解题思路】第（1）、（2）小题在查询设计视图中创建不同的查询，按题目要求添加字段和条件表达式；第（3）小题在窗体设计视图中右键单击控件选择“事件生成器”，输入代码；第（4）小题在窗体设计视图中右键单击控件选择“属性”，设置属性。

（1）【操作步骤】

步骤 1：单击“创建”选项卡中“查询设计”按钮，在“显示表”对话框中双击表“tStud”、“tCourse”、“tScore”，关闭“显示表”对话框。

步骤 2：用鼠标拖动“tScore”表中“学号”至“tStud”表中的“学号”字段，建立两者的关系，用鼠标拖动“tScore”表中“课程号”至“tCourse”表中的“课程号”字段，建立两者的关系。

分别双击“姓名”、“课程名”、“成绩”、“年龄”字段。

步骤 3：在“年龄”字段“条件”行输入“>25”，单击“显示”行取消该字段显示。

步骤 4：按“Ctrl+S”保存修改，另存为“qT1”。关闭设计视图。

（2）【操作步骤】

步骤 1：单击“创建”选项卡中“查询设计”按钮，在“显示表”对话框双击表“tStud”，关闭“显示表”对话框。

步骤 2：单击“设计”选项卡中“生成表”，在弹出的对话框中输入“tTemp”，单击“确定”按钮。

步骤 3：分别双击“学号”、“姓名”、“简历”将其添加到“字段”行，在“简历”“条件”行输入“not like”*书法*“”，单击“显示”行。

步骤 4：在“字段”行的下一列输入“入校年:Year([入校时间])”行。

步骤 5：单击“设计”选项卡中“运行”，在弹出的对话框中单击“是”按钮。

步骤 6：按“Ctrl+S”保存修改，另存为“qT2”。关闭设计视图。

（3）【操作步骤】

步骤 1：选中“窗体”对象，右键单击“fTest”选择“设计视图”。

步骤 2：右键单击“test1”选择“事件生成器”|“代码生成器”，空行内输入代码：

```
'*****Add1*****
bTitle.Caption = Trim(tText) & “等级考试测试”
'*****Add1*****
```

关闭代码生成器，按“Ctrl+S”保存修改。

（4）【操作步骤】

步骤 1：右键单击“test2”选择“属性”。

步骤 2：单击“事件”选项卡，在“单击”行右侧下拉列表中选中“mTest”，关闭属性表。

步骤 3：按“Ctrl+S”保存修改，关闭设计视图。

【易错误区】添加字段“入校年”要注意表达式的书写。

四、综合应用题（18 分）

所属年份：2010.9;2011.3;2011.9;2012.3。

在考生文件夹下有一个数据库文件“samp3.mdb”，里面已经设计了表对象“tEmp”和窗体对象“fEmp”。同时，给出窗体对象“fEmp”上“追加”按钮(名为 bt1)和“退出”按钮(名为 bt2)的单击事件代码，请按以下要求完成设计：

（1）删除表对象“tEmp”中年龄在 25~45 岁之间(不含 25 和 45)的非党员职工记录信息。

（2）设置窗体对象“fEmp”的窗体标题为“追加信息”。

（3）将窗体对象“fEmp”上名为“bTitle”的标签以“特殊效果：阴影”显示。

（4）按以下窗体功能，补充事件代码设计。

在窗体的 4 个文本框内输入合法的职工信息后，单击“追加”按钮(名为 bt1)，程序首先判断职工编号是否重复，如果不重复则向表对象“tEmp”中添加职工纪录，否则出现提示；当单击窗体上的“退出”按钮(名为 bt2)时，关闭当前窗体。

注意：不要修改表对象“tEmp”中未涉及的结构和数据；不要修改窗体对象“fEmp”中未涉及的控件和属性。

程序代码只允许在“*****Add*****”与“*****Add*****”之间的空行内补充一行语句、完成设计，不允许增删和修改其他位置已存在的语句。

【答案解析】

【考点分析】 本题考点：表中字段属性有效性规则、有效性文本设置；报表中文本框和窗体命令按钮控件属性设置。

【解题思路】 第（1）小题在设计视图中设置字段属性；第（2）、（3）小题分别在报表和窗体设计视图中右键单击控件选择“属性”，设置属性；第（4）小题右键单击控件选择“事件生成器”，输入代码。

（1）【操作步骤】

步骤 1：单击“创建”选项卡中“查询设计”按钮，在“显示表”对话框双击表“tEmp”，关闭“显示表”对话框。

步骤 2：单击“设计”选项卡中“删除”。

步骤 3：分别双击“党员否”和“年龄”字段。

步骤 4：在“党员否”和“年龄”字段的“条件”行分别输入“< >Yes”和“>25 and <45”。

步骤 5：单击“设计”选项卡中“运行”，在弹出的对话框中单击“是”按钮。

步骤 6：关闭设计视图，在弹出的对话框中单击“否”按钮。

（2）【操作步骤】

步骤 1：选中“窗体”对象，右键单击“fEmp”选择“设计视图”。

步骤 2：右键单击“窗体选择器”选择“属性”，在“标题”行输入“追加信息”。关闭属性表。

（3）【操作步骤】

步骤 1：右键单击“bTitle”选择“属性”。

步骤 2：在“特殊效果”行右侧下拉列表中选中“阴影”，关闭属性表。

（4）【操作步骤】

步骤 1：右键单击命令按钮“追加”选择“事件生成器”，在空行输入代码：

```
'*****Add1*****
If Not ADOrs.EOF Then
'*****Add1*****
```

关闭界面。

步骤 2：右键单击命令按钮“退出”选择“事件生成器”，在空行输入代码：

```
'*****Add2*****
DoCmd.Close
'*****Add2*****
```

关闭界面。按“Ctrl+S”保存修改，关闭设计视图。

【易错误区】 设置控件代码时要选择正确的函数。

参 考 文 献

[1] 王玮，韩富有．Access 数据库技术教程．北京：北京邮电大学出版社，2010．

[2] 叶恺，张思卿．Access 2010 数据库案例教程．北京：化学工业出版社，2012．

[3] 徐秀花，程晓锦，李业丽.Access 2010 数据库应用技术教程.北京：清华大学出版社，2013．

[4] 张强，杨玉明．Access 2010 中文版入门与实例教程．北京：电子工业出版社，2011．

[5] 陈薇薇，巫张英．Access 基础与应用教程（2010 版）．北京：人民邮电出版社，2013．

[6] 沈祥玖，曹梅红．数据库原理及应用（Access2007）．北京：水利水电出版社，2011．

[7] 纪澍琴，刘威，王宏志．Access 数据库应用基础教程．北京：北京邮电大学出版社，2011．

[8] 全国计算机等级考试命题研究中心．全国计算机等级考试真考题库、高频考点、模拟考场三合一二级 Access．北京：电子工业出版社，2013．